Töchter, Mütter

Unerzählte Geschichten jüdischer Frauen II

Zusammengestellt
von
KATALIN PÉCSI

D1729272

„Es gibt kein Foto aus der Kindheit, keinen angeschlagenen
Becher, keinen Kamm und keinen einzigen Augenzeugen …"
(Ágnes Rapai: *Belüge mich!*)

„Und es kann nichts Schlimmes, nichts Trauriges passieren,
solange diejenige, die mir all dies erzählt hat, lebt …"
(Judit Niran: *Meine Großmutter und das Bleigewicht*)

Töchter, Mütter
Unerzählte Geschichten jüdischer Frauen II

Zusammengestellt, bearbeitet und mit einem Vorwort versehen
von KATALIN PÉCSI

Aus dem Ungarischen und Englischen übersetzt
von DORIS FISCHER
Mitarbeit: JOHANNA VAN LOO

Töchter, Mütter
Unerzählte Geschichten jüdischer Frauen II

Gesammelt, zusammengestellt und bearbeitet von Katalin Pécsi

Die Originalausgabe erschien 2013 unter dem Titel „Lányok, anyák. Elmeséletlen női történetek II." bei Novella Kiadó Kft., Budapest

Herausgegeben von der Gedenkstätte Deutscher Widerstand, Berlin und dem Internationalen Auschwitz Komitee

Übersetzung aus dem Ungarischen und Englischen von Doris Fischer
Mitarbeit: Johanna van Loo

Redaktion der deutschen Ausgabe
Ute Stiepani

ISBN 978-3-945812-11-2
ISBN 978-963-9886-36-0

Erschienen im Verlag Novella Kiadó Kft., Budapest
www.novellakiado.hu

Satz und Umschlaggestaltung: Dió Stúdió

Druck: Alföldi Nyomda Zrt.

Der Band erscheint in der Reihe „Esther's Books".

Die Beauftragte der Bundesregierung für Kultur und Medien

Bundesministerium des Innern

Inhalt

IM LABYRINTH DES SCHWEIGENS
UND DES VERSCHWEIGENS

Vorwort der Herausgeberin

Anfang des 20. Jahrhunderts konstatiert die unvergleichliche Denkerin und Schriftstellerin *Virginia Woolf* in ihrem berühmten Essay „A Room of One's Own"*, dass Frauen in der Literatur – als Schriftstellerinnen – auf schmerzhafte Weise abwesend sind, aber nicht nur als solche; auch grundlegende Themen wie die Freundschaft zwischen Frauen, die Beziehung zwischen Töchtern und Müttern oder zwischen Schwestern haben in den vergangenen Jahrhunderten in der Literatur kaum eine Rolle gespielt. Bis heute, im 21. Jahrhundert, haben Frauen als Schriftstellerinnen zahlenmäßig aufgeholt. Heute finden wir in den Buchläden eine große Auswahl an Büchern großartiger Schriftstellerinnen, von denen viele mit literarischen Preisen ausgezeichnet wurden. Trotzdem mussten wir lange darauf warten, dass sie sich auch den oben genannten Themen widmeten. Zunächst waren sie vorwiegend mit der Erkundung ihrer eigenen Identität beschäftigt, mit ihrem Platz in der Männerwelt und natürlich mit ihren Beziehungen zu Männern.

Von großer Bedeutung waren für mich gerade deshalb die wenigen Publikationen von Erinnerungen an den Holocaust, in denen Frauen detailliert ihr tägliches Leben beschreiben und schildern, wie sie gemeinsam mit ihren Müttern, Schwestern oder Freundinnen, ihren „Lagerschwestern", selbst die schrecklichsten Heimsuchungen überlebten.

---

* „A Room of One's Own" erschien 1929, die deutsche Ausgabe erstmals 1978 unter dem Titel „Ein Zimmer für sich allein", die ungarische Ausgabe 1986 unter dem Titel „Saját szoba". (D.F.)

Diese Perspektive war neu in der Holocaust-Literatur, im „Mainstream"
war es vorher um andere Themen gegangen. Die spezifischen weiblichen
Erfahrungen hatten bis dahin niemanden wirklich interessiert – die weiblichen Stimmen wurden vom Chor der Männer übertönt. Auch wir Leserinnen hatten geglaubt, dass es nach *Primo Levi, Jean Améry* und *Imre
Kertész* nichts mehr zu sagen gab: Als Überlebende und als hervorragende
Schriftsteller hatten sie bereits alles gesagt und dabei gleichzeitig auf das
„allgemein Menschliche" verwiesen. Doch das „allgemein Menschliche" ist
eine Abstraktion. Konkret sind wir *„Frauen"* oder *„Männer"* (und natürlich auch Kinder oder Erwachsene, mit religiöser oder säkularer Einstellung, wir sind Juden oder Nichtjuden – je nachdem, welche unserer Rollen im Vordergrund steht). Dass Frauen – junge Mädchen, Ehefrauen,
Mütter – nicht dasselbe erlebt und auf andere Weise gelitten haben als
Männer, leuchtet ein.

Am stärksten beeindruckt haben mich persönlich die in den vergangenen Jahren erschienenen Memoiren von *Éva Fahidi, Judith Magyar Isaacson, Aranka Siegal* und *Ágnes Bartha.** Mit ihnen erscheint ein neues Nar-
rativ, dessen Grundelement der *weibliche Zusammenhalt* bildet. In den
Texten der weiblichen Überlebenden spielt außerdem eine Rolle, was bislang selten zur kanonisierten Thematik der Holocaust-Literatur gehörte:
Neben dem körperlichen und psychischen Ausgeliefertsein und der Angst
vor Gewalt finden wir Narrative wie Lebensfreude, Tapferkeit, Solidarität
und Freundschaft.

---

* Éva Fahidi: „Die Seele der Dinge". Herausgegeben im Auftrag des Internationalen
Auschwitz Komitees, Berlin, und der Gedenkstätte Deutscher Widerstand, Lukas
Verlag 2011 (Ungarische Originalausgabe: Tudomány Kiadó 2005)
Judith Magyar Isaacson: „Seed of Sarah: Memoirs of a Survivor", University of Illi-
nois Press 1990 (Ungarische Ausgabe: Novella Kiadó 2008; Deutsche Ausgabe:
„Freut euch, ihr Lebenden, freut euch". Erinnerungen einer ungarischen Jüdin, Hen-
trich & Hentrich 2010)
Aranka Siegal: „Upon the Head of the Goat", Farrar, Straus and Giroux 1981 (Unga-
rische Ausgabe: Novella Kiadó 2010) (D.F.)
Ágnes Bartha: „Ketten – The Two of Us", Zachor Foundation 2010

Aufgrund der Lektüre dieser in den letzten Jahren erschienenen Memoiren und des starken Eindrucks, den sie bei mir hinterließen, kam mir – bestärkt durch den Erfolg, den das Buch „Salziger Kaffee – Unerzählte Geschichten jüdischer Frauen"* sowohl im In- wie im Ausland hatte – der Gedanke, neue „unerzählte Geschichten" zu sammeln, die die Thematik der Mutter-Tochter-Beziehung zum Gegenstand haben sollten, ohne die Schwestern, Freundinnen, „Lagerschwestern" und die aus intellektuellemotionalen Gründen „adoptierten Mütter" erzählerisch auszuschließen. (In dem folgenden Zitat aus dem Text von *Andrea Ritter* wird deutlich, wie sie ihre Ersatzmutter in die Reihe ihrer Vorfahren stellt: *„So wurde meine Abstammung durchlässig."* Bei *Éva Fahidi* hingegen liegt der Fokus auf der symbolischen Schwesternschaft: *„Ich wusste nicht, dass nicht nur gemeinsame Eltern uns zu Geschwistern machen, sondern auch das gemeinsame Schicksal, das gemeinsame Leiden, das Frieren und das Hungern, die gemeinsam erlittene Erniedrigung und Unmenschlichkeit."*)

Ähnlich wie in der ersten Anthologie war es für die Textauswahl nicht ausschlaggebend, inwieweit sich die Verfasserinnen bereits einen Namen als Autorinnen gemacht hatten – im Gegenteil. Wir gingen mit großer Offenheit an unser Projekt heran: Unser Ziel war es, jede Autorin in dem Gefühl zu bestärken, etwas Wichtiges und Persönliches beitragen zu können. Das anhaltende Interesse an dem Buch „Salziger Kaffee" zeigt, dass die Leserinnen und Leser unerzählten und bislang nicht veröffentlichten Geschichten gegenüber sehr aufgeschlossen sind – sodass ich als Herausgeberin meine Kolleginnen, die Autorinnen, diesmal schon mit mehr Zuversicht dazu ermutigen konnte, den Schritt in die Öffentlichkeit zu wagen und jene schmerzhaften Anteile ihrer Biographie darzubieten, die

---

* „Salziger Kaffee – Unerzählte Geschichten jüdischer Frauen". Zusammengestellt und bearbeitet von Katalin Pécsi. Herausgegeben von der Gedenkstätte Deutscher Widerstand, Berlin in Kooperation mit dem Internationalen Auschwitz Komitee und dem Holocaust Gedenkzentrum Budapest, Novella Kiadó 2009 (Ungarische Originalausgabe: „Sós kávé. Elmeséletlen női történetek", Novella Kiadó 2007) (D.F.)

bis dahin häufig nicht zufällig unter Verschluss geblieben waren. Wer das nie versucht hat, kann sich vermutlich gar nicht vorstellen, wie schwer das ist …

Im Vergleich zu „Salziger Kaffee" verschiebt sich in der Anthologie „Töchter, Mütter" der Fokus von der Generation der Holocaust-Überlebenden und ihrer Kinder auf die 2. und 3. Generation. Der Grund dafür liegt nahe: In den Texten der Anthologie wird über die Mütter aus der Perspektive der Töchter geschrieben – nie umgekehrt. Die einzige Ausnahme bildet die Geschichte einer jungen Mutter, für die es aufgrund ihrer glücklichen Familiengeschichte etwas anderes bedeutet, Jüdin zu sein, als für Angehörige von Holocaust-Überlebenden.

Einige der Autorinnen leben im Ausland. Sie alle sprechen zwar ausgezeichnet Ungarisch, gleichwohl zogen es einige von ihnen vor, ihre Texte in englischer Sprache zu verfassen.

Die Texte unserer Anthologie sind sehr unterschiedlich, auch hinsichtlich der Genres. Neben solchen „Geschichten", in denen die äußere Handlung stark im Vordergrund steht, finden sich essayistische Texte, ein Gedicht, Tagebuchaufzeichnungen und ein Dialog zwischen Mutter und Tochter, in dem es um grundsätzliche Fragen geht. Die Geschichte dreier Frauen, die heute in Israel leben, habe ich aus einem langen lebensgeschichtlichen Videointerview zusammengestellt.

Die Beiträge sind in drei Kapitel gegliedert. Im ersten Teil finden sich unter der Überschrift *Die Wahrheit hinter den Dingen …* Texte, die den „Rahmen" für die anderen bilden: Es handelt sich um Schilderungen des jüdischen Lebens, wobei der Holocaust, den die „Erzählerinnen" selbst nicht miterlebt haben, aus einer gewissen Distanz betrachtet und eher am Rande thematisiert wird.

Der zweite Teil – *Aber wir waren dort!* – zeigt die unmittelbare „Erfahrung" der Holocaust-Überlebenden: als Kind oder als junges Mädchen im Ghetto, im Versteck, am Donauufer oder im Lager.

Der dritte Teil – *Sehnsüchte und Leiden sind nicht an das Alter gebunden.* – bietet den nach dem Zweiten Weltkrieg Geborenen – den „Töchtern" – Raum: Während in den Erzählungen der Überlebenden der *Zusammenhalt* und *die Solidarität* das Hauptmotiv bilden, sind es hier *das Vermissen* und *die Lüge/das Verschweigen*. Ágnes Rapai fasst in Worte, was viele von uns erlebten: „*… denn du warst nur bis zu meinem fünfzehnten*

Lebensjahr imstande, mich zu belügen, aber dann ist etwas in dir zerrissen, und du „musstest" mir die Wahrheit sagen. Na, vielen Dank, niemand ist auf deine Erklärungen neugierig. Dass es nicht so, sondern so gewesen sei, dass ich vergessen solle, was du mir vorher über deine Familie zusammengelogen hast. Dass deine Verwandten nicht bei einem Bombenangriff gestorben seien, sondern in Auschwitz."

In dieser Anthologie sind drei Generationen vereint: Mütter, Töchter und Schwestern – lasst uns einander jetzt an den Händen halten.

Katalin Pécsi

Klári Lea László

MUTTER

Das Nachthemd
Riecht nach meiner Mutter

Das Geschirrtuch
Riecht nach meiner Mutter

Die Tulipán-Zigaretten
Riechen nach meiner Mutter

Das Frühstückspaket
Riecht nach meiner Mutter

Das ins Ghetto getragene Bündel
Riecht nach meiner Mutter

Der Abtransport im Morgengrauen
Riecht nach meiner Mutter

Die Eisenbahnschienen
Riechen nach meiner Mutter

Die Waggontür
Riecht nach meiner Mutter

Der Kübel im Waggon
Riecht nach meiner Mutter

Die Rampe in Birkenau
Riecht nach meiner Mutter

Der aufsteigende Rauch
Riecht nach meiner Mutter

Die Hälfte der oberen Pritsche in der Baracke
Riecht nach meiner Mutter

Die Latrinengrube
Riecht nach meiner Mutter

Das Markkleeberger Lager
Riecht nach meiner Mutter

Die Fußmärsche aus dem Schwarzwald
Riechen nach meiner Mutter

Die Befreiung von Terezín
Riecht nach meiner Mutter

Die Heimkehr
Riecht nach meiner Mutter

Die geküsste Heimaterde
Riecht nach meiner Mutter

Die innere Leere
Riecht nach meiner Mutter

Die Unfähigkeit, Mutter zu werden,
Riecht nach meiner Mutter

Der Wunsch, geliebt zu werden,
Riecht nach meiner Mutter

Die Sehnsucht
Riecht nach meiner Mutter

Meine Mutterlosigkeit
Riecht nach meiner Mutter

Meine Tränen
Schmecken nach meiner Mutter

TEIL I

„Die Wahrheit hinter den Dingen ...“

Lívia Jávor

CHAROSET

Es ist Sederabend, und ich sitze allein zu Hause. Mein Macintosh starrt mich an. „Zu Hause", das ist in Paris, auf halbem Weg zwischen Eiffel- und Montparnasse-Turm, im Schatten des UNESCO-Gebäudes, dort, wo sommers wie winters die Obdachlosen unter der Brücke der Metroli- nie Sèvres-Lecourbe auf ihren Matratzen mit einem Stück Pappe darunter hausen, mit einem Flachmann in der Hand, von Uringeruch umgeben. Es ist Sederabend, und ich hatte keine Lust wegzugehen, weder in die Syna- goge noch zum symbolischen Pessach-Abendessen bei Freunden. Vor meinem Fenster steht ein riesiger Ahornbaum, so nah, dass ich ihn fast mit den Händen berühren kann. Meisen fliegen gern hierher, ich habe ihnen Körner und feine Biobutter aufgehängt. An der Butter picken sie fleißig, die Körner verschmähen sie. Kürzlich kam ein besonders prächti- ger Vogel. Bei Google fand ich heraus, dass es ein Eichelhäher war.

Am Donnerstag werde ich, wie jeden Donnerstag, zu meinen Enkel- kindern in die nahe Gartenvorstadt fahren. Dann koche ich ihnen Bouil- lon mit Mazzeknödeln, backe eine Nusstorte ohne Mehl und Chremsel* aus Mazzemehl. Ich erzähle ihnen in wenigen Worten die Geschichte vom Auszug aus Ägypten und – wenn ihre Geduld ausreicht – noch davon, wie der Sederabend früher bei uns zu Hause, bei meiner Mutter gefeiert wurde. Ich habe eine Tochter und zwei Enkelkinder, siebeneinhalb und zehn Jahre alt, zwei goldblonde, goldige Mädchen. Ihr Vater mit dem schönen jüdischen Namen *David* ist Armenier. Das tragische Schicksal dieser beiden verfolgten Völker gehört zum Erbe meiner Enkelinnen, aber da sie seit ihrer frühen Kindheit sehr viel Liebe und Anerkennung erfah-

---

* *Chremsel*: eine Art Pfannkuchen. Statt Mehl werden eingeweichte Mazzen verwen- det. (D.F.)

ren, werden sie mit diesem Erbe zurechtkommen. Aus Daffke. Wenn hier in der Synagoge die vielen wunderschönen, lebensfrohen, Herz und Seele entzückenden Kinder beim Simches Toire* (hier sagt man heute *Simchat Tora*) vor dem Toraschrein zusammenkommen – vom Kleinkind bis zum Teenager –, kommen mir immer die Tränen, und ich sage mir: das ist unsere Noble Rache.

Während ich das hier schreibe, sehe ich mich wieder zu Hause an der Sedertafel sitzen, links von meinem *Vater*, gegenüber meiner *Mutter*. Neben mir sitzt mein Cousin *Gyuri*. Wir könnten fast Zwillinge sein, so gering ist der Altersunterschied zwischen uns (heute heißt er *George Peck*, ist Maler und lebt in New York). Neben meiner Mutter sitzen meine beiden Brüder, der kleine und der ganz kleine. Am anderen Kopfende des Tisches, meinem Vater gegenüber, sitzt *Tante Gerő*, eine kleine, zierliche Dame mit silbergrauem Haar, immer tipptopp gekleidet. Sie ist verwitwet und die ehemalige Chefin meines Vaters – ihr Adoptivsohn, der Arzt ist, ist kein praktizierender Gläubiger.

Mein Großvater, der verstarb, als ich zehn Jahre alt war (er war ein bärtiger Jude und gerade auf dem Weg zur Synagoge, als ihn ein Halbstarker, dem das nicht passte, auf dem Bürgersteig hinterrücks mit seinem Motorradgespann überfuhr), feierte das Sederfest zeit seines Lebens in der Synagoge, also nicht mit uns zusammen, weil ihm unser Haushalt nicht koscher genug war – dabei war er in Wirklichkeit koscher! Einzig mein Vater lebte nicht koscher, er hielt sich nur aus Liebe zu meiner Mutter an die Religion, und auch den Kiddusch hatte er nur dem Gehör nach gelernt, seine Aussprache war nicht fehlerfrei. In der Mitte des Tisches stand ein Kristallglas mit Rotwein. Gyuri und ich passten immer genau auf, wie viel der Prophet *Elija* davon schon getrunken hatte.

Schon drei Wochen vor Pessach begann das Großreinemachen: Als Erstes nahmen wir alle Kleidungsstücke aus den Schränken und wendeten jede einzelne Tasche nach außen, damit auch nicht das winzigste Krümelchen darin hängen blieb. Danach kamen Vorhänge und Teppiche an die

---

* *Simches Toire*: askenasische Entsprechung für die heute in Europa gebräuchliche, aus Israel und den USA stammende sephardische Form *Simchat Tora*, Freudenfest der Tora

Reihe (sie wurden auf dem Hof mit dem Teppichklopfer ordentlich traktiert, später hatten wir dann einen Staubsauger), danach nahmen wir uns die Möbel vor, dann das Parkett und zum Schluss die Küche. Die Anrichten wurden ausgewischt und die Borde mit schönem weißem Papier ausgelegt, das Geschirr wurde weggepackt. Zwei Tage vor dem Fest schleppten *Onkel Pali* und sein Schwager dann den Wäschekorb mit dem Pessachgeschirr aus dem Keller hoch, wo es seit dem Vorjahr aufbewahrt worden war. Wir holten die große Fayence-Sederschüssel hervor, die, wie auch die große Suppenterrine aus Porzellan und ein Teil der Teller und des Bestecks, noch von meiner *Großmutter* stammte.

Meine Großmutter hatte nicht abgewartet, was ihr die Zukunft beschert. Sie starb, als ich neun Monate alt war, nach einer schrecklichen Leidenszeit im Dezember 1940 an Krebs. Sie wurde nur fünfzig Jahre alt. Sie hatte fünf Kinder großgezogen. Als orthodoxe Frau trug sie immer eine Perücke. Selbst in Zeiten größter Armut gelang es ihr immer, etwas Leckeres zu kochen. Ihre Kinder trugen schneeweiße, makellose Hemden oder Blusen. Sie sang und lachte sehr gern. Als sie starb, konnte meine Mutter nicht mehr stillen, und so bekam ich einen Schnuller, den sie „Dodo" nannten. („Dodo" heißt auf Französisch in der Kindersprache „schlafen"). Später nahmen sie mir meinen Dodo wieder weg, in der Zeit danach weinte ich sehr viel, dabei hatte ich vorher praktisch nie geweint.

Das Kochen und Backen für den Sederabend nahm mindestens zwei Tage in Anspruch. Während dieser Zeit konnten wir Brot nur noch außerhalb des Hauses essen. Dann kam der Große Abend. Auf dem Tisch lagen eine weiße Damastdecke und ein weißer Spitzenläufer, darauf standen die silbernen Leuchter und die Mazzeschale, über die ein besticktes Seidentuch gebreitet war. Jeder hatte seine eigene Haggada*. Vater las daraus vor – er konnte wunderbar vorlesen, trug auch oft Gedichte vor und trat sogar manchmal auf der Bühne auf. Am schönsten war für mich die Legende von den vier Kindern: vom klugen, vom bösen und vom einfältigen Kind und von dem, das noch nicht zu fragen versteht. Das kluge Kind fragt: Wie war es, als WIR aus Ägypten auszogen? Das böse Kind

---

* *Haggada*: reich illustriertes Buch mit der Geschichte vom Auszug aus Ägypten und den Regeln für den Ablauf der Feiern für den Sederabend

fragt: Wie war es, als IHR aus Ägypten auszogt?, es schließt also sich selbst aus. Das einfältige Kind fragt: Wie war die Geschichte ...?, und das kleine Kind stellt gar keine Frage, sondern hört nur zu. Erzähle jedem von ihnen, wie uns der Ewige mit starker Hand und ausgebreiteten Armen aus Ägypten führt! Und mein Vater erzählte. Und wir nahmen im richtigen Augenblick die entsprechende symbolische Speise aus der Sederschüssel und aßen sie. Mein Gott, wie gut das Charoset schmecken konnte. Wir bereiteten immer riesige Mengen davon zu, wobei nur ein geringer Teil in die Sederschüssel kam. Aber nach dem Abendessen durften wir dann den Rest auffuttern: geriebene Äpfel und gehackte Walnüsse in Weißwein. (Die sephardischen Juden bereiten das Charoset mit Feigen, Mandeln und Rotwein zu. Das schmeckt auch gut.)

Das Charoset versinnbildlicht den Mörtel, den unsere Vorfahren für den Bau der Pyramiden heranschleppen mussten. Ich habe nie verstanden, warum diese traurige Erinnerung durch eine so überirdische Köstlichkeit symbolisiert wird. Warum ist es eine so köstliche Speise?

Als ich vierzig Jahre alt war, entdeckte ich in Paris eine liberale Gemeinde: Es gab zwei Rabbiner, einen Mann und eine junge Frau. Männer und Frauen sitzen in der Synagoge zusammen, es gibt keine Galerie und keinen Vorhang. Es gibt sowohl die Bar Mizwa für die Jungen wie auch die Bat Mizwa für die Mädchen. Jungen und Mädchen lesen gleichermaßen aus der Torarolle. Lernen ist wichtiger als elitäres Denken oder orthodoxe Strenge. Ich selbst habe Hebräisch lesen gelernt und verstehe den Text der Gebete. (Meine Mutter und meine Geschwister öffneten zwar ebenfalls ihre Gebetbücher, sprachen die Gebete jedoch auswendig. Sie hatten nie Hebräisch lesen gelernt.) Und hier, in dieser Synagoge, wandte ich mich an den Rabbiner mit meiner Frage: Warum ist das Charoset eine solche Köstlichkeit? Er antwortete: Solange es LEBEN gibt, und sei es noch so schwer, solange schmeckt es auch süß. *Imre Kertész* drückt das so aus: *„Der Sonnenuntergang war auch in Auschwitz schön."* Allein für diesen Satz hat er den Nobelpreis verdient.

Meine Mutter war wie das Charoset, im Grunde ihres Wesens glücklich und fröhlich, süß wie das Leben. Selbst, wenn sie traurig war oder weinte – und sie weinte ziemlich leicht –, spürte man, dass sie gleichzeitig glücklich war, auch das Gefühl von Traurigkeit erfahren zu können.

20   In meiner Pubertät – über die ich lieber nicht viele Worte verlieren

möchte! – hat sie viel mit mir gestritten und mich auch oft geohrfeigt – mein Vater hingegen hat mich zeit seines Lebens nicht ein einziges Mal geohrfeigt –, doch obwohl ich einen Goi* geheiratet hatte, gewann meine Mutter ihn sehr lieb, weil er ein schöner und warmherziger Mann war. Sie und meine Tochter sind sich sehr ähnlich, sie steckten oft unter einer Decke, hatten viele Geheimnisse miteinander. Meine Tochter ist auch wie ein Charoset. Die ältere meiner Enkelinnen scheint eher mir zu ähneln, aber die jüngere erinnert mich sehr stark an meine Mutter.

Mein Vater schied im Alter von 77 Jahren auf fast elegante Art aus dem Leben, kurz vor Pessach, innerhalb von 24 Stunden und ohne sehr zu leiden. Er wartete ab, bis ich aus Paris eingetroffen war, und ging dann von uns.

---

* *Goi*: Jiddisch für Nichtjude

Lívia Jávor

Ich wurde im Jahre 1940 geboren. Meine ersten drei Grund-
schuljahre absolvierte ich an der jüdischen Schule in der Wesselé-
nyi Straße, danach wurde die Schule aufgelöst. Nach dem Abitur
legte ich die Aufnahmeprüfung für die Fächer Ungarisch und
Englisch an der ELTE-Universität ab, zusätzlich bewarb ich
mich an der Hochschule für Theater für das Fach Regie. Beide
Aufnahmeprüfungen bestand ich mit Auszeichnung. An der
Hochschule für Theater gab es insgesamt sieben Auswahlverfah-
ren, nach denen von 900 Bewerbern am Ende nur 12 übrig blie-
ben. Der leitende Professor, ein berühmter Regisseur, zog aus den
12 Namen die zwei weiblichen heraus und erklärte: „Das ist kein
Studiengang für Frauen!" Für das Englischstudium wurde ich
angenommen, aber erst für das Folgejahr, zuvor musste ich sechs
Monate Fabrikarbeit leisten. So arbeitete ich ein halbes Jahr in
einer Fabrik, danach noch sechs Monate in einem Büro. Zur glei-
chen Zeit lernte ich Französisch. Im Anschluss schrieb ich mich
aus Rache nicht für Englisch, sondern für Französisch ein.
Schließlich hatte ich mein Diplom und einen für Europa gülti-
gen Reisepass in der Tasche, mein Bräutigam ebenfalls. Wir hei-
rateten und machten unsere Hochzeitsreise nach Paris. Wir woll-
ten gern ein Jahr länger bleiben. Ich fand auch eine Arbeit und
ein kleines Dienstmädchenzimmer. Der ungarische Konsul teilte
uns mit, dass unsere Pässe, in denen zu lesen war: gültig für zwei
Jahre, in Wahrheit nur sechs Monate gültig waren. Das stand
zwar nicht darin, aber jeder wusste es. Wir blieben trotzdem,
schrieben uns an der Universität ein, fasteten, froren und dreh-
ten jeden Centime dreimal um, bevor wir ihn ausgaben. Trotz-
dem war es eine sehr schöne Zeit. Heute bin ich Psychoanalyti-
kerin und arbeite im Rahmen meiner offiziellen Arbeitsstelle
mit Jugendlichen aus staatlichen Heimen und in meiner priva-
ten Praxis sowohl mit Kindern als auch Erwachsenen. Solange
es meine Gesundheit zulässt, werde ich arbeiten.

Meine beste Freundin hier in Paris gab mir folgenden Rat: „Wenn
du in Budapest begraben werden willst, dann fahr einfach einen
Tag vorher schnell hin!" Das wäre eine Überlegung wert.

Judit Niran

MEINE GROSSMUTTER UND DAS BLEIGEWICHT

Sie erzählte leise, aber ich verstand sie, verstand zumindest, dass es um etwas anderes ging. Ich stand am Fenster und guckte auf den Parkplatz, während sie hinter meinem Rücken in der Küche hantierte. Es ist aber auch möglich, dass ich sie nicht verstand. Sie hatte mir diese Geschichte schon einmal erzählt, vor langer Zeit, in einer Konzertpause. Oder vielleicht in der Synagoge in der Dohány Straße, während ich darüber nachdachte, warum ich bloß darauf gedrungen hatte, mitgehen zu dürfen. Auch damals hatte ich nicht richtig zugehört. *„Deine Mutter hat mir zugeredet, mich wieder zu verheiraten. Es war ihre Idee …"* Ich antwortete darauf irgendetwas Belangloses, und sie fuhr fort, dass auf der Margareteninsel die Bäume ausschlugen. Darauf wusste ich nichts zu erwidern. Dabei musste es doch einen Zusammenhang geben zwischen ihren Erinnerungen und dem tief in ihrem Inneren verwurzelten Schmerz. Es kann also doch nicht in der Dohány Straße gewesen sein, denn wenn es dort gewesen wäre, hätte es Herbst sein müssen. Im Herbst hatte ich sie nämlich einmal anlässlich des *Versöhnungstages*[*] in die Synagoge begleitet. Einmal nur, später habe ich sie immer allein gehen lassen.

Frühling aber war es, als der Wind für einen Moment innehielt, als aus den Spitzen der Knospen grüne, sternförmige Blätter hervorsprangen. Es war an einem Sonnabend, und die Schule war früher aus. Als ich aus dem Schultor trat, durchströmte mich eine besondere Euphorie, die mit einer vagen Empfindung von Freiheit einherging. Jetzt! Jetzt gehörten sie mir, die Straße und die Zeit, bis zum Montagmorgen, also unermesslich lange.

---

[*] *Versöhnungstag, Yom Kippur*: zehn Tage nach Rosch ha-Schana, dem jüdischen Neujahr

23

Fast eine Ewigkeit lang durfte ich die sein, die ich wirklich war. Als ich um die Ecke bog, erfasste mich der Wind. Ich lief mit ihm, ermunterte ihn, streichelte ihn, schubste ihn, sang für ihn, sprang schließlich auf ihn auf und flog, das Thema der siebten Sinfonie Beethovens singend, mit ausgebreiteten Armen in die Höhe. Damals wusste ich noch nicht, dass es Beethovens Melodie war, die beim Fliegen instinktiv aus mir herausströmte, und wenn man es genau nimmt, gehörte sie ja auch gar nicht ihm, jedenfalls nicht ihm allein. Während ich so singend dahinflog, veränderte sich der Wind, er wurde heftig und launisch, wie früher, als ich klein war und auf der Galerie des riesigen Mietshauses davonlief. Meine Großmutter lief hinter mir her, fing mich ein und hob mich in die Luft.

„Die Wahrheit hinter den Dingen …"

„Plötzlich war es vorbei. Anfangs konnten wir es gar nicht glauben. Wir hatten ja darauf gewartet, aber als es endlich so weit war, konnten wir kaum fassen, dass es möglich war … dass man auf die Straße gehen durfte. Dann kam der Frühling. Die Bäume schlugen aus, der Park war wunderschön, und darin lag etwas … Absurdes. Eigentlich müsste man doch einen Augenblick innehalten. Nachdenken über das, was geschehen war. Stattdessen gingen wir ins Konzert, ins Theater, ins Kino. Wie war das überhaupt möglich? Aber … andererseits … wir wollten doch die Vergangenheit hinter uns lassen."

„Als es schon sicher war, dass er nicht zurückkommen würde … nach Jahren … das war eine lange Zeit, aber andererseits auch wieder keine lange Zeit, eigentlich waren es nur ein paar Jahre. Ich suchte bei der Polizei um ein Zeugnis nach, das mich offiziell zur Witwe erklären würde. Es war die Idee deiner Mutter … Meinen zweiten Mann habe ich dann mit der Zeit sehr lieb gewonnen. Ich habe ihn sehr geliebt. Jetzt ist es nicht gut, so allein."

Ich dachte immer noch über *„die Wahrheit hinter den Dingen"* nach, aber ich sagte: *„Das hast du mir schon einmal erzählt."* Dabei hatte sie es noch gar nicht erzählt. Ganz gewiss nicht, jedenfalls nicht so, dass das Wesentliche deutlich geworden wäre. Als ich am Fenster stand, war es um etwas anderes gegangen, ich erinnere mich nicht mehr, um was. Ich erinnere mich nur an den Augenblick, als ich am Fenster stand und auf den leeren Parkplatz blickte und sagte: *„Das hast du mir schon einmal erzählt"*, wobei ich wusste, dass sie es nicht erzählt hatte, und selbst wenn es so gewesen wäre, ging es doch nicht darum. Es ging um etwas ganz anderes, um etwas Geheimnisvolles, das uns in tiefster Tiefe verbindet und das zugleich mit den halb geöffneten Blattknospen der Bäume, mit dem Wind, der Höhe und irgendeiner Melodie zu tun hat.

„Hörst du dem, was ich erzähle, überhaupt zu? „Natürlich höre ich dir zu."

Meine Großmutter und ihr zweiter Mann (mein Stiefgroßvater) schliefen in getrennten Betten. Im selben Zimmer, aber in getrennten Betten. Sie hatte meine Mutter zu Hause entbunden und wäre dabei fast gestorben. Es traten Blutungen auf, die nicht gestillt werden konnten. Sie lag hilflos im Bett, die Familie stand um sie herum (*„eine alte Arztfamilie!"*), und ihr wurde plötzlich klar, dass keiner von ihnen auch nur die geringste Ahnung davon hatte, was zu tun war. Sie spürte, dass sie auf dem Weg war, aus der Welt zu scheiden, obwohl das doch unmöglich war, dieser Tod wäre sinnlos, das durfte nicht passieren. Und die standen nur herum, schauten tatenlos zu und ließen sie sterben. Als sie wieder zu sich kam, erinnerte sie sich nicht an ihre Schmerzen, nicht an ihre Ohnmacht, nur an ihre grenzenlose Wut. Sie wollte keine weiteren Kinder.

„Das war doch ein Bett mit einem Baldachin, aus schwerem, braunem Holz und mit Spitzengardinen, oder?" „Unsinn, wer hatte denn damals ein Bett mit Baldachin? Und ausgerechnet unsere Familie." Plötzlich klang ihr ländlicher Akzent durch. Dabei hatte sie sich den sofort, als sie nach Budapest gekommen war, abgewöhnt, Jahre vor der Geburt meiner Mutter. *„Was guckst du denn da?"* Ich wusste, dass sie mich beobachtete und aufmerksam registrierte, was ich sagte und wie ich es sagte. *„Also, was für ein Bett war das?" „Nun hör schon auf! Ist denn das wichtig?"* Eigentlich war es sowieso völlig egal, was sie sagte. Nie kam auch nur ein Bruchteil des Wesentlichen zur Sprache. Aber sie hätte auch nichts abstreiten können.

„Wie leer dieser Platz ist." „Der soll um Himmels willen auch leer bleiben." „Schade, dass unser Fenster nicht zum Park liegt. Da ist immer etwas los." „Ja, da schon. Trotzdem besser, wenn nichts los ist." „Hattet ihr nicht Fenster zum Park, als ihr in dem Haus mit dem Gelben Stern gewohnt habt?" Ihre Art, die Dinge zu erzählen, war einfach und sachlich: Zuerst passierte das, dann das, am Montag dieses, am Dienstag jenes, dieses aus dem Grund, jenes aus einem anderen. Sie erzählte Stories. Das Wesentliche kam nie zur Sprache. Das Bleigewicht, das sie mir im Augenblick meiner Geburt an den Hals gehängt hatte, genauer gesagt schon viel früher, als

ich noch nicht einmal als Wunsch existierte, das Bleigewicht gab es schon vorher, vor allem anderen. Selbst der Frühling kam später, viel später, als sich das Blei schon gesetzt hatte. Denn um das Blei *„soll man sich nicht scheren und nicht dauernd davon sprechen"*. Vergangen, vergessen, „das" ist „zum Glück" eine abgeschlossene Angelegenheit. Denn wir wollen nichts mitschleppen. Wir fliegen mit dem Wind. Im Frühling spüre ich das genau, wenn ich sonnabends nach der Schule nach Hause laufe. Ganz genau. Die Leichtigkeit. Und dass alles gut ist, so wie es ist: Frühling, Sommer, Herbst, Winter, Knospen, Regen und Wind. *„Wenn du groß bist, wirst du das verstehen."*

Jetzt, während ich dies schreibe, ist das Blei in so tiefe Tiefen gesunken, dass es fern von mir ist. Und auch der Frühling hat sich schon lange in für mich unerreichbare Höhen zurückgezogen. *„Wozu diese Heimlichtuerei! Das Kind merkt sowieso alles." „Es war einmal vor langer, langer Zeit, jenseits der gläsernen Berge, auf der anderen Seite des Ozeans, ein großes Stück Blei …"* In Wahrheit gibt es nur das Blei, alles andere ist Fassade und Beiwerk. Nur das Blei gibt es wirklich. Und die, die mir all dies erzählt, immer und immer wieder, tausendmal aufs Neue, mit einer leichten, stillen Bewegung, wie der Wind. Und es kann nichts Schlimmes, nichts Trauriges passieren, solange diejenige, die mir all dies erzählt hat, lebt …

Judit Frigyesi Niran
Ich bin Musikwissenschaftlerin, Universitätsdozentin und Schriftstellerin. Die geografischen Stationen auf meinem Lebensweg sind: Budapest – Paris – Philadelphia – Princeton – New York – Jerusalem – Berlin – Jerusalem. Im Zentrum meiner musikwissenschaftlichen Forschungen stehen die Musik und die Literatur des 20. Jahrhunderts sowie die Melodien jüdischer Gebete. Schon vor der Wende habe ich mich mit traditionellen jüdischen Gemeinschaften beschäftigt. Auf der Grundlage meiner Erfahrungen, die ich während dieser Arbeit machte, produzierte ich eine Montage für das Theater – aus Stimmen, Filmsequenzen und Live-Musik –, die in Berlin, Weimar, Budapest, Tel Aviv und Jerusalem aufgeführt wurde. In den letzten Jahren habe ich Musikwissenschaft unter dem Aspekt persönlichkeitsbildender Entwicklung unter Einbeziehung der benachbarten Künste unterrichtet. Neben wissenschaftlichen Beiträgen verfasse ich Novellen, Gedichte, Tagebücher und Romane, ich fotografiere und filme; ich liebe die Natur und pflege meinen Balkongarten; ich koche, schwimme, wandere und plaudere gern, vor allem aber liebe ich es: zu Fuß zu gehen – gehen und gehen und gehen. Aber wichtiger als all diese Dinge ist mir: meine Familie.

Judit Fenákel

TANTE MACA

Mit der zweiten Ehe meiner Mutter, in die sie sich aus ihrem Witwendasein flüchtete, war niemand von uns glücklich. Als ihr klar wurde, dass mein Vater nicht mehr zurückkommen würde und sie fortan ohne seine Unterstützung auskommen musste, wurde sie von Panik ergriffen, wie so viele jüdische Frauen, die ein ähnliches Schicksal erlitten, wenn sie, von der Deportation zurückgekehrt, erfuhren, dass ihre Ehemänner in irgendeinem Massengrab verscharrt worden waren. Meinen Vater hatte man – wie ich herausfand – in Kőszeg zu den Leichen anderer Arbeitsdienstler geworfen. Er hat Glück gehabt, schrieb uns einer seiner überlebenden Kameraden, er musste sich nicht bis nach Mauthausen weiterschleppen.

Durchaus als Glück empfanden wir, dass wir durch die zweite Ehe meiner Mutter zu neuen Verwandten kamen, da der alte Verwandtenkreis ja dezimiert worden war. Anfangs war die Freude auf beiden Seiten groß, wir trafen uns mit den neuen Tanten, Cousins und Cousinen. Später schliefen diese Beziehungen wieder ein, jeder zog sich in sein Alltagsleben mit der eigenen, engeren Familie zurück. Mit Ausnahme einer Tante aus dem erweiterten Familienkreis. Mit ihr pflegten wir über Jahrzehnte eine harmonische verwandtschaftliche Beziehung. Sie besuchte uns oft mehrere Wochen in Szeged, und wenn wir in Budapest zu tun hatten, wohnten wir bei ihr. Tante Maca wurde für mich eine richtige Tante, so als hätte ich sie seit meiner Kindheit gekannt und geliebt.

In der Zeit unserer langen Bekanntschaft habe ich vieles über sie erfahren. Sie erzählte über ihre Tochter, ihre verschiedenen Arbeitsstellen und ihre Lagerschwestern, von denen ich eine auch kennen lernte. Ich verfolgte ihren zähen, manchmal verzweifelten Kampf um eine einfache Einzimmerwohnung ohne jeden Komfort, zum Hof gelegen und mit Küche.

Dann, irgendwann Ende der Siebziger- oder Anfang der Achtzigerjahre 28 *(leider habe ich vergessen, meine Aufzeichnungen mit einem Datum zu verse-*

hen), beschloss ich, Tante Macas Geschichte aufzuschreiben. Es ist mir natür-lich nie in den Sinn gekommen, sie jemals zu veröffentlichen. In mehreren Gesprächen mit ihr hielt ich die Lebensgeschichte meiner Tante in Form von Notizen fest. Ein Tonbandgerät besaß ich noch nicht, vertraute diesen Appa-raten auch nicht so recht, aber ich konnte mich auf meine Routine als Repor-terin verlassen und auf meine Methode, die Worte meiner Gesprächspartner mit Hilfe diverser Abkürzungen aufzuschreiben und möglichst wahrheitsge-treu wiederzugeben. Das Resultat: zwanzig Seiten eines großformatigen Hefts. Danach folgte eine Unterbrechung von mehreren Jahrzehnten. Details aus Tante Macas Geschichte verwendete ich in der Zwischenzeit in einem Roman („Die Rückseite der Fotografie"). So avancierte meine neue Tante zu einer Romanfigur. Aber es ließ mir keine Ruhe, dass ich Tante Macas Lebensge-schichte immer noch nicht richtig zu Papier gebracht hatte. Deshalb kramte ich schließlich aus der Tiefe einer meiner unordentlichen Schubladen das große, grün eingebundene Heft hervor und versuchte, die Worte meiner mitt-lerweile längst verstorbenen Tante ohne schriftstellerische Eingriffe in den Computer zu bannen und an ihrem Beispiel zu schildern, wie das Leben einer einfachen jüdischen Frau aus Szegvár im zwanzigsten Jahrhundert aussah.*

Unser Alltag in Szegvár verlief recht gleichförmig, er bestand hauptsäch-lich aus Arbeit und Plackerei. Mein Vater hatte keinen Beruf erlernt, er versuchte sich in allerlei Projekten. Er handelte mit Leder, Federn und Holz, um schließlich bei Kurzwaren zu landen. Der Handel damit er-nährte uns von den Zwanziger- bis zu den Vierzigerjahren.

Ich wurde am achtzehnten März neunzehnhundertneun geboren. Ich hatte noch zwei ältere Schwestern: Ilus und Franciska, nach mir kamen noch zwei Brüder: Kálmán und Sanyi. Ich besuchte zunächst sechs Jahre lang die Elementarschule. Glücklicherweise gab es in unserem Dorf ein mehrstöckiges Gebäude, das Graf Károlyi Kornis einst zum Gedenken an seine verstorbene Tochter errichten ließ. Darin befand sich die Bürger-schule, in der die Grauen Schwestern unterrichteten. Hier konnte ich die vier Jahre Bürgerschule absolvieren.

---

* „A fénykép hátoldala", Novella Kiadó 2002 (D.F.)

Wir lebten zu Beginn des Ersten Weltkrieges – soweit ich mich erinnern kann – in großer Armut. Im Frühjahr Fünfzehn wurde mein Vater zum Kriegsdienst ohne Waffe eingezogen, Ende Siebzehn wurde er entlassen. Wovon wir bis dahin lebten, weiß ich nicht mehr. Ilus konnte die fünfte Klasse nicht besuchen, weil sie sich zu Hause um die kleineren Geschwister kümmern musste, während meine Mutter versuchte, das tägliche Brot zu beschaffen. In meinen ersten drei Elementarschuljahren konnte ich den Unterricht nur jeweils drei Monate im Frühling und im Herbst besuchen. Das hat sich auch auf meine Wissensgrundlagen ausgewirkt. Mein ganzes Leben lang hat mir gefehlt, was ich in den ersten drei Schuljahren versäumte.

Wir wohnten zu acht in einem Raum. Bei uns lebte noch eine Cousine, eine Waise, die wegen ihrer Klumpfüße nicht arbeiten konnte, auch sie musste ernährt werden. Als mein Vater aus dem Kriegsdienst zurückkam, versuchte er es mit allem Möglichen. Damals handelte jeder auf dem Schwarzmarkt. Mein Vater fuhr zum Beispiel mit 5 bis 6 Gänsen nach Budapest und brachte dafür Zwirn und warme Strümpfe zurück, die er wiederum hier in Szegvár verkaufen konnte. Vor der Zeit der Kommune* fing er an, mit Textilien auf dem Markt und in der Wohnung zu handeln. Neunzehn war ich zehn Jahre alt. An zwei Dinge aus dieser Zeit kann ich mich noch erinnern: zum einen daran, dass eine Kanonenkugel gerade in dem Moment, als ich mit meinen Brüdern unter den Maulbeerbäumen spielte, die beiden Baumkronen abriss. Zum zweiten: daran, dass alle aus unserer Straße draußen standen, um den Einzug der Rumänen zu sehen, als sie unser Dorf einnahmen. Mein Vater stand im Haustor, halb draußen, halb drinnen auf dem Hof. Einer der Offiziere winkte ihn zu sich an die Straßenecke. Dort schlug er ihm so hart in den Nacken, dass mein Vater zu Boden fiel. Ich erschrak dermaßen, dass ich mich, bis ich vierundzwanzig war, abends nicht aus dem Haus traute. Schließlich zogen die Rumänen ab, und Horthys Leute übernahmen die Macht. Sie requirierten Wohnungen, auch bei uns wurden zwei Offiziere einquartiert, zum

---

* *Kommune*: gemeint ist die Ungarische Räterepublik von März bis August 1919 (D.F.)

Glück waren das anständige Männer, aber ich hatte trotzdem große Angst vor ihnen.

Vierundzwanzig eröffnete mein Vater sein Geschäft. Mittlerweile hatte Ilus, als sie achtzehn war, geheiratet. In Szegvár hatte eine Landesmesse stattgefunden, und ein Freund meines Vaters aus Orosháza und dessen beiden Söhne hatten bei uns übernachtet. Mit einem von ihnen, Móric, begann Ilus einen Briefwechsel. Kurze Zeit später heirateten sie. Ilus und Móric wohnten bei uns, und Móric arbeitete bei meinem Vater im Geschäft. Aber es kam zu Spannungen. Daraufhin überließ mein Vater Móric eine gewisse Menge an Waren, mit denen dieser eine Schneiderwerkstatt eröffnete. Ilus und Móric mieteten eine eigene Wohnung in unserer Straße.

Mein Vater war ein sehr puritanischer, ruhiger, friedfertiger und zugleich sehr konservativer Mensch. Er ging nicht mit der Zeit. Während meiner vier Jahre auf der Bürgerschule unterrichtete dort eine weltliche Lehrerin, die mich sehr mochte. Zur gleichen Zeit gab der Direktor meinem älteren Bruder Kálmán Privatunterricht. Meinem Vater sagte er, er würde meinem Bruder den Abschluss geben, wenn er von ihm einen Ballen Leinen bekäme, ansonsten ließe er ihn durchfallen. Da kam mir der Gedanke, Tante Margit zu fragen, ob sie mich auf die Abschlussprüfung vorbereiten würde. Vielleicht könnte ich ja das Lehrerseminar besuchen. Tante Margit war einverstanden und kam zu uns, um mir Unterricht zu geben. Sie sagte zu meinem Vater: Ich kriege das hin, dass Ihre Tochter am Lehrerinnenseminar in Szeged aufgenommen wird und keine Studiengebühren zahlen muss. Mein armer Vater war darüber empört: Ich erziehe meine Tochter doch nicht zur Hure! Vergeblich flehte ich ihn an, mir wenigstens zu erlauben, irgendeinen anderen Beruf zu erlernen. Ich wollte nicht zu Hause herumsitzen und versauern. Genau das wäre dann auch tatsächlich beinahe passiert. Ich war schon siebenundzwanzig Jahre alt, als ich heiratete. Mein Vater hatte kein Verständnis dafür, dass es nicht nur für die Söhne wichtig war, einem Broterwerb nachzugehen. Meine Brüder durften schon im Alter von dreizehn Jahren das Haus verlassen. Kurzum: Mein armer Vater war zwar ein guter Mensch, in unserer Familie herrschte Frieden, aber er ging nicht mit der Zeit.

Anfang der Dreißigerjahre heiratete Franciska einen Herrenschneider aus der Batschka. Jetzt waren wir zu Hause nur noch zu dritt. Und die

Tage wurden eintönig. Ich versuchte mich in der Herstellung von Vordrucken für Stickereien und kam damit gut zurecht. Aber dann ging mein Vater pleite. Wir mussten unser Haus verkaufen und in eine Mietwohnung am Hauptplatz ziehen. Für dörfliche Verhältnisse war das eine ganz passable Wohnung mit zwei Zimmern und Küche, und die Zimmer hatten gestrichene Fußböden. Hier eröffnete mein Vater ein Ladengeschäft. Von einem Vertreter kaufte ich eine Vordruckmaschine. Dafür investierte ich 100 Pengő, die ich aber schon bald wieder heraushatte. Und auch das Geschäft meines Vaters brachte ich ein bisschen in Schwung. Doch wir mussten uns schon sehr ins Zeug legen. Von diesem ewigen Kampf ums Dasein hatte mein Vater allmählich genug. So übernahm ich den Einkauf und beriet ihn in geschäftlichen Dingen. Auch Kálmán gab nützliche Ratschläge. Er wusste, wie man einen Dorfladen führen musste. Ich lernte, Schaufenster zu dekorieren, wir gingen auf Messen. Mein anderer Bruder kam auch, um mitzuhelfen. Das Geschäft kam gerade ein bisschen in Gang, da kam der Krieg dazwischen.

Sechsunddreißig heiratete ich. Bei uns im Dorf war eine Synagoge gebaut worden, und zur Einweihungsfeier war ein junger Mann aus dem Nachbardorf gekommen. So lernte ich meinen späteren Mann kennen. Verehrer hatte ich auch vorher schon gehabt, es hatte auch eine Jugendliebe gegeben, aber derjenige lebte nicht mehr. Aber so ist es eben, für ein Mädchen von siebenundzwanzig Jahren kommt die große Liebe nicht mehr in Frage. Ich war weder in meinen Mann noch in irgendeinen meiner Bekannten in Budapest verliebt. Auf dem Dorf hat man nicht so viele Kontakte wie in der Stadt, es gibt nichts, worüber man sprechen könnte, man geht nicht zusammen tanzen. Auf dem Dorf ist man auf sich gestellt. Es war also nicht die große leidenschaftliche Liebe. Wir lernten uns kennen, und dann schrieb er mir eine Karte, in der er mich fragte, ob er am Sonntag zu Besuch kommen dürfte. Auch er hatte Pech im Leben gehabt, er stammte zwar aus einer wohlhabenden Familie, aber nach dem Tod seiner Eltern hatte einer seiner Brüder in einer einzigen Nacht das gesamte Erbe am Kartentisch verspielt. Seine Geschwister hatten das Abitur gemacht, er selbst war aber nur sechs Jahre zur Schule gegangen. Er stotterte ein bisschen, vor allem, wenn er mit Fremden sprach. Er war gelernter Gerber, hatte sich in allem Möglichen versucht, auch im Handel mit

Futtermitteln, und war schließlich als Arbeiter in der Hanffabrik gelandet. Das war seine letzte Arbeitsstelle.

Er kam also an dem verabredeten Sonntag, ordentlich gekleidet in einer graugestreiften Hose und schwarzen Weste, dazu trug er eine Jacke und Lackschuhe mit Einlagen. Von da an kam er jeden Sonntag. Er erzählte uns, dass er keine Eltern mehr habe, bei seiner Schwester wohne und endlich ein normales Familienleben führen wolle. Von Liebe war nicht die Rede.

Was mich betrifft, war es von meiner Seite eine Trotzheirat. Man hatte vorher versucht, mir eine Partie durch einen Schadchen* zu vermitteln, aber das wollte ich nicht. Darüber war mein Vater wütend: – Was bildest du dir ein, wie lange willst du uns noch auf der Tasche liegen? Wir leben ja auch nicht ewig. – Darauf erwiderte ich: – Gut, Vater, dann heirate ich eben den Erstbesten, der mich haben will. – Und er war der Erste.

Natürlich hatte auch ich Liebesromane gelesen. Ich hatte genauso romantische Träume wie alle anderen Mädchen. *Courths-Maler* war damals äußerst populär. Aber irgendwie dachte ich zu realistisch und hatte auch gar keine Zeit für Träume, ich war mit meiner Arbeit ausgelastet. Ich wusste, dass die Wirklichkeit für ein armes, ungebildetes Mädchen vom Lande anders aussah als in den Romanen. Mein großer Traum war es, aus diesem rückständigen Dorf herauszukommen, weiterzukommen und zu lernen. Vor allem lernen wollte ich. Aber das war nicht möglich. Es gab einfach keine Möglichkeiten zur Weiterbildung.

Im September feierten wir unsere Verlobung. Damals hatten wir noch unser Geschäft, das uns das Existenzminimum sicherte. Als ich heiratete, besaß ich ein graues Kostüm, zwei Kleider aus Wollstoff, ein dunkelblaues Kleid aus Chinakrepp, ein paar Sommerkleider, einen guten Sommer- und einen Wintermantel, ein Samtkleid und Wäsche. Außerdem bestickte Bettbezüge, unendlich viele Handtücher und Geschirrtücher. Alles, was zur Aussteuer eines Mädchens gehörte, hatte ich auch. Alle zwei Jahre kaufte ich einen neuen Hut. Nach Szentes oder nach Szeged ins Theater zu gehen, dafür reichte es aber nicht. Ich hatte deshalb so viele Sachen, weil ich mir außer mit dem Geschäft noch nebenher mit Handarbeiten

---

* *Schadchen:* jüdischer Heiratsvermittler

etwas Geld verdiente. Ich lebte zwar nicht im Elend, aber ich war arm. Damals galt jemand als reich, der Gold besaß, sich mit Schmuck behängte und nach der neuesten Mode gekleidet war. Also dazu gehörte ich nicht. Wir führten einen koscheren Haushalt, jede Woche ließen wir eine Gans oder eine Ente schlachten, doch es gab auch fleischlose Tage. Für Feiertage backten wir Kuchen, es gab auch Likör und einen Weißbrotzopf, damit wir Gästen etwas anbieten konnten. Zur großen Wäsche und zum Großreinemachen kam eine Frau zum Helfen. Zu meiner Mutter kam fast dreißig Jahre lang eine solche Zugehfrau.

Im November heirateten wir. Die standesamtliche Trauung fand am Vormittag auf dem Gemeindeamt statt. Ich trug mein graues Kostüm, dazu eine blaue Bluse und natürlich einen passenden Hut und passende Schuhe. Um drei Uhr nachmittags war die richtige Trauung, und danach gab es einen Empfang für die Gratulanten. Wir hatten zehn Schalen Gebäck und zehn Schalen Obst bereitgestellt. Die letzten Gäste gingen um neun Uhr abends. Wir blieben in einer der Stuben allein zurück. Ein Jahr später wurde mein Sohn geboren – tot.

Danach lebten wir zwei Jahre friedlich zusammen. Soweit man uns in Frieden ließ. Neununddreißig wurde meine Tochter geboren. Dann begannen die Einberufungen, zuerst für drei, später für sechs Monate. Mein Mann wurde als Soldat einberufen, aber nachdem er auf Urlaub gekommen war, wurde er schon Arbeitsdienstler.

Er kam nach Hause und holte seine zivile Kleidung ab, er würde in zwei Tagen entlassen, erzählte er. Er nahm das Fahrrad mit. Einige Zeit später brachte mir ein Bauernbursche sein Fahrrad wieder und überreichte mir einen Brief. In dem Brief schrieb mein Mann, er könne nicht zurückkommen, man hätte ihn zum Arbeitsdienst mitgenommen. Im September Einundvierzig ließ er ausrichten, ich solle unser Kind mit zu *Ilus* bringen, vielleicht könnten wir uns bei ihr treffen, sie wohnte nämlich in der Nähe des Bahnhofs.

Zu dieser Zeit hatte die Kleine gerade die Masern. Unser Treffen dauerte höchstens fünf Minuten. Es reichte kaum aus, um miteinander zu sprechen. Ich konnte ihm nur schnell sagen: Küss sie nicht, sie hat die Masern. Und dann nahm der Zug ihn auch schon wieder mit. Er weinte, der Arme, er weinte, wie ich noch nie einen Mann habe weinen sehen.

Noch im Januar wurde er ausgemustert, doch schon im März erneut einberufen. Danach habe ich ihn nicht wiedergesehen. Da gab es auch das Geschäft schon nicht mehr, wir lebten von meiner Handarbeit und 20 Pengő Unterstützung, die ich bekam, weil mein Mann einberufen war. Für meine Arbeit bekam ich mal eine Ente, mal etwas Mehl oder dergleichen. Was immer ich entbehren konnte, verkaufte ich.

Zweiundvierzig, nachdem mein Mann das letzte Mal eingerückt war, sah ich keinen anderen Ausweg mehr, als als Dienstmädchen nach Budapest zu gehen. Ich fand eine Anstellung bei einer achtköpfigen jüdischen Familie für 45 Pengő, die ich immer sofort nach Hause schickte. Der Hausherr war leitender Ingenieur gewesen, aber da er Jude war, entlassen worden. Die Frau des Hauses war entsetzlich bösartig. Die beiden lebten davon, dass sie Kostgänger hielten. Ich musste kochen und zusätzlich den ganzen Haushalt machen und die Fünfzimmerwohnung putzen. Nur zu den Feiertagen im Herbst und zu Ostern erlaubten sie mir, nach Hause zu fahren. Mein armer Vater wurde sehr krank. Meine beiden Brüder durften deshalb sogar vom Arbeitsdienst nach Hause fahren, mir aber erlaubte das die gnädige Frau nicht. Trotzdem hielt ich zwei Jahre bei ihnen durch.

Selbst als die Deutschen kamen, durfte ich nicht nach Hause fahren. Meine Mutter hatte geschrieben, dass man sie nach Mindszent gebracht hätte, das sei aber kein Grund zur Sorge, es ginge ihnen ganz gut, die kleine Irmus sei jedermanns Liebling. Mittlerweile mussten auch in Budapest die Juden auf engerem Raum zusammenrücken. Mein gnädiger Herr wurde mit einem SAS*-Einberufungsbefehl zum Arbeitsdienst eingezogen, die gnädige Frau hielt sich irgendwo mit ihrer Tochter versteckt. Ich hätte mit ihnen gehen sollen, aber das wollte ich nicht, weil ich sie dort auch nur hätte bedienen müssen. Ich blieb lieber in der Wohnung. Dort wohnten wir zu sechst, darunter zwei christliche Frauen.

Anfang Dreiundvierzig erhielt ich die letzte Postkarte von meinem Mann. Er schrieb, er habe Frost in beiden Beinen und in der linken Hand und sei im Krankenhaus. Er war erst in einer Strafkompanie in Topola gewesen und später in Kaschau. Ich antwortete ihm mit einer dicht

---

* SAS: Sürgős, Azonnali, Soronkívüli (Deutsch: Dringend, Sofort, Außerplanmäßig) (D. F.)

beschriebenen Karte. Über Umwege ließ er mir ausrichten, ich solle nicht so viel schreiben, weil man ihn dafür angebunden[*] hätte, und auch, dass ich auf die Kleine aufpassen und ihr etwas Warmes zum Anziehen kaufen sollte.

Zweiundvierzig wusste ich schon, was uns erwartete. In der Nachbarschaft wohnte ein polnisches jüdisches Ehepaar zur Untermiete, die beiden erzählten von Auschwitz. In Polen hatte man sie schon früher weggebracht. Im Haus wohnte auch ein junger Arzt mit seiner Frau und zwei kleinen Kindern. Auch sie erzählten, dass ihre Eltern nach Polen verschleppt worden seien. Ich schrieb meinem armen Vater, dass sie meine Kleine in Begleitung einer vertrauenswürdigen christlichen Frau zu mir schicken sollten. Eine meiner christlichen Mitbewohnerinnen versprach, dass sie sie auf dem Lande versteckt halten würde. Aber ich hatte nicht die Kraft, meinen Eltern die ganze Wahrheit zu sagen, nämlich: Ihr geht sowieso alle in den Tod. Es folgte ein flehentlicher Brief: Warum ich sie um ihre einzige Freude bringen wollte, Budapest würde bombardiert, die Kleine befände sich bei ihnen doch in Sicherheit. Ich weinte tagelang. Wie sollte ich ihnen die Wahrheit sagen? Ich würde sie selbst nicht retten können, aber vielleicht wenigstens das Kind … Schließlich hatte ich mich durchgerungen, aber mein Brief erreichte sie nicht mehr. Er kam wieder zurück. Dann erhielt ich doch noch eine offenbar in höchster Eile hingekritzelte Nachricht meines Vaters, dass sie irgendwohin gebracht würden, keiner wisse wohin, ich solle mich damit abfinden. Er schien zu spüren, dass wir uns nicht wiedersehen würden. Angeblich ist der Arme schon unterwegs im Waggon gestorben. Im Nachhinein erfuhr ich, dass der Szegvárer Jungpfarrer in das Sammellager in Szeged gegangen war, um meine Tochter herauszuholen. Aber er fand sie dort nicht mehr. Die Grauen Schwestern, die oben im Dorf einen Kindergarten führten, hatten schon vor ihm versucht, das Kind wegzubringen, aber meine Mutter wollte es nicht hergeben. Mein Vater war 70 Jahre alt, meine Mutter 65, die kleine Irmus 5 und ein halbes … Sie alle gingen nach Auschwitz.

---

[*] Das Anbinden war eine Form der Bestrafung beim Militär. Der Soldat wurde meistens an einen Pfahl gebunden und musste stundenlang stehen, auch bei extremer Witterung. (D.F.)

Am 9. November 1944 kamen zwei Gendarmen und ein Pfeilkreuzler in Zivil zur Tür herein. Ich war die Einzige, die keinen Schutzausweis hatte. Deshalb wurde ich zum Börsenpalast gebracht, dorthin trieb man Leute ohne Papiere. Als so etwa zweihundert zusammengekommen waren, führte man uns unter der strengen Bewachung durch Pfeilkreuzler zur Ziegelei nach Óbuda. Am nächsten Tag mussten wir Richtung Deutschland losziehen und täglich etwa 25 bis 30 Kilometer marschieren. Unterwegs hatte ich zweimal das Gefühl, es ginge mit mir zu Ende. Einmal in Dunaalmás, wo ich zweimal hintereinander in einen Graben fiel. Als ich im Stockdunkeln wieder herausgezogen wurde, war ich gar nicht richtig bei Bewusstsein. Als ich wieder zu mir kam, waren meine Brille und meine Strickjacke verschwunden. Jemand aus unseren Reihen musste mir beides abgenommen haben. Das zweite Mal war in Süttő, dort wurden wir auf einen Marktplatz getrieben und mussten stundenlang unter freiem Himmel stehen. Wer zu fliehen versucht, sagte man uns, wird erschossen. Wir waren von Soldaten mit Maschinengewehren umstellt. Bei Győr umkreiste mich ein junger Mann auf seinem Fahrrad, er redete mir zu, aus der Reihe zu treten und mit ihm zu gehen, aber ich traute mich nicht. Einmal übernachteten wir auf einem Frachtdampfer. Alle dachten, man wolle uns versenken. Wir übernachteten in Scheunen, Speichern und auf Dachböden. In Almásfüzitő sahen wir hinter einem Stacheldraht Arbeitsdienstler. Einer von ihnen reichte mir eine Konserve mit Leber durch den Zaun. Die Wächter erschossen ihn auf der Stelle.

Nach neun Tagen erreichten wir erschöpft und todmüde Zurndorf. Auf dem ganzen Weg hatten wir nur zweimal etwas zu essen bekommen. Ich hatte genug Kekse und Brot bei mir gehabt, sodass ich nicht verhungert war. Bis hierher hatten uns ungarische Soldaten bewacht. Sie brachten uns noch bis zum Bahnhof und übergaben uns dort deutschen Soldaten, die uns in Waggons verfrachteten. Wir waren förmlich erleichtert, nicht mehr zu Fuß gehen zu müssen. Wir wurden nach Türkheim gebracht, Auschwitz war zu diesem Zeitpunkt schon befreit. Stundenlang saßen wir auf dem Fußboden im Hof eines riesigen Lagers, es war eisig kalt. Es wurde eine Leibesvisitation durchgeführt, die bis zum Abend dauerte. Man zog mir mein Kleid aus und nahm mir meine Jacke und mein rotes Lederportemonnaie weg. Dass sie mir meinen Ehering ließen, war ein großes Wunder. Sie nahmen jedem alles weg.

Wir wurden auf Blöcke verteilt. Mindestens hundert, vielleicht auch mehr, wurden in einem Raum untergebracht. Wir schliefen auf pritschenartigen Etagengestellen, die mit Stroh bestreut waren. Was uns an Eigentum geblieben war, legten wir uns unter den Kopf, um es vor Diebstahl zu schützen. Auch meinen Rucksack hatte man mir weggenommen. Aus unseren Mänteln mussten wir in der Mitte des Rückens ein Stück herausschneiden und mit einem anderen Stoff flicken. Außerdem erhielten wir eine Zahl, die wir auf die linke Seite des Mantels nähen mussten. Nach zehn Tagen bekamen wir zum ersten Mal etwas Richtiges zu essen: eine dünne Suppe und etwas Gemüse.

Wir begannen sofort, nach Angehörigen und nach Budapestern Ausschau zu halten. Dabei entstand eine Art Hilfsgemeinschaft aus drei bis vier Personen. Ich lernte eine Frau kennen, die zwei Jahre älter war als ich und vom langen Fußmarsch sehr mitgenommen war. Ihr Mann war beim Arbeitsdienst, ihren fünfjährigen Sohn hatte sie zu Hause gelassen. Wir freundeten uns allmählich an. Bis zum 3. Januar blieben wir in Türkheim. Hier erfuhren wir zum ersten Mal so etwas wie Menschlichkeit. Es war der Lagerführer, und wir fragten uns, wie so ein Mensch SS-Offizier sein konnte. Ich selbst hatte bezüglich der Schuhe Glück gehabt: Bevor sie mich mitnahmen, hatte ich meine wasserdichten Stiefel frisch besohlt vom Schuster abgeholt und außerdem hatte ich noch zwei Stützbandagen bei mir. Viele der Lagerinsassen besaßen keine Schuhe mehr, schon unterwegs mussten sie ihre Füße in Lumpen wickeln. Unser Lagerführer hatte das bemerkt und alle ins Magazin geschickt. Dort bekam jeder ein Paar Schuhe und eine Stoffhose.

Wir arbeiteten bei der Eisenbahn und entluden Paneele aus Waggons. Eines habe ich noch vergessen zu erzählen. Nachdem man mir meine Brille weggenommen hatte, holte eine Frau aus ihrer Tasche eine Brille hervor und sagte zu mir: Guck mal, ob du die gebrauchen kannst. Der Körper dieser Frau war vollkommen mit Furunkeln bedeckt. Ilu wurde meine andere Lagerschwester, wir hielten immer zusammen. Anfang Januar kam der Befehl, dass 150 von uns in ein anderes Lager umquartiert werden sollten. Wir kamen nach Landsberg in das Lager 11, 3 Kilometer von der Stadt entfernt. Man brauchte uns hier dafür, dass wir Pferdewagen zogen. Wir transportierten damit Medikamente, Lebensmittel und Heizmaterial. Ich hatte wieder Glück. Ein Arzt aus Miskolc wählte 80

Frauen, darunter mich, aus und ließ sie von einem deutschen Arzt untersuchen. Ich hatte sehr schlimme Krampfadern. Die Ärzte erklärten daraufhin, man könne mit solchen Beinen keine 20 bis 25 Zentner schweren Wagen ziehen. Ilu wurde untersucht, weil sie an Händen und Beinen zitterte. Wir wurden beide ins Lager 7 geschickt, wo nach zwei Wochen eine Flecktyphusepidemie ausbrach. Das Lager wurde abgesperrt, und die Deutschen wagten nicht, auch nur in unsere Nähe zu kommen. Wir schleppten das Essen in Kübeln aus der Küche, die Blockälteste teilte aus. Das Mittagessen bestand aus einer dünnen Suppe mit ein wenig Gemüse. Manchmal schwammen ein paar kleine Stückchen darin. Einmal traf ein Waggon mit Kartoffeln ein. Ich meldete mich dafür, sie in den Keller zu schleppen, in der Hoffnung, für meine Lagerkameradinnen, denen es besonders schlecht ging, ein paar Kartoffeln abzweigen zu können. Es gab auch ein kleines Krankenhaus. Eine meiner Lagerschwestern – wir sagen heute noch so zu uns – war Krankenschwester, sie konnte Verbandsmaterial und Medikamente für Ilu besorgen, die furchtbar unter ihrer eitrigen Furunkulose litt.

Nachdem wir nach Deutschland gekommen waren, blieb unsere Periode aus. Angeblich deshalb, weil man uns Arsen ins Essen mischte. Drei Wochen vor der Befreiung hatte ich zum ersten Mal wieder meine Regel. Ich fühlte mich sehr schlecht und hatte natürlich keine Watte bei mir, und als wir aus der Baracke getrieben wurden, versuchte ich rückwärts von der Pritsche zu klettern, was natürlich gegen die Vorschriften verstieß. Der deutsche Soldat schlug mir dreimal mit der Peitsche auf den Rücken, bis dieser ganz wund und blutig war. Klári holte Gaze aus dem Krankenhaus und cremte mich ein, ohne sie wäre ich sicher an Blutvergiftung gestorben. Ein anderes Mal bückte ich mich, um mir die Schuhe zuzubinden. Da schlug mir ein SS-Offizier dermaßen brutal ins Gesicht, dass ich zwei Zähne ausspuckte. In Türkheim war ein Häftling aufgehängt worden, der ein Stück aus seiner Matratze geschnitten hatte, um sich Ohrenschützer daraus herzustellen. An ihm sollte ein Exempel statuiert werden.

Bis April hatten wir so gut wie nichts zu tun. Nach dem Appell frühstückten wir, zu zehnt bekamen wir täglich ein kantiges Brot und je einen Becher schwarzen Kaffee. Wenn gute Laune herrschte, bekamen wir zusätzlich ein bisschen Fruchtmarmelade. Wir gingen zu dieser Zeit 39 schon nicht mehr aus dem Lager zum Arbeiten. Unser Block lag neben dem Drahtzaun und befand sich mitten in einem wunderschönen Wald. Ich bemerkte irgendwann, dass ein Mann in einem Ledermantel jeden Tag Zettel durch den Zaun warf. Es stellte sich heraus, dass er uns Nachrichten zukommen ließ. So erfuhren wir, dass die Kämpfe schon ganz in unserer Nähe stattfanden und die Deutschen deshalb sehr unruhig waren.

Mitte April fingen sie an, uns von einem Ort zum anderen zu schleppen. Mir war damals schon alles egal, ich hatte vor nichts mehr Angst. Ich strich alleine herum, fand die Küche, im Keller waren zwei Zentner Kartoffeln. Ich sagte den anderen Bescheid, und wir kochten die Kartoffeln in einem Kessel. Als wir dann auch von dort weiterzogen, hatte jede von uns einen Beutel mit gekochten Kartoffeln dabei. Fünf Tage lang wurden wir in offenen Waggons bei strömendem Regen hin- und hertransportiert. Unterwegs trafen wir Menschen aller möglichen Nationalitäten. Einmal wurde neben uns ein Zug mit Munition abgestellt. Wir hörten das Dröhnen von Flugzeugen, sie fingen an, die Züge zu bombardieren. Es gab sehr viele Verletzte und Tote. Wir sprangen vom Zug und rannten in den Wald. Jetzt müsste man fliehen. Aber wohin? Und wie? Bleibt hier, sagte ein Mithäftling weinend, sie bringen uns nach Dachau! Wir kletterten zurück in den Waggon. Wir hörten furchterregende Einschüsse, der Munitionswagen neben uns explodierte. In einem anderen Waggon befanden sich Frauen mit Kleinkindern, mehrere von ihnen hatten ihre Kinder hier geboren. Es gab kein Wasser, wir waren ausgetrocknet. Um Wasser zu finden, lief ich zwischen den Sterbenden umher, überall hörte ich Stöhnen und Flehen: Wasser, Wasser. Noch heute läuft es mir kalt über den Rücken, wenn ich daran denke. Am Samstagmorgen fuhren wir in einen Bahnhof ein. Im Abstand von jeweils einem Meter standen SS-Soldaten mit Handgranaten. Es gab Fliegeralarm, und sie verschwanden. Das passierte am 28. April in Dachau. Es goss in Strömen, und wir zitterten vor Kälte in unserem Waggon, der auf einem Nebengleis abgestellt worden war. Am nächsten Tag erschien ein deutscher Offizier: Wer Kraft habe, solle seine Sachen zusammensammeln, das Lager befände sich in drei Kilometern Entfernung. Wir schleppten uns dorthin und bemerkten dann auf dem Dach des Lagers die weiße Fahne. Vor Glück brachten wir kein Wort heraus. Die Deutschen hatten sich ergeben.

Wir wurden in einen Waschraum getrieben. Mich überfiel eine dumpfe Ahnung, was das bedeuten könnte. Und dann rauschte plötzlich tatsächlich warmes Wasser aus der Dusche. Da fing ich an, entsetzlich zu weinen, ich konnte gar nicht wieder aufhören. Wir erhielten Kleidung und Decken, man brachte uns in warme Räume, gab uns warmen Kakao und Honiggebäck. Ein Deutscher in Zivil fragte, wer Deutsch oder Französisch spricht. Meine Lagerschwester Ilu meldete sich. Ob sie ein Geheimnis für sich behalten könne? Noch heute werde das Lager befreit, aber sie solle niemandem davon erzählen, weil sonst Panik ausbrechen könnte. Ich heulte den ganzen Tag, aber es war immer noch nicht alles vorüber. Am nächsten Tag gab es einen letzten Appell. Die Deutschen ließen 5000 Juden heraustreten, um sie von einem Kommando erschießen zu lassen. Doch dazu kamen sie nicht mehr, der Fliegeralarm vertrieb sie.

Am Nachmittag um fünf vor halb fünf sahen wir die ersten Amerikaner. Sie rissen alle Hitlerbilder herunter. Mindestens 200 Deutsche, die sich als Häftlinge verkleidet hatten, wurden aus dem Gebäude geführt. Wir hörten ein entsetzliches Geschrei, vom Fenster aus bekamen wir mit, was vor sich ging, die Türen blieben für uns verschlossen. Schließlich kamen amerikanische Soldaten und warfen uns Schokolade zu. Und plötzlich fragte einer auf Ungarisch: Ist hier jemand aus Miskolc? Es meldeten sich drei, alle drei brachte er nach Amerika. Man begann damit, uns gegen Typhus zu impfen. Nach der dritten Impfung kriegte ich Flecktyphus, aber am ersten Mai ging ich hinaus auf den Appellplatz, um zu feiern, obwohl ich krank war und Fieber hatte. Am 9. Mai sah ich, wie die Waffen aufgeschichtet und angezündet wurden. An diesem Tag war der Krieg zu Ende.

Ein französischer Arzt stellte bei mir Typhus fest. Wegen der Impfungen hatte ich keinen Hautausschlag. Drei Wochen lag ich im Dachauer Krankenhaus bei den Schwerkranken, ich konnte keine Nahrung bei mir behalten, musste alles erbrechen. Dann wurde ich nach München verlegt, wo ich auf Schokolade gesetzt wurde. Es hatte sich herausgestellt, dass Schokolade das Einzige war, was ich vertrug.

Eines Tages kam ein Mann herein, der wissen wollte, ob Ungarn unter uns wären. Ich und drei andere meldeten sich. Ich bitte eine der Damen, so drückte er sich aus, mir meine Socken zu stopfen. Holen Sie sie nur, ich mache das. Die muss ich nicht holen, die habe ich an. Und er zeigte ein

Loch, das größer war als die Socke selbst. Seitdem wich er mir nicht mehr von der Seite. Zwei Monate lang verfolgte er mich auf Schritt und Tritt. Er versuchte, mich dazu zu überreden, mit ihm zusammen in Deutschland zu bleiben. Seine Frau sei zehn Jahre älter als er, und seine Tochter zehn Jahre alt. Sicher hätten sie all das Furchtbare nicht überlebt. Realistisch, wie ich bin, sagte ich mir, dass mein Leben mit ihm vielleicht leichter wäre, doch ich wollte nicht im Ausland bleiben. Ich hatte auch einen Mann, wenn er denn noch lebte, und eine kleine Tochter, und bis ich nicht wusste, wie es um sie stand, wollte ich keine voreiligen Entscheidungen treffen. Er blieb tatsächlich da. Später erhielt ich von ihm einen auf Firmenpapier geschriebenen Brief, in dem er bedauerte, dass ich nicht bei ihm geblieben war, und am Ende des Briefes erwähnte er so ganz nebenbei: seit drei Wochen ist meine Frau wieder da.

Einmal gingen wir in die Stadt nach München, um uns für unsere Lagerausweise fotografieren zu lassen. Da sah ich eine deutsche Frau mit einem Mädchen, blondgelockt und blauäugig wie meine kleine Irmus. Schreiend wollte ich mich auf die Frau stürzen, das sei mein Kind. Wir waren zu zehnt oder mehr, alle stellten sich mir in den Weg, ich solle keinen Skandal machen, aber ich schrie und schrie, als hätte ich den Verstand verloren.

Wir wurden in eine andere Stadt gebracht, wohin irgendein ungarisches Provinzkrankenhaus geflohen war. Dessen Direktor, ein hoher Pfeilkreuzler, sträubte sich, uns ehemalige KZ-Häftlinge aufzunehmen. Amerikanische jüdische Soldaten erfuhren, dass sich Lagerbewohner im Krankenhaus befanden, ohne Decke, ohne Kissen, ohne irgendetwas. Sie brachten uns Bettwäsche, Geschirr und Grundnahrungsmittel, und zusammen mit einer anderen Frau übernahm ich das Kochen. Die Amerikaner besuchten uns jeden Sonnabend. Wir lebten wie die Maden im Speck. Drei Monate verbrachten wir so in Ingolstadt. Sie hätten uns auch mit nach Amerika genommen, aber Ilu und ich erklärten, dass wir nicht gehen wollten. Um nach Hause nach Ungarn zu gelangen, mussten wir zunächst in irgendein Lager ziehen. Es wurde ein Zug zusammengestellt, und 36 Deportierte konnten gemeinsam mit Arbeitern aus Győr losfahren. Unterwegs stieg ich mit meiner Freundin aus, um Wasser zu holen. Inzwischen fuhr der Zug ab. Nur mit der Kleidung, die wir auf dem Leib hatten, und ohne Papiere wurden wir in einen anderen Zug gesteckt, aber da die Russen uns nicht übernehmen wollten, mussten wir wieder aussteigen. Meine Freundin Ilu flehte mich an, wir sollten doch in Wien bleiben, aber ich wollte nur nach Hause. Am 9. November kamen wir endlich an.

Von einer meiner Tanten erfuhr ich, dass niemand aus meiner Familie zurückgekommen war. Ein anderer entfernter Verwandter wollte nichts mit mir zu tun haben. Bei jener Tante blieb ich drei Wochen, wir schliefen Fuß an Kopf auf ihrer Récamière. Später fand ich dann doch noch meine beiden Brüder Kálmán und Sanyi. Sie rieten mir zu heiraten. Sie scherten sich nicht viel um mich. Ich lungerte in Budapest herum, manchmal hatte ich zu essen, manchmal hungerte ich. Dann fand ich meine Schwester Ilu und ihre Familie. Wir fuhren zusammen nach Hause nach Szegvár. Meinem Schwager ging es sehr schlecht. Ich wollte mich nicht wieder in Szegvár niederlassen und so zog ich mit einer Bauernfuhre wieder zurück nach Budapest. Ich fand heraus, dass meine Lagerschwester Ilu in der Kresz Géza Straße wohnte. Ich klingelte an ihrer Tür, und Ilu öffnete. Sie war fein gekleidet und schön frisiert. Ich erkannte sie kaum wieder. Ich blieb als Haushälterin bei ihr. Ihr Mann war Kommissar im Ministerium für die Verstaatlichung des Bergbaus. Sie hatten eine Zweizimmerwohnung. Zwei Jahre arbeitete ich bei ihnen. Seelisch ging es mir ganz schlecht, ich war gar nicht richtig bei mir. Mit viel Mühe und durch Beziehungen bekam ich endlich im Kossuth Filmtheater eine Stelle als Platzanweiserin. Aber das Geld, das ich verdiente, reichte hinten und vorne nicht. Eine andere Lagerschwester brachte mir das Weben von Schals bei. Für einen Schal bekam ich 3 Forint. Im Kino verdiente ich 360 Forint und für meine Untermiete musste ich achtzig Forint zahlen. Von meinem Geld konnte ich mir schon ein Kostüm leisten und eine echte Seidenbluse. Das ging natürlich nicht lange so, bald war es aus mit dem Weben von Schals.

Ich nahm jede Arbeit an, um eine eigene Wohnung kaufen zu können. 1960 bekam ich endlich einen Vertrag auf Leibrente für eine Einzimmerwohnung zum Hof. Da war ich fünfzig. Als die Wohnung dann auf meinen Namen überschrieben wurde, war ich neunundsechzig.

In den Sechzigerjahren bekam ich Besuch von einer Journalistin. Sie erkundigte sich nach meiner Tochter und wollte wissen, ob ich mich noch an ihre Haarfarbe, die Farbe ihrer Augen oder an ein besonderes Merkmal erinnern würde. Ich erinnerte mich sogar an ihre Fußnägel, an ihr Seufzen. Es stellte sich heraus, dass ein Mädchen ungarischer Abstammung auf der Suche nach ihrer Mutter aus Warschau anreisen würde. Die Journalistin machte mir keine Hoffnungen, es hätten sich schon viele gemeldet, ich solle mich nicht in etwas hineinsteigern. Aber von dem Augenblick an konnte ich nur noch an das Mädchen denken. Als der Zug aus Warschau eintraf, stand ich schon auf dem Bahnsteig. Dort drängten sich unglaublich viele Menschen, auch alle möglichen Offiziellen. Reden wurden gehalten, und das Mädchen bekam Blumensträuße. Die Arme lächelte nur verlegen. Bald erhielt ich die Nachricht, dass auch ich zu dem engeren Kreis der Kandidatinnen gehörte. Am Donnerstag würde das Mädchen mich zu Hause besuchen. Ich bereitete alles vor, buk Pogácsa und Kekse und ging auch zum Friseur. Sie sollte sehen, dass ihre Mutter auf sich hielt, auch wenn sie sehr bescheiden lebte. Denn ich hatte überhaupt keinen Zweifel daran, dass sie meine kleine Irmus war.

Ich betete darum, mit ihr allein sein zu können, dann würde sich sofort herausstellen, dass sie mir gehörte und niemandem anderen. Ich erkannte sofort ihr lockiges Haar wieder, ihre kleinen schönen Zähne, ihr kindliches Lächeln. Sie fragte alles Mögliche, zum Beispiel ob bei uns im Garten ein Aprikosenbaum gestanden hätte. Ein Kirschbaum, verbesserte ich, aber sie bestand auf einem Aprikosenbaum. Sie erinnerte sich an einen großen, geblümten Morgenmantel. So einen hatte ich tatsächlich getragen. Und das Haus meines Vaters sah auch so aus, wie sie es beschrieb.

In den zwei darauf folgenden Wochen war ich entsetzlich aufgeregt. Ich konnte mich auf nichts konzentrieren. Ich wurde zur Abschiedsfeier eingeladen, auf der die Wahrheit ans Licht kommen sollte. Wieder viele Menschen, lauter alte Frauen mit geschwollenen Beinen in orthopädischen Schuhen. Wir alle schwitzten vor Angst und Aufregung, und jede war davon überzeugt, dass das Mädchen ihre Tochter war, die man ihr geraubt hatte, die sie jetzt aber zurückbekäme. Das Mädchen lächelte nur und sagte, wir seien alle ihre Mütter. Schon im nächsten Moment wurde sie abgeholt und in einem Wolga zum Bahnhof gebracht. Lange Zeit wartete ich noch auf eine Nachricht, aber niemand schrieb mir. Irgendwann legte sich schließlich die große Aufregung.

Vierundsechzig ging ich zwar in Rente, aber ich arbeite immer noch. Inzwischen habe ich meine Garderobe erneuert, die alten, verschlissenen Möbel gegen neue ausgetauscht und meine kleine Wohnung renoviert. Sie ist jetzt komfortabler, ich habe ein WC und ein Badezimmer. Von Krankheiten blieb ich nicht verschont. Ich musste an den Beinen operiert werden, einmal verbrannte ich mir ganz schlimm die Hand. Siebzig hatte ich eine Operation am Bauch, und ich leide außerdem an starker Gefäßverengung.

Nach siebzehn Jahren Wartezeit wurde mein Antrag auf einen Telefonanschluss positiv beschieden. Ich besitze alle Haushaltsmaschinen, die eine alte Frau benötigt.

Die zwei Jahre, die ich mit meinem Mann verbracht habe, waren die schönsten Jahre meines Lebens. Zwar waren wir arm, aber unser Leben war voller Liebe und gegenseitiger Achtung, auch meinen Eltern gegenüber. Und mein Leben, wie es jetzt ist, ist der Lohn für 35 Jahre Arbeit. Ich habe meine Zeit ja nicht nutzlos verbracht.

Alles Übrige … alles Übrige ist Trauer, Leid und Erniedrigung. Trotzdem lasse ich mich nicht unterkriegen, man sieht mir die fünfundsiebzigjährige Leidenszeit nicht an. Pläne habe ich auch noch. Als Nächstes lasse ich mir die Hebevorrichtungen meiner beiden Récamièren reparieren, damit ich mich nicht so abmühen muss. Ich kann auch heute noch von Herzen lachen. Was auch immer mir widerfahren ist, ich habe mich nie beklagt und mich immer wieder aufgerafft.

Judit Fenákel

Ich kann wohl von mir behaupten, dass ich in einer schlechten Zeit geboren wurde und in schlechten Zeiten gelebt habe.

Meinen Vater hat man aus einem Dorf im Komitat Békés zum Arbeitsdienst verschleppt, meine Mutter und ich wurden nach Österreich deportiert. Mein Vater wurde in Kőszeg ermordet, meine Mutter und ich überlebten und zogen nach dem Krieg nach Szeged. Dort besuchte ich das Lehrerseminar, die pädagogische Hochschule und die Universität. Ich unterrichtete, schrieb für Zeitungen und gab später die Universitätszeitung heraus.

Nach einer Weile musste ich einsehen, dass ich den stalinistischen Normen und Wertvorstellungen nicht entsprechen konnte. Daraufhin zog ich mit meinem Mann und meinem Sohn nach Budapest. Sechzehn Jahre lang arbeitete ich für die Frauenzeitschrift „Nők Lapja". Nach meiner Arbeit als Verlagslektorin bei der Zeitschrift „Családi Lap", einem Familienmagazin, ging ich in Rente. Nebenbei schrieb ich viel: Novellen, Hörspiele, Romane. Das tue ich auch heute noch, mit unermüdlichem Interesse an einer Welt, in der die Menschenwürde so wenig gilt.

TEIL II

„*Aber wir waren dort!*"

Vera Szöllős

SEI TANTE SONNE!

„21. Februar 1937. Abschlussfeier im Kindergarten. Ich habe sehr viel zu tun. Klári ist bei uns. Sie fühlt sich nicht gut. Ich komme nicht darauf, was die Ursache für ihr Unwohlsein ist, denn wir erwarten den kleinen Neuankömmling erst in einem Monat. Am Nachmittag geht sie nach Hause. – Am nächsten Morgen (Montag, den 22.) um 6 Uhr kommt Laci: „Wir haben eine Tochter!" Vor Aufregung stockt mir das Herz. – Frühgeburt, 2 kg. – Am Nachmittag renne ich los, um meine Tochter und mein erstes Enkelkind zu sehen. Eine winzige Porzellanpuppe, ein süßes, ebenmäßiges Gesichtchen, alles an ihr ist richtig proportioniert, aber sie ist so unwahrscheinlich klein. – Nach zwei Tagen treten Unregelmäßigkeiten beim Atmen auf. Sie bekommt keine Luft, das kleine Gesicht fällt in sich zusammen, wird noch kleiner, es wird schwarz. – Einen Arzt! – schreie ich. Sie reißen mir das Kind aus dem Arm und rennen mit ihm weg. Nach einer Weile bringen sie es rosig und lebendig wieder zurück. Der Arzt streichelt mich. Es ist alles in Ordnung, beruhigen Sie sich. Anscheinend stand mir die Todesangst ins Gesicht geschrieben. Da wurde mir bewusst, dass meine Enkelin der größte Schatz in meinem Leben ist."

Mit diesen Worten beginnen die Aufzeichnungen, die meine Großmutter für mich notiert hat, um sie mir im Februar 1955 zu meinem 18. Geburtstag zu schenken. Sie schrieb ihre Erinnerungen in ein dünnes Schulheft. Auf dem Umschlag steht: *„Großmamas Aufzeichnungen"*. Das Heft ist in schönes Weihnachtspapier gewickelt. Zwischen den Seiten fand ich etwas, das sie später dazugelegt hat, ein vierblättriges Kleeblatt aus Papier, das sie von Kindern bekommen hatte, die gemeinsam mit uns nach Österreich deportiert worden waren. Aber dazu später.

Ich wurde liebevoll gehegt und gepflegt. Auf den Fotos, die etwas später gemacht wurden, lächelt schon ein fröhlicher, pausbäckiger Säugling in die Kamera.

Die Person, die meine Kindheit am stärksten prägte, war: meine Großmutter. Meine Mutter ist mir als verträumt und etwas unreif in Erinnerung geblieben, wie ein weiteres Kind, das umsorgt werden musste.

Meine Großmutter war schon damals in der jüdischen Gemeinde von Szeged eine bekannte Persönlichkeit, sie war Gründerin und Leiterin des Gemeindekindergartens. Noch dreißig Jahre später riefen ältere Passanten auf der Großen Ringstraße, wenn sie meine Großmutter erblickten, glücklich: Tante *Ilonka!*

Der Kindergarten war nach dem modernen *Montessori*-Konzept eingerichtet und wurde entsprechend geführt. Die Kinder saßen auf hellblau gestrichenen kleinen Stühlen an ihren winzigen hellblauen Tischen. Auch ein Puppentheater war in diesen Farbtönen gehalten. Ringsum an den Wänden hingen Wandtafeln, in der richtigen Höhe für die Kinder, die darauf nach Herzenslust kritzeln durften. Es gab jede Menge Buntstifte und Kreide, Papier zum Malen und zum Falten, Knetmasse und bunte Materialien zum Flechten und Weben lagen bereit. Es wurde viel gemeinsam gesungen und gespielt, mehrmals im Jahr veranstalteten wir im Festsaal der Gemeinde zu den Feiertagen oder zu den sogenannten Kindergartenprüfungen eine Aufführung.

Aus meiner Altersgruppe haben nur wenige Kinder den Holocaust überlebt. In den Siebzigerjahren, als ich öfters nach Szeged fuhr, weil unser Sohn seinen 11-monatigen Wehrdienst in Hódmezővásárhely ableistete, besuchten wir einen ehemaligen Klassenkameraden von mir, *Feri Herz*. Wir gingen zusammen in der Stadt spazieren, und als wir zur Synagoge kamen, sagte er plötzlich geheimnisvoll: – Kommt mal mit, ich muss euch was zeigen! Er führte uns in das Gemeindehaus, dann eine enge, gewundene Hintertreppe hinauf in eine dunkle Kammer. – Guckt mal! – sagte er. In einer Ecke standen übereinander gestapelt einige der von damals übrig gebliebenen hellblauen Kindergartenmöbel. Zu der Zeit lebte meine Großmutter schon nicht mehr. Dieser Anblick wird mir unvergessen bleiben.

„Nach der Arbeit gehe ich jeden Tag zu ihnen" – schreibt meine Großmutter – *„Vera ist schon so groß und kräftig, dass ich sie zu mir auf den Diwan heben kann, auf den ich mich lege, um ein wenig auszuruhen, und wir „schmusen": Sie streichelt mich, und ich singe ihr vor. Am Ende des Spiels steht sie auf meinem Bauch, ich halte sie um die Taille, und sie hüpft zu dem*

wunderschönen Lied, das ich gedichtet habe: Vera, das kleine Mädchen, sie lebe hoch! Vera, sie lebe, sie lebe, sie lebe hoch!"

Die Erinnerung an diese wunderschöne Begebenheit kam mir beim Spielen mit meinen eigenen Kindern instinktiv wieder ins Bewusstsein.

„Eines Tages im Winter war Klári krank (wenn ich mich richtig erinnere, hatte sie sich von den vielen Medikamenten, die sie einnehmen musste, eine Nesselsucht und eine Vergiftung zugezogen). Wie gewöhnlich war ich nach der Arbeit zu ihnen gegangen. Als Vera aus ihrem Mittagsschlaf aufwachte, weinte sie bitterlich. Wir hatten keine Ahnung, warum sie so weinte, und es gelang uns auch nicht, sie zu beruhigen. Schließlich nahm ich sie auf den Schoß, zog sie an und trug sie im Schneegestöber auf dem Arm zu mir nach Hause, von der Bercsényi Straße zur Polgár Straße, über den dunklen, kalten, schneebedeckten Rákóczi Platz, bis wir endlich bei mir ankamen. Meine Anstrengung wurde belohnt, als Vera sich beruhigt an mich schmiegte, mich umarmte und sagte: meine Großmama."

Wie ich später herausfand, war ich damals zwei Jahre alt. Meine Großmutter war wahrscheinlich unterwegs erschöpft gewesen und hatte mich ein wenig auf die Beine gestellt, denn in meiner Erinnerung gehen wir Hand in Hand über den Platz. Ich bleibe stehen und breite die Arme aus, damit sie mich aufhebt. Ich erinnere mich ganz genau an das überwältigende Gefühl von Sicherheit, als ich wieder auf ihrem Arm war.

Ich war ganz klein, noch keine zwei Jahre alt, als ich in den Kindergarten kam. Meine Großmutter bat mich, sie dort mit Tante anzusprechen, wie die anderen Kinder es auch taten. Es ist gut möglich, dass ich das meistens beherzigte, aber ich genoss es wahnsinnig, wenn alle ganz still waren, laut und durchdringend zu rufen: „Großmama!"

Mein Vater arbeitete im Militärkrankenhaus, er installierte, wartete und reparierte medizinische Geräte. Der dort tätige Oberarzt *Pál Széll* hatte ihm falsche Papiere verschafft, in denen seine Religionszugehörigkeit mit reformiert angegeben war, um zu ermöglichen, dass mein Vater mit ihm zusammen an die sowjetische Front ziehen konnte. Zum einen wollte er wohl nicht auf den ihm schon vertrauten Fachmann verzichten, zum anderen wusste er eventuell bereits über die Situation der Arbeitsdienstler Bescheid. Das war der Grund, weshalb mein Vater zwei Jahre bei der Versorgungstruppe in Kiew diente. Da er nach zwei Jahren ausgemustert wurde, kam er gerade zurück, als die Deportationen begannen.

51

Inzwischen hatte mein Großvater aufgrund der Judengesetze seine Stellung verloren. In dieser schwierigen Lage entschied die Familie, dass meine Großeltern in die Wohnung neben unserer einziehen sollten. Mit Genehmigung von Dr. Széll, in dessen Haus wir wohnten, rissen wir die Trennwand zwischen den beiden Wohnungen ein und lebten so quasi in einem Haushalt. Aus unserer Einzimmerwohnung führte eine Tapetentür in die Küche meiner Großeltern. Großmama bereitet einen Imbiss. *„Wir essen Sandwiche"* – sagt sie und legt einige Scheiben saure Gurken auf die Leberwurstbrote. Sie sitzt auf dem Stuhl, ich auf dem Schemel. Großmutter näht, stopft und erzählt dabei. Hänsel und Gretel mag ich nicht. Was sind das für Eltern, die ihre Kinder im Wald aussetzen?! Dornröschen gefällt mir, die düstere Geschichte von Schneewittchen macht mich nachdenklich. Und die ungewöhnlichen Märchen von Andersen sind zauberhaft: der standhafte Zinnsoldat, das Mädchen mit den Streichhölzern, die kleine Meerjungfrau … und dann die Balladen von János Arany, die sie in einer ungewöhnlichen poetischen Sprache nacherzählt. Als ich ihnen in der Schule wieder begegne, sind sie für mich schon alte Bekannte. Vor meinem inneren Auge erscheint Cicelle Rozgonyi, wie sie *„ihr Pferd Muci mit Leckerbissen heranlockt"* und wie der *„Windhauch des Schmetterlings ihr meergrünes Kleid bewegt"*. Ich fühle mit Erzsébet Szilágyi, die Angst hat und fragt: *„Wer bringt meinen Brief am schnellsten nach Prag, hundert Goldstücke und das Pferd als Lohn für die Strapazen."* Und die Barden von Wales ziehen trotzig in den *„Tod auf dem Scheiterhaufen"*, denn *„Nicht einer war bereit, zu preisen Eduards Taten"*. Ja, das gefällt mir!

Und danach gingen wir in ihr Schlafzimmer zum Spielen.

„Ich verbringe fast alle meine freie Zeit mit ihr. Wir erzählen, singen und gegen Abend spielen wir Knopfladen, ich habe unzählige alte Knöpfe, und mit ihnen richten wir einen wunderschönen Laden ein. Abwechselnd ist eine von uns entweder Verkäuferin oder Kundin. Es gibt auch ein Vorspiel, in dem eine Mutter und ihre Tochter besprechen, was für Knöpfe sie für welches Kleidungsstück kaufen wollen. Vera spielt dieses Spiel unermüdlich, und ihre Großmutter zeigt eine heldenhafte Ausdauer."

Und dann kommt die Zeit, in der es heißt, vom Kindergarten Abschied zu nehmen. Meine Mutter übt mit mir hinten im Badezimmer die Rede ein, die ich im Namen meiner Kameraden halten soll. Vor dem Eingang der Szegediner Synagoge sitzen Eltern und Großeltern im Halbkreis auf

Stühlen. Meine Mutter führt mich zu meiner Großmutter, die in der Mitte steht. Ich habe meine Rede gut gelernt und bin auch gar nicht aufgeregt. „Liebe Kindergartentante, liebste Großmama!" – beginne ich und blicke auf. Meine Großmutter hat Tränen in den Augen. Sie weint. Ich erschrecke, habe ich etwas Falsches gesagt? Meine Mutter souffliert mir verärgert, aber ich kann nicht weitersprechen. Meine Großmutter beugt sich zu mir, umarmt und küsst mich. Ich blicke um mich und stelle verblüfft fest, dass auch alle anderen Tränen in den Augen haben. Dann muss ja etwas sehr Schlimmes passiert sein. Und so fange ich ebenfalls zu weinen an.

„... *das Ganze endet in einem allgemeinen Schluchzen. Die Rednerin weint, die Angesprochene weint, Mütter, Väter und Kollegen weinen, mit einem Wort, alle. Ich weiß nicht, welchen Grund zu weinen es eigentlich gibt ... Vielleicht fühlen wir, dass dies die letzte Abschlussfeier im Kindergarten sein soll, ein Jahr später hätten wir ständig Grund zum Weinen gehabt, wenn wir gewollt hätten.*"

Großmutters Tränen hatten mich verwirrt. Sonst hatte ich immer ihren liebevollen Blick und ihr sanftes Lächeln wie einen lebensspendenden Sonnenstrahl auf mir gefühlt. Da sprach ich zum ersten Mal erschrocken die Bitte aus: „*Sei Tante Sonne, Großmama!*" „Lächle wieder, sei wieder mein gütiger Sonnenschein ..."

Und dann kam die Zeit des Schreckens: „*Am 19. März ziehen die Deutschen ein. Einige Tage lang passiert nichts Schlimmes, aber dann wird am 4. April unter anderem die Verordnung über den Gelben Stern erlassen. Dazu erfolgen Beschränkungen, sich auf der Straße aufzuhalten, Beschränkungen, was das Einkaufen betrifft, usw. Die armen Kinder! So früh müssen sie Erniedrigungen und Verletzungen kennen lernen. Wir bemühen uns, Vera so wenig wie möglich davon spüren zu lassen. Wenn es geht, behalten wir sie zu Hause, damit sie nicht wegen des Sterns verspottet wird.*"

An das Ghetto und die darauf folgenden Ereignisse kann ich mich nur lückenhaft erinnern. Zum Glück hat meine Großmutter alles aufgeschrieben. „*Das Schuljahr endet früh. Es kann nicht mehr unterrichtet werden, weil das Ghetto gebaut wird. Am 5. Juni ziehen wir dort ein, Löw Lipót – Ecke Korona Straße. 5 Familien müssen sich eine Wohnung teilen. Ausztreweil (2 Personen), Dr. Balassa (3 Pers.), Bálint (2 Pers.), Hoffmann (2 Pers.), Szöllös (3 Pers.). Die Familien Hoffmann und Szöllös bewohnen ein Zimmer, mit dem Kleiderschrank trennen wir die Wohnbereiche voneinander ab. Im Vergleich zu anderen Unterkünften haben wir es noch einigermaßen gut getroffen, denn die Wohnung ist sauber und in gutem Zustand. Nach einigen Tagen im Ghetto folgt die Nacht des Schreckens: Am folgenden Morgen sollen alle mit maximal 50 kg Gepäck bereitstehen. Wir haben überhaupt keine Lebensmittel. Unsere Mitbewohner tragen sehr anständig und großzügig alle ihre Vorräte zusammen und teilen sie in 5 gleiche Teile (nach der Anzahl der Familien). Dies alles spielt sich in der Küche ab. Währenddessen legen Vera und ich uns ins Bett und versuchen zu schlafen. Vera gelingt es auch. Plötzlich kommen Klári und Laci zu mir hereingestürmt: 'Mama, hier ist ein katholischer Pfarrer, er sagt, wer konvertiert, wird nicht deportiert. Viele tun das.' 'Macht, was ihr für richtig haltet, aber ich verlasse das sinkende Schiff nicht.' Also bleiben sie auch, was sich als richtig herausstellen sollte, denn das Ganze ist eine Falle. – Am nächsten Morgen werden wir alle im Gemeindehaus ausgeplündert. Tüchtige Pfeilkreuzler-Ganoven erleichtern uns um unsere Kleidung, unsere Wertgegenstände und unser Geld. Meine arme Vera, auch dir nehmen sie dein erspartes Geld, 14 Pengő und 20 Fillér, weg. Der Räuber fühlt sich dabei sehr schlecht und verspricht, es bei nächster Gelegenheit zurückzugeben.“*

An diese Szene erinnere ich mich ganz genau. Ich stehe vor diesem Mann, der auf einem Stuhl sitzt. Mein Erspartes halte ich fest in der geballten Faust. Ich strecke meine Hand zu ihm aus, öffne die Hand und frage: – *Das auch?* – Er nickt. Ich sehe ihn an und fühle, dass irgendetwas in ihm vorgeht, es scheint, als schäme er sich. Ich gebe ihm das Geld.

„*Dann kommt die Ziegelei. Auf nacktem Fußboden werden wir in den Trockenräumen zusammengepfercht. Hier bleiben wir 10 bis12 Tage. Die wenigen Sachen, die wir behalten konnten, werden uns auch noch weggenommen. – Es folgt das Fußballfeld, zwei schreckliche Nächte im Zelt, tagsüber ist es drückend heiß, nachts gibt es starke Regenschauer. Am dritten Tag geht es zu Fuß zur Eisenbahn. Marsch und ab in die Waggons. 5 Tage zusammengepfercht im Waggon. Vera benimmt sich wirklich heldenhaft. Die ganze Fahrt über beklagt sie sich mit keinem Wort. In der Nacht wird Wien bombardiert. Eine schreckliche Nacht. Strasshof. Dörrgemüse*, schwarzer Kaffee. Zum*

---

* *Dörrgemüse:* Lagersprache für eine „Suppe" aus Gras, Blättern und Sand

Glück können wir Vera noch etwas Zusätzliches geben. Bombardements. Am Straßenrand liegen Leichen. Die Menschen sind halb oder vollkommen von Sinnen. Den ganzen Tag über ein Kommen und Gehen ohne Sinn und Zweck. Fast jeder leidet an Durchfall. Der Arzt behandelt für Brot. Ich glaube, zwei Wochen haben wir so verbracht. Dann geht das Gerücht um: man würde uns wegbringen, um 30 000 Budapestern Platz zu machen. Wir schreiben an mehreren Stellen Nachrichten an die Wände, falls Verwandte kommen, sollen sie wissen, was mit uns ist. Was für eine Naivität! Eines Tages bringt man uns zum Desinfizieren: Unsere Köpfe werden mit Petroleum eingerieben, in einem Gebäude nimmt man uns die Kleider weg, wir müssen den ganzen Tag über nackt herumlaufen, Erwachsene wie Kinder."

Daran erinnere ich mich. Man gab uns ein kleines Stück Seife, dann trieb man uns in ein flaches Becken, über dem dicht nebeneinander Duschköpfe angebracht waren. Männer kamen herein und drehten das warme Wasser an (wie sich später herausstellte, waren es bei den Männern Frauen, die diese Aufgabe erledigten). Nach kurzer Zeit drehten sie es wieder ab, um es dann bald wieder anzudrehen. Triefend und zitternd stolperten wir einen Flur entlang, wo wir einige dunkelblaue Laken fanden. Eine Frau riss mir mein Laken herunter, wobei sie „Gib das her, du bist ein Kind!" schrie. Wir standen in einer Schlange vor einem beleuchteten Raum. Darin saß ein Mann auf einem Stuhl. Die Frauen mussten einzeln, eine nach der anderen, vor ihn treten, und er untersuchte sorgfältig überall ihre Körperbehaarung. Gegen Abend erhielten wir unsere desinfizierte Kleidung zurück. Ich saß mit meiner Mutter, die weinend ein Stück Speck aus irgendeiner Tasche hervorkramte, auf einem zugigen Korridor, sie zerriss den Speck mit den Fingernägeln, und so aßen wir gemeinsam davon.

Später kamen wir wieder mit den männlichen Mitgliedern unserer Familie zusammen, mit meinem Vater und meinem Großvater.

„Am nächsten Tag gegen Mittag werden Gruppen gebildet, und wir fahren in Richtung unseres neuen Quartiers. In Znaim erwarten uns unsere Sklavenhalter und bringen uns in einer Gruppe von 60 bis 70 Personen nach Unter-Themenau in eine Ziegelei. Wir müssen viel zu Fuß gehen. Bei unserer Ankunft gibt man uns warme Erbsensuppe (aus getrockneten Erbsen). Wir sitzen auf Stühlen an einem Tisch. Bislang war uns nicht klar, dass es auf der ganzen Welt kein besseres Essen als warme Erbsensuppe gab. Einer der Anfüh-

rer stellt sich auf eine Art Podest und sagt: „Ist Suppe genug". Wir haben uns sicher wie die Tiere darüber hergemacht, es war das erste warme Essen nach 2 oder 3 Wochen."*

An die Ziegelei kann ich mich schon gut erinnern. Sie war neben einer Lehmkuhle errichtet worden. Das war eine rechteckige Grube, deren unterschiedliche Mineralien unregelmäßige farbige Streifen im Erdreich gebildet hatten. Lila- und Brauntöne in allen Schattierungen waren darin enthalten. Mit einer Reihe von Loren, die mit Hilfe von Drahtseilen an hohe Eisenträger montiert waren, wurde das Rohmaterial aus der Grube in das Ziegelwerk transportiert. Mein Vater kippte oben den Inhalt der Loren in die Maschine, meine Mutter und mein Großvater nahmen anschließend unten die geformten, großen und schweren Rohziegel aus der Maschine heraus, luden sie auf Wagen und rollten diese zum Trockenraum. Ich nehme an, dass auch noch andere an dieser Arbeit beteiligt waren, aber ich erinnere mich nicht mehr, was genau deren Aufgabe war.

Die Fabrik stellte übrigens nicht nur Ziegel, sondern auch Kacheln und Fayencen her.

Wir wohnten in einer lang gestreckten Baracke, die in der Mitte durch eine Wand quer unterteilt war. Das äußerste Ende war von Ukrainern belegt. Ich habe auch später nicht herausgefunden, wie diese Ukrainer samt ihren Familien dorthin gelangt waren. Soviel war sicher, sie konnten uns nicht ausstehen und verboten ihren Kindern, mit uns zu spielen. Doch die Leiter der Fabrik waren humaner als sie. Während die Deutschen draußen vor dem Zaun Wache hielten, gelang es der tschechischen Betriebsleitung, für die Bewohner der Baracken auf dem Werksgelände menschliche Bedingungen zu schaffen.

„Verglichen mit der Situation in anderen Lagern ist unsere Lage nicht unerträglich. Es gibt zweimal täglich warmes Essen, abends einen Paprika-Kartoffeleintopf, morgens etwas, das schwarzer Kaffee genannt wird, 250 g Brot und wöchentlich 100 g (oder 50) Butter und Marmelade. Wir bekommen auch Milchpulver, daraus versuchen wir sonntags etwas Aufregendes zuzubereiten."

Ja, ich erinnere mich. Zum Eintopf bekamen wir anfangs noch Rote Bete. Wir Kinder hatten schon genug von der eintönigen Kost, deshalb sagten die Erwachsenen zu uns, dass derjenige, der seinen Teller am schnellsten leer gegessen hätte, die große Konservendose, in der wir die Marmelade geliefert bekamen, auslecken dürfe.

Der Direktor fragte am ersten Tag: – Gibt es unter Ihnen einen Pädagogen? Daraufhin meldete sich meine Großmutter. Sie wurde beauftragt, eine Gruppe, bestehend aus 10 ukrainischen und 10 ungarischen jüdischen Kindern, zu beaufsichtigen und zu unterrichten. Die Ukrainer konnten nichts dagegen unternehmen.

Für den Sommer stellte man uns eine Fabrikhalle, die einem Schuppen glich, als Raum zur Verfügung. In der Tür hing eine Schaukel, deren Sitz aus einem grauen, rechteckigen Stück Kachel bestand. Eines Morgens lief ich einfach so im Pyjama hinaus, um zu schaukeln. Wie sich hinterher herausstellte, hatte jemand (vielleicht jemand von den Ukrainern) den Sitz mit Teer bestrichen. Mit meinem einzigen weißen Pyjama blieb ich daran kleben. Als meine Großmutter mich entdeckte, packte sie mich ärgerlich bei den Schultern und schimpfte mit mir. Entsetzt blickte ich sie an: – Sei Tante Sonne! – flehte ich sie an. Die Ärmste schämte sich fürchterlich: „Ich wurde furchtbar böse, ich ergriff dich bei den Schultern und schüttelte dich. Noch heute sehe ich deine Augen voller Tränen vor mir, wie du zu mir hochguckst. Sei mir nicht böse, ich habe mich ganz falsch verhalten."

Durch die Baracke führte ein langer Gang, von dem mehrere Räume abgingen. An dem einen Ende des Ganges standen die Tische und Bänke, an denen wir aßen, an dem anderen Ende die Etagenpritschen, auf denen die Männer schliefen. Rechts und links vom Eingang gab es zwei kleinere Zimmer. In einem davon wohnte der „juden polzei"* (wenn ich den Titel korrekt in Erinnerung behalten habe), ein aus unseren Reihen ausgewählter jüdischer Mann mit seiner Familie: Er war der Verbindungsmann zwischen uns und unserer Umgebung. In dem anderen Raum wohnte ein Arzt aus Szeged, der mit uns zusammen eingetroffen war, mit seiner Familie. Hinter den kleineren Räumen konnte man von zwei Seiten in den Schlafraum der Frauen gelangen.

Wir schliefen auf den Etagenpritschen auf Strohsäcken in blau-weiß-karierter Bettwäsche. Meine Mutter, meine Großmutter und ich bekamen

---

* Deutsch im Original (sic!) (D.F.)

eine der oberen Pritschen zugeteilt. Ich schlief zwischen ihnen, wobei ich gelegentlich auf das mittlere Brett rutschte. Dann zog mich immer eine der beiden zu sich. Ich hatte noch nie solche karierte Bettwäsche gesehen, und nach den nackten Pritschen in Strasshof gefiel sie mir sehr gut. Unter den Fenstern befanden sich lange Bänke, und darauf standen Erzeugnisse der Fabrik: braune Waschschüsseln aus Keramik.

„Wir schlafen zu dritt in zwei Betten auf der oberen Pritsche. Vera rutscht abends zu mir, ich singe ihr ganz leise etwas vor. Die Loreley und hauptsächlich die Marseillaise stehen auf dem Programm. Unsere Herzen schlagen im gleichen Takt."

Bei schönem, sonnigem Herbstwetter lernten und spielten wir mit Großmama im Freien. Als kreative Montessori-Pädagogin konnte sie aus allem ein Spielzeug mit uns basteln. Zweige, Blätter, Kieselsteine, Beeren und Disteln, die aneinander klebten, erwiesen sich als brauchbares Material. All dies fanden wir hinter den Baracken, wo Gras und Büsche wuchsen. Da die Lehmgrube das Fabrikgelände begrenzte, gab es vielleicht an der Rückseite des Lagers gar keinen Zaun. Jedenfalls konnten wir bei Fliegeralarm in den kleinen, neben der Grube gelegenen Wald fliehen.

Für den Winter überließ man uns einen mit Latten abgetrennten Raum oberhalb der Fabriköfen, eine schöne warme Ecke.

„Vormittags lernen wir, wir bekommen eine Wandtafel, Kreide, Papier und Bleistifte, 1 oder 2 deutsche Fibeln, nachmittags arbeiten wir mit Lehm."

Von der Fabrik bekamen wir die misslungenen Rohziegel zum Kneten. Wir hatten auch Turnunterricht zur Erholung.

„Wir veranstalten Kinderfeste mit ungarischen, deutschen und russischen Darbietungen. Auch das Volkslied Egyszer egy királyfi* wird aufgeführt. Vera stellt den Königssohn dar, weil sie am besten singt. Ein großer Erfolg. Wir laden auch den Küchenchef und den Lagerführer ein (war der jetzt ein Deutscher oder ein Tscheche?), die den Kindern als Zeichen ihrer Begeisterung allerlei Köstlichkeiten (Brot, Marmelade, Himbeersirup) zukommen lassen … So vergeht die Zeit. Ein schöner Herbst, ein Winter mit viel Schnee, Kartoffeln stehlen, Kohlen stehlen, sonnabends Haare waschen, Weihnachten.

---

* *„Egyszer egy királyfi"*: Deutsch: „Einmal hat ein Königssohn" (D.F.)

Klári stellt wunderschöne Puppen für die tschechischen Arbeiterinnen, den Chefingenieur und die Sekretärin her. Sie bekommt von jedem ein schönes Geschenk und viel Gebäck. Veras Papa repariert Uhren und Radios, sie bringen ihm dafür alles Mögliche, unter anderem ein Paar hervorragende Schuhe für Vera. So leben wir und wissen nichts von den Ereignissen draußen, dabei steht die Belagerung schon."

Die Geschichte ist vollkommen glaubwürdig, aber – besonders im Vergleich zu dem, was uns im Nachhinein bekannt wurde – erstaunlich und fast zu schön, um wahr zu sein. Meine Mutter, die kunsthandwerklich sehr begabt war, nähte tatsächlich Puppen aus Stoffresten, die man ihr brachte. Buntgekleidete Damen mit großen Hüten. Mein Vater, der Tausendkünstler, reparierte alles, was ihm in die Hände kam. Aber ich habe keine Ahnung, wann und wo meine Eltern diese Dinge machten. Sicher nach der Arbeitszeit. Aber hat jemand meine Eltern dafür aus dem Lager geschmuggelt, oder wurden ihnen das Material und das Zubehör ins Lager gebracht? Ich weiß es nicht. Doch woran ich mich sehr gut erinnere, ist, abgesehen von den Schuhen, das Geschenk des Fabrikleiters. Eine Platte mit Gebäck, eingewickelt in Seidenpapier, mit einer Schnur zusammengebunden, unter der Schnur steckte ein Tannenzweig. Für uns Ausgestoßene, Verachtete, Ausgeraubte – aus ihrer Welt, ihrer wunderbaren, humanen Welt, von der wir abgetrennt waren!

Auch die Fabrikarbeiter kümmerten sich um uns. Manchmal liefen sie schnell über den Hof und steckten uns heimlich etwas Essbares zu, gelegentlich drückten sie uns einen Apfel in die Hand.

„Im Februar bringt man uns nach Frain, neben die Staudamm. Den Weg dahin werde ich nie vergessen. Wir fahren eine Weile mit dem Zug, dann geht es zu Fuß durch den Wald, dann einen gefrorenen, rutschigen, steilen Abhang hinunter. Am Ende der sich im Nebel verlierenden Straße scheint sich ein großer See zu befinden. Plötzlich ein markerschütternder Schrei. Klári hat das Gefühl, dass die Gruppe geradewegs ins Wasser getrieben wird. In ihrem Entsetzen schreit sie auf. Nach einem langen Marsch durch schlammiges, rutschiges Gelände kommen wir mit Mühe und Not unten an. Dort bietet sich uns ein großartiger Anblick. Trotz unserer großen Pein sind wir alle wie verzaubert. Eine große Lichtung, ein wunderschöner blauer See (es ist das Wasser des aufgestauten Flusses), am Ufer eine Art Schutzhütte aus Holz, das Ganze ist ein von Bergen eingeschlossenes Tal. Die Holzhütte ist unsere Behausung, wir

schlafen auf Stroh auf dem Fußboden. Es ist so kalt, dass wir selbst nachts unsere Kleidung nicht ablegen, wir ziehen sogar noch unsere Mäntel darüber. Das einigermaßen geregelte Leben, das wir bisher geführt haben, ist vorbei. Es gibt wenig zu essen, keine Heizung, es ist schwer, die Kindergruppe zusammenzuhalten. Der Lageraufseher ist ein grober Siebenbürger Sachse, eine der Frauen ohrfeigt er. Insgesamt verbringen wir hier zwei Monate."

Das ist alles, was meine Großmutter über die Zeit in Frain festhält. Für mich stellte diese Zeit ein entscheidendes Erlebnis oder besser gesagt eine Erfahrung für mein ganzes Leben dar. Sie war so entscheidend, dass ich diesen Ort Anfang der Achtzigerjahre zusammen mit meinem Mann noch einmal aufsuchte.

Zunächst einmal war der See in meiner Erinnerung gefroren, aber es kann auch sein, dass das bei unserer Ankunft noch nicht der Fall war. Die Erwachsenen passten aufmerksam darauf auf, dass wir Kinder das Eis nicht betraten. Wenn man aus den Fenstern des Holzhauses sah, sah man an dem gegenüberliegenden Ufer des Sees furchterregende, hohe, dunkle, steile Felsen.

Durch die Ritzen zwischen den Holzbrettern blies der Wind, die Kälte ist auch mir noch gut im Gedächtnis. An das Gefühl von Hunger kann ich mich nicht erinnern, vier Erwachsene lassen ein Kind nicht hungern.

Unser Wohnhaus, von dem sich später herausstellte, dass es einmal als Sommerlokal gedient hatte, war auf einem schmalen Streifen Erde erbaut. In einigen Metern Entfernung führte ein Pfad am Seeufer entlang bis zu den hohen gelben Schieferfelsen. Der See wurde von einem Damm abgeschlossen, in dem sich ein Stromkraftwerk befand. Der Damm war oben asphaltiert, dieses Stück Straße diente als Brücke zur anderen Seite. Dort standen deutsche Wachen. Über diese Straße wurden die Erwachsenen zur Arbeit gebracht, in das tief im Tal liegende Dorf.

Das Kraftwerk galt als potentielles militärisches Angriffsziel. Daran mussten die Erwachsenen oft denken, besonders, wenn Bomber über uns hinwegflogen. Hinter dem Kraftwerk konnte man unten im Tal die Häuser des Dorfes sehen. Sollte der Damm von Bomben getroffen werden, würde die riesige Wassermenge hinunterfließen und alles und jeden mit sich reißen. Auch meine Eltern, die täglich unten im Tal arbeiteten. Und auch wir könnten nicht entkommen, da unser Haus quasi auf dem Damm erbaut war.

Langsam ging der Winter zu Ende. Die Sonne schien wieder, Birken blühten auf den Schieferfelsen, und an einem Sonntag stiegen wir auf den Berg, der hinter unserem Haus lag. Die Wiese war übersät mit ganz besonderen Blumen. An einem zottigen Stengel wuchsen mehrere kleine Kelche mit blauen, lila- und rosafarbenen Blütenblättern. Manche Blumen hatten sogar mehrfarbige Blüten. Ich weiß nicht, wieso wir dort ohne Bewachung hinaufgehen durften. Wahrscheinlich wusste man, dass es dort nur Berge und Felsen und keine Möglichkeit zu fliehen gab. Und wenn doch? Wohin und zu wem hätte das zerlumpte Gesindel denn schon gehen können?

Die Bomber flogen immer häufiger. Dann sammelte meine Großmutter immer die Kinder ein und lief mit ihnen in eine Höhle in der Nähe. Der Eingang zur Höhle war jetzt schon von Büschen und Birken verdeckt. Obwohl wir nicht zum Ausgang gehen durften, kroch ich vorsichtig dorthin und sah hinaus. Am klaren blauen Himmel zogen laut dröhnend die Bomber über uns hinweg. Ich betete leise: *„Lieber, guter Gott, lass die Piloten vergessen, dass dies ein militärisches Ziel ist. Ich bitte dich, lieber, guter Gott, beschütze meine Eltern!"*

Einmal, als der Fliegeralarm abgeblasen wurde, krochen wir aus der Höhle und sahen, wie die Gruppe der Arbeitsdienstler wieder zurückgebracht wurde. Mein Vater lief voran. In meiner Erleichterung darüber, dass meine Eltern lebten, rannte ich, ohne mich um irgendetwas zu kümmern, zu ihnen auf die Brücke und klammerte mich mit Händen und Füßen an meinen Vater wie ein kleiner Affe. Meine Großmutter rannte entsetzt schreiend hinter mir her, denn wir durften die Brücke nicht betreten, aber als sie die Brücke erreichte, hatte die Gruppe sie schon überschritten, und es war nichts Schlimmes passiert.

Und an dieser Stelle muss ich von dem vierblättrigen Kleeblatt berichten.

Unsere fünfköpfige Familie wurde eines Tages auf höchste Anweisung aus Frain weggebracht. Mein Vater sollte irgendeine technische Aufgabe verrichten, Genaueres wusste ich damals auch nicht.

Die Kinder stellten traurig fest, dass sie ihre Tante Ilonka verlieren würden. Sie beschlossen, ihr etwas zur Erinnerung zu schenken. Woher sie nur die Pappe hatten? Vielleicht aus einem Karton ausgeschnitten. Ich halte das Geschenk hier in meiner Hand. Es ist ein mehrfach zusammengefaltetes Stück Pappe. Beim ersten Auseinanderfalten formt sich ein Herz. In der Mitte steht in großen roten Buchstaben:

FÜR TANTE ILONKA ZUR ERINNERUNG. In der rechten oberen Ecke mit blauen Buchstaben:
FRAIN, 2.IV.1945.

Ich falte das Herz weiter auseinander, und es entsteht ein vierblättriges Kleeblatt, das aus vier in der Mitte zusammenhängenden Herzen besteht. Auf jedem Herzblatt steht die Strophe eines Gedichts.

Ganz oben:

Abschied von Tante Ilonka
I.
Die wir so lieb haben, und die uns so liebt
Für die jedes Herz voller Liebe ist
Die uns unterrichtet und mit uns gespielt hat
Die so viel getan hat, damit es uns gut geht
Sie geht nun fort.

Auf dem linken Herzen:
II.
Wenn wir die acht langen Monate betrachten
In denen sie jede Minute mit uns verbracht hat
Dann sehen wir, wie viel wir ihr zu verdanken haben
Wie können wir ihre Mühen vergelten?
Kann man sie je vergelten?

Auf dem rechten Herzen:
III.
Nun naht die Zeit, da sie uns verlässt
Doch um eines nur bitten wir sie sehr
Wenn die Welt an ihrem neuen Ort vielleicht besser ist
Dann möge sie auch dort manchmal an uns denken
Sie soll uns bitte nicht vergessen.

Auf dem vierten, unteren Herzen:

IV.

Für all ihre Mühe können wir nichts zurückgeben
Ihr nur zum Abschied unsere guten Wünsche aussprechen
Wohin sie sich sehnt und wofür ihr Herz schlägt
Dorthin möge der Allmächtige sie leiten.

Unterschrift: *Teréz Wellesz*

Ich drehe das Geschenk um. Auf der Rückseite des vierten Herzens sehe ich verblasste Unterschriften. Ich versuche, sie zu entziffern: *Jutka Róth, Ferkó Róth, Kati Singer, Franciska Kertész, Erika Frank, Marika Abonyi, Vera Kertész, Ágnes Majtinszky* und noch einmal *Terézia Wellesz*.
Ich lege das Herz wieder zurück in das Heft. Von denen, die unterschrieben haben, haben, soviel ich weiß, alle überlebt.

„Anfang April kommen wir nach Taßwitz (nur wir fünf, weil Laci hier für irgendeine technische Arbeit eingeteilt ist). Hier sieht das Leben noch schlechter aus. Wir bekommen so gut wie keine Verpflegung und essen Brennnesseln und Pellkartoffeln. Die zugeteilte Ration besteht aus etwas schwarzem Kaffee und einem Stückchen Brot. Diejenigen, die zum Arbeiten hinausgehen, organisieren irgendwo etwas Essbares, so fristen wir unser Leben. Vera geht es trotzdem nicht schlecht, das Wetter ist schön geworden, und sie spielt den ganzen Tag über draußen in der frischen Luft (die gibt es immerhin), und soweit wir können, sorgen wir dafür, dass sie genug zu essen bekommt. Zum Glück sind wir hier nur für ein paar Tage. Am 10. gibt es Alarm, da heißt es zusammenpacken und gehen. Wir gehen zu Fuß nach Znaim, dort halten wir uns ein paar Stunden auf. – Dann wieder zurück. – Das Ganze wiederholt sich drei Mal. Nach dem dritten Mal kehren wir nicht zurück, sondern werden weitergetrieben. Die Nacht verbringen wir in Retzbach. Es gibt einen heftigen Luftangriff auf das nahe gelegene Znaim. Das ist ein Anblick wie in der Hölle. Raketen, Bomben, Fallschirme, Explosionen, Schüsse. Vera schläft und bekommt nichts von dem schrecklichen Ereignis mit."
Hier irrt Großmutter sich. Ich wachte sehr wohl auf. Wir befanden uns in einem halbfertigen Haus. Es gab keine Treppen, und wir mussten über Planken in den ersten Stock steigen. Die Wohnungen hatten noch keine 63

Türen und Fenster. In einem winzigen Raum lagen wir zusammengedrängt auf dem kalten Betonfußboden. Irgendwann schlief ich tatsächlich ein, wachte aber von dem starken Lärm wieder auf. Mein Vater stand am Fenster, das eigentlich nur eine rechteckige Öffnung in der Betonwand war, und spähte nach draußen. Ich ging zu ihm, und er hob mich hoch, damit ich auch nach draußen sehen konnte, und er sagte: – *So einen Luftangriff habe ich noch nie gesehen … und ER hat uns noch gestern aus Znaim herausgeführt.* Schon damals wunderte ich mich über diese Äußerung meines eigentlich nicht religiösen Vaters, denn mit „ER" konnte offensichtlich nur Gott gemeint sein. Gleichzeitig hat sich mir sehr eingeprägt, dass man Wunder und Rettung als solche anerkennen muss.

„Am Morgen ziehen wir mit einem anderen Lager, das sich uns angeschlossen hat (ca. 500 Personen), weiter. Ungefähr 4 Wochen lang. Am Tag marschieren wir, nachts schlafen wir in Scheunen. In jedem Dorf bekommen wir zwei SS-Begleiter, die sich eigentlich nicht um uns kümmern, sie misshandeln niemanden, sind höchstens mürrisch.

Eines Tages begegnen wir ungarischen Soldaten, die von den Deutschen zu uns kommandiert worden sind. Wir werden zusammen untergebracht. Gegen Abend findet sich einer nach dem anderen bei uns ein: Wir haben gehört, dass hier ein kleines Mädchen sein soll. Wir haben etwas mitgebracht. Und als wären sie die Heiligen Drei Könige, legen sie Vera viele Stücke Würfelzucker, Marmelade, Käse und frisches warmes Essen in den Schoß."

Daran erinnere ich mich bruchstückhaft.

Eine schier endlose Landstraße, eine lange, sich dahinschleppende Menschenmenge. Rucksäcke, Bündel, ein paar schäbige kleine Koffer. Ein junges Ehepaar trägt ein kleines Kind, dessen Gesicht vor Gesundheit strotzt, in einem Wäschekorb. Es wird behauptet, dass sie in ihren Rucksäcken ausschließlich Babynahrung schleppen, seit Ungarn. Wir marschieren zusammen mit uns vollkommen unbekannten Menschen. Einige sind der Meinung, wir würden immerzu im Kreis gehen. Ja, in diesem Dorf sind wir schon gewesen. Während auf der einen Seite die Deutschen abziehen, rücken auf der anderen die Russen näher. In diesem Niemandsland betteln wir überall um etwas Essbares.

Bei strömendem Regen teilt sich die Gruppe in der Dämmerung im Dorf auf. Alle versuchen ihr Glück. Auch wir klopfen an eine Haustür. Eine alleinstehende Frau öffnet. Sie teilt mit uns, was vielleicht ihr letzter

Rest Suppe ist. Wir sitzen bis auf die Haut durchnässt in der warmen Küche, unsere Kleider dampfen, und wir würden wahnsinnig gern so lange bleiben, bis wir trocken sind, aber das geht nicht. Wir sammeln uns gemeinsam mit den anderen zum Schlafen in einer zugigen Scheune. Die rechte Hand meines Vaters fassend marschiere ich, meine Mutter geht links neben ihm. Mein Vater malt uns aus, in was für einem schönen Haus wir wohnen würden, wenn wir nach Hause kämen. Es würde eine Villa mit einem Stockwerk sein, und die Großeltern wohnten dann bei uns im ersten Stock. Im Garten wäre unser großer Bernhardiner. Wenn mein Vater zum Erzählen zu müde ist, pfeift er meistens bekannte Motive aus Symphonien. Die Melodie des „Regenbogenmotivs" aus der Pastorale von Beethoven ist für mich seitdem eine Metapher für meinen Vater.

Ich gehe mit meiner Großmutter Hand in Hand. Ich bin hungrig geworden. Großmutter greift in ihre Tasche und holt eine gekochte Kartoffel heraus, die sie am Tag zuvor in einem Haus bekommen hat.

Auf der Straße kommt uns ein alter Herr in kurzen Tirolerhosen entgegen. Er drückt mir eine Konservendose und ein Ei in die Hand. Wir sitzen am Straßengraben. Irgendwie gelingt es uns, die Dose zu öffnen. Mit den Händen essen wir das kalte, tranige Rindfleisch. Es schmeckt uns sehr gut.

Schönes, sonniges Wetter. Am Morgen kommt ein Traktor mit einem Anhänger. Wir legen unsere Säcke darauf, und die Kinder dürfen sich auf den Hänger setzen. Ich will nicht auf den Wagen, lasse mich aber überreden. Wir sind den ganzen Tag unterwegs, die Gruppe, die zu Fuß unterwegs ist, holt uns nicht ein. Es dämmert, der Anhänger steht vor der Scheune, den Traktor hat man schon weggebracht. Ich schaue mich um, ich höre Schritte, die ersten aus der Gruppe treffen ein. Ich kriege einen gewaltigen Schreck. Ich habe unsere Säcke nicht vom Anhänger heruntergenommen, deshalb werden wir in der Nacht keinen guten Platz an der Wand haben, und das ist dann meine Schuld. Ich dränge mich durch die Menge, ich erreiche den Anhänger, zerre unsere Säcke herunter und schleife sie am Boden in die Scheune hinein. Plötzlich kommt mir ein furchtbarer Gedanke: Sie haben mich verloren. Entsetzt werfe ich mich schluchzend auf die Säcke. Dort finden mich meine erschrockenen Eltern. Danach behalten sie mich immer bei sich.

„Am siebten Mai kommt die Befreiung. Wir lagern am Rande eines Dorfes namens Grossau, als die Nachricht kommt: Der Krieg ist zu Ende, wir sind

frei. Vorbei das Herumziehen, vorbei das Hungern, vorbei die Verfolgung. Von den russischen Besatzungstruppen bekommen wir allerlei. Nach einigen Tagen kommen wir nach Znaim, wo wir im Krankenhaus wohnen."

Unsere letzten Tage in Grossau. Unser Lager befindet sich in einer großen landwirtschaftlichen Scheune. Die Deutschen sind verschwunden, der Besitzer ist geflüchtet. Auf den Schienen, die zum Wirtschaftsbereich führen, stehen einige vollbeladene Waggons. Die Männer schneiden einige Säcke auf. Sie sind mit Weizen und Mohn gefüllt. Auf einer Feuerstelle im Freien kochen wir Weizen mit Mohn, um nicht zu verhungern. Dann kommen die Russen. Sie verteilen Zigaretten der Marke Szeged, öffnen die Speicher, braten große Pfannen mit Rühreiern auf den Feuerstellen im Freien, aber meine Mutter verstecken wir in der Nacht im Heu. Ich verstehe nicht, warum, aber im Krieg gibt es so vieles, was ein Kind nicht versteht.

Es kommt ein alter Bekannter aus Szeged in brauner Uniform ohne Abzeichen, man sagt, er sei Partisan. Er sucht seine Familie. Er findet ein kleines Auto, das einfach abgestellt wurde, zusammen mit meinem Vater macht er es fahrtüchtig. Die Sitze holen sie aus einem Haus, wo man sie schon als Sessel benutzt hat. Der Mann kann uns drei nach Znaim fahren. Es gibt kaum Benzin, also schaltet er den Motor aus, wenn wir bergab fahren. Irgendwoher organisiert er in einer Literflasche etwas Benzin, und damit schaffen wir es gerade eben, in die Stadt zu rollen. Nach einer Weile treffen auch die Großeltern ein, ich weiß nicht, wie sie es geschafft haben.

An der Hilfsstelle treffen wir eine Ärztin aus Szeged, Olga Reich, die uns ins Krankenhaus mitnimmt, wo wir wohnen können. Ihr Plan ist, einen Zug für das Krankenhaus zu organisieren und jeden von uns, versehen mit der Diagnose einer schönen ansteckenden Infektionskrankheit, mit nach Ungarn zu nehmen. Und so geschieht es auch.

Zwei Wochen dauert die Reise nach Budapest. *„Europa auf der Landstraße"* – sagt meine Großmutter, aber der Zug steht lange auf den Schienen herum. Mal gibt es keine Kohle, mal keine Schienen, mal muss Soldatentransporten Vorrang gelassen werden. Meine Mutter muss sich regelmäßig unter den Sitzen verstecken. Die Arme tut mir leid.

Eines Tages, gegen 10 Uhr abends, erreicht unser Zug Szeged. Auf dem Bahnsteig erwartet uns mein Onkel Pista, der Bruder meiner Mutter, der aus dem Arbeitsdienst flüchten konnte, mit einer Nelke in der Hand. Erst als Erwachsene verstand ich dieses plötzliche Glücksgefühl, das meine Eltern und Großeltern dort überkam, als wir, begleitet vom Rhythmus der Hufe der Droschkenpferde, mit meinem Onkel über die Boldogasszony Radialstraße in die Stadt hineinfuhren.

Vera Szöllős

Ich überlebte den Holocaust als eines der Kinder, die mit dem dritten Transport von Szeged nach Österreich deportiert worden waren. Es war ein besonderes Glück, dass ich bis zum Ende mit meiner fünfköpfigen Familie zusammenbleiben konnte.

Ich glaube, dass es wichtig ist, meine Erinnerungen aus dem Krieg und die Erfahrungen aus der Zeit danach für die Welt aufzuschreiben.

Meine Kinder sind erwachsen, meine Enkel leben in Israel.

Ich schreibe Novellen, die bisher in jüdischen Zeitungen, literarischen Zeitschriften und in der Anthologie „Salziger Kaffee"* in mehreren Sprachen erschienen sind: Eine meiner Novellensammlungen erschien auf Hebräisch in Israel. Das israelische Radio brachte in seiner ungarischsprachigen Sendung ein Interview mit mir, und ich wurde bereits mehrmals gebeten, aus meinen Texten vorzulesen.

---

* Ungarische Originalausgabe: „Sós kávé – elmeséletlen női történetek", Novella Kiadó 2007. Deutsche Ausgabe: „Salziger Kaffee – Unerzählte Geschichten jüdischer Frauen". Zusammengestellt und bearbeitet von Katalin Pécsi. Herausgegeben von der Gedenkstätte Deutscher Widerstand, Berlin in Kooperation mit dem Internationalen Auschwitz Komitee und dem Holocaust Gedenkzentrum Budapest, Novella Kiadó 2009 (D.F.)

Vera Szekeres-Varsa

GENERALPROBE 1944

Im November 1944 war es mithilfe von List und Geld gelungen, meinen Vater aus der Ziegelei zu schmuggeln, von der aus einige Tage später der Gewaltmarsch weiterziehen sollte. Meine Eltern beschlossen, dass wir das Sternhaus verlassen würden, um mit den Taufscheinen, die sie im Sommer gekauft hatten – als *„Géza Wagner und Familie"* – „unterzutauchen". Bei einem entfernten christlichen Verwandten war ein Wohnungsschlüssel von dessen Patentante hinterlegt, deren Mann ein hochrangiger Militärarzt war – sie waren nämlich mit der Armee schon nach Westen gezogen. Zu diesem Verwandten mussten wir irgendwie gelangen, ohne Aufsehen zu erregen.

Als gerade keine Ausgangssperre bestand, machten wir uns in „Zivil", das heißt ohne den Gelben Stern, und mit einem Minimum an Gepäck zu dieser Familie auf den Weg, die zwar mit uns verwandt war, aber – mittels etwas Trickserei – als christlich durchging. Meine Eltern gingen voran, und ich folgte ihnen mit ein paar Schritten Abstand zusammen mit dem Hausmeister, der (außer Geld) dieselbe Instruktion erhalten hatte wie ich: Falls meine Eltern aufgehalten würden, sollten wir ohne Unterbrechung und ohne zu erkennen zu geben, dass wir sie kannten, zu diesen Verwandten weitergehen. (Als ich protestierte, sagte meine Mutter: *„Du kannst schließlich auch danach noch Kinder bekommen"* – und damit war für sie die Diskussion beendet.)

Wir gelangten ohne Problem dorthin und fanden den Schlüssel zu der eleganten, in der Innenstadt gelegenen Wohnung, außerdem war noch etwas Proviant und Kleidung für uns hinterlegt worden, und es stand sogar ein Pferdegespann mit einem Soldaten als Kutscher für uns bereit; jetzt waren wir zu Flüchtlingen aus Gyöngyös mutiert. (Gyöngyös war die einzige Provinzstadt, die ich kannte. Ich wusste in- und auswendig, wo sich in Gyöngyös die evangelische Kirche befand, wusste den Namen des

68

Ehrwürdigen Herrn, die Namenstage meiner Familienangehörigen, die Namen meiner Großeltern, das Vaterunser usw. auswendig.) Wir fuhren auf dem Fuhrwerk die kleine Ringstraße entlang, und dabei sahen wir, dass vor die Synagoge ein Lattenzaun genagelt wurde. Wir meldeten uns beim Hausmeister: Wir kämen vom Lande und seien Verwandte der Ehefrau des Generaloberst *Dr. Aladár Navay von Navai*.

Nach ein paar Tagen lernte ich gleichaltrige Kinder aus demselben Haus kennen, und wir spielten zusammen, manchmal in der einen, manchmal in der anderen Wohnung. Im Sommer '44 war es vorgeschrieben, in der Toreinfahrt auf einer großen Tafel die Namen der Hausbewohner anzuschlagen – und dahinter in Klammern auch die der Eltern und Großeltern anzugeben. Mein Vater registrierte, dass im Haus ein Rechtsanwalt wohnte, der Vizepräsident des rechtsradikalen MÜNE (Nationaler Verband der Ungarischen Rechtsanwälte) war und schon mehrfach konvertierte jüdische Rechtsanwälte denunziert hatte. Da sie beide als Rechtsanwälte in der Hauptstadt tätig waren, kannten sie sich gut.

Als sich der Belagerungsring um Budapest schloss, mussten wir in den Keller ziehen. Aber mein Vater war der Auffassung, es sei weniger gefährlich, sich während der Kampfhandlungen im ersten Stock aufzuhalten als im Keller zusammen mit dem rechtsradikalen Bekannten – deshalb würde er nicht in den Keller ziehen. Einige Tage später, als sie an dem gemeinsamen Sparherd Bohnen kochten, sagte eine Frau aus dem Haus (wie sie später erklärte, hatte sie das gesagt, um uns zu warnen, deshalb nenne ich hier aus Dankbarkeit ihren Namen: *Frau Antal Löffler)* zu meiner Mutter: – *Wissen Sie, Frau Wagner, die Leute reden so viel Unsinn; sie behaupten zum Beispiel, Ihr Mann sei ein Deserteur.*

Mein Vater fasste daraufhin einen Entschluss. In den folgenden Stunden, in der Pause zwischen zwei Fliegeralarmen, blieben meine Mutter und ich zusammen in der Küche. Nur die Küche hatte nämlich noch ein unversehrtes Fenster, und außerdem konnte meine Mutter, während sie zwischen Herd und Speisekammer beschäftigt war, mit mir einüben, wie ich das, was mein Vater sich ausgedacht hatte, später vortragen sollte. Dreimal spielte ich die entsprechende „Szene" vor, wobei mir meine Mutter Regieanweisungen gab: Schließlich war sie mit der „Generalprobe" zufrieden. Es ging darum, dass ich zu dem Rechtsanwalt in den zweiten

Stock hinaufgehen und dem Dienstmädchen, das die Tür öffnen würde, sagen sollte, dass ich diesmal nicht zum Spielen gekommen sei, sondern sie bäte, mich in das Büro des Onkel Rechtsanwalt zu führen. Dem Rechtsanwalt sollte ich sagen, dass mein Vater ihn darum bitte, kurz zu ihm heraufkommen zu dürfen, und dass er den Onkel Rechtsanwalt außerdem darum bitte, ihm die Tür selbst zu öffnen.

Tatsächlich ging mein Vater dann nach oben und sagte zu ihm:

– Herr Kollege, Sie kennen meine Tochter, die Spielkameradin Ihrer Töchter. Ich bitte Sie nur um eines, nämlich darum, dass wir uns nicht kennen.

Der Herr Rechtsanwalt versprach dies und er hielt Wort. Er war zwar ein Rechtsradikaler – aber kein Henker.

Und dann erreichte auch schon die Rote Armee die Stadt.

Vera Szekeres-Varsa
Mein Urgroßvater väterlicherseits aus dem Gebiet der oberen
Theiß schloss sich im Unabhängigkeitskrieg als Freiwilliger der
ungarischen Armee unter Lajos Kossuth* an … Angeblich war
wiederum sein Urgroßvater noch Infanterist unter Rákóczi
gewesen. Wir waren alle Ungarn, wir zufälligerweise Juden,
andere zum Beispiel Katholiken.
1944 war ich eine 11-jährige kleine Patriotin. Ich schämte
mich nicht, den Gelben Stern zu tragen, aber ich verstand
bald, dass der Spruch: Hier musst du leben und sterben**, den
ich selbstbewusst deklamierte, sich nur im letzten Teil auf mich
bezog. Ich war beleidigt.
Später wurde ich Lehrerin und versuchte, meinen Schülern –
Kindern und Erwachsenen – in meinen Fächern etwas beizu-
bringen, aber noch wichtiger war es mir, sie zur Menschlich-
keit zu erziehen.
Ich bin davon überzeugt, dass es unsere Pflicht ist, unsere
Geschichte zu erzählen, auch für diejenigen, für die nicht nur
keine Grabhügel aufgeworfen wurden, sondern die auch keine
Enkel haben, die sich darauf niederwerfen könnten***, und
darum ist es umso mehr geboten, dass wir unsere Nachkommen
mahnen: Seid wachsam! Lasst euch nichts gefallen!
Ich habe sieben Nachkommen in drei Generationen.

---

* Lajos Kossuth, einer der bedeutendsten ungarischen Freiheitskämpfer, war 1848/49
einer der Anführer im Unabhängigkeitskrieg gegen die Habsburger. (D.F.)
** *„Hier musst du leben und sterben"*: Letzte Zeile des Gedichts „Szózat" (Deutsch:
„Mahnruf") von Mihály Vörösmarty (D.F.)
*** *„Für die nicht nur …"*: Anspielung auf das Gedicht „Nemzeti Dal" (Deutsch: „Nati-
onallied") von Sándor Petőfi (D.F.)

Anna Szász

SEI NICHT SO PATHETISCH!

Bei mir zu Hause steht nur ein einziges Foto von meiner Mutter: Sie ist darauf anderthalb, vielleicht zwei Jahre alt und sitzt zwischen ihren beiden älteren Schwestern. Ich hätte es als unaufrichtig empfunden, mich mit Fotos aus ihrem späteren Leben zu umgeben. Wer liest, was ich über sie schreibe, wird das vielleicht verstehen.

Ich habe keine *erste* Erinnerung an meine Mutter. Wahrscheinlich war unsere Symbiose in den ersten zwei bis drei Jahren nach meiner Geburt so eng, dass ich sie nicht als von mir getrenntes Wesen wahrnehmen konnte. Es war der Schmerz, der mich zum ersten Mal von ihr trennte. Aber kann ich mich wirklich daran erinnern, wie ich in einem weißen Krankenhausbett liege, meine Eltern sich über mich beugen und ich sie um Wasser anflehe? Ich bin zweieinhalb Jahre alt und habe meine erste Trepanation hinter mir. (Denn ich hatte eine so schwere Mittelohrentzündung, dass hinter meinem Ohr ein künstlicher Abfluss in meinen Schädel gebohrt werden musste.) Oder hat meine Mutter mir das so oft erzählt, dass ich mich zu erinnern glaube?

Die Operation war ihrer mütterlichen, heroischen Entschlossenheit zu verdanken. Im Wesen meiner Mutter lag etwas zutiefst Heroisches.

Meine ersten Erinnerungen an sie sind nicht mit ihrem Gesicht oder ihrer Gestalt verbunden, sondern es war die Ausstrahlung ihres Körpers, die sich mir tiefer noch als in mein Gedächtnis eingeprägt hat. Es waren ihre Berührungen und ihr Geruch.

Kurz nach ihrem Tod schrieb ich: „*Ihr Körper selbst war Gewissheit. Es ist nicht wahr, dass der Tod Gewissheit ist. Ihre Existenz, ihre Lebendigkeit hinterließen einen so tiefen Eindruck bei mir, dass dieser höchstens etwas verblassen könnte, aber dass sie nicht mehr ist, das ist unfassbar, dass sie nicht hier ist – das vielleicht wäre noch begreifbar.*"

Zu einem späteren Zeitpunkt notierte ich: *„Sie fehlt mir in ihrer über-bordenden Körperlichkeit, und sie ist für mich gleichzeitig deswegen so schwer zu ertragen gewesen; sie war mir Bürde und Zuflucht zugleich."*
Meine Mutter mochte ihren Vornamen nicht. Niemand weiß, warum nicht, vielleicht war sie nach einem entfernt verwandten blauäugigen, blonden Mädchen benannt worden, wo sie doch brünett war. Sie hatte dunkelbraune Augen und braunes Haar.

Ibolya* Sz. wurde am 29. April 1908 als dritte Tochter in eine bürger-liche, assimilierte jüdische Familie hineingeboren. Mein Großvater müt-terlicherseits war ein echter Bürger der Monarchie des 19. Jahrhunderts: Er war Anhänger der Aufklärung und Freimaurer. Er achtete darauf, dass seine drei Töchter und der lang ersehnte Sohn, das vierte Kind, ein schö-nes, korrektes Ungarisch sprachen. Dass sie nicht in einen „jüdischen" Singsang fielen, nicht einmal aus Versehen. Abgesehen von einigen allge-mein gebräuchlichen Ausdrücken sprachen und beherrschten sie kein Jid-disch. Deutsch lernten sie von Hochdeutsch sprechenden Fräulein.

Bei Tisch der Familie Sz. wurde stets eine kultivierte Unterhaltung gepflegt. Meine Mutter, die mit ihrem impulsiven Temperament ihrer Familie ihre Erlebnisse am liebsten immer brühwarm mitgeteilt hätte, wurde von meinem Großvater unzählige Male zurechtgewiesen: *„Du drückst dich zu salopp aus, sag es noch einmal!"*

Ihr galt auch seine Aufforderung: *„Sei nicht so pathetisch!"* Denn die leidenschaftliche Natur meiner Mutter offenbarte sich schon in ihrer Kindheit, mein Großvater hingegen war würdevoll, zurückhaltend und reserviert.

Als dritte Tochter wird meine Mutter es in ihrer Familie nicht leicht gehabt haben. So wie sie sich erinnert, war sie unter ihren Schwestern das Aschenputtel. Auf jeden Fall fühlte sie sich nicht *genug* geliebt. Nach dem Krieg hat sie mir viel von ihrer Kindheit erzählt. In jenen Jahren, in denen unsere eigene Existenz irreal war, wir aber das Irreale, *das Nicht-Vorhan-densein,* angefangen mit dem Tod meines Vaters bis hin zur Öde unseres Zuhauses, als Realität akzeptieren mussten, klangen ihre Erzählungen, als stammten sie von einem anderen Planeten: der konsolidierte bürgerliche

---

* *Ibolya:* ungarischer Mädchenname (Deutsch: Veilchen) (D.F.)

Wohlstand, die Fünfzimmerwohnung, der Haushalt, in dem Zimmermädchen, Köchin und Fräulein angestellt waren; die Sommerferien in Garmisch-Partenkirchen oder mindestens am Schwabberg oder am Plattensee.

Ich stöbere in alten Fotografien. Ein Foto aus einem Atelier: die Schultern in ein Tuch gehüllt, ein klares, fröhliches Gesicht. Sie ist erst acht Jahre alt.

Meine inneren Bilder von ihr sind noch lange Zeit mit ihrer Körperlichkeit, ihrer Ausstrahlung und ihrer Anwesenheit verbunden.

Ich war oft krank, bekam jede ansteckende Kinderkrankheit, von Keuchhusten bis Mumps, Windpocken bis Masern, Röteln bis Scharlach. Aber die Krankheit, die mit wirklichen Schmerzen einherging, das war die Mittelohrentzündung.

Bei all diesen Krankheiten war sie mir sichere Zuflucht.

Irgendwann wurden Fotos von unserem Zuhause gemacht. So etwa Ende der Dreißigerjahre. Ein friedliches, bürgerliches Zuhause. Mein Vater und ich. Meine Mutter und ich. Aus einer späteren Periode: ein Foto aus dem Jahr 1942, von unserem letzten Sommeraufenthalt in Római Fürdő* – als mein Vater schon in der Ukraine im Arbeitsdienst war –, auf dem Bild sind wir zu dritt zu sehen, sie und ich mit meinem jüngeren Bruder. Meine Mutter und ich tragen Dirndlkleider aus demselben Stoff und die gleichen Schürzen. Ich bin neun Jahre alt, mein Bruder ist fünf und sie vierunddreißig. Sie wirkt ernst und sorgenvoll.

Nach ihrem Tod meinte mein Sohn einmal in einem Gespräch, meine Mutter und ich hätten dafür, dass wir einander so nahe standen, einen hohen Preis zahlen müssen. Aber wie hätte es auch anders sein können?

Diese enge Bindung hat meine Kindheit geprägt. Es gab Dinge, die nur wir beide zusammen unternahmen. Im Winter gingen wir nachmittags zu Maxi, dem schwäbischen Metzger in unserer Straße, und kauften frische Grieben und warmes Brot. Im Sommer in Római Fürdő aßen wir beide immer in derselben Milchhalle eisgekühlte Wassermelonen. Später,

---

* *Római Fürdő:* Teil des Budapester III. Bezirks. Der heutige Name (Deutsch: Römisches Bad) erinnert daran, dass die Römer hier am sog. römischen Donauufer schon im 2. Jahrhundert Badehäuser gebaut hatten. (D.F.)

als mein Vater in der Ukraine im Arbeitsdienst war, nahm sie mich mit zur Víg Espressobar, dort trafen sich die Frauen der Leidensgefährten, um Nachrichten auszutauschen.

Es war ganz ohne Zweifel gut, ihr Kind zu sein. In meinen ersten zehn, zwölf Lebensjahren liebte und bewunderte ich sie vorbehaltlos. Sie war geschickt, schnell und energisch. Was immer sie tat, es hatte *Tám*. Diesen jiddischen Ausdruck kenne ich von ihr. *Tám – untám**. Ich liebte es, ihr zuzusehen, wenn sie in der Küche eine Ente zerlegte oder wenn sie im Wohnzimmer saß und strickte. Ich sah ihr zu, wie sie im Hauskittel das Parkett polierte, wie sie mit magischer Geschwindigkeit auf der Klaviatur der Schreibmaschine spielte, und ich sah sie mit ihrer unvermeidlichen Zigarette in der Hand.

So lange ich zurückdenken kann, trug sie ihr Haar nach hinten gekämmt, vorne etwas gewellt und im Nacken zu einer Rolle gedreht, bis zu dem Alter, als sie schon sehr grau geworden war und sich das Haar kurz schneiden ließ.

Sie kleidete sich klassisch-elegant. Sie trug gern Bluse und Kostüm. Im Sommer trug sie Kattunkleider, für besondere Gelegenheiten besaß sie ein weinrot-weiß-gepunktetes Kleid aus Krawattenseide. Einmal sah ich sie in einem dunkelblauen Abendkleid, wahrscheinlich wollte sie mit meinem Vater ins Theater oder ins Konzert gehen.

Sie trug nur wenig Schmuck. Abgesehen von ihrem Ehering nur eine Armbanduhr und manchmal noch ein paar Ringe. Sie verwendete Kosmetik-Produkte, schminkte sich dezent und malte sich die Lippen an. Manchmal färbten sich dabei ihre Zähne rot. Als mein Bruder sie darauf aufmerksam machte, sagte sie: das ist mein Sexappeal. Von da an sagten wir zu ihr: Deine Zähne haben wieder *Sexappeal*. Sie hatte einen stilsicheren Geschmack, mich allerdings hätte sie lieber in mehr Spitzen und Rüschen gekleidet, schon als kleines Mädchen fand ich, dass das nicht zu mir passte. Aber das habe ich nie ausgesprochen und mich nie dagegen gesträubt: Ich glaube, ich habe mir das auch selbst nicht eingestehen wollen.

---

* *Tám – untám* : Jiddisch, umgangssprachlicher Ausdruck für: Geschickt – ungeschickt (D.F.)

Die bewundernswürdigsten Eigenschaften meiner Mutter zeigten sich in Gefahrensituationen.

Das Leben mit meinem Vater und der Lauf der Dinge – ich schreibe nicht gerne *der Geschichte,* obwohl es natürlich darum ging – brachten es mit sich, dass diese Eigenschaften, ihre Treue, ihre Fürsorglichkeit und ihre Energie, lange Zeit gebraucht wurden.

Im Herbst 1940 wurde mein Vater zum ersten Mal zum Arbeitsdienst einberufen. Das war zu dem Zeitpunkt, als ich eingeschult wurde. Es fiel mir schwer, Lesen, Schreiben und Rechnen zu lernen, auch hielt ich den Bleistift falsch.

Meine Mutter war zwar von Natur aus ungeduldig, sie wollte alles immer ruck zuck erledigen, dazu kam, dass wegen der Abwesenheit meines Vaters zusätzlich materielle Sorgen auf ihr lasteten, aber sie beschäftigte sich unglaublich geduldig mit mir.

Sie konnte uns Splitter aus dem Knie oder aus einem Finger herausholen, Milchzähne ziehen, mit der Spitze des Taschentuchs eine Wimper oder ein Insekt aus dem Auge entfernen, es war also kein Wunder, dass ich ihr vollkommen vertraute, ich war fest davon überzeugt, dass sie imstande war, alles irdische Leid, das mir widerfahren könnte, zu heilen. Das war auch noch später so, noch lange, als ich erwachsen war, waren meine Gefühle ihr gegenüber schon komplizierter, ambivalenter.

Dass ich nicht uneingeschränkt glücklich war, hatte damit zu tun, dass ich zu Ängsten neigte. Es gab für mich viele Gründe, Angst zu haben, zum einem aufgrund meiner persönlichen Eigenschaften, denn ich war pummelig und schielte, aber hauptsächlich aufgrund der Bedrohungen seitens der keineswegs freundlichen Außenwelt, die sich in unser warmes, scheinbar geschütztes Zuhause einschlichen. Gleichzeitig gab es die denkwürdigen Sonntagnachmittage, die wir bei Tante Matild, der Schwester meines Großvaters verbrachten, ein anschauliches Beispiel für die zwei Gesichter dieser Welt, in der wir seit Ende der Dreißigerjahre lebten. Tante Matild ähnelte meinem Großvater, aber sie war liebenswürdiger, offener – sie und auch ihr jüngerer Sohn Viktor, der ähnlich liebenswert war wie sie selbst, kamen zusammen mit drei anderen Mitgliedern unserer engsten Verwandtschaft um –, die Farbe und der Duft des Tees, den sie zubereitete, der Anisgeschmack des Gebäcks, all das vermittelte ein Gefühl

von zu Hause, das ein Kind in Sicherheit hätte wiegen können.

Wenn wir Kinder, meine Cousins und Cousinen, mein Bruder und ich, versteckt unter Tante Matilds rundem Tisch, ohne es zu wollen, den englischen Radiosender mithörten, schnappten wir aus den Gesprächen der Erwachsenen, die unsere Anwesenheit vergessen hatten, Wörter auf wie *Tschechoslowakei, Flucht und KEOKH. (Külföldieket Ellenőrző Országos Központi Hatóság**, das Juden, die nach Ungarn geflohen waren, kontrollierte und verfolgte.) Es waren weniger die unbekannten Ausdrücke, die uns beklommen machten, sondern die hinter ihnen spürbaren Ängste der Erwachsenen.

Lange Zeit wusste ich gar nicht, dass wir Juden waren. Wir hielten die jüdischen Feste nicht ein, auch nicht den Sabbat. Meine Eltern und mein Großvater gingen nicht zum Gottesdienst. In unserem Haushalt gab es nicht einen einzigen Gegenstand, der auf unser Judentum gedeutet hätte. Das Wort: *Jude* hörte ich zum ersten Mal auf einem Ausflug als Schimpfwort.

In der Schule war der Religionsunterricht obligatorisch, dank meines Religionslehrers begann ich langsam zu verstehen, was das Judentum eigentlich ist. Zumindest so viel, wie ein Kind anhand einer vereinfachten Version des Alten Testaments davon begreifen kann. Doch unser Lehrer, Herr G. – klein, untersetzt, von seiner Gestalt her eher grotesk als prophetisch wirkend – versuchte, angesichts der Unwissenheit der Kinderschar aus Neu-Leopoldstadt**, uns neben der Interpretation der biblischen Geschichte und dem Unterricht des Althebräischen ein wenig jüdisches Bewusstsein zu vermitteln. Er brachte uns zionistische Lieder bei und solche, die an bestimmten Festtagen gesungen wurden, einmal traten wir im Goldmark-Saal auf. Er verteilte an uns jene kleinen rosafarbenen Hefte, in denen von jüdischen Helden und Märtyrern die Rede war. Wenn mich das, was sich ab 1944 in Ungarn ereignete, nicht vollkommen unvorbereitet traf, so habe ich es ihm zu verdanken.

Zur gleichen Zeit lernten wir in der Schule (eine kommunale Grundschule) irredentistische Lieder, strickten Pulswärmer für die Soldaten an der Front und standen Spalier, als Ihre Durchlaucht, die Frau des Reichsverwesers, der Schule einen Besuch abstattete.

---

* Deutsch: Zentralbüro zur Kontrolle von Ausländern (D.F.)
** Neu-Leopoldstadt (Újlipótváros): bürgerlicher Stadtteil in Budapest (D.F.)

Der erste Arbeitsdienst meines Vaters dauerte drei Monate, die Männer wurden zunächst nur innerhalb der Landesgrenzen eingesetzt. Im Herbst des folgenden Jahres, 1941, wurde er erneut eingezogen, diesmal wurde seine Kompanie in die von Deutschland und Ungarn besetzte Ukraine geschickt. An einem Sonntag im September verabschiedeten wir uns von ihm, irgendwo am Rande von Gödöllő.

Es ist seltsam, aber mein Vater spielte in meiner frühen Kindheit kaum eine Rolle. An Erlebnisse mit meinem Vater erinnere ich mich erst aus der Zeit, nachdem er im Oktober 1943, einen Tag nach meinem zehnten Geburtstag, völlig unerwartet – wir hatten kein Telegramm erhalten – aus der Ukraine nach Hause kam. Doch richtig kennen gelernt habe ich meinen Vater erst mehr als ein halbes Jahrhundert nach seinem Tod durch seine Briefe.

Seine Briefe und seine Feldpostkarten haben ihre eigene Geschichte. Trotz der mehrfachen Umzüge im Jahr 1944 hat meine Mutter diese auch zeitdokumentarisch wertvollen Berichte aus den Jahren 1940, 1941 – 1943 und aus dem letzten Arbeitsdienst 1944 aufbewahrt. Nach ihrem Tod, als ich mich halb wahnsinnig vor Schmerz und Schuldgefühl in ihr Zimmer wagte, packte ich ihre Papiere, ihre Korrespondenz und die gesammelten Zeitungsartikel über meinen Bruder zusammen, stopfte alles in einen Einkaufsbeutel und versenkte diesen in eine Schrankschublade. Und es gelang mir, all das vollkommen zu vergessen. Durch einen Zufall stieß ich sechzehn Jahre später auf diesen Beutel, und es mussten noch Jahrzehnte vergehen, bis ich ihn hervorholte, alle Dokumente in die richtige zeitliche Reihenfolge brachte und zu lesen begann.

Die Dokumente berühren mich noch heute.

Auch ein mit der Maschine geschriebener Brief meiner Mutter vom 18. März 1942 ist zwischen die Briefe meines Vaters gerutscht. Darin berichtet sie vom Tod und von der Beerdigung meiner Großmutter, der Mutter meines Vaters, vom Alltag zu Hause und davon, dass sie, zumindest teilweise, die Geschäfte meines Vaters weiterführe und dass er sich um das Materielle keine Sorgen machen solle, bis zum Sommer seien genug Rücklagen vorhanden. Mein Vater hatte seine Laufbahn als Privatbeamter begonnen und dann eine eigene Firma gegründet, er war Getreidehändler und Mitglied der Börse (was im Sozialismus als schwere, unaussprechliche Sünde galt), er war im Übrigen ein kleiner Fisch, er gehörte nicht zu den

Großen, schon gar nicht zu den Haien, meine Eltern wurden oft von materiellen Sorgen geplagt. Dass meine Mutter den Platz meines Vaters einnahm, sich noch dazu um die Belange irgendeiner Schnapsfabrik kümmerte – sie fuhr dafür nach Újpest zu einem Lager voller rostiger Fässer mit denaturiertem Alkohol – und mit Lederfabriken verhandelte, zeugt von ihrer nicht geringen Tatkraft.

Es gibt ein Foto von ihr aus dieser Zeit, auf dem sie auf dem Gang vor der Wohnung meiner Tante steht, und obwohl sie eigentlich füllig war und zum Dickwerden neigte, sieht sie hier dünn und mitgenommen aus.

Damals hatte ich schon von meiner Mutter Geschichten über sogenannte Kukorékoltató-Kompanien[*] gehört, wo ungarische Kapos Arbeitsdienstler zwangen, sich auszuziehen, um sie anschließend bei minus dreißig bis vierzig Grad auf einen Baum zu jagen, wo sie so lange auf einem Ast sitzen und wie ein Hahn krähen mussten, bis sie erfroren waren und herunterfielen. Und ich hörte von den Kompanien, die aus Nagykáta losmarschiert waren, und von dem Unteroffizier *Lipót Muray* mit dem Beinamen Henker von Nagykáta. Die Kompanie meines Vaters war zwar kein *mobiles Schafott*, aber die täglich vierzig Kilometer langen Gewaltmärsche in der Ukraine bei minus 30-40 Grad waren auch kein Spaziergang. 1941/42 herrschte in Ungarn ein äußerst strenger Winter, wir wateten bis zu den Knien im Schnee, meine Mutter trug – aus Solidarität mit meinem Vater – keine Kopfbedeckung. Die Kapos seiner Kompanie brachten, wenn sie Heimaturlaub hatten, Briefe mit; ebenso nahmen sie gegen gutes Geld auch Briefe und Pakete für Arbeitsdienstler an. Ich erinnere mich an die Pakete meiner Mutter: Es waren kleinere Pappschachteln, die Speck, Wurst, eine Mohnrolle, eine Stange mit hundert Zigaretten, eventuell Rasierseife und selbstgestrickte Wollsocken enthielten. Alles, was wichtig, lebenswichtig war, wurde in einer kleinen Schachtel äußerst platzsparend verpackt.

Briefe und Pakete. Während der fünfundzwanzig Monate ukrainischer Arbeitsdienstzeit ging so manche Ehe in die Brüche, die Beziehung meiner Eltern hingegen wurde enger.

---

[*] *Kukorékoltató századok*: Kikeriki-Kompanien (D.F.)

Die wenigen Monate von der Rückkehr meines Vaters bis zum 19. März 1944 sind mir als eine besonders harmonische, friedliche Phase in Erinnerung geblieben. Die Anwesenheit meines Vaters, die Liebe und Freundlichkeit zwischen meinen Eltern, die Besuche seiner teils zehn Jahre jüngeren Kameraden, Freunde und der dazugehörenden Frauen: unser Leben wurde bunter und interessanter.

Sonntag, der 19. März 1944.

Ich glaube, meine Eltern hatten die deutsche Besatzung vorausgesehen. Sie machten sich wohl kaum Illusionen über das, was bevorstand, konnten sich auch keine machen. Die Verordnungen, durch die die Rechte der Juden beschnitten wurden, erfolgten in kurzen Abständen, Juden mussten den Gelben Stern an ihre Kleidung nähen, es begannen die Luftangriffe. Meine Eltern wollten wenigstens ihre Kinder retten, sie verkauften einen Teil ihrer Möbel, machten sie zu Geld. Einer der ehemaligen Kapos der Kompanie meines Vaters besorgte uns zwei Taufscheine, dafür gaben ihm meine Eltern die Wertgegenstände, die sie noch besaßen. Noch bevor mein Bruder und ich unsere neuen Namen und die dazugehörenden Daten auswendig gelernt hatten, wurden uns die Taufscheine schon wieder abgenommen.

Mein Vater wurde erneut zum Arbeitsdienst einberufen. Am 2. Juni 1944. Meine letzte Erinnerung an ihn ist, wie er von der Straße zu unseren Fenstern hochsieht, in Kniehosen, Stiefeln, grauer Windjacke und mit dem von meiner Mutter sorgfältig gepackten Tornister mit der zylinderförmig eingerollten Wolldecke oben drauf. Wir, meine Mutter und ich, sehen ihn, er aber bemerkt uns nicht und geht langsam weiter Richtung Ringstraße.

Nur wenig später schon wieder eine Verordnung: Juden müssen in Häuser ziehen, die mit einem Stern gekennzeichnet sind. Unser Haus war zwar vorwiegend von Juden bewohnt, es bekam aber trotzdem keinen Stern, so zogen wir zur älteren Schwester meiner Mutter ans Donauufer. Ich weiß nicht, welchem besonderen Umstand wir es zu verdanken hatten, dass wir in dieser Wohnung mit drei Zimmern, Dienstmädchenzimmer, Flur, Heizung, Küche, Bad und WC mit nur sieben Personen wohnen durften, meine Tante, mein Onkel, meine Cousine, mein Großvater und wir, meine Mutter, mein Bruder und ich.

Ein schwüler, heißer Sommer, mit Ängsten, Nachrichten, Schreckensbotschaften, Hoffnungen, Spekulationen und sehr begrenzten Möglichkeiten, das Haus zu verlassen.

In diesem Sommer gab es den ersten feinen Riss in der Beziehung zwischen meiner Mutter und mir. Ich erinnere mich, dass sich in dieser Zeit alle jüdischen Frauen zwischen 18 und 40 Jahren zu gemeinnütziger Arbeit auf dem KISOK-Sportplatz* einfinden sollten**. Meine Mutter fragte mich, ob sie gehen soll, und ich antwortete, sie solle gehen. Denn in mir hatte sich irgendwie ein Wunsch nach Unabhängigkeit entwickelt. Aber meine Mutter war so klug und vernünftig, dass sie nicht auf mich hörte. Dass wir überlebten, haben wir diesem Entschluss zu verdanken.

Von meinem Vater erhielten wir nur selten Nachrichten. Sein Schicksal beschäftigte mich zu der Zeit nicht: Meine Angst und die Unterdrückung meiner Angst nahmen mich vollkommen in Anspruch. Ich las viel. Ungeduldig, unkonzentriert. Zwischen mir und meiner Cousine entstand eine Freundschaft, die lange währte. Wenn wir das Haus verlassen durften, gingen wir hinüber in das nahe gelegene Sternhaus, wo Edit, die jüngere Schwester meiner Mutter mit ihren Kindern wohnte. In ihrem Luftschutzkeller hielten Nonnen Kurse für das Konvertieren zum Katholizismus ab. Zu spät, sinnlos. Beim zweiten oder dritten Mal machte eine der Nonnen eine abfällige Bemerkung über den jüdischen Glauben. Daraufhin sagte uns meine Mutter, dass wir nicht mehr teilnehmen würden. Ihr denkwürdiger Satz war: *„Seinen Mann oder seine Religion lässt man nicht im Stich, wenn sie in Not geraten sind."* Dem stimmte ich aus tiefstem Herzen zu.

Meine Mutter versuchte, unsere Alltagsroutine von der Morgentoilette bis zum abendlichen Baden und Schlafengehen um acht Uhr aufrechtzuerhalten. Als die Luftangriffe im September regelmäßiger erfolgten, warteten wir gebadet und angekleidet, bis die Sirenen abends fahrplanmäßig gegen neun, halbzehn aufheulten, und begaben uns mit unserer Luft-

---

* *KISOK*: Közép Iskolások Sportpálya (Deutsch: Sportplatz für Oberschulen) im XIV. Bezirk in Budapest (D.F.)

** „Ich habe in den Quellen keinen Beleg für den hier angegebenen Zeitpunkt gefunden. Dort wird als Zeitpunkt für die Sammelstelle auf dem KISOK-Sportplatz der November 1944 genannt." *(A. Sz.)*

schutzausrüstung in den Keller. Der Luftschutzkeller war nur für die eigentlichen Hausbewohner vorgesehen, wir zogen deshalb in den gewöhnlichen Teil des Kellers, wo man jeden Knall, jeden Bombeneinschlag aus der Nähe hörte und jede Detonation fühlte. Meine Mutter versuchte, uns abzulenken, indem sie erzählte.

15. Oktober 1944. Dieser Tag markiert ganz klar ein bedeutsames Ereignis. Vom Tag der Machtübernahme der Pfeilkreuzler bis zur Befreiung wurde die Lebensgefahr für uns allgegenwärtig. Ob wir überlebten oder nicht, hing von Zufällen ab, von der Geistesgegenwart meiner Mutter, ihrem Mut, ihrer Entschlossenheit. Ich weiß, dass es Frauen waren – auch Frauen –, die in illegalen Organisationen ihr eigenes Leben riskierten, um das Leben anderer zu retten. Meine Mutter hingegen kämpfte *nur* für ihre eigene Familie. Und wir Kinder vertrauten ihr blind, wir befolgten ihre Anweisungen ohne Widerspruch. Wir wussten, was auf dem Spiel stand. Heute, sechsundsechzig Jahre später, kann ich nur mit Bewunderung an diese sechsunddreißigjährige Frau denken, die sich – wie auch mein einundsiebzigjähriger Großvater – in jener Nacht, die wir zum Teil auf dem Balkon des Doppelhauses verbrachten, so mutig zwischen diesem und dem Balkon des Nachbarhauses hin- und herbewegte, als lägen nicht sechs Stockwerke unter ihr, während ich mit einem Sicherheitsgurt um die Taille von den beiden herübergehoben wurde und dabei Todesängste ausstand. Meine Mutter war es auch, die sich traute, bei dem über uns wohnenden nichtjüdischen Ehepaar an der Wohnungstür zu klingeln. Das Ehepaar, das beim MTI* arbeitete, überließ uns für diese Nacht seine Wohnung; man konnte nicht vorher einschätzen, ob sie Mitgefühl haben würden oder feindselig eingestellt waren, ein purer Zufall auch, dass sie noch eine andere Wohnung besaßen, in der sie uns drei, meine Cousine, meinen Bruder und mich, eine Weile in einem Kleiderschrank über der Tür versteckt hielten.

Meine Mutter war es auch, die Schweizer Schutzbriefe beschaffte, und während wir Kinder etwa zehn Tage in der unwirklichen Welt des Rotkreuzlagers in der Kolumbusz Straße verbrachten, kamen sie und mein

82   * *MTI*: A Magyar Távirati Iroda (Deutsch: Ungarische Presseagentur) (D.F.)

Großvater in einem Schweizer Schutzhaus am Újpester Donauufer unter. Dort erreichte sie ein Brief meines Vaters, in dem er sie bat, ihm einen Schutzbrief zu schicken. Meine Mutter schickte ihm den einzigen *Schutzpass**, den sie besaß, und aus Angst vor einer Razzia der Pfeilkreuzler schluckte sie ein Medikament, das schwere Vergiftungssymptome auslöste, an dem sie aber nicht starb. Es war reiner Zufall, dass gerade da *László Pető*, ein Freund meines Vaters, sie aufsuchte (ich weiß aus seinem Buch**, dass er die Rolle eines Vermittlers zwischen *Eichmanns Leuten* und dem Judenrat innehatte), er war über den Zustand meiner Mutter vollkommen entsetzt, verschaffte uns einen spanischen Schutzbrief und sorgte dafür, dass wir in ein spanisches Schutzhaus eingewiesen wurden.

Es war wieder meine Mutter, die uns, gemeinsam mit ihrer jüngeren Schwester, in einem Lastwagen der SS in der Kolumbusz Straße abholte. Dort hielten sich fünf Familienangehörige auf, die beiden Kinder meiner Tante *Edit*, die Tochter des jüngeren Bruders meiner Mutter, mein Bruder und ich. Über Einzelheiten, wie es zu dieser Aktion gekommen war, wurde nie gesprochen, erzählt wurde nur so viel, dass die beiden Frauen in unserer einstigen Nachbarschaft in einer Trafik*** zwei junge SS-Soldaten kennen gelernt und sich mit ihnen angefreundet hatten – sowohl meine Mutter als auch meine Tante sprachen ausgezeichnet Deutsch –, für ein paar Zigaretten holten sie uns gemeinsam mit den beiden Frauen ab und transportierten uns nach Hause.

Ich erinnere mich noch daran, wie ich im Lastwagen auf dem Bauch auf einer Rolle von Tragegurten liege. Ich weiß noch, wie am Tag darauf ein Mann mit einer Pfeilkreuzler-Armbinde kam, um meine Mutter und meinen Großvater abzuholen: Meine Mutter verabschiedete sich mit den Worten: *„Ich komme wieder, und wenn ich über die Donau schwimmen muss!"* Spät abends, als ich nach diesem langen Tag voller Angst schon ganz apathisch und ohne Hoffnung war, kamen sie beide wieder zurück.

---

* Deutsch im Original (D.F.)
** László Pető: „A végtelen menet" (Deutsch: „Der endlose Marsch"), Sao Paulo, 1982. „László Pető war ein Freund und Kamerad meines Vaters. Was mein Vater vermutlich in der Ukraine gesehen hat, weiß ich aus diesem Buch." *(A. Sz.)*
*** *Trafik*: in Ungarn und Österreich ein Laden für Zeitungen und Tabakwaren (D.F.)   83

Es war schon dunkel, als sie aus einem Pfeilkreuzler-Haus in der Mandula Straße im Stadtteil Rózsadomb entlassen worden waren. Sie bekamen bei ihrer Entlassung keinerlei Papiere, worauf meine Mutter, um nicht auf der Straße gleich wieder aufzufliegen, einen der Parteiangehörigen ansprach: *„Halten Sie bitte mal Ihre Lampe hierher!"*, und im Lichte seiner Taschenlampe entfernte sie von ihrem Mantel und von dem meines Großvaters den Gelben Stern.

Das letzte Lebenszeichen von meinem Vater erreichte uns ungefähr Mitte November. Zu der Zeit wohnten wir schon im spanischen Schutzhaus, er hatte wie üblich eine Feldpostkarte an unsere alte Adresse geschickt; Herr S., der dortige Hausmeister, brachte sie uns vorbei. Wie er uns gefunden hat, bleibt eines der vielen ungelösten Rätsel aus jener Zeit. Auf der Postkarte teilte uns mein Vater mit, dass er im Tattersall sei.

Meine Mutter beschloss, unseren Vater auch in den spanischen Schutzbrief eintragen zu lassen. Bislang waren nur wir Kinder und sie selbst darin aufgeführt. Dafür mussten wir uns zur Botschaft begeben. Auf die Straße zu gehen, war lebensgefährlich, mich nahm meine Mutter trotzdem mit, weil eine Frau mit Kind einen vertrauenswürdigeren Eindruck machte als eine Frau allein. Meinen Bruder mussten wir aber zurücklassen, was bedeutete, dass er, wenn man uns schnappte, allein zurückbleiben würde. Meine Mutter musste, wie so oft, eine Entscheidung treffen. Wir machten uns also auf den Weg. Ohne Papiere und ohne den Gelben Stern gingen wir bis zum Ende der Légrády Károly Straße (heute Balzac Straße) bis zur Váci Straße. In dem Gebäude des heutigen Kossuth-Kinos waren damals Pfeilkreuzler untergebracht, wir wollten gerade daran vorbeigehen, als die Luftschutzsirenen anfingen zu heulen. Wir hatten keine andere Wahl, als in den Keller des Pfeilkreuzler-Hauses zu fliehen. Ich hatte so große Angst wie das sprichwörtliche Kaninchen, das lebendig einer Riesenschlange zum Fraß hingeworfen wird. Wir saßen auf einer Bank, meine Mutter legte ihren Arm um mich und erzählte halblaut Geschichten von einer Lieblingsfigur aus meiner Kindheit, von dem kleinen Affen, dessen Vorbild ich war.

Dass meine Mutter bei all ihrer Entschlossenheit und Tapferkeit auch verletzlich war und sich in bestimmten Situationen nicht zu wehren wusste, wurde mir in dem langen Sommer des Jahres '44 klar. Bei unseren seltenen, aber doch gelegentlich stattfindenden Familientreffen hatte die egoistische und äußerst bornierte Tante *Sári* die beherrschende Rolle inne – wir und die mit uns verbündete Cousine waren in der Rolle der Geduldeten und Ausgelieferten. Tante Sári brachte es tatsächlich fertig, in dieser für uns bedrohlichen Lage so etwas zu sagen wie, dass *„wir ihr private life* * *störten“.* Wenn meine Mutter diese bösartige und dumme Bemerkung an sich hätte abprallen lassen, hätte ich mich nicht aufgeregt. Aber sie fühlte sich davon offensichtlich getroffen, konnte sich jedoch nicht wehren.

Ich nahm mir die Beleidigungen, die an meine Mutter ausgeteilt wurden, sehr zu Herzen. Ihre älteren Schwestern verstanden es ausgezeichnet, meine Mutter mit geschickt platzierten Bemerkungen oder taktlosen Fragen zu verletzen. Bis an ihr Lebensende hat sie das ergeben ertragen. Ich sehe jetzt noch vor mir, wie sie sich alt, grauhaarig und sicher nicht mehr vollschlank sonntagnachmittags ankleidet, sich einen Rock und eine makellos gebügelte Bluse anzieht, wie sie sich in ihrem schon etwas abgetragenen grauen Wintermantel und einem Turban auf dem Kopf mit ihren etwas schief abgelaufenen Schuhen zu ihren Schwestern auf den Weg macht, um die an diesem Tag fällige Portion an Beleidigungen in Empfang zu nehmen. Die Schwestern behandelten sie bis an ihr Lebensende wie eine Minderjährige, dabei war sie die Mutigste und Kreativste von ihnen.

Anders als ihre Schwestern war meine Mutter nicht snobistisch, nicht blaustrümpfig. Ihre Kultiviertheit drückte sich in ihrem Verhalten aus. Damals, als nach der Befreiung Budapests die überlebenden Familienmitglieder – meine Tanten, mein Großvater, meine Cousins und Cousinen, mit uns zusammen vierzehn – in unserer alten Wohnung zusammentrafen, brachte man auch Tante Edit mit schweren Verletzungen und beidseitiger Lungen- und Brustfellentzündung dorthin; meine Mutter machte sich daran, in unserem Bad Eis zu zerstoßen, sie beschaffte einen Ofen und Feuerung. Sie machte einen Arzt für Tante Edit ausfindig, der jeden Tag kam und ihr in dieser Zeit, in der es an allem fehlte, lebensrettende Injektionen verabreichte. Sie fuhr mit dem Zug aufs Land, nach Békés-

---

* Englisch im Original (D.F.)

csaba, bäuchlings auf dem Dach des Eisenbahnwaggons liegend, um Lebensmittel zu besorgen, manchmal brachte sie um die vierzig Kilo mit, die sie – auf dem Rücken – nach Hause schleppte. Und auch dann bewahrte sie noch ihre menschlich-weibliche Würde.

Ich betrachte alte Fotos. Was für extreme, was für schreckliche Zeiten musste sie durchleben! Nach dem Krieg unter Rákosi und Kádár war sie die Genossin L., diese Anrede erfüllte sie mit tiefer Abneigung. Sie war früher ein gnädiges Fräulein und danach eine gnädige Frau gewesen.

Hier vor mir liegt eine Bildserie: Auf jedem Foto sind dieselben fünf jungen Mädchen zu sehen. Meine Mutter erkenne ich natürlich. Diese Fotos wurden in ihrem Sommerurlaub in der Schweiz aufgenommen, in einem Institut für junge Damen. Auf der Rückseite der Fotos in der Schrift meiner Mutter: *Champex, 15.VII. – 8. VIII.1925. Hotel d' Orsay;* es folgen die Namen der anderen jungen Mädchen. Für sich selbst schreibt sie: *Ego.* Ein hübsches, siebzehnjähriges Mädchen lächelt unbeschwert in die Kamera.

Fotos aus dem Jahr danach: Eines der Bilder zeigt vermutlich, wie meine Mutter sich zu einem Faschingsball aufmacht, sie trägt ein langes weißes Kleid, die anderen sind verkleidet. Auf der Rückseite eines anderen, etwas unscharfen Fotos steht – *Visegrád, Juli 1926 –,* eine größere Gesellschaft ist zu sehen, ich entdecke meine Eltern, die damals noch nicht einmal verlobt waren. Meine Mutter lugt gutgelaunt hinter einer vor ihr sitzenden, mir unbekannten Frau hervor.

Und was auf keinem Foto zu sehen ist, sich jedoch tief in meine Erinnerung eingebrannt hat: Es war erschütternd, sie im Herbst-Winter 1945 zu erleben, als sie in eine Depression fiel. Im Sommer hatte sie alles Mögliche unternommen, um eine Beschäftigung zu finden, einige Monate lang hatte sie es mit einem kleinen, familiären Mittagstisch versucht, dabei hatte ich ihr auch geholfen, aber wir konnten mit der Inflation nicht Schritt halten. Dann arbeitete sie in einer Anwaltskanzlei als Schreibmaschinenkraft. Und die ganze Zeit über verfolgte sie die Bekanntmachungen mit den Namenslisten derer, die aus den Konzentrationslagern wieder nach Hause gekommen waren, ob ein *Richard L.,* der Name meines Vaters, darunter war. Aber nein, nirgends. Dann brach sie eines Tages einfach zusammen. Sie saß nur noch zu Hause in ihrer ungeheizten Stube, eingehüllt in ihr weißes Häkeltuch, sie kochte sich Kräutertee auf ihrer

Elektrokochplatte. Nie zuvor hatte ich meine stets aktive, energische Mutter so gesehen.

Dass mein Vater tatsächlich tot war, erfuhren wir, glaube ich, 1947. Zuvor hatte meine Mutter schon mit einem ehemaligen Kameraden korrespondiert, der wie mein Vater nach Buchenwald gebracht worden war. Er hatte im März 1945 zum letzten Mal von meinem Vater gehört. Dann war er selbst in ein Krankenhaus gekommen, das von den französischen Truppen befreit wurde. Ferenc M. ging nicht nach Ungarn zurück, er lebte in Paris und schickte meiner Mutter von dort den Brief. Die tatsächliche Todesmitteilung erhielten wir durch den Schriftsteller Géza Hegedűs. Sein Ziehsohn besuchte dieselbe Schulklasse wie mein Bruder. Auf diese Weise war der Kontakt mit meiner Mutter zustande gekommen.

„Er ist gegangen" – „er ist nicht zurückgekommen". Das war offensichtlich ein Euphemismus für: *man hat ihn deportiert, verschleppt, getötet, ermordet.* Und trotzdem trifft die Aussage zumindest im metaphorischen Sinne zu. Denn wir haben meinen Vater fortgehen sehen, haben auf ihn gewartet. Aber er kam nie zurück. Wir haben seine Leiche nicht gesehen, eigentlich konnten wir ihn nie wirklich betrauern, ihn für uns nie für tot erklären.

Vor nicht allzu langer Zeit habe ich geträumt, wie ich jemandem erkläre: *Wenn der Vater fehlt, kann das Leben einer Familie aus dem Gleichgewicht geraten.* Und mir war, als ob ich dabei geweint hätte.

Nach der Befreiung folgten einige helle Jahre.

Kurz vor Weihnachten 1945 erschien ein anderer Kamerad und Freund meines Vaters und bot meiner Mutter Arbeit in der Papierfabrik in Csepel* an, die damals noch nach ihrem Besitzer Neményi benannt war. Dadurch gewann sie ihre Lebenslust zurück. Sie regelte, dass wir versorgt wurden, und ging nach Csepel, später auch in die Provinz arbeiten. Damals wurden die Arbeiter und Angestellten der Fabrik wegen der galoppierenden Inflation in Naturalien bezahlt, meine Mutter reiste als Einkäuferin aufs Land, sie kaufte Lebensmittel im Auftrag der Fabrik, reiste auf Lastwagen, manchmal war sie mehrere Tage lang unterwegs. Aus

---

* *Csepel*: eine Donauinsel, Stadtteil von Budapest mit viel Industrie (D.F.)

dieser Zeit gibt es einen von mir geschriebenen Brief, in dem ich mich bei ihr entschuldige, weil ich sie gekränkt habe, und ihr fast so etwas wie eine Liebeserklärung mache.

In den hellen Jahren wohnten wir noch in unserer alten Wohnung, dem richtigen Zuhause unserer Kindheit. Meine Mutter hielt noch Kontakt zu den übrig gebliebenen Familienmitgliedern und Freundinnen. Die dunklen Jahre waren zu Beginn der Fünfzigerjahre. Die dunkelsten, aussichtslosesten waren die der Rákosi-Ära. Da zogen wir aus unserer Wohnung in eine kleinere, zum Hof gelegene um. Dann in eine noch kleinere, eine Etage tiefer. Eine dunkle Zeit, dunkel auch die Wohnungen.

Während meiner Pubertät entwickelte sich zwischen mir und meiner Mutter eine Distanz – es kam nicht zum Bruch zwischen uns, aber zu einer Distanzierung. Mein Bruder behauptet, ich hätte mich in der Zeit furchtbar benommen. Ich war sehr impulsiv. Kein Zweifel, als sich mein Körper zu einem Frauenkörper entwickelte, mochte ich ihre Berührungen nicht mehr. Ich mochte nicht, wenn sie mich streichelte. Ich wich ihren Annäherungen aus. Ich begann, allmählich mein eigenes, unabhängiges Leben zu führen, es gab die Schule, Jugendgruppen, Freundinnen. Dies umso stärker, als meine Mutter arbeitete und ihr Arbeitstag morgens begann und bis zum späten Nachmittag andauerte. Zwischendurch fehlte sie mir aber auch. Ich war nachmittags allein zu Hause, mein Bruder war im Hort. Ich erinnere mich daran, dass die Stube heller wurde, sobald meine Mutter eintrat.

Ich weiß nicht mehr, wann meine Mutter mir gegenüber zum ersten Mal den Namen von Rechtsanwalt *Dr. Daniel Sz.* erwähnt hat, dessen Familienname auf „y"* endete. Für uns und unsere Freunde war er Onkel Dani, hinter seinem Rücken der *alte Herr*. Die Beziehung zwischen ihm und meiner Mutter währte über zwanzig Jahre. Nicht lange danach begann meine Beziehung zu einem Mann, der kaum zwei Jahre älter war als ich, den ich dann auch heiratete und der der Vater meines Sohnes wurde – er war in seiner Familie der erste Intellektuelle und sehr viel reifer

---

* Familiennamen mit der Endung „-y" deuten auf einen ehemaligen Adelstitel hin. Sie galten als vornehmer als die gleichlautenden Familiennamen mit der Endung „-i". (D.F.)

als ich –, ihm habe ich es zu verdanken, dass sich mein Wissen vertiefte und mein Horizont sich erweiterte. Wir gingen ins Theater, ins Kino, in die Oper, in Konzerte und Ausstellungen, machten Ausflüge mit Freunden – aber er hat mir auch sehr geschadet.

Ich denke, dass es in unseren Paarbeziehungen, in meinen und denen meiner Mutter, viele Gemeinsamkeiten gibt. Unsere Partner waren sich ähnlich, nicht in ihrem Äußeren, sondern hinsichtlich der Rolle, die sie in unseren Familien einnahmen, und hinsichtlich ihrer destruktiven Wirkung. Sie waren beide begabte Intellektuelle und hatten beide einen Hang zur Selbstzerstörung.

Es ist schwierig, die verwickelten Fäden unserer Familiengeschichte jener Jahre zu entwirren. So heldenhaft sich meine Mutter im Krieg und in der Zeit des Holocaust verhalten hatte, so schlecht ertrug sie jetzt die Enge, den grauen Alltag, die alltäglichen materiellen Sorgen. Sie war von Natur aus großzügig und verschwenderisch. Sie war verschwenderisch mit ihrer Liebe, ihrer Energie und ihrem Besitz – solange es etwas gab.

114-632. Eine Telefonnummer, die ich auch nach fünfzig Jahren nicht vergessen habe. Unter dieser Nummer rief ich sie täglich an ihrer letzten Arbeitsstelle an, bis sie in Rente ging. Mit Ausnahme von ein paar Jahren arbeitete meine Mutter in verschiedenen Firmen im Außenhandel. Privat eine schlechte Geschäftsfrau, war sie eine großartige Arbeitskraft in den Import-Export-Firmen. Trotzdem brachte sie es nie weiter als zur Disponentin, wegen ihrer bürgerlichen Herkunft durfte sie nie im Namen einer Firma verhandeln und selbständig Entscheidungen treffen.

Über unsere Mutter und Onkel Dani sagte mein Bruder vor vielen Jahren in einem Telefongespräch zu mir: *Das war Liebe.* Damals konnten wir schon seit einer geraumen Zeit nur über das Telefon kommunizieren. Und er bekräftigte: *Ich habe sie zusammen erlebt.* Ja, es war Liebe, aber diese Liebe machte meine Mutter verletzbar.

Wenn ich noch einmal lese, was ich bislang geschrieben habe, gewinne ich den Eindruck, als würde ich über Liebe streng und distanziert urteilen. Gleichwohl gehört die Liebe zur Vollkommenheit der menschlichen Existenz. Liebe bedeutet erhöhte Empfindsamkeit und Aufmerksamkeit für den anderen. Hingabe. Auch Angst, den anderen zu verlieren. Und nicht zuletzt Sexualität. Nur dass ich das Thema Sexualität in Bezug auf meine Mutter schamhaft oder scheinheilig vermieden habe. Aber ich weiß, und meine Mutter sprach es sogar auch einmal aus, dass zwischen ihr und Onkel Dani eine starke sexuelle Anziehung bestand und sie eine gute sexuelle Beziehung hatten. Sie waren ein Liebespaar, lebten aber nie zusammen. Der alte Herr war verheiratet und konnte oder wollte seine Ehefrau nicht verlassen.

Aus den letzten Lebensjahrzehnten meiner Mutter gibt es kaum Fotografien. Ein Bild stammt aus der Mitte der Fünfzigerjahre. Es wurde nach ihrem Unfall aufgenommen, der geschah, als sie zum Elternabend an der Schule meines Bruders eilte, auf der Treppe stürzte und dabei schlimm mit ihrem Kopf aufschlug. An der Wunde, am Stirnansatz, sind ihre Haare kurz geschoren. Aber sie ist immer noch schön. Ihr Lächeln ist immer noch da. Auf späteren Fotos wirkt sie ernster oder sogar verhärmt. Es gibt nur ein einziges Foto von ihnen beiden, von ihr und dem *alten Herrn*: Darauf sehen sie heiter und vielleicht sogar glücklich aus. Aber nach zwanzig oder zweiundzwanzig Jahren bricht meine Mutter mit dem alten Herrn. Sie war der aussichtslosen Beziehung müde geworden.

Im April 1973 beging meine Mutter Selbstmord. Sie hatte das fünfundsechzigste Lebensjahr noch nicht vollendet: Damals wohnten wir schon über drei Jahre gemeinsam unter einem Dach.

Naiv und dumm hatte ich gehofft, dass sie bei uns ruhig und friedlich alt werden könnte. Das war aber nicht das, wonach sie sich sehnte. In jener Zeit, als mein Lebensgefährte, mein zweiter Ehemann, an einer Expedition teilnahm und lange Zeit weit weg war von zu Hause – hatte sie wieder die Rolle der heroischen Mutter einnehmen können. Ich will nicht leugnen, dass ich den Schritt meines Mannes als ein Mich-im-Stich-Lassen empfand, ich blieb mit meinem pubertierenden Sohn aus erster Ehe und unserer zweijährigen Tochter allein zurück. Ich dachte an Scheidung. Meine Mutter, mein Sohn, meine kleine Tochter und ich bildeten eine gut funktionierende Familie. Dann aber gelang es mir und meinem Mann, unsere Beziehung wieder in Ordnung zu bringen. Und damit war das Heldentum meiner Mutter überflüssig geworden. Doch sie wollte sich wichtig fühlen, eine meiner Freundinnen besorgte ihr Arbeit: Sie übersetzte soziologische Abhandlungen aus dem Deutschen ins Ungarische. Das war eine aufregende Aufgabe und eine intellektuelle Herausforderung für sie. Doch dann kamen keine Aufträge mehr. Mit Schrecken sah ich, dass meine Mutter immer mehr vereinsamte und sich immer stärker aus der Welt zurückzog. Ich verschaffte ihr etwas zum Übersetzen und brachte ihr einige Zeitschriften mit nach Hause.

An jenem Tag hatte sie die verloren. Aber das war nur der Tropfen, der das Fass zum Überlaufen brachte, dass sie die Texte verloren hatte, bildete nur den letzten Anstoß.

Mein Bruder und ich wollten sie nicht tot sehen. Aus Schuldgefühl und Schmerz. Und aus Angst vor ihrem erzürnten Geist, denn sie hatte Hand an ihren für mich sakrosankten Körper gelegt, und ich meinte, das sei aus Rache an mir geschehen, aus Rache an meinem Verrat an ihr.

Ich bin nicht gläubig. Ich glaube nicht an ein irgendwie geartetes Leben im Jenseits. Nach dem Tod meiner Mutter spielt sich ihr Leben in meiner Erinnerung ab. In meinen Gedanken. In meinen Träumen. Früher habe ich oft von ihr geträumt. Manchmal war sie im Traum nur für einen winzigen Augenblick anwesend. Manchmal wusste ich nur, dass sie sich irgendwo im Hintergrund aufhielt. Es kam auch vor, dass ich am nächsten Morgen nur wusste, dass ich von ihr geträumt hatte, ohne mich an Einzelheiten erinnern zu können.

An meinen letzten Traum vor ein paar Monaten erinnere ich mich jedoch genau.

Es war, als wäre ich in unserer alten Wohnung in meinem Kinderzimmer in der V. Straße, mit einem Orchester, das aus drei Mitgliedern bestand. Aber nur einer spielte auf der Mandoline, ruhig und sehr schön, ich und der zweite Musiker lauschten, der dritte war verschwunden. Währenddessen trat jemand nebenan in das dunkle Wohnzimmer, ich wusste, dass es meine Mutter war, aber ich fragte: – *Mutti, bist du das?* Und erhob mich schwerfällig. Darauf erwiderte sie: – *Wieso, was hast du denn gedacht?* Und dann kam sie ins Kinderzimmer, ich umarmte sie und spürte ihren vertrauten, unvergesslichen Duft …

Anna Szász

Ich wurde am 10. Oktober 1933 in Budapest als Kind einer assimilierten jüdischen Familie aus dem mittleren Bürgertum geboren.

Mein Vater wurde in den Vierzigerjahren mehrmals zum Arbeitsdienst einberufen. Zuletzt im Sommer 1944, und im Dezember desselben Jahres wurde er in das Konzentrationslager Buchenwald verschleppt, wo er im März 1945 starb. Mein jüngerer Bruder und ich überlebten den Holocaust zusammen mit unserer Mutter zunächst in einem Sternhaus und danach im internationalen Ghetto.

Im Jahr 1956 machte ich meinen Abschluss im Fach Chemie an der Naturwissenschaftlichen Fakultät der ELTE-Universität, arbeitete mehr als acht Jahre in einer Textilfabrik und unterrichtete danach an Grundschulen. Seit 1969 arbeite ich als Journalistin. Siebzehn Jahre lang, bis zu meiner Pensionierung, war ich bei der Frauenzeitschrift „Nők Lapja" angestellt. In der Folge erschienen Artikel von mir in mehreren Frauenzeitschriften. Von 1998 bis 2005 war ich ständige freie Mitarbeiterin bei der sozialpolitischen Zeitschrift „Esély". Ich arbeite auch jetzt noch beim Civil Rádió, auf der Website „Galamus" erscheinen Texte von mir. Außerdem wurden mehrere Bücher von mir veröffentlicht.

Zwei meiner Texte wurden in die Anthologie „Sós Kávé – Elmeséletlen női történetek" (Novella Verlag, Budapest 2007)* aufgenommen.

Ich habe zwei erwachsene Kinder, drei Enkel und drei Urenkel.

---

* Deutsche Ausgabe: „Salziger Kaffee – Unerzählte Geschichten jüdischer Frauen". Zusammengestellt und bearbeitet von Katalin Pécsi. Herausgegeben von der Gedenkstätte Deutscher Widerstand, Berlin in Kooperation mit dem Internationalen Auschwitz Komitee und dem Holocaust Gedenkzentrum Budapest, Novella Kiadó 2009 (D.F.)

Judy Weissenberg Cohen

„ISS, ISS, WIR MÜSSEN DOCH ÜBERLEBEN!"

Zur Erinnerung an meine Schwestern und Lagerschwestern

Die erste Woche in Auschwitz-Birkenau, 1944

Da saßen wir nun, wir vier Schwestern, auf dem trockenen, ausgedörrten und staubigen Boden, vor uns eine Schüssel mit etwas Undefinierbarem darin, das man uns als etwas „Essbares" ausgeteilt hatte. Jede von uns nahm der Reihe nach einen winzigen Schluck daraus zu sich und verzog dabei vor lauter Ekel das Gesicht. Wir kriegten das einfach nicht herunter. Meine Schwester *Böske*, die 12 Jahre älter war als ich und quasi die Rolle einer Ersatzmutter einnahm, hielt mir buchstäblich die Nase zu, um mich zwangsweise zu füttern (so wie wir es zu Hause bei der Gänsemast machten). *„Iss, iss, wir müssen doch überleben!"*, wiederholte sie dabei beschwörend. Und versuchte, mir das undefinierbare *Dörrgemüse** à la Birkenau mit Hilfe eines „Löffels", der aus einem Stück Holz geschnitzt war, in den Mund zu stopfen – noch heute erinnere ich mich voller Abscheu an diese „Suppe" mit den höchst fragwürdigen Zutaten, außer ein paar Rüben fanden wir darin Sand, kleine Steine, Ungeziefer und Gras. Vier von diesen aus einem Stück Holz geschnitzten „Löffeln" hatte Böske „organisiert" – ein Euphemismus für einen harmlosen Diebstahl. Später wurde mein Hunger dann so übermächtig, dass ich aß, ohne dass man mich überreden musste.

Ich hatte das große Glück, mit drei älteren Schwestern zusammen zu sein, die dafür sorgten, dass wir uns gegenseitig behüteten und beschützten. Außer Böske waren es *Klári*, die 22 war, 6 Jahre älter als ich, und die damals 19-jährige *Évi*, 3 Jahre älter als ich und somit mir altersmäßig am nächsten. Wenn meine Schwestern nicht bei mir gewesen wären und mich zum Gehorsam gezwungen hätten, wäre es schwerer gewesen, den

---

* Deutsch im Original (D.F.)

Überlebenskampf jeden Tag aufs Neue zu führen. Diese Erfahrung haben auch andere Überlebende gemacht.

Ja, wir wollten überleben, um unser selbst und um einander willen: Wir waren immer noch eine Familie, auch wenn nur noch wenige am Leben waren.

Rückblick, 1934

Die schwesterliche Fürsorge begann nicht erst in Birkenau, als Böske mich zum Essen zwang. Sie hatte ihren Ursprung in unserem gesunden und glücklichen Leben, als wir noch eine neunköpfige Familie waren und es so eine Plörre wie Dörrgemüse nicht einmal in unseren schlimmsten Albträumen gab.

Alles begann im Jahr 1934, als ich 6 Jahre alt war, und es erreichte die schlimmsten Ausmaße 1944 in Birkenau, wo ich 16 wurde.

An meinem zweiten Schultag half mir, der kleinen Sechsjährigen, Böske, meinen „neuen", bereits mehrfach weitervererbten Lederranzen aufzusetzen, beim Anheben merkte sie: wie schwer er für eine kleine „Analphabetin" war, sie fragte mich: – *Du Jutka, was ist denn bloß da drin? – Oh, nur ein paar Filmzeitschriften, die will ich in den Schulpausen „lesen", um mir die Langeweile zu vertreiben* – antwortete ich ganz selbstbewusst. Worauf sie in ein gutmütiges Lachen ausbrach, das ich nie vergessen werde.

Ich war ein spätes, sehr wahrscheinlich nicht geplantes, Kind, geboren in eine Familie, die schon mit drei Söhnen und drei Töchtern gesegnet war. Meine Mutter ist mir ausschließlich als eine zärtliche, immer geschäftige und ein bisschen müde wirkende Frau in Erinnerung, die sich liebevoll ihrer großen Familie widmete und die wir innig liebten und respektierten – die aber oftmals ein wenig distanziert wirkte und vielleicht durch ein weiteres kindliches Plappermaul wie mich in ihren Wechseljahren etwas überfordert war. Als Nesthäkchen wurde ich verwöhnt, stellte endlos Fragen und hatte immer Unfug im Kopf. (Weil meine Mutter mir einmal nicht die 2 Fillér für Bonbons gab, um die ich sie angebettelt hatte, stahl ich ihr, als ich drei oder vier Jahre alt war, das Portemonnaie, nahm die 2 Fillér heraus und verbrannte es danach – mitsamt dem Lohn für die beiden Waschfrauen.) Ist es möglich, dass ich sie in Verlegenheit brachte, weil sie nicht wusste, wie sie auf meine „närrischen" Fragen zu den Tatsachen des Lebens reagieren sollte? Ich wünschte mir so sehr, ich hätte meine Mutter als Erwachsene kennen lernen können! – Aber die Nazis und die ungarischen Faschisten ermordeten sie, bevor ich diese Möglichkeit bekommen hätte …

Als kleines Kind war ich ein Naseweis, sehr gern belauschte ich heimlich Évi und ihre Freundinnen, wenn sie über Dinge tuschelten, von denen sie selbst nicht allzu viel verstanden – Sex.

Später wandte ich mich mit allen meinen Problemen an Böske. Sie war immer freundlich und unendlich geduldig (dabei neckte sie mich auch bisweilen, wie es in unserer großen Familie üblich war) und gab mir stets Antworten, die ich verstehen konnte.

Dann, eines Tages, verschwand Böske aus meinem Leben. Nach ihrer Heirat mit *S.R.*, einem Shomer*. Die wurde mit einer dem Anschein nach fröhlichen Hochzeitsfeier in unserem Haus besiegelt, am stärksten ist mir in Erinnerung geblieben, wie sie zu meinem großen Entsetzen den langen, zarten Spitzenschleier ihres Hochzeitskleides zu Fetzen zertanzte, denn insgeheim hatte ich gehofft, ihn eines Tages selbst tragen zu können.

Idealistisch, wie das frisch vermählte junge Paar war, machte es sich auf nach Palästina, mit ihrer riesigen Aussteuer im Gepäck, um in einem Kibbuz zu leben und beim Aufbau des jüdischen Heimatlandes zu helfen.

Dann kamen die Briefe, ihr Inhalt wurde vor uns jüngeren Geschwistern geheim gehalten – das war die zu dieser Zeit gängige Haltung Kindern gegenüber –, aber die Tränen meiner Mutter während der Lektüre ließen darauf schließen, dass sie unglücklich war. Wie egoistisch ich war: Ich war überglücklich – als Böske resigniert und ohne ihren Mann zurückkam.

Das Jahr 1938

Es war das Jahr des Anschlusses, das Jahr, in dem der erste große Pogrom stattfand, in Deutschland und in Österreich zynisch Kristallnacht genannt, ein unheilvoller Vorbote für die zukünftigen Ereignisse: Es war das Jahr,

---

* *Hashomer Hatzair:* Name einer linksgerichteten zionistischen Organisation; das hebräische Wort „Shomer" bedeutet „Wächter".

in dem ich mein erstes Lebensjahrzehnt abschloss, auf die Bürgerschule wechselte und mich zugleich mit den verwirrenden und beunruhigenden Veränderungen meines Körpers zu beschäftigen begann.

Böske war in ein sich rasant veränderndes antisemitisches Ungarn zurückgekehrt, in dem sich die Lebenssituation der Juden zusehends verschlechterte. Meine Schwester hatte sich zu einer politisch gereiften, erfahrenen Sozialistin entwickelt, die die politische Situation in Europa wesentlich besser durchschaute als die übrigen Mitglieder meiner Familie.

Die Kriegsjahre

1941: Ungarn erklärte den USA den Krieg und unterstützte Nazi-Deutschland militärisch, die ungarischen Soldaten kämpften hauptsächlich in der Sowjet-Ukraine, meine drei Brüder wurden zum Arbeitsdienst, d.h. praktisch zu Sklavenarbeit zwangsverpflichtet und – ohne Waffen und Uniform – dem ungarischen Heer zugeordnet. Den Arbeitsdienstlern wurden die gefährlichsten Aufgaben übertragen, wie zum Beispiel das Räumen von Minenfeldern, und von ihren Vorgesetzten wurden sie gleichgültig in den Tod geschickt. Mein ältester Bruder *Jenő* wurde in Doroshits auf Befehl ungarischer Soldaten ermordet. *Miklós* fiel in der Schlacht bei Woronesch.

Meine Mutter und Böske waren in dieser Zeit die eigentlichen Familienoberhäupter. Mein armer Vater war demoralisiert, durch ein Gesetz war er gezwungen worden, seine Firma zu schließen, und dadurch der Möglichkeit beraubt worden, seine Familie zu ernähren; seine drei geliebten Söhne waren irgendwo weit weg und, wie wir über die nur spärlichen Nachrichten erfuhren, tödlichen Gefahren ausgesetzt. Mein Vater, der der politischen Realität nicht ins Auge zu sehen vermochte, bat Böske oft: *„Bring mir eine gute Nachricht, auch wenn es eine Lüge ist!"*

Böske *hingegen* war wie ein Fels in der Brandung.

Die schöne, lebhafte Klári, die zur Melancholie neigte, wurde Opfer eines neuen antijüdischen Gesetzes, aufgrund dessen ihr, wie auch meinem Bruder *Laci*, die Zulassung zu einem Universitätsstudium verweigert wurde.

Klári begann, in der Firma des Vaters ihrer besten Freundin in der Buchhaltung zu arbeiten.

Sie wollte jedoch unbedingt nach Budapest fliehen, weil das Gerücht umging, dass in den von den Nazis besetzten europäischen Ländern *schöne jüdische Mädchen missbraucht* würden. Sie glaubte, in Budapest wäre sie sicherer, und wollte dort unter der Anleitung einer Cousine eine Ausbildung als Krankenschwester absolvieren. Dieser Wunsch stieß bei meinem Vater auf unbeugsame, religiös begründete Ablehnung. Doch Klári ließ sich nicht abhalten: Es gelang ihr, sich „gute" christliche Papiere zu beschaffen (sie hatte ihr Abitur an einem katholischen Lyzeum abgelegt und verfügte von daher noch über Beziehungen), so ging sie in eine andere Stadt und „tauchte" dort vor aller Augen als Christin „unter".

Évi war sehr gescheit, an einer akademischen Laufbahn jedoch nicht interessiert, sie war handwerklich äußerst geschickt und ging auf Drängen meiner Mutter als Lehrling in einen feinen Schneidersalon. (Müßiggang gab es in unserer Familie nicht.) Sie lernte mit Begeisterung die Kunst des Nähens, was sich als segensreiche Fähigkeit erwies, weil sie ihr das Überleben und später das Auskommen sicherte.

Böske hatte in Palästina nicht nur unter schwierigen Lebensumständen sehr viele praktische Erfahrungen gesammelt, sondern auch gründliche Englisch- und Hebräischkenntnisse erworben. Sie erteilte vielen Studienanwärtern privat Englischunterricht und hatte dadurch ein gutes Einkommen. Tapfer versuchte sie, auch uns jüngere Geschwister zu unterrichten – doch ohne viel Erfolg. Sie erklärte uns unermüdlich, wie wichtig es sei, eine Fremdsprache zu erlernen, „*Ungarisch ist im Ausland vollkommen nutzlos*" – sagte sie –, aber wir nahmen sie nicht ernst, was wir viele Jahre später in Kanada noch sehr bereuen sollten. Aber wer konnte *das damals dort* ahnen?!

Es war vermutlich 42 oder 43, als meine Mutter Böske dazu ermunterte zu fliehen, indem sie sich auf eine Anzeige als Hausangestellte bewarb – in England. Da sie gute Englischkenntnisse vorweisen konnte, hatte sie auch gute Aussichten, als *billige Arbeitskraft* im Vereinigten Königreich eingestellt zu werden. Sie hatte schon ihren Pass mit Foto und einen potentiellen Arbeitgeber, der sie erwartete, als wieder eine neue Verordnung in Kraft trat, aufgrund derer die Grenzen geschlossen wurden: Somit war für sie diese Möglichkeit auch dahin.

Die deutsche Besatzung

Am 19. März 1944 wurde Ungarn, der loyale Bündnispartner, aus politischen Gründen von den deutschen Truppen besetzt. Wie in den anderen von den Deutschen besetzten Ländern Europas wurden nun auch hier in rascher Abfolge sämtliche wohl bekannten brutalen Maßnahmen durchgeführt, und dies vollkommen einvernehmlich mit der ungarischen Regierung, Administration, Polizei und Gendarmerie. Während die „braven" Bürger neiderfüllt darauf warteten, endlich unsere Häuser und Wohnungen plündern zu können. Der Gelbe Stern für die Juden; der Weiße Stern für die frisch zum Christentum Konvertierten; der Raub unserer Wertsachen; unsere Abschiebung in die Ghettos – all dies innerhalb von *nur 57 Tagen!* –, als Höhepunkt: unsere Deportation. Die meisten transportierte man nach Auschwitz-Birkenau – einige Tausend, die mehr Glück hatten, nach Österreich. In Auschwitz wurden 75 % der ungarischen Juden sofort nach ihrer Ankunft in den Gaskammern getötet – dazu gehörten auch meine Eltern *Margit* und *Sándor Weissenberg*, mein Neffe *Péter*, meine Schwägerin *Magda Weiss*, deren Eltern und zahlreiche Cousinen mit ihren Babys, Kleinkindern und heranwachsenden Kindern.

Noch aus dem Ghetto schrieb mein Vater einen Abschiedsbrief an Klári, die mit falschen Papieren lebte. Was für ein fataler Fehler! Klári kam daraufhin ins Ghetto, um sich zu verabschieden, sie blieb zu lange, die Tore wurden geschlossen, und es gab kein Entkommen mehr … Danach fiel Klári in eine Depression, nur für einen kurzen Augenblick kehrte ihr Lebenswille zurück: Als ein ungarischer Polizist uns befahl, das Haus zwecks unserer Deportation zu verlassen, bemerkte er, dass Klári an ihrem Handgelenk eine wertvolle kleine Armbanduhr trug, ein Geschenk unserer Eltern zu ihrem Abitur. Nicht unhöflich, aber keinen Widerspruch duldend, verlangte er, ihm die Uhr auszuhändigen. Klári nahm sie sehr langsam ab, schmetterte sie gegen die Wand und sagte, wobei sie ihn mit einem hämischen Gesichtsausdruck fixierte: – *Jetzt können Sie sie haben.*

Erstaunlicherweise passierte ihr daraufhin nichts. Der Polizist wird wohl gewusst haben, welches Schicksal Klári in nur wenigen Wochen erwartete.

Auschwitz

Nach unserer Ankunft erfolgt die erste Selektion, durch die unsere Eltern, unsere Tanten und alle weiteren zum sofortigen Tod verdammten Verwandten von uns fortgerissen werden. Der ersten Demütigung, dem Befehl, uns nackt auszuziehen, folgen weitere Erniedrigungen: Unsere Köpfe werden kahlgeschoren, sämtliche Körperhaare und unsere Geschlechtsorgane desinfiziert, dann werden wir nach einer kurzen kalten Dusche – einen Teil des Wassers tranken wir gierig, weil wir so durstig waren – nass und nackt nach draußen getrieben, wobei wir praktisch von jedem, der dort herumläuft, begafft werden – SS-Männern, männlichen Häftlingen. Danach werden uns entlauste, aber schmutzige, ausrangierte „Kleidungsstücke" ausgehändigt. (Ob sie passten oder nicht, spielte keine Rolle, wir mussten sie akzeptieren oder wir wurden verprügelt, es gab nichts anderes anzuziehen.)

Ich sah mich um und fragte mich voller Angst, wo meine Schwestern wohl waren. Dabei standen sie um mich herum, sahen aber wie unheimliche Fremde aus. Nur ihre Stimmen klangen vertraut. Trotz unseres unbeschreiblichen Elends brachen wir in Gelächter aus: kahlköpfig, in dreckige Lumpen gekleidet, boten wir einen höchst tragikomischen Anblick. Böske, die praktisch Veranlagte unter uns, sah, dass ich mich in einem viel zu langen Nachthemd, in das ich zweimal hineingepasst hätte, dahinschleppte, sie nutzte die Gelegenheit, riss ein großes Stück direkt unterhalb meines Knies ab und dieses in vier gleich lange, schmale Streifen, die wir uns wie eine Art „Turban" um unsere kahlen Köpfe wickelten. Gleich fühlten wir uns wieder ein klein wenig weiblich!

Auschwitz-Birkenau war die Nagelprobe für menschliches Verhalten: Hier wurden wir täglich aufs Neue vor tödliche und moralische Herausforderungen gestellt. Ich kann mich nicht erinnern, dass wir vier uns jemals um irgendetwas gestritten hätten. Die meiste Zeit über machten wir uns Sorgen umeinander. Unsere wechselseitige Fürsorge hielt auch den fürchterlichsten und schwierigsten Bedingungen stand. Wenn ich mit mehr Abstand und mit meiner heutigen „Weisheit" auf die Zeit zurückblicke, wird mir klar – dass wir nur mithilfe der Fähigkeiten, der charakterlichen Eigenschaften und der Auffassungen, die wir von zu Hause mitbrachten, die demütigende und erniedrigende Behandlung überstehen konnten. (Wie hätte man denn auch auf das Undenkbare und Unvorstellbare, dem wir ausgesetzt waren, vorbereitet sein können?!) Böske erwies sich wieder einmal als ein Fels in der Brandung, sie war mitfühlend, half, wo sie nur konnte, mit Worten und Taten, genauso wie zu Hause. Sie war der beste Mensch, den ich je gekannt habe.

Klári war sehr verletzlich. Ihre Melancholie wurde von Tag zu Tag schlimmer, und meine Schwester zeigte kaum Gefühle, weder negative noch positive.

Évi war schon immer unbekümmerter gewesen, sie traf Schulfreundinnen von früher wieder, und wenn sie mit ihnen plauderte, gelang es ihnen sogar, ihren Hunger nicht so stark zu spüren, sie flickte zerrissene Kleidungsstücke mit Nadeln, die sie völlig überraschend von einem alten Schulkameraden bekommen hatte zusammen mit etwas Garn und einem winzigen Stück Seife mit Rosenduft: unschätzbar wertvolle Gegenstände in der depravierten Welt, in der wir uns jetzt befanden …!

Böske hingegen war voll und ganz mit der Frage unseres Überlebens beschäftigt und sich sehr genau darüber im Klaren, was um uns herum passierte.

Bei den gefürchteten, zweimal täglich stattfindenden Apellen*, bei denen wir uns in Fünferreihen aufstellen mussten, war ich immer die Zweite oder Dritte in der Reihe, sodass ich vor Kälte, Hitze und Wind geschützt stand. Ich weiß nicht mehr, wer bei uns als Fünfte ausgeguckt worden war. Jedes Mal, wenn laut *Achtung, Achtung!*** geschrien wurde, lief uns ein Schauer über den Rücken; denn zwangsläufig bedeutete das, dass Selektionen bevorstanden, für mich waren das die schlimmsten Situationen, schlimmer noch als der Hunger. Wir wussten nie, was dahinter steckte, wer von uns zum Arbeiten oder ins Gas geschickt würde. Am meisten Angst hatte ich davor, allein übrig zu bleiben. Ich hatte ständig Magenkrämpfe, und meine Eingeweide waren kurz davor zu platzen, denn ich fühlte mich nur sicher, wenn meine Schwestern in der Nähe waren.

Das Lager B III, das von denen, die dort waren, *Mexiko* genannt wurde, war das primitivste von allen, in denen wir untergebracht waren: Wir hatten dort weder fließendes Wasser noch Latrinen; es gab keine Stock-

---

* *Apell*: Anwesenheitsprüfung (Deutsch im Original)
** Deutsch im Original (D.F.)

betten, wir mussten auf dem nackten Fußboden schlafen. Es war eine Art Auffanglager, in denen Häftlinge für ein unbekanntes Schicksal in „Reserve" gehalten wurden. Wir hingen die ganze Zeit über untätig herum, tagsüber verbrannte die Sonne unsere kahlgeschorenen Köpfe, früh morgens und abends zitterten wir vor Kälte während der Appelle. Pausenlos brüllten die mehr oder weniger mächtigen *Kapos** herum, von denen einige die Aufgaben, die ihnen die SS-Männer übertragen hatten, mit großer Bereitwilligkeit ausführten.

Hier, in Birkenau, während dieser Zeit voller Untätigkeit, erzählte uns Böske, warum sie nach Ungarn zurückgekommen war, erzählte über ihre unglückliche Ehe mit einem Mann, der sich nicht an ihre geheime Vereinbarung halten wollte, die sie vor ihrer „Scheinehe" getroffen hatten, über ihre Enttäuschung über das Leben im Kibbuz, ihre häufigen Malariaerkrankungen und ihre Desillusionierung, was den Zionismus anging. Trotzdem war sie Sozialistin geblieben. Sie begann, von Mithäftlingen Russisch zu lernen, um unsere sowjetischen Befreier mit den Worten *„Gebt mir Arbeit und Brot"* begrüßen zu können. (Oder war die Reihenfolge der Wörter umgekehrt?) Ihr unbeirrbarer Optimismus war ansteckend, nur die von Natur aus pessimistische Klári blieb davon unbeeindruckt, sie glaubte nicht einen Augenblick daran, dass wir eine Überlebenschance hätten.

Anfang August 1944 wurden Klári und Évi *aussortiert.* Trotz meines entsetzlichen Kummers und meiner großen Sorge um sie fühlte ich mich zusammen mit Böske immer noch in Sicherheit. Ich hoffe, dass ich meinerseits ein kleiner Trost für sie gewesen bin.

Infolge des ständigen extremen Hungers, der Angst und der Brutalität wurde ich krank, konnte nicht zu den Appellen antreten und kam deshalb ins *Revier,* die Krankenbaracke, was in den meisten Fällen das Ende bedeutete. Meine Angst nahm dort noch stärkere Ausmaße an. Ich musste auf einer langen *Pritsche* neben Sterbenden und Toten liegen, die nachts herausgezogen wurden, wenn der Leichenwagen kam, dessen grelle Scheinwerfer furchterregende Schatten in unsere Baracke warfen. Ich litt – mit

---

* *Kapo:* Häftling, der im Lager für Disziplin zuständig war und Arbeiten überwachen musste

meinen 16 Jahren – an Arthritis in den Hüftgelenken, aber wider Erwarten halfen die drei Aspirintabletten, die jeder täglich bekam, dass ich gesund wurde.

Böske besuchte mich täglich und brachte mir immer eine Extrascheibe Brot mit. Ich weigerte mich, sie zu essen, weil ich glaubte, dass es ihre eigene Ration war. *„Iss, du musst sie essen!"* – schrie sie mich an. Ich gab erst nach, als sie mir erzählte, dass ihr die Scheibe Brot als Extraportion zugeteilt worden sei, weil sie geholfen hätte, beim Mittagessen die schweren Essenskübel zu tragen.

Ich musste also das Brot essen. Böske wachte darüber, dass ich es tatsächlich aufaß. Sie hatte Angst, dass ich im Revier zu stark abmagern und daraufhin ins Gas geschickt werden würde. Wieder einmal rettete sie mir durch ihre Selbstlosigkeit und Beharrlichkeit das Leben.

Anfang Oktober 1944 fand wieder eine der gefürchteten Selektionen statt. Dieses Mal war ich äußerst gefährdet: Ich war sehr krank, hatte Durchfall und so hohes Fieber, dass ich delirierte und kaum mitbekam, was um mich herum geschah. Ein SS-Offizier warf einen kurzen Blick auf mich und befahl mir, mich zusammen mit all den anderen zum Skelett abgemagerten Mädchen nackt auf den Boden zu setzen. Diesmal konnte Böske mir nicht helfen. Sie winkte mir weinend zum Abschied zu – in meinem fiebrigen Zustand kam es mir vor wie aus weiter Ferne –, und ich wunderte mich, warum sie weinte.

Wir sollten nie herausfinden, warum unsere erbarmungswürdige kleine Gruppe nicht vergast wurde, obwohl sie offenbar für diesen Zweck ausgewählt worden war. Stattdessen erhielten wir nach einer längeren Zeit des Wartens „frische" schmutzige Kleidung, Stiefel aus Segeltuch mit einer Holzsohle, die nicht richtig passten, sodass mir die Füße wehtaten, und wurden für eine Nacht ins Lager C geschickt. Böske hat nie erfahren, dass ich nicht vergast worden war. Am nächsten Tag wurden wir in das Konzentrationslager Bergen-Belsen in der Nähe von Hannover geschafft. Ich kann mich an überhaupt nichts von dieser Reise erinnern.

Im September verbrachte ich meinen 16. Geburtstag im Schatten der Gaskammern. Im Oktober war ich allein, *ohne Geschwister*. Davor hatte ich die ganze Zeit am meisten Angst gehabt: Ich war krank, untröstlich und völlig ohne Hoffnung – wem würde es schon etwas ausmachen, wenn ich starb?

Meine Lagerschwestern

Ich kann mir überhaupt nicht vorstellen, wie ich überlebt hätte, wenn ich nicht auf der Reise nach Bergen-Belsen die beiden *Feig*-Schwestern *Sári* und *Edit* getroffen hätte – die wie ich aus Debrecen stammten. Edit und ich waren in der Bürgerschule in dieselbe Klasse gegangen, und die sieben Jahre ältere Sári war eine Zeit lang die Freundin meines Bruders Miklós gewesen. Sári bemerkte, wie schlecht es mir ging, und lud mich ein, mich ihnen anzuschließen, so wurden wir *Lagerschwestern*; das war ein großes Glück für mich, die beiden Schwestern vermittelten mir das Gefühl von Zugehörigkeit, was entscheidend zu meinem Überleben beigetragen hat.

Wir drei wurden unzertrennlich. Wir trösteten einander und machten uns gegenseitig Mut, die scheinbar endlose Regenperiode in den undichten Zelten, in denen unsere Decken nie trockneten, durchzuhalten und den ewig quälenden Hunger irgendwie zu überstehen. Edit hatte eine schöne Stimme, und wir sangen oft gemeinsam, um uns aufzumuntern.

Später, im Januar 1945, bot sich uns zum ersten und einzigen Mal die Möglichkeit, über unser Schicksal zu entscheiden – und wir ergriffen diese Gelegenheit. Wir meldeten uns freiwillig, das von Typhus befallene Lager Bergen-Belsen zu verlassen, um in einer Flugzeugfabrik zu arbeiten. Ein Zivilist suchte für das Werk fünfhundert junge, kräftige Sklavenarbeiterinnen. Sein beigefarbener Trenchcoat und sein brauner Filzhut waren für uns weniger furchterregend als die Uniformen der SS. Ich nannte mich jetzt Feig, und so ließen wir uns als „die drei Schwestern" registrieren.

Es verschlug uns nach Aschersleben bei Leipzig in ein kleineres Zwangsarbeitslager, das ein Nebenlager von Buchenwald war. Hier waren die Lebensbedingungen und die Überlebenschancen besser. Wir hatten richtig entschieden, trotz 12 Stunden täglicher Sklavenarbeit in den bekannten Junker-Werken, in denen wir Ersatzteile für Flugzeuge herstellten. Das Essen war besser als irgendetwas, das wir bis jetzt in einem Lager bekommen hatten – was nicht viel heißen will –, aber genug war es natürlich immer noch nicht. Ein Trost war, dass nicht nur die Fabrikräume, sondern auch die Baracken beheizt waren. Ein wahrer Segen angesichts des bitterkalten Winters, unserer dünnen, fadenscheinigen Mäntel und der Tatsache, dass ich, abgesehen von meinen schon löchrigen Segeltuchstiefeln, nichts an den Beinen hatte. Meine Stiefel drohten schon auseinander zu fallen und wurden nur noch von einem Draht zusammengehalten – ähnlich wie bei einem Maulkorb –, die SS-Wachen lachten sich bei meinem Anblick schief, wenn ich bei Fliegeralarm damit rennen musste. Wir genossen den unvorstellbaren Luxus (!), einmal täglich mit warmem Wasser duschen zu können und so die Läuse, die den Typhus übertrugen, abzuwehren. In der riesigen Fabrik arbeiteten wir mit Häftlingen aus den verschiedensten Nationen zusammen, es waren darunter sogar 8- bis 10-jährige russische Kinder – im Winter '44/45 hatte der Arbeitskräftemangel in Nazi-Deutschland schon enorme Ausmaße angenommen! Mein Vorarbeiter war ein französischer Kriegsgefangener namens *Argo*, der mir kaum hörbar die Marseillaise vorsang, wenn er merkte, dass ich Aufmunterung brauchte. Er steckte mir auch heimlich kleine Stückchen von seiner Schokolade aus einem seiner seltenen Rotkreuzpakete zu. Was für ein Hochgenuss!

Unser Leben in dieser Knechtschaft verlief relativ friedlich, bis zu dem segensreichen Tag, an dem die US-Luftwaffe einen großen Teil dieses Industriegeländes endlich durch heftige Bombardements zerstörte, und zwar mit einer derartigen Präzision, dass wir Häftlinge in den Baracken verschont blieben. Unser Sklavendasein endete jetzt, aber unser Elend wurde umso größer. Statt uns auf der Stelle freizulassen – wie wir es uns erhofft hatten –, schickte uns ein hochrangiger *SS-Oberscharführer** aus Buchenwald auf einen sinnlosen Fußmarsch – ins Nirgendwo –, es wurde ein wahrer Todesmarsch.

Erst vor einigen Jahren erfuhr ich von einem Mann, der als Kind in jener Gegend gelebt hatte, durch die wir damals auf unserem Todesmarsch geführt worden waren, dass er anhand alter Landkarten berechnet hatte, dass wir mindestens 110 Kilometer marschiert waren, ohne Essen und Trinken und ohne Vorrichtung für unsere grundlegendsten körperlichen und hygienischen Bedürfnisse, nachts schliefen wir unter freiem Himmel, meist in Wäldern, wo wir neben den Leichen Ermordeter lagen, die wie wir schmutzige, „gestreifte" Häftlingskleidung trugen.

Sehr bald boten wir einen äußerst abstoßenden Anblick: Wir waren dreckig, verlaust, extrem ausgemergelt, und die Zahl der Überlebenden wurde von Tag zu Tag geringer. Die unbeschreibliche Grausamkeit dieser

---

* Deutsch im Original (D.F.)

Situation stellte gewiss eine äußerste Herausforderung für jede menschliche Beziehung dar. Das beständige *„du darfst jetzt nicht aufgeben, steh bitte auf, wir müssen es schaffen, bei all den Bombenangriffen kann die Befreiung doch jeden Tag kommen"* war gleichzeitig Rückhalt und Zuspruch, etwas, das zur Aufrechterhaltung meines Lebenswillens unabdingbar war, also hielt ich überall Ausschau nach etwas Essbarem: ganz gleich, ob ich es in einem Mülleimer suchen oder aus der Erde herausbuddeln musste. Ich erinnere mich an die unerwartete Großzügigkeit einer deutschen Frau, an deren Tür ich ohne jede Scham bettelte, die mir eine Scheibe Brot mit Marmelade schenkte – die wir drei dann Krümel für Krümel pedantisch genau untereinander aufteilten.

Am nächsten Tag wurden wir befreit.

Ich weiß ganz sicher, dass ich ohne die Fürsorge von Böske, Klári, Évi, Sári und Edit heute nicht am Leben wäre.

Die Befreiung

Wir wurden befreit, erholten uns und kamen wieder zu Kräften; in unsere von Hoffnung geprägte Hochstimmung mischte sich jedoch von Anfang an die Angst, und wir begannen nach unseren Angehörigen zu suchen. Ich vertraute darauf, meine Geschwister irgendwo lebend wieder zu finden. Zuerst fand ich Laci in Ungarn und dann Monate später Évi. Es war ein wunderbares und zugleich erschütterndes Wiedersehen, bei dem wir einander erzählten, welche furchtbaren menschlichen Verluste wir erlitten hatten. Wir hörten Évis herzzerreißenden Bericht, wie sie versuchte, Klári zu retten, auf deren Körper sich riesige Geschwüre gebildet hatten und die infolge der Unterernährung erblindet war; und auch darüber, wie Böskes Unterernährung und ihre zusätzliche unbehandelte Lungenentzündung und die damit einhergehende vollkommene Entkräftung dazu führten, dass beide im Konzentrationslager Stutthof starben, wo sich die drei Schwestern, nachdem Auschwitz geräumt worden war, auf wunderbare Weise wiederbegegnet waren. Auch hier hatte Böske dafür gekämpft, dass sie einander am Leben erhielten.

Évi, die ja gut nähen konnte, flickte mit einer Gruppe von Frauen in einer Fabrik außerhalb des Lagers Uniformen deutscher Soldaten. Dadurch konnte sie mit Ortsansässigen „scheftln". Verzweifelt versuchte sie, Klári und Böske am Leben zu erhalten, indem sie die Zigaretten, die sie „organisiert" hatte, gegen Kartoffeln, Mohrrüben oder irgendein anderes Gemüse eintauschte. Abends schmuggelte sie es, im Futter ihres Mantels versteckt, ins Lager. Das ging eine Weile gut. Übrigens taten das alle Frauen. Aber die SS kam ihnen auf die Schliche. Als die Frauen eines Abends aus der Fabrik ins Lager zurückkamen, mussten sie sich vor dem Zaun nebeneinander in einer Reihe aufstellen, und ihnen gegenüber stand jeweils ein SS-Mann mit einem abgerichteten Kampfhund. Man kann sich vorstellen, dass Évi und die anderen Frauen Todesangst litten in Erwartung dessen, was mit ihnen geschehen würde. Auf Befehl gingen die Hunde auf die Frauen los, zerfetzten ihre Kleidung und bissen sie, dass sie bluteten. Sämtliches Gemüse, das sie ins Lager schmuggeln wollten, fiel zu Boden. Sie glaubten, dass die Bluthunde sie zerfetzen würden. Aber kurz bevor sie ihnen an die Kehle springen konnten, wurden sie zurückgepfiffen. Die Beschaffung der zusätzlichen Lebensmittel fand somit ein drastisches Ende. Klári starb buchstäblich in Évis Armen. Und Böske auch, später, im März 45 – glaube ich. *Jutka, glaube mir, ich habe wirklich versucht, sie zu retten!"*, schluchzte sie verzweifelt. *„Ich glaube dir, natürlich glaube ich dir, du darfst dich nicht schuldig fühlen"* – bat ich inständig und drückte sie fest an mich. Aber Évi war für den Rest ihres Lebens traumatisiert, und mir wurde an dieser Stelle klar, wie leicht ich davongekommen war, da ich nicht hatte miterleben müssen, wie zwei meiner Schwestern starben. Wenigstens *das* war mir erspart geblieben.

Es hat mich nicht überrascht, dass die wunderschöne 22-jährige Klári es trotz der heldenhaften Anstrengungen Évis *„nicht geschafft hatte"* – denn sie hatte ihren Lebenswillen schon ganz am Anfang verloren. Böskes Hungertod hingegen war ein höchst unerwarteter und schmerzhafter Schock für mich. Wochenlang fühlte ich mich wie betäubt. Ich hatte mir immer vorgenommen, mich dafür zu bedanken, dass sie mir das Leben gerettet hatte. Böske fehlt mir so sehr, ich vermisse sie immer.

Am allerwenigsten hatte Évi damit gerechnet, dass ich noch am Leben war. *„Böske hat uns doch gesagt, dass du in Auschwitz ins Gas geschickt worden bist!"*, und tagelang ließ sie mich nicht aus den Augen.

Wir waren erwachsen geworden und hatten unsere Rivalitäten aus der Kindheit vergessen, im Lager für Staatenlose in Bergen-Belsen, wo wir noch 2 Jahre bleiben mussten, übernahm jetzt Évi die Rolle einer Art Ersatzmutter für mich. Évi war in Norddeutschland von den britischen

Truppen befreit worden. Durch liebevolle Pflege in einem Krankenhaus in Neustadt wurde sie wieder gesund – und von dort war sie, immer noch sehr geschwächt, nach Bergen-Belsen in das DP-Lager* gelangt.

Wir klebten förmlich aneinander – wir gaben uns gegenseitig Halt, Trost, Liebe und Unterstützung. Ihre goldenen Finger und ihre beachtlichen Fertigkeiten wirkten weiter Wunder: Sie nähte uns aus Militärwolldecken Wintermäntel, die wir dringend brauchten, und hübsche Kleider aus gebrauchten amerikanischen Kleidungsstücken – das machte sie zunächst mit der Hand, später auf einer geliehenen Nähmaschine. Sie war in dieser Hinsicht wie unsere Mutter: niemals untätig. Immer wieder dachten wir an die Zeiten *vor dem Lager* zurück (vielleicht um unsere gepeinigten Seelen zu heilen): – *Weißt du noch, wie du einmal ganz wütend warst, dass du auf mich aufpassen musstest? Du hast einen langen Spaziergang mit mir gemacht und mir dann gesagt, dass wir an das Ende der Welt gekommen wären und du mich einfach hier lassen würdest – da habe ich natürlich auf dem ganzen Nachhauseweg geheult.*

Oder weißt du noch, wie du mich „Fohlen" genannt hast, weil ich immer hinter dir hertrottete?

Und dann lachten wir.

Kanada

Unsere enge schwesterliche Beziehung blieb auch in Kanada bestehen, wir lebten zusammen in Montreal, erst als ich heiratete, wurden wir getrennt, weil ich nach Toronto zog.

Aber trotz der räumlichen Entfernung verbrachten wir viel Zeit miteinander, wir machten gemeinsam Urlaub, sie besuchte uns oft in Toronto, besonders, nachdem unsere Kinder geboren waren. Natürlich nähte sie ihnen etwas zum Anziehen, solange sie klein waren.

Évi ist im Februar 1989 im Alter von 63 Jahren an einer seltenen Form von Hautkrebs gestorben. Jetzt werde ich den Rest meines Lebens ohne eine Schwester verbringen müssen. Ich habe nie aufgehört, sie zu vermissen.

---

* *DP (Displaced Persons):* Personen, die nach dem Zweiten Weltkrieg nicht ohne Hilfe in ihr Heimatland zurückkehren konnten oder die kein Staat aufnehmen wollte

Fünf Jahre nach ihr starb auch mein Bruder Laci an Lungenkrebs. Mit ihm ist auch das letzte überlebende Mitglied meiner einst so großen Familie gestorben. So gibt es auch niemanden mehr, mit dem ich die alten Familiengeschichten, Anekdoten und Witze und das immer wiederkehrende „weißt du noch …?" teilen kann. Es gibt nichts, was diese Lücke füllen könnte, außer vielleicht meine einsamen, langsam verblassenden Erinnerungen.

Judy Weissenberg Cohen
Ich wurde im September 1928 in Debrecen als jüngstes von 7 Geschwistern geboren. Meine Eltern waren Sándor Weissenberg und seine Frau Margit, geborene Klein, aus Nagybajom. Mein Vater war Eisenwarenhändler, meine Mutter Hausfrau, die ihrer neunköpfigen Familie ein behagliches Zuhause schuf.
1944 wurde ich zusammen mit fast allen Mitgliedern meiner
Familie in das Vernichtungslager Auschwitz-Birkenau depor-

tiert. Meine Eltern wurden sofort ermordet. Ich überlebte Auschwitz und die Lager danach: Bergen-Belsen sowie das Zwangsarbeitslager Aschersleben, ein Nebenlager von Buchenwald in der Nähe von Leipzig. Während eines Todesmarsches wurden wir schließlich am 5. Mai 1945 von den Amerikanern befreit.

1948 emigrierte ich nach Kanada, wo ich zunächst in der Textilindustrie Arbeit fand. Nach einer Ausbildung an einer Handelsschule arbeitete ich im Büro.

Ich heiratete in Toronto und habe zwei Kinder. In meiner Zeit als Hausfrau bildete ich mich weiter, indem ich zahlreiche Kurse an der Universität besuchte, später war ich noch zwölf Jahre lang berufstätig.

Durch meine Tochter fing ich an, mich für den Kampf der Frauen um Gleichberechtigung zu interessieren, und mein Sohn führte mich in die Welt der Computer und des Internets ein. Ich bin meinen Kindern für diese Anregungen äußerst dankbar, sie haben meinen Horizont erweitert und mein Leben als Rentnerin bereichert.

Seit 1993, dem Jahr, in dem ich in den Ruhestand eintrat, arbeite ich ehrenamtlich. Ich nahm unterschiedliche Funktionen in der Holocaust Gedenkstätte in Toronto und in der Emanuel-Reformsynagoge wahr. Ich schloss mich einer Gruppe in Toronto an, die gegen Neonazis, Holocaust-Leugner, kämpft. Und ich fing an, mich dafür zu engagieren, dass die Themen Holocaust und Antirassismus im Schulunterricht vermittelt werden; ich trete als Zeitzeugin auf und halte Vorträge, auch über verwandte Themen. Ich habe eine Website mit dem Titel: „Frauen und der Holocaust"* gegründet, die sich den unerzählten Geschichten von Frauen im Holocaust widmet. Inzwischen verwenden viele Besucher meiner Seite das dort publizierte Material zu diesem bislang vernachlässigten Thema für schulische Zwecke.

---

* www.womenandtheholocaust.com (D.F.)

Éva Rácz

KAHLGESCHOREN
– oder wie aus einem Zopfmädchen ein Junge wurde

Es herrschte nebliges Novemberwetter, alles war grau, es regnete auch ein bisschen, der Regen prickelte auf meinem Gesicht, und meine Haut tat davon weh.

Es war im November 1944. Meine Mutter war gerade von den Pfeil-kreuzlern abtransportiert worden, und ich war vollkommen allein – unter vielen in der Eingangshalle in der Tátra Straße, wo man uns einquartiert hatte, waren wir nämlich ungefähr zu zwölft. Obwohl ich nicht genau wusste, wovor, hatte ich große Angst, dabei hatten wir in den vergange-nen sieben Monaten schon so vieles durchgemacht, dass Angst sich als ein überflüssiger Luxus erwiesen hatte! Ich dachte, wenn meine Mutter schon nicht mehr bei mir ist, dann gehe ich lieber zu meinem Vater, der hielt sich vorübergehend als Arbeitsdienstler auch in der Tátra Straße auf.

Als ich zu seiner Gruppe kam, merkte ich, dass sie alle mit irgendwel-chen Vorbereitungen sehr beschäftigt waren. Mein Vater sagte, dass sie am nächsten Tag nach Deutschland gebracht werden sollten. Ich fand es inte-ressant, dass mein Vater sich über diese Nachricht zu freuen schien – aber ich als kleines Mädchen hatte keine Ahnung, was das alles genau bedeu-tete. Ich sagte zu ihm, dass es besser wäre, wenn er bei mir bliebe, wir könnten uns irgendwo verstecken und warten, bis es meiner Mutter gelungen wäre zu fliehen, wie es schon des Öfteren der Fall gewesen war. Mir war es völlig unbegreiflich, dass mein Vater von dieser Möglichkeit nichts hören wollte: Er sprach von seinen Gefährten, und dass sie womög-lich hingerichtet würden, wenn er wegliefe – er dachte eher an die Mög-lichkeit, dass ich mit ihm nach Deutschland kommen sollte. Das Problem war nur, dass ich mich als Mädchen nicht bei den Männern aufhalten durfte. Ich war dünn und aß schlecht: Mein Vater dachte deshalb, dieses Mädchen geht genauso gut als Junge durch. (Mein Vater hätte sowieso immer lieber einen Sohn gehabt, und ich war nur eine Tochter geworden.) So beschloss mein Vater, dass ich ohne meine Zöpfe einen hervorragenden Jungen abgeben würde. Meine zwölf Jahre sah man mir nicht an – nur meine armdicken Zöpfe entlarvten mich als Mädchen.

Dann meldeten sich einige „Ratgeber" zu Wort: *„Man muss dem Mädchen die Zöpfe abschneiden lassen, dann kann man sie auch als Jungen ausgeben."* Mir war die Angelegenheit nicht wirklich sympathisch, denn ich war stolz auf meine schönen langen Haare – natürlich erst, wenn das Frisieren ausgestanden war, denn es war schon schmerzhaft, mein langes, lockiges Haar zu kämmen und zu Zöpfen zu flechten. Ich war auch gar nicht in der Lage, meine Haare allein zu bändigen, es musste immer jemand helfen, denn das Ganze war eine lange und komplizierte Tätigkeit. Mein Haar war das Einzige, was an mir schön war – so sah ich es damals jedenfalls –, ich bekam ja auch von allen Komplimente deswegen. Und jetzt wollte mein Vater es abschneiden! Mir gefiel die Idee überhaupt nicht, ich konnte mir gar nicht vorstellen, wie ich ohne meine Zöpfe aussehen würde! Aber in dieser schrecklichen Welt, die uns die Deutschen und ihre treuen ungarischen Vasallen, die Pfeilkreuzler, seinerzeit beschert hatten, brauchte man sich über gar nichts mehr zu wundern, sodass das kleine Mädchen sich in alles fügte, um nur am Leben zu bleiben.

Aber ein bisschen habe ich dann doch mit meinem Vater darüber gestritten, ob wir nicht lieber fliehen und uns irgendwo verstecken sollten – vielleicht wäre das besser. Aber mein Vater wollte davon nichts hören und sagte: er habe mich nicht dazu erzogen, etwas zu tun, das anderen schade! Und auch ich wolle ihn zu etwas überreden, das ihm Gewissensbisse bereiten und woran er später sein ganzes Leben denken würde. Er wies mich an, in mich zu gehen und über Folgendes nachzudenken: Wir sollten das Schlechte in jedem Fall vermeiden und immer nur das Gute tun, die Umstände spielten dabei keine Rolle.

Im Laufe der siebenundsechzig Jahre, die seitdem verstrichen sind, wurde mir klar, und ich habe oft, sehr oft darüber nachgedacht, wie sehr Unrecht mein armer Vater hatte, der nicht einmal fünfundvierzig Jahre alt geworden ist! Denn man soll auf seinen gesunden Menschenverstand hören und im Notfall auch etwas Schlechtes tun, wenn man sich dadurch das Leben erleichtern kann. Aber damals konnte ich das noch nicht voraussehen, und so blieb mir nichts anderes übrig, als auf meinen Vater zu hören. Ich setzte mich also brav hin, dann kam so ein Onkel mit einer

Schere und machte sich über meine Zöpfe her. Eh ich mich versah, hatte ich schon keine Zöpfe mehr, sie lagen auf der Erde, traurig und verbittert – genau so, wie ich mich fühlte –, aber auf dem Kopf hatte ich natürlich immer noch Haare. Darauf meinte der Onkel: – *Ich muss noch ein bisschen mehr abschneiden, das Kind sieht immer noch wie ein Mädchen aus!* Und dann hieß es: Man muss einen Rasierapparat holen, danach wird das Mädchen vielleicht jungenhafter aussehen! Gesagt – getan, so wurde es gemacht.

Als ich fertig war, stand mir das Bild eines gerupften Huhns vor Augen. Es gab zwar keinen Spiegel, aber ich konnte mir sehr wohl ausmalen, wie ich ohne das einzig Schöne, das ich bis jetzt an mir hatte, aussah. Mir war kalt am Kopf, ich zog die Kapuze meines Mantels über – doch auch so fror ich noch –, ich weiß nicht, wie ich es geschafft habe, nicht zu weinen; aber ich glaube, dass mir zu diesem Zeitpunkt schon alle Tränen ausgegangen waren, es gab ja so viele Anlässe zum Weinen – das kann man sich gar nicht vorstellen. Ich stand also schniefend da und fühlte mich wie ein Huhn, das man gerade unter heißem Wasser kahlgerupft hatte – laut zu weinen traute ich mich natürlich nicht, denn mein Vater wollte ja nur Gutes: Er hatte Angst um mich und wollte mich nicht alleine lassen.

In diesem Augenblick fragte jemand nach meinem Vater: Eine meiner Tanten, die keine Kinder hatte, war gekommen und sie schlug meinem Vater vor, mich bei ihr zu lassen, denn das könnte ihr möglicherweise gegenüber den Pfeilkreuzlern mehr Sicherheit verschaffen. Als sie meinen kahlen Schädel erblickte, stieß meine arme Tante Ila einen Schrei des Entsetzens aus – dabei ist doch auch ein kahlköpfiges Kind immer noch ein Kind! Jeder wusste, dass mein Vater ein sehr gutherziger Mensch war – und auch, dass jeder, der Hilfe brauchte, auf ihn zählen konnte. Er antwortete: – „*Schau, Ila, ich wollte Éva mitnehmen, weil sie noch zu jung ist, um allein zurechtzukommen – aber wenn du auf sie aufpasst und so lange für sie sorgst, bis einer von uns, Stefi* (meine Mutter) *oder ich, sie wieder zu uns nehmen kann, dann nimm sie nur mit! Wenn du glaubst, dass du mit einem Kind eine größere Überlebenschance hast, dann werde ich dich nicht hindern.*"

Ich verabschiedete mich mit vielen Küssen von meinem Vater – das war das letzte Mal, dass ich ihn sah. Das war vor siebenundsechzig Jahren, und es vergeht kein Tag, an dem ich nicht daran denke, wie anders mein

Leben verlaufen wäre, wenn er mit mir zusammengeblieben wäre. Aber leider ist es nicht so gekommen: Mein Vater starb am 15. April 1945 in Mauthausen. Er war verhungert. Bis zu seinem Tode trug er ein Foto von mir, auf dem ich noch Zöpfe habe, bei sich. Das brachten seine Kameraden mit, die meinen Vater, der nur noch 25 Kilo wog, begraben hatten.

Meine Tante wurde an der ersten Ecke in der Tátra Straße von den Pfeilkreuzlern ergriffen und zu einem Todesmarsch gezwungen, so war ich wieder allein – ich ging dorthin zurück, wo wir bislang gewohnt hatten. Wenig später trieben die Pfeilkreuzler alle aus dem Haus und von dort unter viel Gebrüll und Geschrei an das nahe Donauufer. Was dort weiter passierte, können Sie anderswo nachlesen[*].

Ich habe überlebt, durch Wunder und mit Gottes Hilfe, vielleicht, weil ich noch eine Aufgabe hatte. Meine Mutter fand ich später – sehr krank – im Ghetto, sieben Jahre lang habe ich sie zu Hause gepflegt.

Zurzeit bin auch ich krank, aber ich hoffe, wieder gesund zu werden, denn ich habe das Gefühl, dass noch eine Aufgabe auf mich wartet.

[*] Was mit Éva Rácz am Donauufer passierte, beschreibt sie unter dem Titel *„Mit zwölf Jahren"* in der Anthologie „Salziger Kaffee – Unerzählte Geschichten jüdischer Frauen". Zusammengestellt und bearbeitet von Katalin Pécsi. Herausgegeben von der Gedenkstätte Deutscher Widerstand, Berlin in Kooperation mit dem Internationalen Auschwitz Komitee und dem Holocaust Gedenkzentrum Budapest, Novella Kiadó 2009. Ungarische Originalausgabe: „Sós káré – elmeséletlen női történetek", Novella Kiadó 2007 (D.F.)

Éva Rácz

IM GHETTO[*]

Nachdem mich meine als Pfeilkreuzler verkleideten Helfer ins Ghetto gebracht hatten, begann ich ziemlich ratlos die Straßen zu durchstreifen. Ich beobachtete, wie sich vor den Läden lange Menschenschlangen bildeten – sie standen für Brot, Äpfel und jede Art von Lebensmitteln an, die man damals überhaupt noch bekommen konnte.

In der einen Schlange sah ich ein bekanntes Gesicht. – *Mama!* – rief ich, worauf sich viele nach mir umdrehten, um sich dann enttäuscht wieder abzuwenden. Nicht auf mich hatten sie gewartet … Meine Mutter hingegen sah mich gar nicht an – anscheinend hatte sie mich schon aufgegeben oder sogar vergessen – was ich allerdings für mehr als unwahrscheinlich hielt, denn ich war ja ihre einzige Tochter! Als ich zu ihr hinging und meine Hand auf ihre Schulter legte, fragte sie mich: – *Was willst du denn, mein Kleiner?* Darauf fing ich an zu weinen, was eigentlich nicht meine Art war. Meine Mutter sah mich an, und mir wurde klar, dass sie mich nicht wiedererkannte. Mir schoss auch durch den Kopf, ob ich mich womöglich irrte und diese Frau gar nicht meine Mutter war, doch das schien mir völlig ausgeschlossen, denn auch ihr Mantel und ihr Tuch waren mir vertraut. Andererseits hatte ich, als wir uns das letzte Mal gesehen hatten, noch zwei lange Zöpfe, die sie jeden Morgen nach dem Entflechten wieder ordentlich kämmte – während ich aus vollem Hals schrie,

---

[*] Im Alter von zwölf Jahren wurde auf Éva Rácz am Donauufer von den Pfeilkreuzlern geschossen – aber sie hat das auf eine an ein Wunder grenzende Weise überlebt. Das ist in den „Unerzählten Geschichten" Band I, „Salziger Kaffee" (Ungarische Originalausgabe: Novella Verlag 2007, Deutsche Ausgabe: 2009) nachzulesen. Dieser Text nimmt den Faden – unter Auslassung der traumatischen Erlebnisse am Donauufer – dort wieder auf, wo das Mädchen allein auf sich gestellt Zuflucht im Ghetto sucht.

weil sie mit ihrem Kamm an meinen Haaren zerrte. Meine Mutter schalt mich jedes Mal: ich hätte mich doch allmählich wirklich daran gewöhnen können, dass diese Prozedur nicht gerade angenehm war.

Da stand ich nun in der Wesselényi Straße neben der Warteschlange vor dem Laden, mutterseelenallein, in zerlumpten Kleidern, mit einer Baskenmütze auf dem Kopf – und darunter mein kahler Schädel! Meine Mutter hatte ja keine Ahnung, dass mein Vater mich eigentlich nach Deutschland hatte mitnehmen wollen und meine Haare deshalb abrasiert hatte, damit ich wie ein Junge aussah und mit ihm im Waggon nach Deutschland hätte fahren können. Schließlich hatte er mich meiner Tante überlassen, die ihn darum inständig gebeten hatte – die aber schon an der nächsten Straßenecke abgeschleppt wurde, sodass ich wieder allein geblieben war. Daraufhin war mir gar keine andere Wahl geblieben, als ins Ghetto zurückzugehen …

Schließlich überkam meine Mutter dort vor dem Laden doch Mitleid mit dem weinenden Kind und sie fragte mich tröstend: – *Hast du denn keine Mutter, Kleiner? Ich habe eine kleine Tochter – oder vielleicht hatte ich auch nur eine –*, und da füllten sich ihre Augen ebenfalls mit Tränen. Ich schluchzte weiter und beteuerte immer wieder, dass ich sehr wohl ihre Tochter sei; und da rief meine Mutter plötzlich ganz laut: – *Nur meine Éva kann so schrecklich weinen! Derart unartikulierte Laute kann nur sie aus sich herauspressen – denn eigentlich lacht sie viel lieber und hat keine Ahnung davon, wie traurig das Leben ist!* Wir weinten beide, meine Mutter nahm mir die Baskenmütze ab und schaute entsetzt auf meinen Kopf: – *Wo sind denn deine Haare geblieben?* Ich erklärte, warum mein Vater sie hatte abschneiden lassen. Ich wollte nicht allein hierbleiben, weil ich Angst hatte – lieber wollte ich mit meinem Vater nach Deutschland fahren. Meine arme Mutter war vollkommen bestürzt und weinte nur noch heftiger: – *Das ist ja furchtbar, was hättest du denn mit Papa dort gemacht?! – Ich hätte gearbeitet* – erwiderte ich darauf –, *ich bin doch schon groß, schon fast dreizehn! Aus der Donau bin ich auch herausgeschwommen und dann bin ich ganz nass zu Onkel Guszti gelaufen, aber dann hatte ich Angst, dass man ihn und seine Familie abschlachten würde, weil sie mich und noch ein paar jüdische Frauen versteckt hielten, und das wollte ich nicht. Darum probierte ich lieber, bei Tante Zita unterzukommen, aber Zita hat mich hinausgeworfen, dabei dachte ich, sie würde mich schon für ein paar Tage verstecken, wo doch*

Papa ihre Hochzeitsfeier bezahlt und zu ihrem Hauskauf beigesteuert hat. Doch nein …!

Da schluchzte meine Mutter schon ganz bitterlich, und viele standen um uns herum und waren darüber entsetzt, wie so etwas möglich war.

Ich aber hatte inzwischen wieder ganz gute Laune, denn ich war ja jetzt nicht mehr allein: *Meine Mutter war noch am Leben, sie würde mich beschützen und pflegen, wenn ich krank war, und etwas Feines zu Mittag kochen und mit mir schimpfen, wenn ich etwas Schlimmes getan hatte* – mit anderen Worten, sie würde jetzt für mich sorgen, und ich musste mich nicht mehr allein um alles kümmern. Damals war mir ja noch nicht richtig klar gewesen, wie schwer es für ein verwöhntes Einzelkind sein würde, allein zu leben, das begriff ich erst später! In diesem Moment fiel mir das Judenhaus[*] wieder ein, wo ich vor kurzem mit vielen Kindern zusammen-gewohnt hatte und wo wir den ganzen Tag über Gesellschaftsspiele gespielt und gelesen hatten – das Ganze war irgendwie gut, weil wir nicht mehr in die Schule, nicht mehr zum Privatunterricht gehen, nicht lernen mussten, weil wir keine Angst zu haben brauchten, dass unsere Lehrer schlecht über uns urteilen würden, dass, Gott bewahre, eine schlechte Note in unser Zeugnis rutschen könnte – denn schon damals hießen Eltern das nicht gut. Diese paar Monate kamen uns Kindern wie Ferien vor – wir hatten keine Ahnung, dass zur selben Zeit unsere Verwandten und Bekannten gerade vergast wurden … Kann schon sein, dass wir irgendetwas ahnten, insgeheim ein schlechtes Gefühl hatten, aber das haben wir dann unter-drückt und stattdessen nur gelacht und gespielt … Dabei bahnten sich auch kleine Abenteuer und kindliche Liebesgeschichten an, die nicht wirklich von Bedeutung waren, aber Traurigkeit, Sorgen und Ängste der Erwachsenen von uns fern hielten. Wir freuten uns an der Gegenwart und genossen die langen Ferien.

Dabei störte uns eigentlich niemand, die Erwachsenen hatten ihre eigenen Sorgen und Nöte und waren froh, wenn wir ihnen keine größeren Probleme bereiteten. Meine Mutter und die anderen etwa gleichaltrigen Frauen beugten sich immer wieder über ihre *Nostradamus*-Bücher, scho-

---

[*] „*Judenhaus*": In bestimmten Stadtbezirken wurden Juden in Häuser eingewiesen – teilweise mehrere Familien in eine Wohnung.

ben Gläser auf Buchstaben hin und her, die sie auf Papier geschrieben hatten, und baten die guten Geister, ihnen zu verraten, was ihnen die Zukunft bringen würde. Wie Kassandra antworteten die Geister natürlich mehrdeutig, abhängig davon, wer gerade das Glas schob. An diesen Séancen – wie unsere Mütter es nannten – nahmen auch wir Kinder teil. Hier ging alles immer gut aus: Alle Familienmitglieder kehrten einer nach dem anderen nach Hause zurück, und wir konnten ein herrliches neues Leben beginnen, und alles war gut, wenn das Ende gut war …

Ich hoffte, dass das auch auf das Ghetto bald zutreffen würde und ich noch oft von meinem „novemberlichen Bad"* erzählen könnte – aber meine Mutter warnte mich: *Erzähle bloß nicht davon, denn morgen kommen womöglich die Pfeilkreuzler wieder und dann gelingt es ihnen schließlich doch noch, dich wie die anderen umzubringen!*

Ich fragte meine Mutter, wie es möglich war, dass die Geister immer nur Gutes prophezeiten, in Wirklichkeit aber immer genau das Gegenteil eintraf … *Das ist deshalb* – erklärte sie –, *weil die Antworten der Geister immer nur unsere Wünsche ausdrücken, und die sind wirklich ziemlich weit von der Realität entfernt …* Ich fragte: Wo werden wir denn jetzt wohnen? Meine Mutter führte mich in ein dunkles Haus und darin in eine noch dunklere Stube, in der außer uns noch weitere vier bis fünf Menschen wohnten. Frauen und Kinder, die über die neue Mitbewohnerin nicht gerade erfreut waren. In dem Zimmer herrschte große Unordnung, es war schmutzig, und Ungeziefer gab es selbstverständlich auch.

Wir blieben ein paar Tage dort, aber ich fühlte mich überhaupt nicht wohl – zum Glück war meine Mutter bei mir, und sie beteuerte immer wieder, dass all das bald vorbei sein würde und wir uns freuen sollten, ein Dach über dem Kopf zu haben und nicht in Schnee und Kälte auf den Straßen herumlungern und vor Bomben und sonstigen Geschossen Angst haben zu müssen.

Ich war ein unruhiges Kind und lief viel auf den Straßen im Ghetto herum: Einmal sah ich eine meiner Tanten mit zwei kleinen Kindern. Ich lief zu ihr hin, und wir freuten uns sehr, uns zu sehen. Damals freute

---

* Éva Rácz wurde von den Pfeilkreuzlern in die Donau geschossen – siehe vorherige Fußnote.

man sich über jeden halbwegs guten Bekannten oder Verwandten, den man lebend antraf, denn das Leben war damals sehr kostbar, ein falscher Schritt – und schon war es aus. *Tante Karola* war die Frau des mittleren Bruders meiner Mutter, sie führte meinen sechs Jahre jüngeren Cousin an der Hand, auf dem Arm trug sie die kleine Tochter ihrer Schwester. Sie kam sofort mit mir und nahm mich und meine Mutter mit zur Dob Straße 27, wo sie in einer Einzimmerwohnung wohnte, zusammen mit ihrer Schwester Jutka, die im 8. Monat schwanger war, und außerdem noch mit einer anderen Frau und einem sehr alten Mann.

Im Vergleich zu unserer ersten Wohnung war das eine fürstliche Behausung, geradezu luxuriös, es gab ein Bad, ein WC und eine Küche. Fließendes Wasser gab es zwar nicht, aber einen kleinen eisernen Herd, auf dem man kochen und Wasser heiß machen konnte – dafür brachten wir Schnee zum Schmelzen. Bald zog noch ein Mann ein, *Onkel Józsi*, der sich als Mitglied der damaligen jüdischen Polizei vorstellte. Weder damals noch später konnte ich in Erfahrung bringen, worin eigentlich sein Dienst bestand. Es war aber eine unbestreitbare Tatsache, dass er einen Kampfhelm trug, in dem er abends Bohnen, Erbsen und manchmal Konserven mit nach Hause brachte – das waren zu dieser Zeit wahre Schätze. Als Gegenleistung bat er meine Mutter, für ihn mitzukochen – was unter den gegebenen Umständen quasi selbstverständlich war.

So verliefen die Tage fast unbeschwert, ich ging manchmal als drittes Kind mit meiner Tante mit, die unter großem Jammern und Klagen den Wache stehenden Pfeilkreuzler- „*Brüdern*“* vortrug, sie habe für ihre drei Kinder nichts zu essen und müsse deshalb aus dem Haus gehen, um von Freunden und Kollegen etwas zu erbetteln. Manchmal waren diese Ausflüge sehr aufregend, denn sobald wir die Ghettomauern hinter uns gelassen hatten, entfernten wir den Gelben Stern von unserer Kleidung und bewegten uns frei im belagerten Budapest. Das galt zwar als ein gefährliches Unternehmen, aber wir Kinder begriffen die Gefahr nicht, sondern freuten uns, dass wir, wenn auch nur für ein paar Stunden, frei in der Stadt herumlaufen durften. Bei solchen Ausflügen erhielten wir von Freunden und Kollegen manchmal Schmalz, Zucker und eventuell Mehl,

---

* Bruder (Ungarisch: Testvér) war die offizielle Anrede für Pfeilkreuzler. (D.F.)

und dann erwartete uns im Ghetto ein „großes Festmahl". Onkel Józsis Kampfhelm und Tante Karolas Geschick verhalfen uns zu einer täglichen Mahlzeit, was damals schon fast einem Wunder gleichkam.

Die Tage kamen und gingen, und wir merkten gar nicht, dass Weihnachten schon vorbei war und das neue Jahr, der Winter 1945, angefangen hatte. Mein Cousin und ich hatten beide am selben Tag, am 5. Januar, Geburtstag. Tante Karola hatte mit ihrem unübertrefflichen Erfindungsreichtum etwas Schokolade gezaubert, meine Mutter buk Lángos, und so gab es für alle am Abend ein festliches Geburtstagsessen. Es war wunderbar! Ich habe seitdem nie wieder so guten Lángos und so süße Schokolade gegessen! Den Geschmack habe ich manchmal noch heute, nach so vielen Jahren, im Mund, genauso wie den der neuen Kartoffeln, die meine längst verstorbene Großmutter kochte, es ist mir und auch niemandem sonst jemals gelungen, sie genauso wohlschmeckend zuzubereiten …

Mit Onkel Józsi ging ich oft in die Wesselényi Straße 44, wo sich heute die jüdische Schule befindet und damals ein jüdisches Krankenhaus war, und half mit, wo immer ich konnte. Dort traf ich einige Klassenkameraden, die ebenfalls als freiwillige Helfer arbeiteten. Wir waren voller Energie und Tatendrang. Wir ließen uns vom Anblick des Todes nicht verschrecken, auch nicht von seiner spürbaren Nähe. Die Tage verliefen gleichförmig: Morgenwäsche im Schmelzwasser, danach etwas Arbeit, die ich eher als Abenteuer empfand, Heimkehr im Dunkeln, was mit etwas Angst verbunden war, und schließlich der Höhepunkt des Tages: das Essen.

Eines Morgens hörten wir helle Schüsse, Onkel Józsi war der Meinung, das sei eine Art Mine und wir sollten aufpassen, weil der Einschlag anscheinend in großer Nähe stattgefunden hatte. Ich sah durch das Fenster, das trickreich zusammengeflickt war, auf den Gang, konnte aber wegen der vielen Flicken und Klebestreifen nichts erkennen, aber nachdem ich die Tür einen Spalt geöffnet hatte, sah ich, dass dort tatsächlich eine Mine lag, genau vor unserem Fenster auf dem Gang. Ich teilte das Onkel Józsi mit, der daraufhin anordnete: – *Nimm einen Eimer, leg die Mine hinein, trag den Eimer hinaus auf die Straße und bete, danke dem Schicksal oder wem du willst, dass sie nicht hier vor unserem Fenster explodiert ist! Bring sie möglichst weit weg vom Haus und suche einen Schneehaufen, in dem du sie vergraben kannst!*

Ich ging die Treppe hinunter und zog den schweren Eimer mit der scharfen Mine, die bei jedem Schritt hin- und hergerüttelt wurde, hinter mir her. Ich trat aus dem Tor und sah keine Menschenseele, weil sich alle Hausbewohner, außer uns, im Keller aufhielten. (Wir wohnten im ersten Stock und hatten gemeinsam beschlossen, lieber in der Wohnung zu bleiben: Wenn man sterben soll, dann geschieht das sowieso, egal wo – deshalb gingen wir lieber nicht in den Keller, wo es auch Ungeziefer gab.) Ich gehe schon auf der Straße, mit dem schweren Eimer in der Hand, und was sehe und höre ich?! Fremde Uniformen, eine fremde Sprache … *Oh mein Gott, sollte es wahr sein?! Die Russen waren da!*

Es ist unbeschreiblich, was ich fühlte …! Ich ließ den Eimer einfach vor dem Haus fallen, rannte hinüber zu den Soldaten und rief aus voller Kehle: – *Dass ihr endlich da seid! Ihr habt doch nicht zugelassen, dass wir krepieren!*

Ich kann gar nicht beschreiben, wie ich mich fühlte: wie eine zum Tode Verurteilte, die schon in der Todeszelle auf den Henker wartet, und dann kommt die Begnadigung …

Es war Sonntag, früh am Morgen, es wurde schon hell und ich schrie: *Sie sind da, wir sind gerettet! Lasst uns dem lieben Gott danken!*

Éva Rácz
Nach der Befreiung besuchte ich das jüdische Gymnasium. Ich habe geheiratet und einen Sohn bekommen – heute habe ich schon zwei erwachsene Enkel. Bis zum heutigen Tag arbeite ich als Buchhalterin, ich leite eine eigene kleine Firma.
Ich bin stolz darauf, dass meine „unerzählte Geschichte", die in der Anthologie „Salziger Kaffee" erschienen ist, zusammen mit einigen Fotos aus meiner Kindheit in die an mehreren Orten gezeigte Ausstellung („… zusammen bleiben …") über Frauen, die den Holocaust überlebt haben, aufgenommen wurde.

Éva Rácz verstarb unerwartet am 7. Mai 2013 – die Präsentation dieses Buches hat sie nicht mehr erleben können.
(Die Herausgeberin)

Kati Gartner – Irma Hollander – Nomi Gur

DREI STIMMEN ÜBER DEN HOLOCAUST *

1.

Kati Gartner

ZSUZSI

Wir waren fünf Schwestern, wobei ich mit Abstand die jüngste war. Eine meiner Schwestern, Zsuzsi, war schon schwanger, als wir zusammen in Auschwitz ankamen. Wir übrigen vier versuchten alles, um sie vor der Selektion zu bewahren. Beim ersten Mal gelang es uns auch. Bei den unendlich langen *Appellen*, bei denen wir stundenlang nackt auf dem Platz stehen mussten, blieben wir Schwestern immer zusammen und versuchten, Zsuzsis Bauch mit unseren Körpern zu verdecken. Doch je mehr ihr Bauch wuchs, desto schwieriger wurde es, ihre Schwangerschaft geheim zu halten, und bei einer neuerlichen Selektion wurde die arme Zsuzsi in die Krankenbaracke geschickt.

---

* Abweichend von den anderen in der Anthologie veröffentlichten Geschichten sind diese drei zunächst mündlich aufgezeichnet worden.
Die Schwestern leben heute in Israel. Ich traf sie im Jahr 2010 während eines längeren Forschungsaufenthalts und fertigte mit jeder von ihnen ein längeres lebensgeschichtliches Interview an. Diese Erzählungen gingen mir schon beim ersten Hören ans Herz, und seitdem schätze ich an ihnen das Moment des weiblichen Zusammenhalts noch stärker. Jetzt, bei der Zusammenstellung der Anthologie „Töchter, Mütter", halte ich es für wichtig, den Leserinnen und Lesern die dicht erzählten Geschichten von *Irma, Kati* und *Nomi* vorzustellen – sie handeln ja von *Müttern, Schwestern* und *Freundinnen. (Die Herausgeberin)*

Als die Selektion vorbei war, stürmten wir vier Schwestern sofort in die Krankenbaracke und baten die polnische Krankenschwester – sie war auch Häftling genau wie wir –, uns zu helfen, Zsuzsi herauszuholen. Als sie sich weigerte – pressten wir sie ohne Vorwarnung gegen die Wand und drohten ihr, *sie auf der Stelle umzubringen, wenn sie uns nicht helfen würde …!*

Daraufhin half sie uns. Wir schafften es, Zsuzsi mit ihrem dicken Bauch durch das Toilettenfenster herauszuzwängen – eine von uns zog sie von draußen, die anderen drückten von innen nach. So überlebte Zsuzsi diese Selektion. Sie kam zurück zu uns in die Baracke, wir waren wieder zusammen.

Bei der nächsten Selektion wurde sie in die Gaskammer geschickt.

2.

Irma Hollander

GRÓF, GERŐ UND HOLLANDER

Die glücklichste Zeit meines Lebens waren die sechs Monate, von Mai bis Oktober, in Birkenau, als ich mit meiner Mutter auf einer Pritsche schlief und wir nachts flüsternd über so vieles miteinander sprachen.

Zu Hause musste meine Mutter zu viel arbeiten, und auf ihren Schultern ruhte eine zu große Last, als dass sie Zeit gehabt hätte, mit mir zu plaudern – sie musste die Familie allein ernähren. Sie führte einen Kosmetiksalon, und vielleicht war es auch der Kosmetik zu verdanken, dass sie jünger aussah als vierzig und deshalb bei der ersten Selektion als arbeitsfähig eingeteilt wurde …

Aber bei der nächsten Selektion wurde sie dann doch ins Gas geschickt.

Ich schrie und wand mich auf dem Boden vor Schmerz … ohne meine Mutter wollte ich auch nicht mehr weiterleben. Ich lag nur auf dem Boden und weinte.

Da kam ein Mädchen zu mir, *Kati Gerő* – sie war etwas älter als ich –, und sagte zu mir, dass ich so schöne Augen hätte. Sie habe schon früher bemerkt, wie schön sie seien. Sie forderte mich auf, mich „mit in ihre Reihe zu stellen" – das heißt, mit ihnen zusammen eine Fünferreihe zu bilden. Dann kam noch *Mari Gróf* zu uns, ein Mädchen in meinem Alter. Sie sagte, ihre Mutter sei auch im Lager gestorben, genau wie meine ... Fortan wurden wir drei, Gróf, Gerő und Hollander, unzertrennlich. Wir blieben bis zur Befreiung zusammen und sogar noch eine gute Weile danach, auf dem langen Weg nach Hause. Meine beiden *Lagerschwestern* hielten mich am Leben, wir kümmerten uns umeinander und unterstützten uns gegenseitig. Mari Gróf konnte gut erzählen, und wir konnten so herrlich zusammen lachen – dass wir darüber sogar manchmal unseren Hunger vergaßen. Aber Mari konnte auch genauso gut weinen wie ich – und wir waren beide tölpelhaft! Kati Gerő wurde unsere „Mama": Sie achtete darauf, dass wir uns wuschen, auch wenn es kalt war, auch im Schnee ...

Auf dem Todesmarsch im Januar 1945 banden wir Mari Holzbrettchen unter die Fußsohlen, sodass Gerő und ich sie mitziehen konnten, denn sie hatte keine Schuhe mehr und nicht einmal genug Kraft, um zu kriechen. Und dann schafften wir es alle drei irgendwie nach Hause ...

3.
Nomi Gur

DIE UNERGRÜNDLICHEN WEGE DES SCHICKSALS

Mein Vater wurde zum Arbeitsdienst eingezogen, und ich blieb bei meiner Mutter, meinen Geschwistern und meinen Großeltern. Der Chef meines Vaters organisierte uns einen Schutzbrief, und so zogen wir in ein Schweizer Schutzhaus in die Pozsonyi Straße. Unsere Restfamilie erhielt die Ecke eines Zimmers zugeteilt. Am ersten Abend war es entsetzlich kalt. Ich nahm den Gelben Stern ab und flüchtete zu unserer Wohnung, um eine Bettdecke zu holen, ich kam auch unbehelligt wieder zurück.

Am nächsten Tag brachen Pfeilkreuzler in das Haus ein, sie behaupteten, sämtliche Schutzbriefe unserer Familie seien gefälscht, nur meiner nicht. Sie führten alle anderen ab und ließen mich allein in der Wohnung zurück. Ich war gerade erst vierzehn Jahre alt! Verzweifelt lief ich auf der Straße hinter meiner Mutter her – die Pfeilkreuzler trieben die Menge wer weiß, wohin! –, ich rief verzweifelt: *Mama, Mama!* Meine Mutter wandte sich zu einem der Gendarmen und sagte ganz ruhig: – *Dieses verrückte kleine Mädchen glaubt, dass ich seine Mutter bin – aber ich habe es in meinem ganzen Leben noch nie gesehen!* Daraufhin scheuchte mich der Gendarm in das leere Haus zurück. Es war ein furchtbares Gefühl, so allein zurückzubleiben, aber ich war meiner Mutter nicht böse.

Am nächsten Tag kamen die Pfeilkreuzler wieder, und diesmal war ihnen auch mein Schutzbrief nicht mehr gut genug, sie trieben mich in einer Gruppe zum Donauufer. Es herrschte ein riesiges Chaos, wir mussten stehen und warten. Ein kleiner Lastwagen kam, und ein „Gentleman" stieg aus – später stellte sich heraus, dass es *Raoul Wallenberg* war –, er verkündete über ein Megaphon, dass sich jeder, der einen schwedischen Schutzbrief besitze, melden solle.

Ich wusste, dass eine meiner Tanten in einem schwedischen Schutzhaus wohnte: Ohne nachzudenken gab ich ihren Namen statt meines eigenen an – ich weiß bis heute nicht, wie mir diese plötzliche Eingebung kam und woher ich die Kühnheit nahm. Als ich den Namen nannte, suchte der „Gentleman" in seiner Liste, tippte auf einen Namen und fragte: – *Das bist du?* Ich weiß bis heute nicht, ob der Name meiner Tante tatsächlich in der Liste aufgeführt war oder nicht. Wallenberg sah mich auf eine Weise an, dass ich mit einem entschiedenen *Ja* antwortete …

Ein Pfeilkreuzler brüllte mich an: – Die Papiere! Ich hatte ja keine Papiere, fing aber an, in meinen Taschen zu wühlen, in diesem Moment wurde der Pfeilkreuzler über das Megaphon irgendwohin gerufen, Wallenberg ergriff meine Hand und lief mit mir zum Lastwagen.

Ich wurde zu einem Büro gebracht – das wahrscheinlich dem Roten Kreuz gehörte, wo ich dann die Wahrheit sagte: Ich heiße nicht, wie ich angegeben habe, und besitze auch überhaupt keinen schwedischen Schutzbrief. Beim Roten Kreuz herrschte ein großer Andrang, dort konnte ich auf keinen Fall bleiben; also schickte man mich zu meiner Tante in das Schutzhaus in die Pozsonyi Straße – doch auch hier gab es keinen Platz mehr, nicht einmal für ein so dünnes kleines Mädchen wie mich.

Schließlich ging ich, weil ich keine andere Wahl hatte, zu Fuß ins Ghetto zurück, um den Rest meiner Familie zu suchen. Und da stieß ich in der Klauzál Straße mit meiner Mutter zusammen: Man hatte sie ins Ghetto gebracht und nicht wie mich ans Donauufer.

Das war wirklich ein Wunder! Meine Mutter wollte mich vor dem Donauufer retten – und hatte mich deshalb in die Wohnung zurückgescheucht. Daraufhin wurde ich am Tag darauf doch an die Donau getrieben, es hätte nicht viel gefehlt, und ich wäre dort erschossen worden. Ihre Gruppe hingegen war ins Ghetto gebracht worden, und so waren wir schließlich alle entkommen …

Also wer vermag zu sagen, welche Entscheidung richtig und welche falsch ist?

Kati Gartner – Irma Hollander – Nomi Gur
Diese drei Geschichten waren jeweils Teil eines langen mehrstündigen lebensgeschichtlichen Video-Interviews. Diese Texte unterscheiden sich daher insofern von den anderen, als sie mündlich und nicht schriftlich erzählt worden sind. (Die Interviews führte Katalin Pécsi im August 2010 in Israel.)

Kati Gartner
Von den fünf Gartner-Mädchen überlebten vier das Lager. Kati wurde in Allendorf, einem Nebenlager von Buchenwald, befreit. Sie wollte sofort nach Palästina auswandern, aber musste mit ihren Gefährtinnen im englischen Sektor von Bergen-Belsen zuerst auf eine entsprechende Möglichkeit warten. Mehrere Jahre lang versuchte sie vergeblich, Europa über verschiedene Grenzen illegal zu verlassen, 1947 wurde ihr Schiff, das schon vor Haifa lag, zur Umkehr nach Zypern gezwungen. Seit 1948 lebt sie in Israel im Kibbuz Hahotrim. 125

Irma Hollander

Mit ihren beiden unzertrennlichen Freundinnen überlebte sie den Todesmarsch, sie ging dann zurück nach Budapest, um herauszufinden, ob jemand aus ihrer Familie überlebt hatte. Sie schloss sich einer zionistischen Gruppe an und machte Alija (immigrierte) nach Palästina. Es gelang ihr erst im Jahr 1947, in das Land zu gelangen, denn die Engländer schickten im Jahr 1946 die Einwanderungsschiffe vor Haifa mit 4500 Waisenkindern zurück. Daraufhin musste sie in Deutschland auf eine neue illegale Schiffsreise warten. In Israel lebte sie eine Weile im Kibbuz, dann machte sie in Tel Aviv eine Ausbildung zur Kindergärtnerin. Dort lernte sie auch ihren Mann kennen. Gemeinsam zogen sie später in den Kibbuz Kfar Glikson – dort lebt Irma auch heute noch.

Nomi Gur

Sie erlebte die Befreiung zusammen mit ihrer Mutter im Budapester Großen Ghetto. Als der Unterricht am jüdischen Gymnasium wieder aufgenommen wurde, besuchte sie die Schule, eine Freundin brachte sie mit der linken zionistischen Jugendbewegung Hashomer Hatzair zusammen. Sie wurde schnell eine „Madricha“, eine Jugendleiterin: Sie unterrichtete in Lillafüred in einem „Kinderhaus“. Währenddessen machte sie ihr Abitur und heiratete ihre große Liebe, einen legendären Menschenretter und Leiter der jungen Zionisten. 1949 verließ sie mit ihrer Gruppe Ungarn auf illegalem Weg. In Israel lebte sie eine Zeit lang im Kibbuz, dann studierte sie an verschiedenen israelischen Universitäten Psychologie. Zurzeit lebt sie mit ihrem Mann in Ramat Gan bei Tel Aviv, arbeitet als Psychologin, unterrichtet an der Universität und schreibt Bücher.

Vera Meisels

EIN GRABSTEIN AUS SCHWARZEM MARMOR

Die Wünsche und Hoffnungen meiner Mutter erfüllten sich nicht. Ihre zweite Schwangerschaft endete mit einer großen Enttäuschung: Es wurde wieder eine Tochter. Wie der Rest der Familie hatte meine Mutter einen Jungen gewollt. Sie konnte es sich gar nicht anders vorstellen, als dass fünf Jahre nach der Geburt meiner Schwester Aliska jetzt ein Sohn an der Reihe war. Aber schon im Bauch meiner Mutter entsprach ich nicht ihren Erwartungen. Und als ich zur Welt kam, war ich hässlich, meine Haut war dunkel wie Lehm – ein abstoßendes Geschöpf und noch dazu ein Mädchen! Die Enttäuschung war so bitter, dass meine Mutter und die Verwandten in verzweifeltes Schluchzen ausbrachen. Die Tränen meiner Mutter wollten lange Zeit nicht versiegen, und sie konnte sich mit der Situation nur schwer abfinden. Mein Vater fand Trost darin, dass alles an mir intakt war, und er erklärte: – *Hauptsache, das Kind ist gesund.* Da meine Familie nicht religiös war, war auch kein Sohn vonnöten, der am Grab der Eltern das *Kaddisch** sagen würde.

Meine Mutter konnte die Niederlage, die ich ihr bereitet hatte, nie verwinden, und so wurde Aliska eindeutig ihr Liebling, wohingegen ich nur als überflüssiger Spätankömmling galt. Ich bin mir sicher, dass meine Mutter mich nicht absichtlich schlechter behandelte als meine Schwester, mit den Jahren wurde sie meiner Mutter immer ähnlicher – während ich mich zum Ebenbild meines Vaters entwickelte. Das hatte zur Folge, dass mein Vater bei Konflikten jeder Art stets meine Partei ergriff und mich verwöhnte, wie er nur konnte, und meine Mutter verhielt sich dementsprechend gegenüber meiner Schwester. Meine Mutter war insofern

---

* *Kaddisch:* jüdisches Gebet, das vom ältesten Sohn am Grab der Eltern gesprochen wird (D.F.)

gerecht, als sie zu den Festen immer für jede von uns neue Kleidung kaufte, aber davon abgesehen bekam nur meine Schwester neue Garderobe, und ich musste auftragen, woraus sie herausgewachsen war.

Meine Mutter stammte aus einer Akademikerfamilie, ihr Vater war ein Philosophieprofessor, der dafür sorgte, dass seine Töchter eine gute Schule besuchten. Mein Vater hatte nicht studiert, er war aber ein ausgesprochen charmanter Mann, und die Liebe hat vermutlich die Ungleichheiten zwischen den Ehepartnern wohlwollend überdeckt. Mit den Jahren wurde in der Ehe aus der Liebe Gewohnheit. Meine Mutter begann, in mir meinen Vater zu sehen. Ich wurde zur Zielscheibe ihrer sarkastischen Bemerkungen, die eigentlich meinem Vater galten – nur wagte sie es nicht, ihn direkt zu attackieren. Meine Schwester, der Liebling meiner Mutter, erhielt auch Schmuck, während ich immer *zu klein* – und später *zu jung* – war, um ihn zu tragen. Diese Umstände trugen dazu bei, dass ich mich innerlich von meiner Mutter entfernte, was nahezu mein ganzes Leben lang anhielt.

Bis heute kann ich mir nicht erklären, warum mich meine Mutter bei der Selektion in Sered ihrer Schwägerin übergeben wollte. Mich, die Kleine, und nicht Aliska, die schon über zwölf Jahre alt war. War ihre plötzliche Entscheidung vielleicht zufällig zustande gekommen? Oder war sie aus der Tiefe ihres Unterbewusstseins aufgetaucht? Wollte sie sich selbst retten? Oder mich? Diese Frage hat mich mein Leben lang beschäftigt.

Es war Ende 1944, in der Slowakei, wir lebten im Lager von Sered, als plötzlich mehrere Tausend von uns auf den Platz getrieben wurden, auf dem die Selektionen stattfanden. Unsere Familie hatte zuvor schon einige Wochen im Wald* verbracht. Nachdem unsere Essensvorräte aufgebraucht

---

* Darüber schreibt Vera Meisels in der Erzählung „Salziger Kaffee", die in der Anthologie „Salziger Kaffee – Unerzählte Geschichten jüdischer Frauen" erschienen ist. Zusammengestellt und bearbeitet von Katalin Pécsi. Herausgegeben von der Gedenkstätte Deutscher Widerstand, Berlin in Kooperation mit dem Internationalen Auschwitz Komitee und dem Holocaust Gedenkzentrum Budapest, Novella Kiadó 2009. Ungarische Originalausgabe: „Sós kávé – elmeséletlen női történetek", Novella Kiadó 2007 (D.F.)

waren, verließen wir unser Versteck. (Meine Mutter hatte in den letzten Tagen Schnee geschmolzen und etwas Gras und ein paar Tannennadeln in das Schmelzwasser getan, das war dann unser Tee.) Wir kamen dermaßen unterernährt aus dem Gebirge herunter, dass wir uns kaum auf den Beinen halten konnten. Natürlich wurden wir sofort aufgegriffen und ins Konzentrationslager nach Sered geschleppt. Als ich mit meiner Mutter, meinem Vater und Aliska dort ankam, hatte ich mich an das harte Leben und an plötzliche Umstellungen schon gewöhnt.

Auf dem Selektionsplatz drängten sich alle Familien dicht aneinander und bemühten sich, zusammenzubleiben. Dort war es, wo meine Mutter meiner Tante jenen unvergesslichen Vorschlag machte. Wir waren viele, alte Menschen, Menschen mittleren Alters, Junge und natürlich Kinder. Man teilte uns in Gruppen auf. Auf die eine Seite wurden die Alten und die Mütter mit Kindern geschickt, auf die andere Seite die Männer. Dann wurde noch eine dritte Gruppe abgetrennt: die der kinderlosen Frauen. Mein Vater und mein Onkel wurden sofort der Gruppe der Männer zugewiesen. Meine Mutter, meine Schwester und ich kamen zu den Alten, während meine Tante, die kinderlos war, den jungen Frauen zugeordnet wurde. Meine Mutter versuchte einen ganz kurzen Moment lang, meine Tante zu überreden, bei uns zu bleiben, mich an die Hand zu nehmen und so zu tun, als sei ich ihre Tochter – sie hatte schließlich denselben Familiennamen wie wir. Aber meine Tante antwortete – laut genug, sodass ich es hören konnte: „*Warum soll ich eurer Vera zuliebe nach Auschwitz in die Gaskammer gehen? Ich bin stark und kann arbeiten, und ich will überleben!*" Sie und ihre Gruppe wurden nach Ravensbrück transportiert. Wir sahen sie nie wieder.

Uns Mutter und Schwestern quetschte man in einen Viehwaggon, dessen Ziel Auschwitz war. Wir schrieben den 19. Dezember 1944. Als wir an dem Tor mit der Aufschrift *Arbeit Macht Frei** eintrafen, waren die Gaskammern schon nicht mehr in Betrieb (die Krematorien allerdings schon), so hatten wir Glück, dass unser Transport nach langem Warten und einer Selektion nach Theresienstadt umgeleitet wurde. (Im Novem-

---

* Deutsch im Original (D.F.)

ber war schon einmal ein Transport von Sered nach Auschwitz geschickt worden – diejenigen, die mit diesem Transport gekommen waren, waren alle vergast worden.)

Terezín war, bevor man die Einwohner ausgesiedelt hatte, eine verschlafene kleine Stadt gewesen. Die Deutschen machten sie zu einem Ghetto für die Juden Europas. Hier, im Ghetto von Theresienstadt – wie die Deutschen Terezín nannten –, hatten wir eine größere Chance, am Leben zu bleiben. Ich wurde ins *Kinderheim** gesteckt und so mit acht Jahren zum ersten Mal in meinem Leben unabhängig von meinen Eltern. Ich fand es nicht schlimm, von meiner Familie getrennt zu sein, ich kann sagen, dass ich mich dort fast glücklich fühlte, denn endlich gab es etwas zu essen, die Erzieherinnen verwöhnten mich, kümmerten sich um mich und beschäftigten sich mit mir: Ich zeichnete viel, und wir führten Theaterstücke auf.**

Nach dem Krieg lebte unsere Familie zwei Jahre lang wieder zusammen – aber meine Mutter war nicht mehr dieselbe. Nie sah ich ein Lächeln auf ihrem Gesicht, sie war untröstlich über den Verlust ihrer Eltern und ihrer geliebten Schwester – alle drei waren im Holocaust ermordet worden. Ich sehe meine Mutter noch vor mir, wie sie, immer in demselben verschlissenen, ungewaschenen Morgenmantel vor dem Radio sitzend, die Sendung *Wir suchen unsere Angehörigen* hörte, in der Hoffnung, dass ihre Lieben vielleicht doch noch irgendwo am Leben waren. Sie erledigte ihre Angelegenheiten wie ein ferngesteuerter Roboter: Im Haushalt verrichtete sie nur die allernötigsten Arbeiten, zu mehr war sie nicht in der Lage. Wir hatten ein trauriges Zuhause, und ich war erleichtert, dass ich, um die Oberschule zu besuchen, zu Pflegeeltern in die Großstadt geschickt wurde, denn in unserer kleinen Stadt gab es nur eine Grundschule. In

---

* Deutsch im Original (D.F.)

** In Israel, im Museum des Kibbuz der Überlebenden von Theresienstadt, sind einige Zeichnungen und Collagen von Vera Meisels ausgestellt, die sie mit acht Jahren dort im Kinderheim angefertigt hat. Über die Theaterstücke und Konzerte in Theresienstadt ist schon viel publiziert worden. Ein überlebender Künstler schreibt in seinem Tagebuch: „Terezín war einzigartig, nachts fanden dort auf dem Dach Konzerte statt, und am folgenden Tag führte der Weg in den Tod." („Das Buch des Alfred Kantor". Deutsche Ausgabe 1987) *(Die Herausgeberin)*

diesem neuen Leben war ich wieder von meiner Mutter getrennt, und bei dieser Trennung blieb es auch, da ich noch als Kind, mithilfe einer Gruppe, die die Einwanderung von jungen Leuten nach Israel organisierte, allein nach Israel kam.

Aus heutiger Sicht erscheint es merkwürdig, dass jedes der vier Mitglieder unserer Familie zu einem anderen Zeitpunkt in Israel eintraf. Dass wir die Alija* wagten, war auf den Einfluss von Abgesandten aus Israel zurückzuführen, die meine Eltern mit der Begründung, dass wir als Juden dort hingehörten, überredeten, nach Israel auszuwandern. Es ist seltsam, dass unsere Eltern nicht darauf bestanden, nur zusammen zu emigrieren. Meine Schwester ging als erste, sie kam in den *Kibbuz Maanit*; dann war ich dran, zwei Monate später, und kam in den *Kibbuz Kfar Masaryk**. Meine Mutter traf als dritte ein: ein Jahr nach mir, allein und nicht mit einer Gruppe. Mein Vater blieb noch ein paar Jahre in Ungarn, um seine geschäftlichen Angelegenheiten zu regeln. Nachdem meine Mutter angekommen war, merkte ich, wie gut sie sich den neuen, schwierigen Umständen anpassen konnte. Obwohl sie sich nie beklagte, kann ich mir vorstellen, dass sie in diesem fremden Land, allein, sehr gelitten haben muss. Es gelang ihr, für eine gewisse Zeit in den Kibbuz Masaryk aufgenommen zu werden, in dem auch ihre Cousine Mitglied war. Ich lebte also mit meiner Mutter in demselben Kibbuz – ich allerdings in dem für die Jugendlichen bestimmten Teil –, trotzdem kamen wir einander nicht näher. Ich weiß nicht genau, warum sich das so entwickelte: vielleicht deshalb, weil ich gerade in der Pubertät war oder weil wir noch sehr erschöpft und zudem mit ganz verschiedenen Dingen beschäftigt waren.

Als mein Vater endlich eintraf – er war zwischenzeitlich in der Tschechoslowakei ein paar Monate im Gefängnis gewesen, kam mit leeren Händen, von unserem Familienbesitz hatte er nichts mitbringen können –, zogen er und meine Mutter dann in den Norden nach Naharija. Meine Mutter war aus der Slowakei einen anderen Lebensstandard gewohnt als

---

* *Alija*: wörtlich „Aufstieg", bezeichnet die Rückkehr der Juden in das Gelobte Land
** *Die Kibbuze* – wie auch die zionistischen Jugendgruppen – waren nach Altersgruppen organisiert. Weil zwischen Vera und Aliska ein Altersunterschied von fünf Jahren bestand, kamen sie nicht in denselben Kibbuz. *(Die Herausgeberin)*

den, der sie dort erwartete: Sie wohnten in einer Hütte aus Betonplatten. Darin befanden sich ein Eisschrank und ein eiserner „Primus"-Herd – Elektrizität gab es aber nicht. Mein Vater nahm jede sich ihm bietende Arbeit an, um möglichst viel Geld zu verdienen, und meine Mutter half ihm bei allem. Sie nähte Schürzen aus Kunststoff und Umhänge für Fahrräder auf ihrer fußbetriebenen Singer-Nähmaschine, die sie von ihrer Mutter geerbt hatte. Gefühlsmäßig standen wir uns zwar sehr fern, aber ich bewunderte sie wegen ihrer Energie, die sie nach ihrer langen Krankheit, die sie so sehr aus der Bahn geworfen hatte, aufbrachte. Meine Eltern schafften es, so viel Geld zu sparen, dass mein Vater eine Fahrradwerkstatt und ein Fahrradgeschäft eröffnen und danach ein zweigeschossiges großes Haus bauen konnte, in das später auch meine Schwester und ihr Mann einzogen, nachdem sie den Kibbuz verlassen hatten.

Die Geburt des ersten Enkelkindes machte meine Mutter stolz und glücklich. Doch dann starb mein Vater plötzlich an Herzversagen. Meine Mutter nahm all ihre Kraft und Energie zusammen und übernahm sein Geschäft.

Einen Monat vor ihrem Tod schlug meine Mutter vor, mich in Tel Aviv, wo ich damals wohnte, zu besuchen und gemeinsam Rosch ha-Schana* zu feiern. Sie reservierte in einem Hotel Zimmer für uns drei: meinen Mann, mich und sich selbst, und in einem Restaurant einen Tisch für ein festliches Abendessen. Der Gedanke, das Fest zusammen mit ihr zu feiern, machte mich sehr froh. Als meine Mutter eintraf, tranken wir beide einen Kaffee in der Bar des Hotels. Zum ersten Mal in unserem Leben entwickelte sich zwischen uns ein offenes Gespräch. Ich wusste nicht, worauf das zurückzuführen war: Vielleicht hatte meine Mutter erkannt, dass sie eine zweite Tochter hatte, der sie vertrauen und ihr Herz ausschütten konnte. Sie war so elegant gekleidet wie eine Geschäftsfrau, im Gegensatz zu den Jahren – bevor sie verwitwet war –, als sie in abgetragenen, verschlissenen Kleidern herumgelaufen war. Als einer der Kellner mit dem Servierwagen mit den Torten vorbeikam, tat es mir wohl,

---

* *Rosch ha-Schana:* das jüdische Neujahrsfest, das – nach dem Mondkalender – im September oder Anfang Oktober gefeiert wird. Es ist eines der wichtigsten Familienfeste.

dass meine Mutter sich erinnerte, welche Torte ich gern mochte. Plötzlich war ich ihre kleine Tochter geworden.

Wir ließen uns in die bequemen Sessel sinken, schlürften Kaffee, und meine Mutter begann ihren Monolog: – *Weißt du, Verka* (mein Vater nannte mich mit Kosenamen *Verka*!), *Aliska und ihr Mann pfeifen auf mich. Ich würde gerne einen doppelten Grabstein aus schwarzem Marmor für deinen Vater und mich aufstellen lassen. Aliska und ihr Mann meinten, ich solle nicht übertreiben, euer Vater wäre nicht Theodor Herzl oder sonst eine herausragende Persönlichkeit gewesen, dem schwarzer Marmor gebührte. Ihrer Meinung nach würde es ein grauer Marmorstein auch tun, in der Art, wie man ihn in den Küchen der Plattenbauten für die Arbeitsflächen verwendet. Verka, hier geht es um das Geld, das euer Vater mit schwerer Arbeit verdient und für später zurückgelegt hat! Ich allein bin hilflos, sie sind zu zweit, ich habe nicht die Kraft, mit ihnen zu streiten.*

Obwohl ich sie in ihrem Wunsch unterstützte, konnte ich sie nicht besänftigen. Anscheinend wollte sie all ihre Klagen und Probleme bei mir loswerden, so hörte ich dann, wie es eigentlich gar nicht meine Art ist, einfach weiter zu. – *Sie haben mein einst ruhiges Haus in ein Schlachtfeld verwandelt, jetzt haben sie gerade begonnen, alles zu modernisieren und meine alten Möbel hinauszuschmeißen – auch den massiven Tisch, der noch aus der Tschechoslowakei stammt und an den ich mich in den letzten fünfundzwanzig Jahren so gewöhnt habe! Du erinnerst dich doch an den Tisch, an dem ich immer meine Patiencen gelegt und Kreuzworträtsel gelöst habe. Stattdessen haben sie einen von diesen niedrigen Couchtischen gekauft, der zu tief für mich ist, ich kann mich nicht einmal hinunterbeugen …*

Dazu konnte ich nichts sagen. Ich verstand meine Mutter und fühlte mich hilflos. Es war mir klar, dass es ihr bei dem teuren Grabstein nicht darum ging, auf andere Leute Eindruck zu machen, sondern darum, ihrem Mann auf diese Weise ihre Anerkennung und vielleicht auch ihre Liebe auszudrücken. Einige Wochen nach Neujahr verstarb meine Mutter an Herzversagen wie seinerzeit mein Vater. Vielleicht hatte sie vor ihrem Tod noch nicht ganz die Hoffnung aufgegeben, dass ihr Wunsch erfüllt und ein doppelter Grabstein aus schwarzem Marmor auf dem gemeinsamen Grab errichtet werden würde. (Er wurde nicht erfüllt.)

So hatte ich ganz am Ende ihres Lebens begonnen, meine Mutter in einem anderen Licht zu sehen: Sie erschien mir plötzlich ganz anders zu sein, als ich sie mir bis dahin immer vorgestellt hatte. Zum ersten Mal in meinem Leben hatte sie mich herzlich umarmt und geküsst. Wir hatten beide geweint: ich vor Rührung, sie aus Kummer und Enttäuschung.

***

Vor mehreren Jahren fand ich einen ungeöffneten Brief – meine Mutter hatte ihn vor fünfzig Jahren an mich geschrieben. Damals hatte mich nicht interessiert, was darin stand, und so hatte ich ihn gar nicht erst geöffnet, ich hatte gedacht, meine Mutter ist ein seltsames Geschöpf, sie ist sowieso nur mit ihren eigenen Problemen beschäftigt, mich hat sie nie geliebt und nie verwöhnt – ich war damals gerade in der Pubertät. Als ich diesen Brief nach fünfzig Jahren doch noch öffnete und las, ahnte ich ihre Tragik und die Anspannung, die sie ihr ganzes Leben lang in sich unterdrückt haben muss. Auch ihre Schrift berührte mich tief, noch dazu schrieb sie in einer Sprache, die meine Kinder nicht kennen. Der so lange ungelesene Brief meiner Mutter spendete mir plötzlich Kraft und Trost.*

---

* Der Text wurde ursprünglich in hebräischer Sprache verfasst und von *Riva Rubin* ins Englische übersetzt. Die Übersetzerin/Herausgeberin der ungarischen Ausgabe Katalin Pécsi hat den hier veröffentlichten Text aus mehreren Texten zusammengestellt: „A Change of Destination"; „Thought about Lilly, my mother"; „The unopened letter".

Vera Meisels

Ich wurde am 11. Juni 1936 in Prešov in der Tschechoslowakei geboren – das heißt, dass ich zum Zeitpunkt der Veröffentlichung dieses Buches 77 Jahre alt sein werde.

Im Alter von acht Jahren kam ich in das Ghetto Theresienstadt. 1949 emigrierte ich nach Israel. Ich lebte in einem Kibbuz und studierte später Bildhauerei am Avni Institut. Mein Erwachsenenleben verbrachte ich in Tel Aviv. Ich schreibe Gedichte, Erzählungen und fertige Skulpturen an. Ich habe zwei Kinder und vier Enkelkinder.

Seit ich erwachsen bin, erforsche ich zwanghaft die Geschichte des Holocaust, am meisten interessiert mich, was in Terezín geschah.

In diesem Jahr im April wurde ich in die Vereinigten Staaten an die Universität Michigan (MCU) eingeladen, wo junge Leute das Theaterstück aufführten, in dem ich als Achtjährige in Terezín aufgetreten war. Das Stück basiert auf einem Kindermärchen mit dem Titel „Glühwürmchen"*. Ich hatte damals die Rolle des Marienkäfers. In Michigan war ich die Erzählerin, die den Zuhörern, Studenten und Lehrern, von den ursprünglichen Aufführungen des Stückes erzählte. Das Stück wurde fünf Mal aufgeführt und stieß, wie auch die Überlebende, die das Stück kommentierte, auf lebhaftes Interesse. Ich glaube, das war das wichtigste Ereignis in meinem Leben. In dem Band „Salziger Kaffee – UnerzählteGeschichten jüdischer Frauen" wurde ein Text von mir abgedruckt. Der Titel dieses Textes wurde zugleich als Titel der Anthologie gewählt.

---

* Wir wissen von den Aufführungen der Kinderoper „Brundibar" in Theresienstadt, dass das hauptsächlich aus Kindern bestehende Publikum das Stück liebte. „Brundibar" wurde bis zum September 1944 (in ca. 50 Wochen) 55 Mal im Ghetto aufgeführt, nicht eingerechnet die „inoffiziellen" Aufführungen auf den Fluren, am Ende des Hofs, auf dem Dachboden usw. Wenn Darsteller in ein Konzentrationslager gebracht wurden, bekamen immer wieder neue die Rollen. Die Kinderoper wurde in den letzten Jahren auch in Budapest im Palast der Künste (MÜPÁ) und in der Holocaust Gedenkstätte aufgeführt. *(Die Herausgeberin)*

Éva Fahidi

GILIKE

In unserer ungarischen Sprache gibt es kein Wort, das in seiner Ausdruckskraft gleichermaßen unnachahmlich ist. Zwar sprechen meine Enkel voneinander als „tesóm", aber das Wort *testvér**, aus dem es abgeleitet wurde, drückt genau das Wesentliche aus: mein Leib und mein Blut**. Und wenn man das Wort dann auch noch mit einem Possessivsuffix versehen und sagen kann: *a testvérem*! Mein Leib, mein Blut, meins, beinahe ich, aber doch anders, ich, nur kleiner oder größer, wir haben dieselbe Mutter und denselben Vater. Wir haben die süße Muttermilch aus derselben Mutterbrust getrunken, beim abendlichen Vorlesen vor dem Schlafengehen derselben väterlichen Stimme gelauscht. Und vielleicht kringelt sich bei uns eine Haarlocke an derselben Stelle, und nicht nur bei uns, unserer Mutter und unserer Großmutter, sondern sogar auch bei ein, zwei unserer Cousins und Cousinen, wir sind sehr reich, wir sind eine Familie! Wir sind nicht allein auf der großen Welt!

Seit ich weiß, dass ich über *Gilike* schreiben würde, habe ich viele meiner Altersgenossen gefragt (die zwischen 80 und 90 Jahre alt sind), was sie sich als kleines Kind so sehr gewünscht hätten, dass sie sich noch jetzt daran erinnern.

Die kleinen Jungen wünschten sich eine elektrische Eisenbahn, eine Dampfmaschine oder einen Märklin-Baukasten. Die kleinen Mädchen eine französische Puppe, ein Puppenhaus oder ein königsblaues Samtkleid mit venezianischem Spitzenkragen.

Wenn man mich als kleines Mädchen nach meinen Wünschen – zum Geburtstag, zu Weihnachten, zum Namenstag oder zu Ostern – fragte,

---

* Das ungarische Wort *testvér* bedeutet *Bruder* oder *Schwester*. (D.F.)

** *testem*: mein Leib; *vérem*: mein Blut (D.F.)

ließ ich keine große Auswahl. Jedem: meiner Großmutter und meinem Großvater, meinen Tanten und Onkeln, antwortete ich konsequent immer das Gleiche: *Ich wünsche mir eine lebendige Baba**, *einen Bruder oder eine Schwester.*

Acht lange Jahre musste ich warten, bis mein Wunsch in Erfüllung ging.

Da war ich schon ein großes Mädchen und besuchte die vierte Grundschulklasse. Zwar hatten es meine Eltern nicht für notwendig gehalten, mich aufzuklären, doch war ich oft genug auf dem Bauernhof gewesen, um über die wichtigsten Tatsachen des Lebens Bescheid zu wissen. Ich wusste schon vorher, dass die Baba unterwegs war, mein sehnsüchtig erwartetes Geschwisterkind. Schon bevor es da war, konnte ich „dem Kind", wie ich es nannte, vorsingen, ihm sogar etwas erzählen und ihm Bilder malen. Diese Bezeichnung war mir sehr wichtig, denn bis dahin war ich ja das Kind gewesen, ich hatte sozusagen die Alleinherrschaft ausgeübt, für meine Großeltern mütterlicherseits war ich das erste und deshalb das liebste von sieben Enkelkindern. Auf der väterlichen Seite gab es nur eine Vorgängerin, die ihrerseits acht Jahre älter war, die ich unendlich bewunderte und wie eine ältere Schwester in allem nachahmte. (Nur in Klammern merke ich an, dass, als einmal Borbála, die wir Boci nannten, behauptete, Gurkensalat sei Rattengift, alle jüngeren Cousins und Cousinen aufhörten, Gurkensalat zu essen. Und noch heute muss ich jedes Mal, wenn ich Gurken für einen Salat hoble, immer daran denken.)

Auch wenn Gilikes Geburt nun schon über 80 Jahre zurückliegt, kommt es mir vor, als wäre sie gestern gewesen. Wenn ich an diesen Tag denke, erlebe ich dasselbe Glücksgefühl wie damals, an diesem strahlenden St. Georgstag, dem 24. April 1933. Als ich sie in ihrer Wiege neben dem Bett meiner Mutter zum ersten Mal sah, mit leuchtend roten Haaren, die wie ein „Hahnenkamm" auf ihrem Kopf hochstanden, schlief sie gerade. Als sie die Augen öffnete, erschienen sie mir so strahlend, dass auch das schönste Blau daneben blass erschien. Wie oft habe ich seitdem denken müssen: Warum habe ich ein so wunderbares Geschenk überhaupt erhalten, wenn es mir so schnell wieder weggenommen wurde?

---

* Das ungarische Wort *baba* bedeutet sowohl *Puppe* als auch *Baby*. (D.F.)

Warum durfte ich das Glück erfahren, wenn es sich als so vergänglich erweisen sollte? Als wäre es nur dazu da gewesen, die Liste meiner Verluste zu verlängern und die Grenzen meiner Leidensfähigkeit zu erproben … Wenn die größten Sehnsüchte gestillt werden, ist das Leiden nur umso größer … Sehnsüchte und Leiden sind nicht an das Alter gebunden.

Meine Mutter hatte ein Heft, auf dessen Umschlag sie in Schönschrift: GILIKE geschrieben hatte. In dieses Heft trugen wir jeden Tag nach ihrer Geburt etwas ein. Als erstes, wie viel sie getrunken hatte. Diese Art von Buchführung war nach damaliger Auffassung unbedingt notwendig, wenn ein Säugling gesund aufwachsen sollte. Heute hält man das nicht mehr für wichtig, und die Säuglinge gedeihen trotzdem!

Ich nahm plötzlich eine äußerst bedeutende Rolle ein und hatte sehr viele wichtige Aufgaben zu erfüllen. Zum Beispiel musste ich darüber wachen, dass alles in dem „Gilike"-Heft vermerkt wurde, was hineingehörte. (Der gar nicht verheimlichte Hintergedanke meiner Mutter war dabei, dass ich mich um eine schönere Handschrift bemühen sollte.) Gilikes erstes Wort war – zur leichten Enttäuschung meiner Mutter – nicht „Mama" oder „Papa", sondern *Enna*, also Erna, der Name von Gilikes Kindermädchen. Erna betreute Gilike tatsächlich Tag und Nacht. Sie hatte, wie auch mein früheres Kindermädchen, eine pädagogische Waldorf-Ausbildung – wie ich finde, ist das nach wie vor die beste Voraussetzung für die Kindererziehung –, in die Geheimnisse der täglichen Erziehungspraxis wurde Erna allerdings von meiner Mutter eingeweiht.

Gilike entwickelte sich schnell und lernte leicht, damals nahm ein Kind noch keinen seelischen Schaden (wie heute), wenn es in den Topf machte, wir waren eher stolz darauf, dass unsere Gilike schon mit ungefähr einem Jahr „stubenrein" war. Damals trugen kleine Mädchen kurze Kleider, unter denen das Unterhöschen ein wenig hervorblitzte, zu unserem ganzen Stolz war darunter keine Windel mehr.

Für mich war es das Schönste, dass ich Gilike früh all das beibringen konnte, was mir wichtig war. Jüngere Geschwister eifern sowieso den älteren nach. Ich wünschte mir, dass meine kleine Schwester eine gleichberechtigte Gefährtin und Partnerin werden sollte, die mich verstand, bedingungslos alles mitmachte und mir in allem folgte, sogar bei meinen Streichen. Eine idealere Gefährtin als Gilike hätte es gar nicht geben können.

Wenn wir gemeinsam auf der Schaukel durch die Luft flogen, hielt sich Gilike, auf meinem Schoß sitzend, voller Vertrauen an mir fest, und als ich trotz aller Verbote so wild schaukelte, dass die Schaukel sich überschlug und wir herunterfielen, brach Gilike nicht nur nicht in Tränen aus, sondern sagte: Keine Angst, ich verpetze dich nicht bei Mama. Damals ahmte sie mich in allem nach und wollte in allem so sein wie ich, zu dieser Zeit ahnte ich noch nicht, dass sie nicht nur meine Schwester war, sondern dass sie für mich auch die Tochter sein sollte, die ich nie haben würde. Denn Auschwitz-Birkenau ist nicht nur das Grab meiner gesamten Familie. Dort wurde auch die DNS-Kette zerrissen, die ich hätte weitergeben sollen. Als Kind habe ich auf die Frage: – Was willst du einmal werden, wenn du groß bist? – immer geantwortet: – Ich will einmal eine Familie und fünf Kinder haben! In Auschwitz-Birkenau wurde mir nicht nur meine Familie genommen, sondern ich wurde auch der Hoffnung beraubt, jemals eigene Kinder zu bekommen. Jedes weibliche Wesen, jede Frau auf Erden trägt diesen Wunsch als ganz primären Instinkt in sich: Sie will Mutter werden, um in ihren Nachkommen weiterzuleben, sie will ihre Erbanlagen und damit auch die ihrer Mutter, ihres Vaters, ihrer Großeltern und ihrer Vorfahren weitergeben, ihr Aussehen, ihre Begabungen, ihre guten und schlechten Eigenschaften. Mich hat Auschwitz-Birkenau auch um meine noch ungeborenen Kinder gebracht. Ich habe nie ein *eigenes* Kind gehabt, an das ich unsere Familienanekdoten, Familienrezepte und unsere Traditionen hätte weitergeben können, dem ich die Gesten meiner Mutter oder das Lächeln meines Vaters hätte vererben können …

Als hätte es unsere Familie nie gegeben.

Dafür, dass ich heute nicht mutterseelenallein auf der Welt bin, habe ich einen hohen Preis zahlen müssen. Das Leben nahm mir auch den letzten Strohhalm, an den ich mich geklammert hatte, *Éva Kende*. Meine einzige Vertraute, meine einzige Freundin. Wir waren zehn Jahre alt, als wir uns kennen lernten. Und fünfzig Jahre alt, als Éva starb. Durch sie erlebte ich, was mir selbst nicht vergönnt war: Ich sah ihren Sohn und ihre Tochter heranwachsen, vom ersten Augenblick an waren sie auch meine Kinder, wir haben sie gemeinsam großgezogen, uns gemeinsam über ihre Erfolge gefreut und gemeinsam Pläne für ihre Zukunft gemacht. Nach ihrem Tod hat ihre – meine – Tochter *Judit* meinen Mann und mich zu ihren Ersatzeltern auserkoren. So habe ich jetzt eine wunderbare Familie und sogar Enkelkinder, und ich kann, wenn auch nicht in dem Ausmaß, wie ich es gerne täte – aber dieses Los teilen wahrscheinlich alle Großmütter –, meinen großmütterlichen Neigungen nachgehen.

Jene elf Jahre, die vor mehr als achtzig Jahren begannen und in denen es mir vergönnt war, mit Gilike zusammen zu sein, haben durch die Tatsache, dass sie so unwiederbringlich und unwiederholbar sind, dazu geführt, dass ich sie ein wenig verklärt sehe, wie wohl auch meine Kindheit überhaupt und die wie hinter einem Nebelschleier verschwimmenden Erinnerungen an meine Eltern und meine Familie.

Die Erinnerungen an Gilike bewahre ich sorgfältig.

Ich sehe, wie aus dem Säugling ein kleines Mädchen wird. Sie ist zwei Jahre alt, als sie im Hühnerstall mit unserer Großmutter die Eier einsammelt, sie hat dafür einen eigenen kleinen Korb, der wird zuerst gefüllt.

Ich sehe Gilike als Dreijährige, wie sie Mókus, unser Lieblingsfohlen, mit Mohrrüben füttert. Ich sehe, wie unsere Mutter sie an der Tanzschule von Tante *Karola Perczel** in der Piac Straße in Debrecen anmeldet – sie ist die Kleinste, so wie ich es war, als ich im gleichen Alter ebenfalls diese Tanzschule besuchte –, sie stolpert am Ende der Reihe und bemüht sich, alles genauso zu machen wie die anderen, die schon mindestens fünf Jahre alt sind.

Als Gilike fünf ist, gehen wir morgens gemeinsam zur Schule. Wenn irgend möglich, fahren wir mit dem Fahrrad. Gilike ist stolz darauf, dass sie mir den Weg in dem wahnsinnigen Verkehr von Debrecen bahnen kann, sie fährt nämlich voran. Das ist gefährlich, denn mindestens alle zehn Minuten kommt ein Auto und alle drei Minuten ein Pferdefuhrwerk. Und ich bin stolz, dass ich eine so tüchtige Schwester habe und dass ich, die Große, auf sie aufpasse, denn ich kann von hinten sehen, was vorne los ist.

Als Gilike sechs Jahre alt ist, erhält sie Klavierunterricht. Sie ist sehr geschickt, sie hat kleine zarte Hände und über jedem Finger ein Grübchen. Sie übt auch schon für ein Schülerkonzert, die Mandolinen-Serenade, die Don Giovanni – wir sagten damals noch Don Juan – unter dem

---

* *Karola Perczel*: eine berühmte Lehrerin für Tanz- und Bewegungskunst, Mutter von *Sári Perczel*

Fenster von Donna Elviras Dienstmädchen vorträgt. Ich sehe, wie sie den Wecker, den sie auf exakt eine halbe Stunde eingestellt hat, auf das Klavier stellt: Eine halbe Stunde muss sie üben, wenn der Wecker nach dreißig Minuten klingelt, hört sie mitten im Takt zu spielen auf.

Ich sehe, wie Gilike im Garten fröhlich mit Muki, unserem Deutschen Schäferhund, „wir" sagten Wolfshund, spielt, und sie weiß noch nicht, wie sehr diese Hunderasse später in Verruf geraten würde, weil man sie in Deutschland zu Bluthunden züchtete, damit sie Häftlinge[*] zu Tode bissen. Wie hätte Muki wissen können, dass auch wir einst Häftling werden sollten!? Muki weiß nur, dass wir seine Frauchen sind, dass er sich an uns schmiegen muss, damit wir seinen Kopf streicheln, dass er uns den Stock bringen muss, wenn wir: Apport schön[**] rufen, dass er sich auf die Hinterbeine stellen muss, wenn wir: Hepp sagen, und dass er dann ein Stück Würfelzucker bekommt. Weder Muki noch die anderen Schäferhunde sind von Natur aus böse, auch nicht, wenn sie Wolfshunde sind. Unser Muki war so zahm wie ein Lamm, wie ein Lämmerwölkchen am Frühlingshimmel. Denn so hatten wir ihn erzogen. Und warum wurden die SS-Hunde zu Bluthunden? Weil Bluthunde in Menschengestalt sie zu ihresgleichen erzogen hatten.

Wir sind im Ghetto. Gilike ist ein großes Mädchen, 11 Jahre alt, aber sie versteht nicht, was mit ihr geschieht. Wo ist der Garten? Wo ist die Schaukel, wo sind die Ringe, der Barren, der Sandkasten, wo ist Muki jetzt, wo das Gehöft der Großeltern, wo sind die Pferde, unsere lieben Spielkameraden? Sie hat vier Quadratmeter! Vier Quadratmeter Lebensraum. So viel steht ihr zu. Im Ghetto ist das ein großer Luxus. Aber sie liebt es, frei herumzulaufen, zu turnen, zu springen, lebhaft zu lachen. In diesem Lebensraum von vier Quadratmetern verschwindet das Lächeln aus ihrem Gesicht, ihre Augen blicken immer trauriger und vorwurfsvoller, sie klagt uns innerlich an, dass wir sie in diese Lage gebracht haben, sie glaubt, dass wir sie nicht genug lieben, denn sonst hätten wir sie doch vor diesen unbegreiflichen Veränderungen geschützt, sie und mein Vater sind wie eingesperrte wilde Tiere.

---

[*] Deutsch im Original (D.F.)
[**] Deutsch im Original (D.F.)

Dann sind wir im Waggon. Früher sind wir viel gereist, und das war immer ein so schönes Erlebnis! Wir fuhren zu den Großeltern aufs Gehöft, jedes Jahr verbrachten wir den August dort, wenn Hunderte und Aberhunderte von Störchen sich für die große Reise vorbereiteten und wir uns ausmalten, mit ihnen zu ziehen. Wir liebten die Störche sehr und schauten alle prüfend an, ob wir unter ihnen vielleicht den Kalif Storch[*] entdeckten. Denn wir wussten, dass *„mutabor"* lediglich die Passivform von *„ich verändere mich"* ist. Und wir hätten es sicher nicht vergessen, wenn wir uns wieder in den Kalifen zurückverwandeln mussten. Aber jetzt sind wir in *„dem"* Waggon. Mit uns noch neunundsiebzig andere. Diese Reise haben wir nicht gewollt, man hat uns mit Tritten und Schlägen hineingetrieben, wir fahren auch nicht zum Gehöft von Großpapa, sondern ins Nichts. Wir wissen nicht, wohin der Waggon uns bringen wird, der aussieht wie der, mit dem wir früher Pferde transportieren ließen, und Mais, oder im Frühjahr Kamille in die pharmazeutische Fabrik, im Herbst Zuckerrüben zur Zuckerfabrik – wir jedenfalls waren nicht im Viehwaggon gereist.

Gilike ist schon ein großes Mädchen. Gilike weint nicht. Gilike muss wie wir Durst erleiden, denn es gibt kein Wasser. Gilike bekommt keine Luft, denn es gibt nicht genug Luft zum Atmen. Nur Gestank und Gefluche, doch Gilike sagt kein Wort.

Gilike schaut nur.

Was ist in ihrem Blick? Schmerz, Verständnislosigkeit und unausgesprochene Fragen: Wie komme ich hierher, warum konntet ihr mich nicht beschützen, ich habe das nicht verdient! Wo ist die Gilike mit ihrem ansteckenden Lachen geblieben? Wo ist das fröhliche Strahlen ihrer Augen? Ihr Blick aus den für unsere Familie typischen tiefliegenden Augen ist vorwurfsvoll und erstaunt, der Ausdruck gebrochen und alt. Diesen Blick werde ich auf mir fühlen, solange ich lebe.

Dann sehe ich Gilike nicht mehr. Ich weiß nur. Dass das Zyklon B schwerer ist als Luft. Dass es in der Gaskammer der Größe nach tötet. Die Größten und Stärksten halten es am längsten aus. Aber mein ganzes Leben

---

[*] „Kalif Storch": Märchen von Wilhelm Hauff (D.F.)

lang sehe ich Gilike, wie sie sich an unsere Mutter klammert, sehe Gilike, wie sie erstickt.

Als ich mir mit acht Jahren eine Schwester oder einen Bruder wünschte, wusste ich nicht, dass ich nach nur zehn kurzen Jahren viele Geschwister haben würde. Auch nicht, dass ich sie „Lagerschwestern" nennen würde. Ich wusste nicht, dass nicht nur gemeinsame Eltern uns zu Geschwistern machen, sondern auch das gemeinsame Schicksal, das gemeinsame Leiden, das Frieren und das Hungern, die gemeinsam erlittene Erniedrigung und Unmenschlichkeit. Ich wusste nicht, dass ich die Schläge, die Tritte und Peitschenhiebe fühlen würde, die meine Lagerschwester erhielt, das Gewicht des Sacks, den sie trug, dass ich in Auschwitz-Birkenau den Kübel zur Latrine schleppen würde, dessen Inhalt über ihre Füße gelaufen war, ich weiß, was sie fühlte, als der Kapo auf ihre Frage, wo ihre Mutter geblieben sei, zur Antwort auf den aus dem Krematorium aufsteigenden Rauch zeigte.

Diese Art von Verbundenheit wiegt so viel wie Blutsverwandtschaft.

Sie liegt ganz tief in unseren Seelen.

Wir wissen etwas voneinander, das nur wir wissen.

Ein solches Wissen wünscht man nicht einmal seinem schlimmsten Feind.

Aber wir waren dort.

Wir wissen.

Alle anderen sind Außenstehende, sogar die eigenen Geschwister, wenn das Schicksal sie vor Auschwitz-Birkenau bewahrt hat.

Eine Schwester habe ich nicht mehr.

Jetzt seid ihr meine Schwestern, ihr, die ihr in AUSCHWITZ-BIRKENAU wart!

Éva Fahidi
Ein langes Leben ist etwas Wunderbares. Alles ist möglich und auch das Gegenteil. Was ist das Richtige?
Was für ein Glück, wenn man in eine liebevolle Familie hineingeboren wird! Das erste Enkelkind zu sein, ist ein zusätzliches Privileg, es wird ein „Vorbild". Es muss ein Beispiel geben. 143

Es bedeutet Verantwortung. Die habe ich mein Leben lang immer sehr ernst genommen. Ich habe mich zum Beispiel bemüht, immer hilfsbereit zu sein: Die Mitglieder der Fünferreihe, die in Auschwitz-Birkenau und in Allendorf zu meiner Familie wurden, halfen und unterstützten einander, wo sie nur konnten, nicht zu vergessen das tägliche Singen und Gedichte aufsagen. Wir ermahnten einander, uns jeden Tag zu waschen, unseren Teller nicht auszulecken, auch wenn wir noch so hungrig waren, unsere menschliche Würde zu bewahren, denn nur so konnten wir überleben …

Und danach ging mein „Leben", das in zwei Teile zerrissen worden war, irgendwie weiter. Nach zweijähriger Krankheit kehrten meine Hoffnungen und auch mein Tatendrang zurück. Aber der Mensch ist nicht völlig frei in seinen Entscheidungen, er ist eingebunden in reale Verhältnisse. In der Zeit der Schauprozesse musste ich als Hilfsarbeiterin in Dunapentele den ungarischen Sozialismus und das Land „des ungarischen Stahls und Eisens" mit aufbauen. Und ich arbeitete, wie Genosse Leben so spielt, in den folgenden zwanzig Jahren im Stahlexport und verkaufte den guten ungarischen Stahl in alle Teile der großen Welt. Danach führte ich eine eigene private kleine Firma, was mir viel Freude bereitete, zuerst allein, später mit meinem Kollegen und Freund Péter Guti. Diese Firma gab es bis zu meinem 82. Lebensjahr.

Das Leben vergeht, man sammelt Erfahrungen, und es wird im Laufe der Jahre immer deutlicher, was wirklich wichtig ist. Für Éva Fahidi wurde nach 59 Jahren des Schweigens die Shoah zum wichtigsten Thema in ihrem Leben. Wenn man sie nach ihrem Beruf fragt, antwortet sie, sie sei Holocaust-Aktivistin. Ihr Ziel ist es, so vielen Menschen wie möglich zu vermitteln, wie sie den Holocaust erlebt hat. Sie verfasste: „Anima Rerum – A Dolgok Lelke" (Tudomány Kiadó 2005 und 2006, Ariel Kft. 2015 unter dem Titel „A Dolgok Lelke") und die deutsche Ausgabe unter dem Titel „Die Seele der Dinge" (Lukas Verlag 2011. Herausgegeben im Auftrag des Internationalen Auschwitz Komitees, Berlin, und der Gedenkstätte Deutscher Widerstand, Berlin).

Erzsi Szemes Brodt

HEUTE ABEND KOMME ICH ZU EUCH!

Es klingelte an der Tür, unerwartet und lange. Es war im April 1944. In unserem Zimmer in der Korona Straße im Ghetto von Kaposvár schauten wir sechs uns verblüfft an. In jenen Tagen schlug man entweder mit dem Gewehrkolben an unsere Tür oder stieß sie gleich mit Fußtritten auf, weil man wieder einmal nachsehen wollte, ob wir nicht zwei Kleidungsstücke zum Wechseln zu viel hatten, mehr Lebensmittel besaßen, als erlaubt war, oder irgendwo Gold und Silber versteckt hielten. Das Klingeln ließ uns an unser altes Zuhause denken. Unsere Mutter ging an die Tür und öffnete sie, ohne zu fragen, wer dort sei. Vor der Tür stand eine hübsche Frau in der grünen Tracht einer ehrenamtlichen Krankenschwester, begleitet von einem Soldaten. Es war die Frau des damaligen Stadtkommandanten Oberst *Krizsanics*. Sie wandte sich an meine Mutter und erklärte, sie bräuchte meine kleine Schwester *Ági*, sie wolle sie für ein paar Stunden mitnehmen und dann wieder zurückbringen. Sie trat zu meiner Schwester, entfernte den mit der Hand angenähten Gelben Stern von ihrem Kleid und brach mit ihr auf. Keine von uns brachte ein Wort heraus, wir standen da, wie vom Donner gerührt. Für einen Augenblick schöpften wir Hoffnung, dass sie vielleicht meine kleine Schwester retten würde, wir Erwachsenen würden irgendwo arbeiten oder sonst irgendwie überleben können. Ich war damals 17 Jahre alt, meine Mutter 41.

Die Bitte der Frau Oberst war übrigens weder unerwartet noch überraschend. Zu der Zeit war Kaposvár eine Garnisonsstadt mit einem Gendarmerie-Hauptquartier – und zugleich Horthys Lieblingsstadt. Nach Kriegsausbruch waren die Schulen der Stadt zu Lazaretten umfunktioniert worden, von der Front trafen Züge voll mit Verletzten ein, und die Offiziersgattinnen und sonstigen vornehmen Damen der Stadt zogen Krankenschwesteruniformen an, das galt damals als schick.

Wir wohnten damals in der Zárda* Straße, einige Häuser weiter befand sich eine Schule, die von den *Barmherzigen* Schwestern geleitet wurde, die meine Schwester besuchte. Die Barmherzigen Schwestern veranstalteten viele Aufführungen und Rezitierwettbewerbe, eine der begabtesten Sprecherinnen war meine Schwester Ági: Sie trug besonders gern lustige Gedichte und Geschichten vor. Sie gingen oft in Lazarette, um die Verwundeten ein wenig aufzuheitern. Dies organisierte die Frau Oberst, sie mochte Ági sehr gern und nahm sie deshalb zu diesen Anlässen mit, meine kleine Schwester hatte mit ihrem Vortrag immer großen Erfolg.

Die Frau Oberst lieferte Ági wie versprochen nach drei Stunden wieder ab – das wiederholte sich noch mehrere Male –, aber ab Mai sahen wir die Frau Oberst nicht mehr.

Bei unserer letzten Begegnung baten wir sie, sich dafür einzusetzen, dass Ági im Kloster versteckt wird. Die Antwort der damaligen Äbtissin lautete, *was Gott uns als Bürde auferlegt, das müssen wir tragen –*, und meine kleine Schwester wurde nicht aufgenommen.

Am 29. Juni wurden wir vom Ghetto in die Ställe der Artilleriekaserne verfrachtet. In dieser Zeit hielten uns Ágis Geschichten und ihr Humor aufrecht. Einmal bekamen wir aus der Gulaschkanone eine trübe Suppe mit Zwiebeln, worauf sie uns tröstete, wenn wir später wenigstens eine solche Suppe bekämen, würden wir sicher überleben – und wir sollten uns nicht so anstellen, denn auch durch dieses als Essen bezeichnete Etwas könnten wir bei Kräften bleiben! Sie war sehr stark und zuversichtlich.

Am 3. Juli wurden wir in Waggons gepfercht und erreichten am 7. Juli Auschwitz. Wir mussten sofort aus den Waggons aussteigen und uns in Reihen aufstellen – dann erfolgte das Urteil. Meine Mutter und Ági an ihrer Hand wurden zum Tode verurteilt, ich zum Leben. Bevor sie aus meinem Blickfeld verschwanden, rief ich ihnen noch nach: *Heute Abend komme ich zu euch!*

Am Abend waren sie schon zu Rauch geworden.

Beide waren am 11. August geboren – der 7. Juli wurde zu ihrem gemeinsamen Todestag. Meine Schwester wurde nicht einmal auf der Liste der Toten geführt, man hatte den Namen Ágota einfach neben den

* *Zárda:* Deutsch: Nonnenkloster (D.F.)

Namen meiner Mutter *Anna Ungár* geschrieben. Wen interessierte schon ein kleines Mädchen?! Sogar ihre persönliche Identität hatte man ihr genommen ...

(Im Sternensaal* von Yad Vashem in Jerusalem aber erklingt ihr vollständiger Name, dort wird die Erinnerung an sie für immer bewahrt.)

---

* Im verspiegelten Saal, dem „Denkmal für die Kinder" der Gedenkstätte Yad Vashem werden die Namen, das Alter und die Herkunftsländer der im Holocaust ermordeten jüdischen Kinder von einem Tonband abgespielt. In der Dunkelheit werden fünf Kerzen so reflektiert, dass ein Sternenhimmel entsteht. (D.F.)

Erzsi Szemes Brodt

„NUR EIN EINZIGER KUSS UNSER LEBEN"

Es war im April 1945 in Leimsfeld in Hessen, wo die amerikanische Kommandantur uns untergebracht hatte, nachdem sie für uns einige Privathäuser hatte räumen lassen.

Wir konnten von dem Geschmack der Freiheit gar nicht genug bekommen, von dem in großen Suppentellern servierten Eintopf aus Kartoffeln und Mohrrüben und den vielen, vielen Süßigkeiten. Und auf einmal merkten wir, dass wir wieder einen Körper hatten, unser Haar schmiegte sich schon weich an die Ohren, und wenn wir zu Fuß, Conga tanzend, zur nahen Kleinstadt unterwegs waren, hielten die neben uns vorbeisausenden Jeeps an, und die Fahrer tanzten einige Schritte mit uns.

Die Soldaten der Ersten Amerikanischen Panzerbrigade waren für eine kurze Ruhepause in unserer Gegend, bevor sie an die japanische Front geschickt wurden. Die Kommandantur erlaubte den Soldaten, sich mit uns jüdischen Mädchen zu treffen und Tanzveranstaltungen zu organisieren: Sie sollten die Schrecken der Rhein-Überquerung vergessen. (Von ihnen erfuhren wir, dass es ihnen verboten war, sich mit deutschen Frauen einzulassen.)

Aber damit begannen unsere Sorgen! Die Kleidung, die man für uns gesammelt hatte, mochte sich für alles Mögliche eignen, nur nicht dafür, uns attraktiv erscheinen zu lassen. Fieberhaft überlegten wir, was wir anziehen könnten. Schließlich fanden wir die Lösung. Es gab rot-karierte Bettwäsche und viele Laken, wir trieben Textilfarbe auf, mit der wir die Laken blau und rot färbten, aus den Kissenbezügen wurden Blusen, aus den blauen Trachtenröcken richtige Röcke; die Mutter einer unserer Kameradinnen konnte zuschneiden: Die Tage vergingen mit fleißiger Handarbeit. Wir erhielten Bezugskarten für Schuhe und kauften uns damit Sandalen. Unsere Haare drehten wir auf Lockenwickler aus Papier, und als wir mit allem fertig waren, erkannten wir uns selbst nicht mehr, wir waren wieder hübsche junge Frauen geworden, nach denen sich die jungen Männer sehr wohl umdrehten.

Die Kommandantur richtete Klubs ein, in denen die Tanzabende stattfanden. Wir waren nur wenige Frauen, aber es gab viele Kavaliere, die unentwegt damit rechnen mussten, an die japanische Front versetzt zu werden. Doch bis dahin wollten sie leben und sich amüsieren, genau wie wir: *„Die Welt ist nur ein Tag, nur ein einziger Kuss unser Leben"** – das entsprach ihrem Lebensgefühl, auch wenn sie den ungarischen Schlager natürlich nicht kannten. In Leimsfeld nahmen in jenen ersten Wochen und Monaten nach der Befreiung große Liebesgeschichten ihren Anfang: Diejenigen, die mit ihren Müttern hier waren, erhielten weise Ratschläge und hilfreiche Unterstützung, sodass aus der Bekanntschaft eine Ehe entstand; wer allein war – wie die meisten von uns –, lernte Liebe und Zärtlichkeit kennen. Viele entschieden sich, nicht nach Ungarn zurückzukehren.

Mein guter Freund und Verehrer war ein junger Ingenieur, der aus einer orthodoxen Familie in New York stammte, er schrieb seiner Mutter, dass er sich in ein ungarisches Mädchen verliebt habe und sie heiraten wolle. Ich erhielt von seiner Mutter einen sehr lieben Brief: Sie erwarte das Mädchen, das ihr Sohn heiraten wolle, mit Liebe.

Aber ich wollte zuerst nach Hause fahren, denn ich war mir sicher, dass mein Vater dort auf mich wartete. Meine Hoffnung sollte sich nicht erfüllen, ich blieb in Ungarn mutterseelenallein, ich brach zusammen.

Aber die Erinnerungen sind bis heute lebendig geblieben, ich erlebte wunderbare Monate, ich werde nie vergessen, wie wir unmittelbar nach der Befreiung in der Gesellschaft von amerikanischen Soldaten wieder anfingen zu leben.

Heute habe ich Kinder, Enkelkinder und Urenkel, und das macht mich sehr glücklich, dazu kommt, dass ich mein in der Jugend gegebenes Versprechen in die Tat umsetzen kann: jedem zu erzählen, was ich im Lager durchgemacht habe, damit sich all das, was sich nicht in Worte fassen lässt, niemals wiederholt.

---

* *„Die Welt ist nur ein Tag, nur ein einziger Kuss unser Leben"*: Zeile aus dem alten Schlager: „Csak egy nap a világ, egyetlenegy csók az életünk" (D.F.)

Erzsi Szemes Brodt

Nach der Befreiung kam ich aus dem Lager nach Hause zurück, und da ich keine Familie mehr hatte und nicht alleine leben konnte, heiratete ich einen ehemaligen Arbeitsdienstler.

Wir bekamen zwei wunderbare Kinder: einen Sohn und eine Tochter. Wir führten ein kleines Modewarengeschäft und erhielten die schöne Wohnung meiner Schwiegereltern zurück. Aber unsere Ehe war nicht glücklich, wir ließen uns scheiden, die beiden Kinder blieben bei mir.

Nebenher hatte ich die höhere Handelsschule besucht und jeden Abend studiert. Ich wurde diplomierte Buchprüferin; tagsüber erledigte ich die Buchhaltung für einige Binnenhandelsbetriebe. Ich war erfolgreich und so wurde ich Hauptbuchhalterin für die Weltausstellung 1958 in Brüssel. Dort lernte ich einen Regierungsbeauftragten des ungarischen Außenministeriums kennen, einen hervorragenden Diplomaten, der sechs Sprachen beherrschte. Mit ihm sollte ich dann 37 Jahre äußerst glücklich zusammenleben.

Nach seinem Tod hat mich das Leben für alles entschädigt: 3 Enkelkinder und 4 Urenkel wurden mir geboren – alle sind schön und begabt.

Ich gründete ein Büro für Buchprüfung, meine ganze Familie arbeitet dort, und ich selbst arbeite bis zum heutigen Tag aktiv mit. Ich bin Vorsitzende des Ungarischen und Mitglied des Internationalen Auschwitz Komitees, halte Reden und gehe als Zeitzeugin in Schulen, um den jungen Menschen über das Unbeschreibliche zu berichten. Das habe ich in Auschwitz geschworen, und dieses Versprechen werde ich bis zu meinem Tod einhalten – dafür bin ich am Leben geblieben.

Erzsi Brodt verstarb am 17. Juli 2015. Als die elektronische Fassung unseres Buches abgeschlossen war, hatte sie uns bereits verlassen. Bei unserer Buchpräsentation im Oktober 2015 konnte an ihrer Stelle nur ihre Tochter vorlesen.

(Die Herausgeberin)

TEIL III

„*Sehnsüchte und Leiden sind nicht an das Alter gebunden.*"

Anna Lengyel Nagy

ALLES ÜBER MEINE MUTTER

Grimmig polierte *Etelka Böhm* das Parkett. In dieser Woche war sie mit dem Putzen an der Reihe. – Das ist völlig unmöglich! – dachte sie wütend. – So kann man eine Wohnung nicht sauber halten! Wie sieht es hier aus? Man kann ja machen, was man will …, die machen dermaßen viel Schmutz und Dreck …

Ja, daran war etwas Wahres. In der Dreizimmerwohnung im zweiten Stock des Sternhauses* in der Hollán Straße wohnten derzeit sechsunddrei-ßig Personen, Frauen, Alte und Kinder, die Matratzen auf dem Boden dien-ten sieben mehrköpfigen Familien als Schlafplatz. Die kleinen Kinder mach-ten Radau, in der Küche stritten sich die Frauen um Töpfe und Regale, abends, wieder auf ihren Matratzen liegend, beteten sie, endlich Nachricht von ihren Männern oder Söhnen aus dem Arbeitslager zu erhalten …

– Diese Art des Zusammenlebens ist nicht gesund – brummte Etelka Böhm, wobei sie sich mit dem Handrücken eine widerspenstig gelockte Haarsträhne aus der Stirn strich und fortfuhr, den Parkettboden zu bear-beiten. Ihr Sauberkeits- und Ordnungsfanatismus hatte sich schon in der Kindheit offenbart – allerdings war die Lage in der Proli-Siedlung in der Haller Straße, wo sie damals wohnten, womöglich noch hoffnungsloser gewesen als hier. Mit ihren Eltern und vier erwachsenen Geschwistern hatte sie sich ein Zimmer mit einem schmalen Bett und zwei Chaise-longues, die den Raum vollkommen ausfüllten, teilen müssen. Unerträg-licher als die Enge dieser Wohnküchenbehausung waren für sie nur die Kakerlaken und Wanzen gewesen, die sich hinter den grauen Küchenflie-sen und in den alten Chaiselongues versteckt hielten, und der Kohlge-ruch, der den Wänden und sogar der Bettwäsche entströmte.

---

* *Sternhaus* (Ungarisch: *csillagos ház*): In Budapest wurde die jüdische Bevölkerung im Juni 1944 in so genannte „Sternhäuser" zwangsumgesiedelt, die mit einem David-stern gekennzeichnet waren. (D.F.)

Eines Tages, als Etelka Böhm fünfzehn Jahre alt war, scheuchte sie ihre Eltern aus dem Zimmer, schob mit Hilfe ihrer Geschwister die Möbel zur Seite und bearbeitete den Holzfußboden mit Bürste und Desinfektionsmitteln, die sie von ihrem zusammengesparten spärlichen Taschengeld gekauft hatte. Das hatte sie unermüdlich und verbissen viele Jahre lang getan, aber gegen die Kakerlaken blieb sie machtlos. Trotzdem nahm sie den Kampf immer wieder von Neuem auf.

Solange sie denken konnte, hatte sie von einer eigenen kleinen Wohnung mit Badezimmer geträumt, wo alles vor Sauberkeit nur so glänzte und in der es, so Gott wollte, sogar einen Vorraum gab!

Vor ungefähr fünf Jahren, als sie *András Fekete* geheiratet hatte, hatte sie dann endlich so eine Wohnung bekommen. Die kleine *Anna* wurde bereits in dieser tipptoppen, komfortablen Einzimmermietwohnung in der Nürnberg Straße geboren, und vielleicht hätte das Schrankwand-Glück bis ans Ende aller Zeiten fortbestanden, wären nicht die Deutschen und *Szálasis* Pfeilkreuzler gekommen und hätten alles zunichte gemacht. Sie und ihre Familie hatten hierher ins Sternhaus – das man auch ruhig eine Irrenanstalt nennen könnte – umziehen müssen, in dieses Chaos, während ihr Ehemann Gott weiß wo war. Schon seit Monaten hatte sie keine Nachricht von ihm erhalten.

Gewisse Dinge kamen ihr aber dennoch zu Ohren. Angeblich hatte ein entflohener Arbeitsdienstler den Bewohnern des Nachbarhauses erzählt, dass die Juden aus der Provinz, die man in Viehwagen abtransportiert hatte, nicht in Arbeitslager, sondern in Vernichtungslager gebracht worden seien, nach Polen oder Deutschland, und dass sie dort vergast und anschließend verbrannt würden. Vom Schlachter *Mór Schwarz* wiederum hatte sie gehört, dass die Juden hier in Budapest zusammengetrieben und der Reihe nach am Donauufer erschossen würden.

Etelka Böhm aber fiel auf solche Nachrichten nicht herein. Natürlich passierten im Krieg Grausamkeiten, und sie hatte auch schon einige selbst miterlebt. Aber dass hier in ihrer Heimatstadt, wo man ins Kino gehen konnte, wo sich jeder allmählich auf die Weihnachtseinkäufe vorbereitete, wo Straßenbahnen und Busse verkehrten, die Telefonzellen funktionierten, man noch Lebensmittel und vor allem Putzmittel kaufen konnte – wo eigentlich noch Frieden herrschte, dass es hier passieren könnte, dass vor

aller Augen unschuldigen Menschen und sogar Kindern am Donauufer ins

Genick geschossen würde, das hielt sie einfach für unvorstellbar ...! – Das ist doch Blödsinn, das gibt es nicht, zu so etwas sind nicht einmal die Pfeilkreuzler fähig, entgegnete Etelka Böhm, keinen Widerspruch duldend, dem Schlachter –, das ist ganz sicher stark übertrieben und hysterisch. Auch ansonsten ertrug sie vernunftwidrige Dinge schlecht, sie waren mit ihrem Wesen einfach nicht vereinbar. Der Gelbe Stern war auch so eine Sache, aber was sollte sie tun, man musste ihn tragen, sie war nicht so verrückt, ihn nicht zu tragen und dadurch ihr Leben zu riskieren! – Auch dieser Zirkus wird irgendwann ein Ende haben –, wiederholte sie unablässig ihren Eltern gegenüber, die sie natürlich mit in die Hollán Straße gebracht hatte, damit sie ja nicht mit fremden Leuten in ein anderes Sternhaus gesteckt würden. *Ignác* und *Regina Böhm,* die siebenunddreißig Jahre lang in der Haller Straße gelebt hatten, reagierten auf die Zwangsumsiedlung verstört und wirkten wie erstarrt. Offensichtlich litten sie darunter mehr als unter dem ganzen Krieg.

Jetzt brachten sie gerade die kleine Anna zu den Nachbarn, und das verschaffte ihr etwas Zeit zum Kochen. Sie holte die kleine Kochplatte hervor, den Teufel würde sie tun, sich in die Küche zu drängen und mit den anderen zu streiten. Für uns vier kann ich auch hier Essen kochen, deswegen muss man nicht ein derartiges Theater machen. – Heute koche ich Graupen – dachte sie –, es gibt noch ein paar Zwiebeln, etwas Schmalz und Paprika. Das Fleisch denken wir uns dann einfach dazu ...

Ihr wurde traurig ums Herz. Wie sehr liebte doch ihr Mann ihr Paprikás und ihr Pörkölt, überhaupt liebte er alles, was sie kochte! Wo mochte er jetzt sein? Vielleicht in der Ukraine ... oder ...? Das Zimmer füllte sich allmählich mit dem Geruch angebratener Zwiebeln ... Etelka Böhm schüttelte unwillkürlich den Kopf. – Nein, ihrem András durfte auf keinen Fall etwas Schlimmes zustoßen! Er würde zurückkommen, und bis dahin würde sie mit der kleinen Anna schön auf ihn warten ... Energisch griff sie nach der Paprikadose.

In diesem Moment hörte sie den Lärm. Dröhnende Schritte von Soldatenstiefeln im Treppenhaus. Der Lärm wurde immer stärker, sie hörte Rufe und Befehle auf Deutsch und Ungarisch. Dann wurde die Wohnungstür aufgestoßen.

Es mochten etwa zehn gewesen sein, Nazi-Grünschnäbel und Gendarmen. Sie trieben alle Hausbewohner zusammen. Ignác Böhm griff erschrocken nach seinem verschlissenen Wintermantel. Sie zog schnell die kleine Anna an und warf sich einen warmen Schal um den Hals, im nächsten Moment schon wurden sie hinuntergescheucht, aus allen Stockwerken wurden die Bewohner durch das Tor gehetzt, die Straße entlang bis zum Szent István Park.

Die aus allen Richtungen zusammengetriebenen Menschen wurden in Gruppen aufgeteilt, dann begann das Warten.

Es war kalt, eine Art Schneeregen fiel. Die Hausbewohner, die sich untereinander gut kannten, unter ihnen auch die Familie von Ignác Böhm, rückten zusammen und harrten, vor Kälte zitternd, ihres Schicksals. Von Zeit zu Zeit hörte man Schüsse aus der Ferne. So vergingen viele Stunden. Gegen Nachmittag wurde es langsam dunkel, und ein dichter, feuchter Nebel legte sich über den Park. Die kleine Anna fror, hatte Angst und begann, auf dem Arm ihrer Mutter zu weinen.

Etelka Böhm hatte ihr ganzes Leben lang keine Angst gekannt und ebenso wenig hatte sie ein Gespür für Gefahr. So wie ihr auch die Fähigkeit abging, einen Plan mit allen Risiken und darin enthaltenen Gefahren systematisch zu Ende zu denken. Und auch Heldentum lag ihr nicht.

Sie sah nur, dies aber umso deutlicher, dass das Herumstehen in der Kälte zu lange dauerte und vollkommen sinnlos war.

– Verzeihen Sie –, wandte sie sich an einen Gendarm mit Hahnenfedern am Helm, der unter den Bäumen stand und die Menge bewachte –, wir sind seit heute morgen hier, und nichts passiert. Schauen Sie, meine kleine Tochter ist gerade einmal zwei Jahre alt, sie weint und hat sich bestimmt erkältet. Außerdem haben wir den ganzen Tag nichts gegessen. Bitte führen Sie uns nach Hause, wir wohnen hier in der Nähe! – Was bildest du dir ein, du Judenhure! – brüllte der Gendarm –, soll ich dich vielleicht auch noch streicheln? – Und dann schlug er mit voller Wucht mit dem Gewehrkolben nach ihr, der es nur mit knapper Not gelang, dem Schlag auszuweichen und zu den anderen zurückzufliehen. Als sie sich in sicherer Entfernung wähnte, drehte sie sich furchtsam nach dem Gendarmen um und stellte fest, dass sie seine Gestalt in dem dichten Nebel schon aus wenigen Metern Entfernung nicht mehr ausmachen konnte.

Sie handelte spontan und vollkommen instinktiv: Mit einer einzigen entschlossenen Bewegung riss sie sich den Gelben Stern von der Kleidung, scharte ihre Eltern und noch etwa zehn Nachbarn aus dem Haus hinter sich und führte die Gruppe mucksmäuschenstill zurück in die Hollán Straße. Auf dem kurzen Weg dorthin begegneten sie niemandem. Die Zurückgebliebenen wurden eine Stunde später an der Donau erschossen.

Anna Lengyel Nagy
Vieles ist seitdem geschehen … Mein Vater kehrte vom Arbeitsdienst zurück und fand sofort Arbeit in einer kleinen Druckerei, wo er seinen Beruf als Setzer weiterhin ausüben konnte. Meine Mutter wollte nie wieder ein Prolet sein. Meine ganze Kindheit wurde von diesem Ehrgeiz bestimmt. Auf den Regalen unserer Vitrine sammelten sich Spitzendeckchen und Porzellanfiguren. Mich und meine kleine Schwester scheuchte meine Mutter zum Klavierunterricht. Später besuchte ich die Universität und wurde Englisch- und Ungarischlehrerin – ich war seit sieben Generationen die erste Akademikerin in unserer Arbeiterfamilie.
Für eine lange Zeit brachte ich Erwachsenen Englisch bei, Aussprache, Grammatik und Sprechen, und das war gut. Dann fand ich mich durch viele Zufälle beim Ungarischen Rundfunk wieder. In den Siebzigerjahren rief ich eine Sendereihe mit dem Titel „Embermesék" (Märchen von Menschen) ins Leben – damals hätte niemand damit gerechnet, dass man diese bekenntnisartigen Geschichten über menschliche Schicksale noch fast dreißig Jahre lang jeden Monat senden würde! In der Zwischenzeit bereiste ich die halbe Welt und lebte eine Zeit lang in Amerika und in Australien, in dieser Phase meines Lebens schrieb ich meinen 2005 erschienenen Roman „Fehér ember a lyukban" (Weißer Mann im Loch).
Als größten Erfolg meines Lebens betrachte ich jedoch meinen vierunddreißigjährigen Sohn. Was ich über die Geschichte meiner Familie weiß, das teile ich mit ihm. Meine Mutter, Etelka Böhm, wurde achtundneunzig Jahre alt, und wie es von ihr zu erwarten war, blieb sie bis zum letzten Augenblick aktiv und bestimmte selbst über ihr Schicksal (und das anderer).

Ágnes Rapai

BELÜGE MICH!

Ich weiß nicht, wer diese Frau ist. Blass steht sie in der Sonne. Ihr Morgenmantel mit dem Paisleymuster glänzt. Sie ist dünn. Sie hat schulterlanges, lockiges Haar.

Der Duft der Frau erfüllt die Küche. Ich glaube, es ist Frühling. März oder April.

Es gibt keinen Schatten. Der Gang ist leer. Nicht ein Laut dringt aus den Wohnungen des Hauses. Es ist beängstigend. Warum sagt sie nichts? Warum schaut sie hinaus? Warum bemerkt sie mich nicht? Wer bin ich für sie, wer ist sie für mich? Ich kann nicht sprechen. Ich kann nicht zu ihr laufen.

Wer ist diese Frau?

Und dann setzt sich der Küchentisch in Bewegung, und ich rutsche auf das Bett zu. Interessant. Der Kronleuchter schaukelt. Das sehe ich nicht. Aber ich fühle es. Die Schranktür öffnet sich. Sie quietscht. Es ist Krieg, sagt Tante Tera. Deshalb müssen wir in den Keller gehen, den einen Tag schläfst du auf dem Schlitten und Márta in dem kleinen Bett, danach schläft Márta auf dem Schlitten und du in dem kleinen Bett. Ich ärgere mich. Ich will jeden Tag in dem kleinen rosafarbenen Bett schlafen! Tante Tera ist traurig. Kommt Papa nicht herunter? Der Genosse ist sehr mutig, flüstert sie, er ist der Einzige, der oben in der Wohnung geblieben ist. Wir sind viele. Es riecht nach Kohle.

Dann stehen wir auf der Straße. Im grauen Licht. Wir drängen uns um einen riesigen Lastwagen. Man hat Enten gebracht. Der Hausmeister steht oben. Er wirft die Enten herunter. Geben Sie uns auch eine, bittet Tante Tera. Die Kinder verhungern, was wird aus den armen Kindern, wenn Sie uns keine geben, wir haben schon alles aufgegessen! Kommunisten geben wir nichts! Er zeigt auf mich. Ich schäme mich. Sicher war ich unartig.

Die Frau kommt am Abend. Dann geht sie in die Redaktion. Wer ist diese Frau? Attila kann nicht mehr kommen, weil er abgeknallt worden ist. Er wollte zu uns rüberlaufen. Der Arme war erst fünf Jahre alt, sagt die Frau, die neben mir sitzt. Man hat meinen Liebsten erschossen, aber ich wundere mich nicht. Mir ist, als hätte ich alles schon einmal erlebt. Als würde ich mich an den Mann, der vor unserem Haus erhängt wurde, und an den in den Keller stürmenden sowjetischen Soldaten erinnern. Ich weiß, dass ich vor ihm keine Angst haben muss. Ich erinnere mich an den Halbwüchsigen, der irgendeine Uniform trug, den Gang entlanglief und dabei aufgeregt etwas rief. Wer mit raus will nach Wien, der soll kommen! Es gibt noch ein paar Plätze auf dem Lastwagen! Über seiner Schulter hängt ein Gewehr. Ich ziehe mich in die Küche zurück.

Jetzt gehen wir zum ersten Mal hinaus zum Spielplatz! Auf dem Béke Platz ist niemand. Vor ein paar Tagen wurden hier IKKA-Pakete* verteilt. Ich hasse Margarine. Die Sonne scheint, in der Stadt rührt sich nichts. Meine Schwester fängt plötzlich an zu schreien. Guck mal! Guck mal! Heulend rennt sie zurück, und dann sehe ich den Panzer mit der roten Fahne auch, mitten im Sandkasten. Das ist ein sowjetischer Panzer, sage ich zu Márta, weine nicht, vor dem muss man keine Angst haben. Aber Márta rennt entsetzt nach Hause.

Ich bin leicht, als hätte ich in einem Augenblick zehn Kilo abgenommen. Ich weiß, dass das nur ein Traum ist. Im Traum gehe, vielmehr gleite ich in meinem nagelneuen Wintermantel, den ich im Dezember in Prag gekauft habe, die Hercegprímás Straße entlang. Ich musste mir zwar Geld dafür leihen, aber jedenfalls bin ich die acht Stunden mit dem Zug hin und die acht Stunden mit dem Zug zurück wegen einer Lesung nicht umsonst gefahren. Auf dem Kopf trage ich die blödeste Kappe ganz Europas, damit sehe ich aus wie eine Barbiepuppe mit ihrer rosafarbenen Fell-

---

* *IKKA-Pakete*: Über IKKA (Ibusz Külföldi Kereskedelmi Akció) konnten zur Zeit der Volksrepublik im westlichen Ausland lebende Ungarn an Verwandte oder Freunde Geschenkpakete und Geld nach Hause schicken. (D.F.)

mütze. An diesem kalten Januarmorgen schwebe ich über dem Gehsteig, die Menschen, die mir entgegenkommen, bemerken mich nicht. Obwohl ich, seit ich diesen bunten, geblümten Wintermantel gekauft habe, immer großes Aufsehen errege, was in meinem Alter eine große Sache ist, denke ich, manchmal glaube ich, dass ich nur noch beachtet werde, wenn ich mir beispielsweise einen Nachttopf auf den Kopf setze.

Nach kurzer Zeit komme ich im Traum zur Arztpraxis, ich sollte vielleicht hineingehen und mir ein Schlafmittel verschreiben lassen. Leute kommen und gehen, ich sehe meine Mutter mit der Nachbarin Lili, die trotz ihrer achtzig Jahre an mir vorbeirennt. Ich grüße sie, sie sieht mich nicht.

Ich habe nie verstanden, warum meine Mutter gekennzeichnet ist. Als Kind habe ich sie ein paar Mal gefragt, warum sie Löcher in den Ohrläppchen hat, aber sie hat die Antwort immer verweigert.

Jetzt ist offenbar geworden, dass ich nicht existiere, denke ich im Traum, das kann eine geheimnisvolle Krankheit sein, für die die Medizin noch keine Erklärung gefunden hat, dabei habe ich das Gefühl, dass sie erblich ist, meine Mutter hat die Krankheit auch oder zumindest etwas Ähnliches. Meine Gedanken geraten völlig durcheinander, und mir fällt wieder ein, dass meine Mutter gekennzeichnet ist. Sie hat nie Ohrringe getragen, aber in beiden Ohrläppchen ist eine Vertiefung. Es gibt keinen Verwandten, auch keinen Schulkameraden, niemanden, der bezeugen könnte, dass sie in der Kindheit Ohrringe getragen hätte.

Wenn man sie fragt, wann sie geboren wurde, denkt sie nach. Hm …

Mehrmals hat sie das Märchen erzählt, dass ihre Eltern sich nicht über ihr genaues Geburtsdatum einigen konnten, nach ihrem Vater war sie am 11. Mai geboren, gemäß ihrer Mutter am 12. Mai. In ihrem Personalausweis steht, glaube ich, der 11. Mai, aber auch da bin ich mir nicht sicher, weil sie ihren Ausweis immer vor mir versteckt hält. Nur einmal habe ich ihn in die Hände bekommen, da war ich wohl acht Jahre alt. Ich nahm ihn aus ihrer Tasche und las darin. Aber meine Mutter riss ihn mir aus der Hand, als ich sagte: – *Deine Mutter hatte aber einen verrückten Namen!* Sie rannte aufgewühlt ins Badezimmer und schloss sich für bald zwei Stunden ein.

Nichts und niemand kann beweisen, dass meine Mutter existiert hat, denke ich in meinem Traum. Es gibt kein Foto aus der Kindheit, keinen angeschlagenen Becher, keinen Kamm, keinen Gegenstand und keinen einzigen Augenzeugen.

Ich weiß nicht, wer ich bin. Aber schon in meiner Kindheit fand ich heraus, dass die Lüge das feinste Dessert ist und dass es nichts Abstoßenderes gibt als die Wahrheit.

Wenn nur meine Mutter die Wahrheit für sich behalten hätte! Neulich habe ich ihr angedroht, alles aufzunehmen, was sie sagt, sie solle nur schön ihr Leben erzählen. Ich habe genug von den Bröckchen Wahrheit, die sie so vor mich hinstreut, als wenn sie mir den richtigen Weg gar nicht zeigen wollte. Du wirst mich wieder in die Irre leiten, dachte ich und fühlte mich so verlassen wie noch nie in meinem Leben. Sie kaute ihren Apfel und, die unvermeidliche Kaffeetasse in der linken Hand balancierend, trat sie an ihr Bett, wo die Literaturzeitschrift „Élet és Irodalom"* schon für sie bereitlag. In Ordnung, aber über Auschwitz werde ich nicht sprechen, mein Kind, über das Eine werde ich nichts sagen. Aber ich flehe sie an, was soll das heißen, *über das Eine!* Dieses verdammte Judentum hat mein ganzes Leben zerstört, in alle möglichen blöden Situationen bin ich deswegen geraten, beziehungsweise deinetwegen, Mutter, denn du warst nur bis zu meinem fünfzehnten Lebensjahr imstande, mich zu belügen, aber dann ist etwas in dir zerrissen, und du „*musstest*" mir die Wahrheit sagen. Na, vielen Dank, niemand ist auf deine Erklärungen neugierig. Dass es nicht so, sondern so gewesen sei, dass ich vergessen solle, was du mir vorher über deine Familie zusammengelogen hast. Dass deine Verwandten nicht bei einem Bombenangriff gestorben seien, sondern in Auschwitz.

Du kommst normalerweise nicht zu mir herein, du liest im anderen Zimmer oder schreibst einen Artikel. Aber jetzt näherst du dich meinem Bett. Was ist passiert? Ich blicke von meinem Buch zu dir auf. Dein sonnenbeschienenes Gesicht ist gelblich-fahl, aus den vertrauten grünen Augen hat vorher eine nachsichtige Freundlichkeit hervorgeblinzelt, aber jetzt ist dein Blick vor Angst verhärtet. Diesen Trotz, diese Kraft kenne ich nicht. Schnell suche ich etwas Beruhigendes. Deine Hand! Du bist noch

---

* Deutsch: „Leben und Literatur" (D.F.)

nicht ganz bei mir, aber ich spüre schon den Duft deiner Hand. Sie hat einen feinen Pudergeruch. Ich bin entsetzt. Denn hier neben mir hat eine Fremde gelebt, von der ich so gut wie nichts wusste, trotzdem habe ich sie so akzeptiert, wie sie war. Mit der Zeit habe ich mich an das gewöhnt, was die Umstände suggerierten: *Du bist meine Mutter.*

Aber die Frau, die an meinem Bett steht, hat überhaupt keine Ähnlichkeit mit ihr. Meine Mutter war jung und unschuldig. Sie lag ruhig im anderen Zimmer und las eine Zeitschrift oder ein Buch und schlürfte ihren heißen Kaffee. Den größten Teil des Tages verbrachte sie in diesem sicheren Unterschlupf. Manchmal ging sie in die Küche, riss ein Stück Brotrinde ab und biss mit großem Genuss hinein. Auf ihrer grauen Liege waren Taschentücher, Strumpfhosen, Zeitungen, auf einem kleinen Teller ein Apfelgehäuse, außerdem Zeitschriften und Bücher. Sie war immer nachsichtig. Hat mich nie angeschrien. Nur manchmal tat sie so, als würde mein Benehmen sie verletzen. Aber ich war mir darüber im Klaren, dass sie dabei nur von pädagogischen Überlegungen geleitet wurde. Mein schlechtes Benehmen konnte sie überhaupt nicht aus diesem geheimnisvollen Gleichmut bringen, den ich mit der Zeit lieb gewonnen hatte. Es war sie.

– *Ich habe das Gefühl, dass ich sterbe* – sagte sie –, *aber ich will nicht sterben, ohne dass du die Wahrheit erfahren hast. Meine Verwandten sind nicht bei einem Bombenangriff gestorben, sondern in Auschwitz. Ich bin Jüdin.*

– *Na und?* – fragte ich mit der Betonung einer guten Christin und vielleicht habe ich noch den erniedrigenden Satz hinzugefügt, dass das nicht schlimm sei. Ich habe irgendwie so etwas gedacht wie: meine arme Mutter, wie schlimm muss es für sie gewesen sein in diesem Lager. Innerhalb eines Augenblicks war ich dir in jener gewissen gesellschaftlichen Rangordnung überlegen, was mich verlegen machte und von dir entfremdete.

Jeden Nachmittag ging ich mit dir bis nach Tettye* spazieren. Wir unterhielten uns nur über Literatur, deinem liebsten, vielleicht einzigen

* *Tettye*: beliebtes Ausflugsziel, das heute zur Stadt Pécs gehört (D.F.)

Refugium. Wir sagten einander Gedichte von Árpád Tóth, Ady, Kosztolányi und Attila József auf, uns beruhigte die schön geformte Welt der Phantasie, die Poesie, die ja selbst die in Form gegossene Lüge ist.

– *Ich möchte etwas mit dir besprechen* – hast du plötzlich mit einer so unerwarteten Ernsthaftigkeit gesagt, dass ich vor deiner Stimme erschrak. Ich dachte, diese Auschwitz-Story, die du das letzte Mal vorgetragen hast, sei womöglich gar nicht wahr, sondern die Sache sei die, dass du mich adoptiert hast und gar nicht meine Mutter warst.

– *Ich habe meine Sachen schon gepackt, heute Nachmittag gehe ich.*

– *Wohin gehst du?* – fragte ich, und eine unerklärliche Ruhe breitete sich in mir aus.

– *Ich bin verliebt. Was meinst du? Soll ich gehen?*

– *Ja. Wenn du verliebt bist, dann ja.*

Dieser Satz entfuhr mir, als wäre ich nicht deine Tochter, sondern deine Mutter, der nichts wichtiger ist, als dass du glücklich bist.

– *Und was wird mit deinem Vater? Und mit deiner Schwester? Wenn ich weggehe, stürzt alles zusammen, wofür ich gelebt habe!*

Bald erreichten wir Tettye, und ich bemerkte erst jetzt, dass auf beiden Seiten der Straße der Flieder blühte. Interessant, um diese Zeit am Nachmittag spazierte niemand nach Tettye. Nur der Bus der Linie 33 ratterte manchmal an uns vorbei. Ich dachte gerade darüber nach, ob meine Mutter mir vielleicht deshalb erzählt hatte, dass sie Jüdin sei, weil die Verliebtheit ihr den Verstand benebelt hatte? Aber das konnte ich jetzt nicht beantworten, ich musste weiter zuhören.

– *Regt es dich überhaupt nicht auf, dass ich weggehen will!* – fuhr sie auf – *Dass ich euch verlassen will! Dich interessiert dein Vater nicht. Was wird mit ihm, wenn ich weggehe? Weißt du, dass er eine Pistole hat, er wird sich erschießen!*

Erst dann fiel bei mir der Groschen, dass ich dabei war, mich in eine neue, bislang unbekannte Rolle einzuleben, die ich bis ans Ende meines Lebens spielen musste, sonst würde ich meine Mutter enttäuschen. Ich sah ihr gerötetes Gesicht und gab ihr die Antworten, die sie hören wollte.

– *Dann geh nicht.*

Meine Mutter lächelte, schaute mich an wie ein Regisseur seine Lieblingsschauspielerin und sagte dann, als wäre nichts vorgefallen:

– Gut, ich bleibe bei euch. Und jetzt sag mir das Gedicht „Párizsba tegnap beszökött az ősz"* auf.

„Ich möchte nur einen schönen Satz hören."

Diesen seltsamen Eintrag hatte ich kürzlich in ihrem Notizbuch zwischen zwei Namen und den dazugehörenden Telefonnummern gefunden: *„Ich möchte nur einen schönen Satz hören."* Ich bin dir sehr ähnlich, hätte ich meiner Mutter am liebsten gesagt, aber ich schwieg, denn ich hatte das Gefühl, auf ein Geheimnis gestoßen zu sein, über das ich nicht sprechen durfte. Auch ich will ja die wahren Sätze nicht hören, sondern nur die, die schön klingen, auch ich sehne mich nach nichts anderem als nach frommen Lügen.

---

* Deutsch: „Der Herbst schlich gestern Mittag durch Paris." Gedicht von Endre Ady, übersetzt von Franz Fühmann (D.F.)

Ágnes Rapai

MEINE MUTTER ERZÄHLT.

Es gibt einen Traum, den ich immer wieder träume. Der Kapo, eine Frau aus der Slowakei, die schon seit vier Jahren in Auschwitz ist, tritt heraus. Ich weiß nicht, wie alt sie ist, hier sehen schon die Zwanzigjährigen aus wie fünfzig. Mit einem grausigen, spöttischen Grinsen zeigt sie nach oben in den Himmel, dorthin, wo der graue Rauch aufsteigt. Ein Übelkeit erregender Gestank verbreitet sich. Sie sagt, schaut mal, dort steigen eure Mütter auf!

*

Zu dieser Frau fällt mir noch ein, dass sie in ihrem Zimmer, in ihrem Schrank neben dem Eingang einen etwa zehnjährigen Jungen versteckt hielt. Angeblich hatte sie ihn lieb gewonnen, weil in seinem schwarzen Haar ein großer weißer Fleck war.

*

Nachdem wir ins Ghetto gezogen waren, begann mein Großvater schon in den ersten Tagen, mir ein paar flache Halbschuhe anzufertigen. Er suchte dafür das beste Material aus, und schon zwei Tage später waren die Schuhe fertig. Ich trug sie bereits auf dem Weg in die Ziegelei. Von dort wurden wir in die Waggons gebracht. Als wir in Auschwitz ankamen, mussten wir alles ausziehen, nur die Schuhe nicht. Seine Schuhe durfte jeder anbehalten. Ich trug sie bis zum Schluss, bis zu dem Tag, als ich nach Hause zurückkam. Meine Freundin Vera schleppte mich jeden Abend, egal wie spät oder wie kalt es war, in die Baracke mit den vielen in langen Reihen angeordneten Wasserhähnen. Wir wuschen uns mit eiskaltem Wasser, ein Handtuch besaßen wir nicht. Nach dem Waschen zogen wir die Lumpen an, die wir als Kleidung bekommen hatten. Mit nassen Füßen schlüpfte ich in meine Schuhe. Trotzdem behielten sie ihre Form. Ich war die Einzige, die in ihren eigenen Schuhen wieder nach Hause kam! So ein guter Schuster war mein Großvater!

*

Wir arbeiteten in einer riesigen Textilfabrik. In der Halle neben uns arbeiteten polnische Kriegsgefangene. Einer von ihnen, der wohl Mitleid mit mir hatte, brachte mir eines Tages einen Teller Suppe. Ich konnte die Suppe aber nicht sofort essen, weil eine Frau von der SS kam, deshalb stellte ich den Teller vorsichtig in mein Fach. Zu meinem Pech schaute die deutsche Frau hinein und fing völlig außer sich zu schreien an: Wem gehört das? Ich trat hervor und sagte, dass das meine Suppe sei. Zeig mir, von wem du sie bekommen hast! – brüllte sie. Da tat ich so, als verstünde ich ihren Befehl nicht. Sie hätte mich ohne weiteres erschießen können. Aber sie schoss nicht, sondern schlug mir mit dem Gummiknüppel auf den Kopf. Ich sah ihr dabei direkt in die Augen, was sie überraschte, deshalb schlug sie mir auch noch auf die Arme. Dann ging sie zu den Polen hinüber. Ich hörte, dass sie dort einen Riesenrabatz machte. Am nächsten Tag gaben mir die Polen drei Kartoffeln, für die sie sich wahrscheinlich zusammengetan hatten. Von da an bekam ich die ganze Zeit über, die ich dort arbeitete, jeden Tag drei kleine gekochte Kartoffeln. Vielleicht hat das mit dazu beigetragen, dass ich überlebt habe.

*

Nachts hörte man oft verzweifelte Schreie: Jemand hat mir mein Brot gestohlen! Jemand hat mir mein Brot gestohlen! Eine der Frauen, die so eine Art Führungsperson war, erklärte, dass es verboten sei, Brot zu stehlen. Wer dabei ertappt würde, der würde in den Drahtzaun gestoßen. Das geschah auch, allerdings weiß ich nicht, wie oft, denn sehr viele nahmen sich selbst das Leben, indem sie sich in den elektrischen Zaun stürzten.

*

Einer der Gefangenen hatten die Ärzte Elefantenfüße gemacht. Sie zwangen sie, den langen Weg zur Fabrik barfuß zu rennen. Aber die arme Frau konnte nicht laufen, sie bemühte sich, ihre riesig angeschwollenen Füße so schnell zu heben, wie es ihr möglich war.

*

166   Jetzt bin ich müde. Heute kann ich nicht weiter darüber sprechen.

Ágnes Rapai
Seit dreißig Jahren schreibe ich Gedichte, manchmal auch Prosatexte. In Ungarn wurden fünf Gedichtbände von mir veröffentlicht, in der Schweiz zwei.
Meinen Mann lernte ich kennen, als ich fünfzehn war, seitdem sind wir zusammen. Mein Sohn arbeitet in der Werbebranche, auf seine Erfolge bin ich sehr stolz.
Sämtliche Verwandte meiner Mutter wurden in Auschwitz ermordet, nicht ein einziges Foto von ihnen ist erhalten geblieben.

167

Katalin Talyigás

DREI GENERATIONEN

In diesem Buch erzählen wir Geschichten von Müttern, die während des Zweiten Weltkrieges junge Mädchen oder Frauen waren, wir Erzählerinnen hingegen erst kleine Kinder, wenn wir nicht sogar lediglich in den Wünschen unserer Eltern existierten. Meine Geschichte handelt nicht nur von meiner Mutter und mir, sondern auch von meiner Tochter – denn natürlich hat alles, was mit meiner Mutter und mir passiert ist, letztendlich auch das Leben meiner Kinder bestimmt.

Meine Mutter, *Olga Weisz*, wurde 1910 als fünftes von sieben Kindern in eine große Familie in Debrecen geboren. Die Geschwister waren *Ilus* (ihre Familie und sie selbst wurden in Auschwitz ermordet), *Gizi,* die den Krieg überlebte, weil sie während der großen Wirtschaftskrise mit ihrem Mann nach Amerika ausgewandert war, wo sie lebte, bis sie beinahe 100 Jahre alt war. *Sándor,* der beim Arbeitsdienst ermordet wurde; *Bözsi* und ihre Familie wurden ebenfalls deportiert und ermordet; *Manci* überlebte den Holocaust in Budapest, während ihr Mann beim Arbeitsdienst ermordet wurde; *Miklós,* der Jüngste der Familie, der noch heute in Kanada lebt, war bis zur Befreiung in Auschwitz. Meine Großmutter verhungerte im Budapester Ghetto, mein Großvater, der Bäcker war, starb schon 1939.

Ende der Zwanzigerjahre war meine Mutter ein wunderschönes Mädchen, das viele Verehrer hatte. Einer davon war mein Vater. Wegen des Numerus Clausus[*] ging er ins Ausland, um studieren zu können. Meine Mutter, ein hübsches und kluges Mädchen, heiratete 1928 einen Juden aus Kiskunhalas, ganz so, wie es die Religion verlangte. Sie feierten eine schöne Hochzeit in der Synagoge in der Rumbach Sebestyén Straße in Budapest.

---

[*] Der *Numerus Clausus* (eingeführt 1920) diente dazu, die Anzahl der jüdischen Studenten an den ungarischen Universitäten zu beschränken. (D.F.)

Aber die Ehe scheiterte. Der jungen Frau wurde klar, dass ihr Mann sie zwar sehr liebte, aber kein Eheleben mit ihr führte, das heißt, die Ehe nicht vollzog. Meine Mutter erzählte, dass sie nicht darüber aufgeklärt worden war, was genau eine Ehe bedeutet, bis ein Arzt ihr erklärte, dass ihre Ehe ungültig sei, so wurde meine Mutter wieder in ihre Familie in Debrecen aufgenommen.

Sie erinnert sich daran, dass sie in jenen Jahren glücklich war: Sie konnte lernen, sie arbeitete, besuchte Lese- und Theaterkreise und traf sich mit meinem Vater und seinen Freunden. Sie konnte *Petőfi, Arany, Ady, József Kiss* und *Ernő Szép* von allen am schönsten rezitieren, sie lernte mehr als 100 Gedichte auswendig und trug sie gemeinsam mit ihrer Schwester Gizi vor. Meine Mutter wurde Büroangestellte und unterstützte die Familie. 1934 arbeitete sie schon in Budapest bei der American Oil Company. Da sie über eine schnelle Auffassungsgabe verfügte, ging es mit ihrer Karriere voran, und da sie intelligent und gut informiert war, war ihr klar, was auf sie alle zukommen würde.

Mein Vater, *Ferenc Neuländer*, studierte damals in Brünn, aber er korrespondierte mit meiner Mutter und verehrte sie mit unveränderter Leidenschaft. Die Eltern meines Vaters hielten nichts von dieser Verbindung: In ihre reiche, tief religiöse Familie passte eine geschiedene, wunderschöne, rothaarige Frau mit modernen Auffassungen nicht hinein. Ähnlich wie viele seiner Kameraden wurde mein Vater in seinen Brünner Jahren zum linken Antifaschisten. Er schloss sich der Untergrundbewegung an. Nachdem es sich deutlich abzeichnete, dass im Spanischen Bürgerkrieg die Seite Francos siegen würde, in Ungarn die Freiheiten und Rechte der Juden durch die Judengesetze immer stärker beschnitten wurden und schließlich der Zweite Weltkrieg ausbrach, floh er 1939 mit seinen Freunden nach Bolivien. (Ich habe meinen Vater gefragt, warum ausgerechnet nach Bolivien. Seine Antwort lautete – sie hätten Ungarn möglichst schnell verlassen müssen, da sie verfolgt wurden, für Bolivien habe am schnellsten und günstigsten ein Visum ausgestellt werden können.)

Die fünf jungen Ingenieure trafen jeder mit nur einem Koffer in La Paz ein, aber innerhalb von zwei Jahren gründeten sie eine erfolgreiche Firma (sie existiert noch heute unter dem Namen *Bartos-Varga* und ist eines der weltweit größten Bauunternehmen), sobald sie konnten, holten sie ihre Ehefrauen oder Freundinnen aus Europa nach. Mein Vater schickte meiner Mutter das Billett für die Schiffsreise, worüber seine Eltern sehr erzürnt waren: Warum rettete er nicht stattdessen seine Geschwister mit ihren kleinen Kindern?! Mein Vater ließ sich nicht beirren: Seine Liebste hatte in allem den Vorrang, mit erspartem Geld, unter falschem Namen und mit gefälschten Papieren gelang es meiner Mutter auszureisen, und zwar über Deutschland. Meine Mutter war nicht nur klug und schön, sondern auch mutig: Sie nahm das Risiko auf sich, in einem fremden Land ein neues Leben zu beginnen, auch wenn die Ausreise gefährlich war. Sie war dreißig Jahre alt und zu allem entschlossen. Außerdem liebte sie meinen Vater von ganzem Herzen.

Die zwei Monate dauernde Reise hinterließ bei ihr einen tiefen Eindruck. Bei den zahlreichen Kontrollen durch die Deutschen zitterte sie jedesmal innerlich vor Angst, enttarnt zu werden, aber es gelang ihr, sich zu beherrschen und unter dem Namen *Magdolna Mocsári* weiterzureisen. Nachdem sie in Barcelona an Bord gegangen war, hatte sie die ganze Reise über mit Übelkeit zu kämpfen, doch sie betrachtete den Namen des Schiffs als ein gutes Omen: *Buena Esperanza – Gute Hoffnung, und tatsächlich verlieh dieser Name auch ihr Hoffnung.* Als sie nach der aufregenden Reise in La Paz eintraf, konnte sie zu Beginn kaum atmen, La Paz liegt 4000 m hoch, sie brauchte Wochen, um sich zu akklimatisieren. Ihr erster Gang führte meine Eltern im Dezember 1941 zum Standesamt, wo sie einander nach bolivianischem Recht die Treue schworen.

Der Reihe nach stellte sich in den Familien der Freunde *Szenes, Bartos, Varga* und *Sebestyén* Nachwuchs ein, und bald war es auch bei dem Ehepaar Neuländer so weit. Ich wurde am 12. Oktober 1942 geboren. Während meine Mutter mit mir schwanger war, half sie den anderen Frauen bei der Umstellung von der europäischen auf die neue Lebensweise, die ihnen genauso schwer fiel wie ihr selbst. Alles Neue musste erlernt werden, an alles Mögliche mussten sie sich gewöhnen: an die Sprache, die Stadt, das Essen und das Wasser. Die Frau von *Ödön Szenes* starb an einer Infektion, meine Mutter hütete danach den wenige Monate alten *Márti*, bis sie ins Krankenhaus musste. Ich wurde zu früh geboren, und meine Mutter wäre bei der Entbindung beinahe gestorben. Sie schrie auf Ungarisch, was niemand verstand, und da mein Vater aus politischen Gründen verhaftet worden war, konnte er ihr auch nicht helfen. Er wurde auf der Insel De la Luna (Mondinsel) im Titicacasee gefangen gehalten, und meine Mutter, die über keinerlei Sprach- und Ortskenntnisse verfügte, tat alles, was in ihrer Macht stand, um für mein Überleben zu sorgen. Und wieder einmal erwies sie sich als mutig: Sie schuf ein Zuhause für uns, wurde beim Gefängnisdirektor vorstellig und erkämpfte die Freilassung ihres Mannes. Doch unmittelbar nach seiner Freilassung wurde er des Landes verwiesen. Auch hier wusste meine Mutter einen Rat: Ihre Schwester Gizi, die schon seit einiger Zeit in New York lebte, bürgte für die Familie Neuländer und lud sie zu sich ein. So stand ihnen 1944 erneut eine lange Reise bevor. Im Frühjahr 1944 kam unsere Familie in New York an. Mein Vater fand sofort Arbeit als Ingenieur, meine Mutter arbeitete in der Redaktion des Blattes „Amerikai Magyar Szó"* und half bei der Spendensammlung für Juden aus Europa mit. Und wieder schuf sie ein Zuhause, in das mein Vater gerne kam. In New York erfuhren meine Eltern, was mit ihren Familien geschehen war: Alle Angehörigen meines Vaters waren deportiert worden, meinen Großvater hatte man schon in Debrecen auf dem Bahnhof erschossen, meine Großmutter und ihre Töchter waren verschleppt worden, nur die größere Tochter *Margitka* überlebte die Hölle von Buchenwald. Die Männer und Kinder der Töchter waren ermordet worden, mit Ausnahme von *Zolika*, Margitkas Sohn, den die aus dem Lager heimgekehrte junge Mutter erst 1949 in einem Kinderheim wiederfand.

Ich glaube, in New York gab es keinen Tag, an dem meine Eltern zu innerer Ruhe gefunden hätten: Sowohl mein Vater als auch sein neuer Freundeskreis litten gleichermaßen unter Schuldgefühlen, weil sie am Leben geblieben waren. Ihr einziges Ziel war es, nach Ungarn zurückzukehren und dazu beizutragen, die Welt zu verbessern. Wenn all das in Europa, der Wiege der Kultur, möglich gewesen war, dann gab es keinen Gott, und man musste eine neue Welt schaffen, in der es nie mehr möglich sein sollte, dass Menschen wegen ihrer Religion, Abstammung oder politischen Überzeugung ermordet würden. Wann immer sie konnten, legten sie Geld beiseite, um so schnell wie möglich zurückkehren zu können und diese neue Welt zu schaffen. Zwischen meiner Mutter und ihrer Schwester kam es sogar zu einem Streit, Gizi fragte sie, wie sie es fertig

---

* „Amerikai Magyar Szó": eine in New York wöchentlich auf Ungarisch erscheinende Zeitung, die 1906 gegründet wurde und noch heute existiert (D.F.)

bringen könne, mit einem kleinen Kind – mir – in ein völlig zerstörtes Land zurückzukehren, in dem ihre Familie ermordet worden war und in dem noch vor ein paar Monaten der Antisemitismus gewütet hatte, in dem Demokratie ein Fremdwort war und wo sie kein Zuhause mehr hatte. *„In Ungarn ist nichts von dem, was euch gehört hat, übrig geblieben, hier hat Feri eine gute Stellung, ihr habt ein schönes Zuhause, hier lieben wir euch, und ihr lebt in einem freien Land!"* – meinte Gizi, die mich vergötterte. Die beiden Schwestern taten alles für mich, und ich entwickelte mich prächtig, sprach auch schon gut Englisch und besuchte den Kindergarten, auf den Fotos aus jener Zeit schaut mich ein zufriedenes Kind an.

Aber mein Vater ließ sich durch nichts zurückhalten – dabei gab es negative Vorzeichen. 1946 nahm Mátyás Rákosi an der UNO-Vollversammlung in New York teil, er traf sich mit meinem Vater und dessen Kreis und teilte ihnen zynisch mit: In Ungarn bestehe kein Bedarf an Juden (*„Es sind schon genug von uns da"*), es sei zwar unvorstellbar, dass die Judenfrage wieder auf die Tagesordnung käme, aber sie sollten in Ungarn auf keinerlei Hilfe zählen. Die naive Antwort meines Vaters und seiner Freunde war: *„Wir wollen doch dazu beitragen, dass das, was passiert ist, nie wieder passieren kann! Wir wollen eine neue demokratische Welt schaffen."* Trotz der warnenden Hinweise taten sich fünf bis sechs Familien zusammen, um nach Ungarn zurückzukehren.

Ich habe lange nicht verstanden, was sie dazu bewogen hat. Wie konnten sie mich und meine kleinen Kameraden nach Ungarn ins Nichts bringen? Heute, nach so vielen Jahren, denke ich, dass neben der politischen Naivität meiner Eltern auch ihre schweren Schuldgefühle dafür ausschlaggebend waren. Sie waren am Leben geblieben und versuchten, ihr Gewissen zu beruhigen. Sie wussten, dass Manci und Margitka überlebt hatten, und wollten ihnen unmittelbar und so schnell wie möglich helfen. Ich glaube, die beiden spielten für die Rückkehr meiner Eltern eine große Rolle. So musste meine Mutter wieder einmal ihr gerade erst geschaffenes Zuhause aufgeben und die Koffer packen. Diesmal reisten sie mit sehr viel Gepäck: Sie brachten große Mengen Penicillin mit, und alles, aber wirklich alles, von dem sie annahmen, dass es in Ungarn gebraucht würde und dass sie es dort weitergeben könnten. Bevor sie abreisten, arbeitete meine Mutter beim Roten Kreuz: Sie sammelte Spenden, packte Pakete, ging zur Post und schickte große Pakete nach Ungarn.

Nach 1946 führten meine Eltern ein Leben, wie es für assimilierte, linksorientierte, aus dem Westen zurückgekehrte jüdische Intellektuelle typisch war. Wir nahmen einen anderen Namen an: *Talyigás*, Vaters Name aus der Illegalität, wurde zu unserem Familiennamen, der Name meiner Mutter lautete jetzt Olga *Fehér**. Mein Vater fand eine Anstellung als Ingenieur, später begann auch meine Mutter zu arbeiten: Sie schloss sich dem Demokratischen Frauenbund an. Unmittelbar nach ihrer Rückkehr fand sie ihre Schwester, die nach der Zeit im Ghetto zwischen Leben und Tod schwebte, und sorgte dafür, dass sie gesund wurde. Genauso halfen meine Eltern der Tante meines Vaters und ihrer Familie, aber ihre Unterstützung schien nie auszureichen, um die Spannungen, die zwischen ihnen bestanden, zu beheben. Erst als ich erwachsen war, verstand ich, was Margitka meinem Vater nie verzeihen konnte: Ihr ganzes Leben lang nahm sie ihm übel, dass er seinerzeit nicht sie und ihre Familie, sondern meine Mutter gerettet hatte.

Meine Eltern bemühten sich darum, sich in die immer rauer werdende Welt einzuleben. Trotz aller Schwierigkeiten meisterte meine Mutter die Situation, sie hatte für jeden stets ein Lächeln. In Amerika hatte sie gelernt, sich zu schminken und ihre Nägel zu lackieren. Diese Gewohnheit gab sie auch in Ungarn nicht auf, nicht einmal in den finstersten Fünfzigerjahren, in denen man sie dafür zur Rechenschaft zog. Sie freute sich über ihr zweites Kind, meinen Bruder Andris, der 1948 geboren wurde. Sie war zuversichtlich, dass sich alles schließlich doch zum Guten wenden würde. Darüber, dass sie als nicht vertrauenswürdig galten, weil sie aus dem Westen aus der Emigration zurückgekehrt und außerdem noch Juden waren, sprachen meine Eltern in unserer Gegenwart nie. Letzteres – unser Judentum – war ein derart tabuisiertes Thema, dass es niemals angerührt wurde. Wenn meine Mutter doch einmal darüber sprach, benutzte sie eine Art Code: „XY" ist auch „J" – sagte sie, und wir verstanden nicht, worum es ging. Zur gleichen Zeit erzählten mir Erwachsene aus meinem Bekanntenkreis weinend die Geschichten ihrer Deportation. Bei uns zu Hause wurde das Thema nie angesprochen, aber für eine lange Zeit verfolgten mich diese Geschichten in meinen nächtlichen Albträumen. Unter der

---

* *Fehér:* Ungarisch für Weisz, der ursprüngliche Name der Mutter (D.F.)

Oberfläche meiner glücklichen Kindheit spürte ich die ständige Nervosität meines Vaters, nur hin und wieder konnte ich seine Unzufriedenheit und sein Unverständnis im Zusammenhang mit dem, was um ihn herum passierte, erkennen. Seine Freunde verschwanden einer nach dem anderen, kamen ins Gefängnis, verloren ihre Arbeitsstellen. Ich wunderte mich vor allem darüber, dass wir keine Großeltern hatten, dass es bei uns keine großen Familienfeste gab, dass wir immer nur zu viert waren. Selten kamen Manci und ihr zweiter Mann und noch seltener Margitka mit ihrer neuen Familie zu uns, nur ihr Sohn Zolika kam jeden Sonntag zum Spaziergang und zum anschließenden Mittagessen. Doch auch er sprach nicht über die Vergangenheit, sondern nur über aktuelle Tagesangelegenheiten und natürlich über Literatur, denn seine schriftstellerische Begabung zeigte sich schon damals.

Erst 1956, im Alter von 14 Jahren, erfuhr ich, was es bedeutete, Jüdin zu sein, während wir zu Hause nie darüber sprachen. Einer meiner Klassenkameraden griff mich an: *„Du jüdische Kommunistin, euretwegen musste mein Vater sterben, für uns bedeutete '45 nicht die Befreiung, sondern den Beginn der russischen Besatzung."* Völlig fassungslos stand ich da und antwortete ihm unter Tränen: *Ich bin keine Jüdin, ich bin Atheistin, und die Sowjets haben unser Land sehr wohl befreit.* '56 wurde mir klar, dass die Welt nicht so einfach war, wie ich sie mir vorstellte. Pasarét war der Wohnbezirk der alten und der neuen Elite. Wir gingen mit Kindern zur Schule, die in ganz unterschiedlichen Familien groß wurden, und freundeten uns auch mit ihnen an, bis die Eltern diese Freundschaften verboten …

Nach 1957 wurden die Väter mehrerer Klassenkameraden inhaftiert. Meine Mutter verhielt sich auch in dieser Situation mutig: Keinen Augenblick glaubte sie daran, dass die Väter irgendein Verbrechen begangen hätten, und half, wo sie nur konnte. Ich begriff, dass ich mir die Welt differenzierter vorstellen musste, als ich es bislang getan hatte. Unsere Wohnung war ein Zuhause, in dem, im Gegensatz zu den turbulenten Zeiten draußen, Harmonie, Anstand und Respekt herrschten. Bei uns gingen Kinder aus den unterschiedlichsten Gesellschaftsschichten ein und aus, und meine Mutter sagte Gedichte auf. Es war unglaublich, wie viele Gedichte sie auswendig kannte. Sie sang mit uns und nahm sogar an Sportspielen teil. Gesellschaftliches Leben gehörte zu unserem Alltag, und die spätabendlichen Gespräche entwickelten sich oft zu lauten Debatten.

Als sie älter wurden, wurde meinen Eltern klar, dass ihr Traum – von einem freien, unabhängigen und demokratischen Ungarn, in dem Gleichheit nicht nur propagiert, sondern auch verwirklicht wurde – eine Illusion bleiben sollte. Mein Vater gehörte der Elite an, ohne deren typischen Merkmale aufzuweisen: Er trank nicht und verbrachte seine Nächte nicht außer Haus. Er kam immer zu meiner Mutter, nur sie und wir waren für ihn wichtig. Mein Vater sah offensichtlich, dass der Sozialismus gescheitert war, während meine Mutter bis zum Schluss daran glaubte: Sie blieb dem, was sie in ihrem Debrecener Lese-und Theaterkreis gelernt hatte, bis an ihr Lebensende treu.

Bis ich erwachsen wurde und begriff, dass ich quasi einem Klub angehörte, in dem ich nicht gerne Mitglied war, bis ich verstand, dass die Hoffnungen, die meine Eltern und ihre Freunde mit ihrer Heimkehr nach Ungarn verknüpft hatten, vergeblich gewesen waren – vergingen viele Jahre … Während meines Studiums und auch danach versuchte ich immer, den Erwartungen meiner Eltern gerecht zu werden, was bei mir jedoch zu Minderwertigkeitsgefühlen führte. Nie würde ich so schön und attraktiv sein wie meine Mutter, nie in meinem Leben würde ich es schaffen, so zu sein, wie meine Eltern es gerne hätten: alles immer hervorragend zu beherrschen, in allem außerordentlich und die Beste zu sein und dabei so bescheiden zu bleiben wie meine Mutter. Mein Vater war unglaublich streng mit uns. Ich hatte immer Angst vor seinen lauten Worten, seinen wütenden Reaktionen. Auf keinen Fall durfte er erfahren, wenn wir etwas ausgefressen hatten! Unsere Mutter deckte unsere Streiche. Doch beide spornten mich gleichermaßen an, immer eifrig zu lernen, denn Wissen war nach ihrer Auffassung das Wichtigste. So paukte ich stundenlang die Deklination von der, die, das*, unverständliche mathematische Funktionen und Physik, wovor ich am meisten Angst hatte. Mit meinen Sorgen und Problemen floh ich zu meiner Mutter, die dann mit Hilfe von Gedichten, Märchen und Büchern für bessere Stimmung sorgte. Schließlich glaubte ich auch, dass Wissen das Wertvollste im Leben sei. Durch Wissen kann der Mensch nützlich sein, denn man muss nützlich sein, das ist der Sinn des Lebens.

---

* Deutsch im Original (D.F.)

Während wir einerseits zu linken Atheisten wurden, erzogen uns unsere Eltern selbstverständlich nach dem Vorbild ihrer eigenen Eltern: Meine Mutter hielt die Töpfe für Milch und Fleisch getrennt; sie kleidete sich wunderschön, auch wenn sie nur im Kommissionsgeschäft einkaufte. Ihre bis zum Hals zugeknöpfte schneeweiße Bluse und ihr langer Rock ließen sie auf geheimnisvolle Weise schön erscheinen. Manchmal trug sie ein Tuch, machmal einen Hut – ihre Eleganz gefiel mir sehr. Sie liebte Mazzen, von denen wir gar nicht wussten, dass sie eine religiöse Bedeutung haben – sie hielt sie für gesund, und deshalb gab es bei uns zu Hause Mazzen. Vor den Festen war das Großreinemachen selbstverständlich, aber über die Bedeutung dieser jüdischen Feste wussten wir nichts. Aus unserer Kindheit waren uns Worte im Gedächtnis geblieben, ohne dass wir sie je verstanden hätten. Mein Vater und meine Mutter lebten absolut monogam, sie achteten einander sehr. Mein Vater hielt es für seine Pflicht, für uns und vor allem für meine Mutter zu sorgen. Wenn er Geschenke mit nach Hause brachte, wurde sie immer als Erste bedacht. Erst nach meiner Mutter kamen wir Kinder an die Reihe. Und natürlich behandelte meine Mutter meinen Vater mit dem gleichen Respekt. Beim Essen saß er am Kopfende des Tisches, und ihm reichte meine Mutter die Schüsseln zuerst, denn für ihn waren die besten Bissen bestimmt. Ganz gleich, wie angespannt, nervös und ungehalten mein Vater auch sein mochte, meine Mutter lächelte, blieb ruhig und schaffte es durch ihr ausgleichendes Gemüt, dass seine Nervosität sich legte. Meine Mutter war bei uns der Blitzableiter und die Hüterin des Familienfriedens.

Als ich ins „heiratsfähige" Alter kam, etwa in meinem zweiten Jahr an der Universität, sagte mir meine moderne, atheistische Mutter eines Tages: – *Es gäbe da eine gute Partie für dich, einen anständigen, klugen, jüdischen jungen Mann, der ausgezeichnet zu dir passen würde, mit seinen Eltern haben wir schon die Details besprochen, er wird dir sehr gefallen. – Warum sollte ich einen jüdischen Mann heiraten, den ich gar nicht kenne?!* – rief ich empört, ich suche mir meinen Partner selbst aus! Meine Mutter reagierte nie laut oder gereizt und auch jetzt sagte sie nur leise: – *Kati, ich denke, das wäre das Beste für dich.* Ich hatte bis dahin keine Ahnung, dass es in anständigen jüdischen Familien Aufgabe der Eltern ist, ihre Kinder zu verheiraten. Aber weil ich diese „Matchmaker"-Absicht meiner Mutter so vehement ablehnte, versuchte sie es nicht noch einmal.

Später verliebte ich mich in *Bernardo*, einen bolivianischen Studenten, der in Budapest lebte. Ich ging davon aus, dass meine Eltern meine Wahl sofort gutheißen würden, denn das war doch schicksalhaft: Ich war in Bolivien geboren, und mein Mann wäre dann Bolivianer. Meine Eltern sagten nicht, dass sie lieber einen jüdischen Schwiegersohn gehabt hätten, aber ich spürte genau, dass es schwer für sie war, einen Katholiken in die Familie aufzunehmen. Doch mit der Zeit gewannen sie ihn sehr lieb. Mit Bernardo veränderte sich mein Leben: Obwohl ich immer noch Mamas artiges Mädchen war, geriet ich immer wieder in Situationen, die meiner Familie fremd waren. Unsere Lebensgewohnheiten unterschieden sich grundlegend – unsere Wertvorstellungen natürlich nicht. Das fing bei den Essgewohnheiten an: Bernardo liebte alles salzig, was wir in unserer Familie süß aßen. Als ich zum ersten Mal Nudeln mit Kraut zubereitete und mit Zucker bestreute, wurde ihm fast übel – so war es auch mit den Gemüseeintöpfen, die ich immer mit Zucker zubereitete, während er sie nur salzig mochte. Auch sein Lebensrhythmus an Arbeits- und Wochentagen unterschied sich radikal von dem, den ich von zu Hause gewohnt war. Dass man den Tag von morgens früh bis abends mit Arbeit verbringen musste, war seiner Meinung nach ein kleinbürgerliches Vorurteil. Auch er arbeitete hart, und wenn es sein musste, bis spät in die Nacht hinein, aber morgens sollte ich ihn schlafen lassen, bis er von selbst aufwachte! – *Und wenn du erst mittags aufwachst? – Wenn ich meine Arbeit erledigt habe, warum nicht!?* In meiner Familie hat nie jemand getrunken. Wenn Bernardo zum Beispiel zwei Glas Wein trank, befürchtete ich, er könne betrunken werden – dabei nahm er nur das Leben etwas leichter als ich. Er hatte nie Angst, ich hingegen ständig. Er wiederum konnte nicht verstehen – warum ich so ängstlich war. (Ich selbst verstand das erst viel später, als ich *Teri Virág** kennen lernte, fand ich heraus, warum ich so viel Angst hatte, und insbesondere, warum ich meine Kinder so sehr behütete). Bernardo lachte nur: – *Lass sie ruhig auf das Klettergerüst steigen, dadurch werden die Kinder nur kräftiger, lauf nicht immer hinterher, du darfst sie nicht ständig überbehüten.*

---

* *Teri Virág*: Teréz Virág war eine Psychologin, Gründerin eines Behandlungs- und Forschungszentrums für traumatisierte Holocaust-Überlebende und deren Nachkommen.

1976 trat eine Wende in unserem Leben ein: Mein Vater starb in relativ jungen Jahren. Er ließ den Stress und die Anspannung, die sein ganzes Leben lang geherrscht hatten, hinter sich und akzeptierte das Todesurteil, das seine Krebserkrankung bedeutete. Der Sohn Andor Neuländers hatte den Verlust seiner Familie nie verwunden und bis zu seinem Tode nie mehr über seinen Vater und seine Geschwister sprechen können. Meine Mutter pflegte ihn und war bis zum letzten Augenblick an seiner Seite. Kurze Zeit später söhnte sie sich mit ihrer Schwester Gizi aus. Sie beantragte einen Reisepass, den sie unter vielen Schwierigkeiten schließlich auch erhielt, und besuchte ihre Schwester in Amerika und ihren jüngeren Bruder in Kanada. Als sie zurückkam, sagte sie nur: – *In Amerika hatte ich kein Heimweh.*

Bernardo entschied, dass wir nach Bolivien zurückgehen sollten, und für mich war selbstverständlich, dass mein Platz an seiner Seite war. Also zogen wir mit unseren beiden Kindern nach La Paz. Ich suchte die Orte auf, an denen meine Eltern gelebt hatten, und auch den Ort, an dem ich geboren wurde, und dachte darüber nach, ob Szondi Recht hat: *Wir wiederholen das Schicksal unserer Eltern.*

Ich passte mich an mein neues Leben an. Oft musste ich an meine Mutter denken und ich liebte sie noch mehr, weil es ihr gelungen war, sowohl hier in La Paz als auch in New York und in Budapest ein neues Zuhause zu schaffen. Im Gegensatz zu meiner Familie, die Bernardo lieb gewonnen und aufgenommen hatte, akzeptierte mich die Familie Bullain nicht. Sie sahen genau, dass ich eine Fremde war und andere Wertvorstellungen und Gewohnheiten hatte als sie. Statt für Feste, Karneval und Kleidung wollte ich alles Geld für die Ausbildung meiner Tochter Nilda ausgeben. Das traf auf den Widerstand der Familie: *Warum wollte ich das Kind für teures Geld auf die Schule der Amerikanischen Botschaft schicken, warum genügte die katholische Mädchenschule von La Paz nicht?! – Ich möchte für meine Kinder den besten Unterricht – das habe ich von meinen Eltern gelernt, denn das Einzige, was einem nicht weggenommen werden kann, ist das, was man gelernt hat –* sagte ich. Darauf erwiderte meine Schwiegermutter: – *Ihr lebt hier und sprecht kaum Spanisch. Für Nilda reicht es vollkommen aus, wenn sie Spanisch lernt und mit Kindern aus Familien, die in ähnlichen Verhältnissen leben, zur Schule geht. Was hat Nilda in einer amerikanischen Schule unter amerikanischen Kindern verloren?! Soll sie gleichzei-*

tig Spanisch und Englisch lernen? – Wenn wir in ein englischsprachiges Land ziehen, kann sie auch dort ihre Schulbildung fortsetzen. Die internationalen amerikanischen Schulen sind in der ganzen Welt nach einheitlichen Standards ausgerichtet.

Bernardo stand in diesem Streit, der sich zuspitzte, zu mir und er brachte viele Opfer, um den Unterricht bezahlen zu können. Ich erkannte, dass ich dasselbe Ziel verfolgte wie meine Mutter: Meine Kinder sollten in allem die Besten sein, und es war an uns, die Voraussetzungen dafür zu schaffen. Sie sollten alles lernen, um ihr Leben besser und vielseitiger gestalten zu können als ich das meine. Und mir wurde auch klar, dass ein „Zuhause" mehr ist als eine eingerichtete Wohnung: Es hat eine Seele, und wie das Zuhause ist – das hängt von mir ab. Doch ich lernte auch, dass ich mich in meinen Mann und seine Familie eindenken musste, so wie meine Mutter meinem Vater gegenüber in allem nachsichtig gewesen war. Ich lernte La Paz und meine Arbeit an der San Andreas Universität schätzen und versuchte, mich an das Leben in meiner neuen Heimat anzupassen.

Dann erreichte mich ein Brief von Freunden aus Ungarn: „*Deine Mutter ist krank. Sie ist viel allein. Sie braucht dich. Bitte kommt zurück.*" Ich glaube, als meiner Mutter klar wurde, dass nur sie ihre am Leben gebliebene Schwester retten konnte, muss sie etwas Ähnliches gefühlt haben. Ich überlegte nicht lange. In den letzten Tagen des Jahres 1979 kehrte ich mit den Kindern zurück nach Ungarn, Bernardo würde bald nachkommen, und dann könnten wir in Budapest – oder, sollte das aufgrund seiner ausländischen Staatsbürgerschaft nicht möglich sein, schlimmstenfalls in Wien unser gemeinsames Leben fortsetzen.

Die Achtzigerjahre gestalteten sich für mich noch schwieriger als die Jahre davor. Der Tod meines Vaters, die Krankheit meiner Mutter und die Erziehung der Kinder führten zu der Einsicht: Ich bin jetzt endgültig erwachsen. Dann erreichte mich die Nachricht, dass Bernardo einen tödlichen Unfall erlitten hatte. Es war ein furchtbarer Schock … *Was wird aus uns? Wie wird unser Leben aussehen? Was für eine Zukunft kann ich meinen Kindern bieten?* Ich war verzweifelt. Nur die Tatsache, dass ich die Verantwortung für meine Kinder trug, gab mir Kraft. Meine Freunde standen mir zur Seite, so wie auch damals meinen Eltern ihre Freunde geholfen hatten. Meine ehemalige Professorin verhalf mir zu einem Lehrauftrag an der ELTE*. Die Jahre an der Universität trugen auch dazu bei, dass ich mit meiner jüdischen Identität ins Reine kam.

Dann erfuhr mein Leben erneut eine aufregende Wende: Ich übernahm die Leitung der Stiftung Magyarországi Zsidó Szociális Segély**. Diese Arbeit sollte die größte Herausforderung meines Lebens werden: Ich lernte das Leben von über tausend Holocaust-Überlebenden kennen, ihre Geschichten nahmen tiefen Einfluss auf mein ganzes Leben und auch auf die Erziehung meiner Kinder. Vielleicht ist darauf auch zurückzuführen, dass Nilda und Viktor sich bewusst zu ihrer jüdischen Identität bekennen und das Schicksal ihrer Großeltern verstehen. Auch mir selbst ist vieles klar geworden, und ich bespreche immer alles mit meinen Kindern. Meine Eltern wollten, als ich noch ein Kind war, die schreckliche Wahrheit von mir fernhalten und behüteten mich vielleicht zu sehr, mit dem Ergebnis, dass ständige Sorge und Angst bei mir zu festen Persönlichkeitsmerkmalen wurden. Das Schicksal meiner Kinder war schwerer: Sie wuchsen ohne Vater auf – sie wurden aber in eine Gemeinschaft aufgenommen, in der Solidarität zum absoluten Grundprinzip gehörte.

Und als sie meiner Mutter zu ihrem 90. Geburtstag zu Hause Chanukka-Lieder vorsangen, fing sie plötzlich an, über ihre eigene Kindheit zu sprechen – was sie früher nie getan hatte –, und zu meinem größten Erstaunen sang sie gemeinsam mit meinen Kindern. Vor ihrem Tod ließ sie sich die Gedichte von *József Kiss* vorlesen, erzählte von ihrer Kindheit und war stolz auf mich, ihre Tochter, weil ich, wie sie meinte, eine Arbeit verrichte, die wirklich sinnvoll und nützlich ist. Dass wir uns zu unserem Schicksal, unserem ursprünglichen Namen und zu unserer Familiengeschichte bekannten, war auch für die Kinder wichtig. Viktor ist Architekt und wurde in Boston nach jüdischem Ritus getraut. Nilda war immer etwas Besonderes: Sie war noch keine dreißig Jahre alt, da war ihr erklärtes Lebensziel bereits, zwischen den Kulturen zu vermitteln und eine gesellschaftlich wichtige Rolle zu übernehmen. Heute ist sie führende Mitar-

---

beiterin in einer internationalen Menschenrechtsorganisation in Washington, und was Mut und Menschlichkeit anbelangt, folgt sie dem Beispiel ihrer Großmutter.

Katalin Talyigás

Ich wurde 1942 in Bolivien geboren, meine Schulausbildung erhielt ich in Budapest.

Ich arbeitete zunächst im Genossenschaftlichen Forschungsinstitut. Ab 1976 arbeitete ich an der Soziologischen Fakultät der San Andreas Universität in La Paz und untersuchte die Ausbildungsmöglichkeiten für junge Ketschua und Aimara. Ab 1981 arbeitete ich als wissenschaftliche Assistentin an der Eötvös Loránd Universität in Budapest an der Einführung eines Ausbildungsganges für Sozialarbeiter/innen mit. Nach 1989 war ich als Leiterin des Zentrums für Familienhilfe Esély für die soziale Versorgung im VII. Bezirk verantwortlich. Ab 1992 war ich Generalsekretärin der Stiftung für Jüdische Sozialhilfe in Ungarn und arbeitete mehr als 10 Jahre lang für Holocaust-Überlebende.

Gemeinsam mit der israelischen Psychologin Miriam Ben-David leitete ich das Projekt Toleranz durch Dialog. Parallel dazu bereiteten wir seit 1992 mit meinen Arbeitskolleginnen und -kollegen die Einrichtung des Pflegedienstes (Home-Care) in Ungarn und Osteuropa vor. Nach 2002 arbeitete ich im Regierungsamt für Chancengleichheit an der Vorbereitung des Gesetzes zur Chancengleichheit mit. Ab 2004 war ich Sachverständige im Europaparlament in Brüssel und arbeitete für die Einrichtung des Forums für Roma im Europaparlament. Seit 2005 bin ich als geschäftsführende Direktorin der Stiftung Soziale Innovation verantwortlich für zahlreiche Projekte. Seit mehr als 10 Jahren unterrichte ich an der ORZSE Sozialarbeiter. Im Zusammenhang mit meinen Tätigkeiten sind zahlreiche Publikationen erschienen.*

---

* *ORZSE*: Országos Rabbiképző – Zsidó Egyetem: Rabbinerseminar von Budapest/ Budapest University of Jewish Studies (D.F.)

Klára Haraszti

AUF DEM WENZELSPLATZ

Ich war ein spätes Kind. Meine Mutter war bei meiner Geburt siebenunddreißig, mein Vater sechsundvierzig Jahre alt. Das war elf Jahre nach dem Krieg. Für meinen Vater war es die zweite, für meine Mutter die erste Ehe. Wenn ich nicht bei meinen Eltern war, sei es für kurze, sei es für längere Zeit, fühlte ich mich nie sicher. Als Kind hatte ich oft Angst, ohne genau zu wissen, warum. Es gab auch niemanden, mit dem ich darüber hätte sprechen können. Einmal fuhr ich mit meiner Mutter im Bus der Linie 15 nach Hause. Ich war vielleicht vier Jahre alt. Sie stieg aus und streckte mir die Hand entgegen, um mir beim Aussteigen zu helfen, als der Fahrer die Tür schloss und ich allein im Bus zurückblieb. Bis heute habe ich die panische Angst, die mich damals befiel, nicht vergessen.

In meiner Kindheit passierte es regelmäßig etwa einmal in der Woche, dass meine Mutter nachts schreiend aus dem Schlaf aufschreckte. Dann knipste mein Vater die kleine Lampe an, und meine Mutter erzählte ihm schluchzend, was sie geträumt hatte. Mein Vater sagte daraufhin irgendetwas, bald wurde das Licht wieder gelöscht, und meine Eltern schliefen weiter. Ihnen kam nie in den Sinn, dass auch ich im Zimmer nebenan durch die Schreie aus dem Schlaf gerissen wurde, und ich wiederum traute mich nie, irgendwelche Fragen zu stellen. Von dem, was meine Mutter im Nachbarzimmer sagte, konnte ich nicht viel verstehen, aber ich spürte, dass es besser war, darüber nicht zu sprechen, dass sich irgendein dunkles Geheimnis, von dem ich nichts wissen durfte, hinter den Schreien verbarg. Ich lag in meinem dunklen Zimmer noch lange wach, das Herz schlug mir bis zum Hals, und ich war schweißgebadet. Aber ich sagte nichts, fragte nichts. Als Erwachsene habe ich oft darüber nachgedacht, warum meinen Eltern nie in den Sinn kam, dass auch ich aufwachte, und warum sie nie nach mir schauten.

Mit den Jahren nahm das Geheimnis langsam Konturen an, doch zu fragen traute ich mich noch immer nicht. Das Wort *jüdisch* wurde in meiner Gegenwart zumeist auf Französisch verwendet: *juif*. Auch das trug zu meiner Furcht und Unsicherheit bei. Ich wusste, dass die Mutter meiner Mutter 1924 sehr jung an Leukämie gestorben war und dass sie drei Töchter hinterlassen hatte: zwei Fünfjährige – meine Mutter *Alice* und ihre Zwillingsschwester *Mária* – sowie die dreijährige *Klári*. Ich wusste auch, dass mein Großvater sehr viel später noch einmal geheiratet hatte und dass aus dieser neuen Ehe ein engelhaftes, blondes, blauäugiges Mädchen namens Ilike hervorgegangen war. Sie hieß genau wie die erste Frau meines Großvaters, die Mutter seiner drei Töchter aus erster Ehe.

Meine Großmutter *Marcsi*, die zweite Frau meines Großvaters, habe ich gut gekannt. Wir besuchten sie oft in Szeged. Sie war eine ausgezeichnete Köchin und buk fantastische Torten. Zu meinem Geburtstag schickte sie mir regelmäßig hundert Forint, für die ich mich mit ein paar Zeilen bedankte. In diesem kurzen Brief versicherte ich ihr auch jedes Jahr, dass ich wieder ein ausgezeichnetes Schulzeugnis bekommen würde, denn ich wusste, dass ihr das wichtig war. Aber über meinen Großvater oder über *Ilike* sprachen wir nie.

Gegen Ende der Siebzigerjahre machten meine Eltern einmal zwei Wochen lang Sommerferien im Börzsöny-Gebirge. Ich studierte schon, und es war gerade Prüfungszeit, aber an einem Wochenende besuchte ich sie für einen Tag. Wir machten einen Ausflug und wanderten zehn, fünfzehn Kilometer. Meine Mutter und ich setzten uns auf eine Wiese, um uns auszuruhen und dort auf meinen Vater zu warten, der noch Kraft hatte und weitergewandert war.

Und hier fing meine Mutter plötzlich ganz unvermittelt zu erzählen an. Ich hörte ihr wie erstarrt zu. Sie erzählte, wie ihre ganze Familie aus Szeged verschleppt worden war, wie *Dr. Mengele* sie aus der Reihe herausgenommen und Mária aufgeschrien hatte „*Meine Zwillingsschwester!*"*

Warum der für seine Zwillingsexperimente berüchtigte Mengele diesen Aufschrei nicht gehört hatte, sollte sich nie klären, aber meine Mutter wurde zur Seite gestoßen und einer anderen Gruppe zugeordnet. Mária glaubte, sie wäre in die Gaskammer gebracht worden, bis zum Ende des Krieges war sie davon überzeugt, dass meine Mutter schon lange nicht mehr am Leben war.

---

* Deutsch im Original (D.F.)

In Wahrheit hatte man sie in die andere Gruppe eingeteilt, weil sie dünner war als die anderen und deswegen eine andere Arbeit verrichten sollte. Großmutter Marcsi, Mária und Klári blieben zusammen, Ilike wurde den Kindern zugeordnet und dort, in der Reihe, sahen sie sie zum letzten Mal. Auch ihren Vater, den sie über alles liebten, sahen sie damals zum letzten Mal.

Im Mai 1945 wurde das Lager meiner Mutter von den Russen, das ihrer Schwestern von den Amerikanern befreit. Aus beiden Lagern wurden die Überlebenden nach Prag transportiert, wo sie sich beim Roten Kreuz melden mussten. Meine Mutter begab sich in das Büro, wo sie auch auf andere Überlebende aus Szeged traf. Kurz nachdem meine Mutter die Formalitäten beim Roten Kreuz erledigt und das Büro wieder verlassen hatte, stellten sich die anderen Familienmitglieder ein: Klári, Mária und Marcsi. Beim Anblick Márias fragte eine der Bekannten aus Szeged, warum sie noch einmal zum Roten Kreuz gekommen sei. Mária begriff sofort, was das bedeutete, und rannte, nachdem sie die Formulare ausgefüllt hatte, schnurstracks in die Stadt. Kurz darauf stieß sie auf dem Wenzelsplatz auf meine Mutter. Die beiden fingen sofort an, sich zu streiten. Sie machten einander völlig absurde Vorwürfe: *„Wie kommst du denn hierher? Warum hast du nicht gesagt, dass du hier bist?"*

Großmutter Marcsi kehrte wieder nach Szeged zurück, meine Mutter und ihre Schwestern zogen nach Budapest zu ihrem Onkel, einem Architekten. Einige Tage später erkrankte meine Mutter an Fleckfieber, wurde aber dank ärztlicher Hilfe schnell wieder gesund.

An dieser Stelle verstummte meine Mutter. Wir saßen immer noch auf der Wiese. Dann sagte sie nur noch, dass sie nie wieder über diese Dinge sprechen will.

Nach dem Tod ihrer Ehemänner zogen Mária und meine Mutter im Alter von dreiundsiebzig Jahren in eine gemeinsame Wohnung. Eines Tages suchte ich etwas bei ihnen in der Dienstbotenkammer und fand unter dem Bett ein Bild in einem ovalen goldenen Rahmen. Es war das Portrait eines etwa siebenjährigen blonden Mädchens. Es stellte sich heraus, dass es Ilike darstellte. Die beiden hatten es wohl für besser gehalten, es zu verstecken, um es nicht immer sehen zu müssen. Ich habe Ilike mit zu mir genommen. Seitdem hängt ihr Bild an einer Wand in meinem Schlafzimmer – das Bild meiner Tante, die nie alt geworden ist.

Infolge eines Glaukoms war meine Mutter in den letzten zehn Jahren ihres Lebens blind. Als sie neunzig war, war es deshalb leider nicht mehr möglich, dass sie und Mária zusammenlebten. Wir nahmen meine Mutter daher zu uns. Das war das erste Mal nach Auschwitz, dass die Zwillinge aufgrund eines äußeren Zwanges getrennt wurden. Es war sehr schmerzhaft, ihre Verzweiflung mit anzusehen. Meine Mutter lebte nur noch etwa ein Jahr. Aber in ihren letzten Tagen, als sie schon nicht mehr ganz bei Bewusstsein war, rief sie immer wieder nach ihrem Vater und ihrer Zwillingsschwester. Sie sprach oft von einem Zug und suchte ihre Kleidung. Zwei Jahre nach ihr starb auch Mária.

Vor einiger Zeit fiel mir ein englisches Malbuch in die Hände. Darin stand ein Datum: Weihnachten 1943. Ilike hatte dieses Heft von ihrem Onkel Tibor bekommen, bei dem meine Mutter und ihre Schwestern nach dem Krieg zunächst untergekommen waren. Es enthielt Bilder von englischen Kinderkleidern und kurze englische Texte. Ich vermute, sie lernte damals Englisch und zeichnete außerdem gern. Bis ungefähr zur Mitte des Buches sind die Bilder sehr sorgfältig und geschmackvoll angemalt. Die zweite Hälfte des Buches ist unberührt. Als ich vor einigen Jahren Yad Vashem besuchte, stand ich lange Zeit im Raum der Kinder, um darauf zu warten, ihren Namen zu hören.

Klára Haraszti
Ich wurde 1956 in Budapest geboren. 1974 machte ich am Gymnasium in der Trefort Straße mein Abitur, 1979 erwarb ich mein Diplom in den Fächern Englisch und Russisch an der Philosophischen Fakultät der ELTE-Universität.
10 Jahre lang arbeitete ich als Angestellte an der ELTE-Universität, 5 Jahre als Lehrerin an einer Mittelschule und noch einmal 5 Jahre als Dozentin. Seitdem wohne und unterrichte ich in Budaörs. Außerdem leite ich seit 25 Jahren eine Sprachschule. Außer Russisch und Englisch spreche ich Deutsch und Französisch.
Mein Sohn macht dieses Jahr seinen Abschluss an der medizinischen Fakultät.

Katalin Pécsi

POSTMODERNE GESCHICHTE MIT MEINER MUTTER

„Sogar in den schrecklichsten Zeiten gibt es glückliche Momente" – sagte meine Mutter mehr als nur einmal.

Sie tendierte dazu, in allem eher das Schöne, Erbauliche und Vorbildliche zu sehen, selbst in ihren eigenen Erlebnissen, auch wenn diese nicht unbedingt immer unbeschwert waren. Und es war auch bezeichnend für sie, dass sie nur genau das erzählte, was sie für richtig hielt. Ihre „innere Zensur" war nämlich streng, selbst zu Hause und in Friedenszeiten.

Geschichten hat meine Mutter uns, ihren beiden Kindern, schon immer erzählt, jedenfalls solange ich zurückdenken kann. Jeden Abend zog sie einen Sessel in die Mitte zwischen die längs aneinander geschobenen Betten, gleich weit von uns beiden entfernt, um ja keinen Anlass zum Streit zu bieten, setzte sich und stellte die obligate Eingangsfrage: *„Buch oder Abenteuer ...?"* Wir warteten das Ende des Satzes gar nicht ab und riefen schon aus vollem Hals – *Abenteuer!!!*

Kein Märchen aus einem Buch und kein Jugendroman konnte es mit einem der von unserer Mutter wirklich erlebten, äußerst dynamisch, bisweilen bühnenreif vorgetragenen Abenteuer aufnehmen. (Beim Erzählen führten ihre Hände ein Eigenleben; jedes Wort wurde von einer ausladenden Geste begleitet. Fasziniert beobachtete ich die komplizierte Choreografie ihrer Gebärden, wobei ich selbst, als ich „groß" geworden war, aus irgendeinem Grund unfähig war zu gestikulieren: Vielleicht wollte ich dem übermächtigen Einfluss meiner Mutter durch die Stummheit meiner Hände Widerstand leisten ...) An den wichtigsten Stellen sprang sie sogar von ihrem Sessel auf, weil sie, um die Glaubwürdigkeit ihrer Geschichte zu erhöhen, die Bewegungen und den Gang einer Person imitieren musste; und ich brauche sicher nicht hinzuzufügen, dass sie auch mit der Stimme der Person, von der gerade die Rede war, sprach, gleichgültig, ob es sich dabei um einen Mann oder eine Frau, einen alten oder einen jungen

Menschen handelte; die Frauen aus Tyukod sprachen – aus dem Mund meiner Mutter – im Dialekt, und um des größeren Nachdrucks willen schnauften sie dabei manchmal auch ordentlich. (Das war mir als Kind zuviel: Ihre Tyukoder Aussprache und der Tyukoder Sprachgebrauch ängstigten und verunsicherten mich, es war, als wäre meine Mutter gar nicht mehr sie selbst …)

Es gab mehrere Arten von Abenteuern. Meine Mutter wählte sie entsprechend der Tagesstimmung aus – oder danach, wie müde wir waren.

Es gab unzählige Geschichten aus Tyukod und von ihrer Familie, aus der Zeit ihrer Kindheit. Eigentlich waren das noch keine wirklichen „Abenteuer", aber trotzdem sehr aufregende Geschichten, weil sie in einer „längst" vergangenen, farbenfrohen und uns vollkommen unbekannten Welt spielten.

Dann gab es noch eine weitere ziemlich interessante Kollektion von Abenteuern aus der Zeit, als sie als junges Mädchen ihrem Heimatdorf und ihrer Familie den Rücken kehrte, auf die örtlichen – und erst recht auf die traditionellen jüdischen Sitten und Erwartungen pfiff –, darauf also, wie ein achtzehnjähriges Mädchen, das durchaus schon das heiratsfähige Alter erreicht hatte, zu leben (oder besser gesagt: zu *sterben*) hatte, Geschichten aus der Zeit, als sie ihr Zuhause verließ und so wie ihre Schwester *Erzsi* nach Budapest ging. Dort bestritt sie ihren Lebensunterhalt durch harte körperliche Arbeit in einer Fabrik. Sie musste oft Hunger leiden und lernte die verschiedenen Bezirke Budapests als Untermieterin oder „Bettgeherin"* kennen; an den Wochenenden jedoch ging sie frohen Mutes mit den „Ifik"** wandern, rudern, Federball spielen oder Skilaufen, je nach Jahreszeit. Unter der Woche besuchte sie abends Weiterbildungs-

---

* *Bettgeher* oder auch Schlafgänger sind Menschen, die gegen ein Entgelt ein Bett stunden- oder schichtweise in einer gemieteten Wohnung benutzen dürfen.

** *Ifik* war die Bezeichnung für die Jugendbewegung der Gewerkschaften oder der Sozialdemokratischen Partei. Die „Ifik" waren in Bezirksgruppen organisiert, aber bei größeren Veranstaltungen wie den Wochenendtouren oder dem Sommerlager in Göd rekrutierten sich die Teilnehmer aus einem größeren Kreis. Ein bedeutender Teil von ihnen war auch in der illegalen Kommunistischen Partei aktiv, und die Zugehörigkeit zur sozialdemokratischen Bewegung diente der Tarnung – und natürlich war das soziale Leben in der Bewegung auch attraktiv.

kurse der Bewegung oder lauschte in der Musikakademie begeistert *Erzsi Töröks* Volksliedbearbeitungen mit Klavierbegleitung oder den Lesungen von *Tamás Major* und *Oszkár Ascher* – das waren damals revolutionäre, moderne Darbietungen. *Attila József* trat auch auf und nahm sogar einmal an einem der Ausflüge teil, um an einem Sonntag auf einer Waldlichtung für die jungen Arbeiterinnen und Arbeiter ein Seminar abzuhalten …

Meine Mutter hatte auch Geschichten aus der Fabrik in ihrem Repertoire, von coolen, wagemutigen, standhaften Arbeiterinnen, die den schikanösen Kolonnenführern eine Lektion erteilten. (Eines Tages tauchte eine dieser Frauen dann tatsächlich leibhaftig in meiner Schule bei der Begrüßungsfeier der vierten Klasse in der Gestalt der Mutter einer meiner neuen Klassenkameradinnen auf. Als sie sich erkannten, fielen unsere Mütter sich weinend um den Hals, wobei sie ein ums andere Mal ausriefen: *„Wir kennen uns ERST seit dreißig Jahren!"* Für meine neue Freundin und mich wurde dieser Satz für Jahre zu unserer geheimen Parole …)

Meine Mutter hatte noch Millionen anderer Stories auf Lager: zum Beispiel die über ihre Kameraden aus der Bewegung, darunter diplomierte Optiker und Laufburschen, die von der Emigration träumten. Von ihnen habe man einiges lernen können über unterschiedliche Lebenseinstellungen, Ethik oder Ökonomie, gelegentlich sogar Französisch … (Was sie uns erst viel später, in ihren letzten Lebensjahren, als ihre Selbstzensur schon etwas weniger streng geworden war, erzählte, war die Tatsache, dass sie auf den sonntäglichen Ausflügen nicht nur Französisch, sondern auch Hebräisch hätte lernen können: Die Mitglieder der Bewegung waren nämlich alle auch zugleich „Kumpel", die ähnlich meiner Mutter von der linksgerichteten zionistischen *Hashomer Hatzair* zur „judenfreien" Linken übergewechselt waren – wo die Probleme der Juden nie thematisiert wurden. Ein guter Freund meiner Mutter *„Möszjö Daki"* war direkt aus Paris zurückgekommen, aber etliche unter ihnen, wie zum Beispiel *Laci Zsigmond, „Optiker Laci"* und andere Kampfgenossen waren erst nach einem Umweg über Tel Aviv zur Ifik gestoßen. Ich war selbst schon Mutter von zwei Kindern, als sich herausstellte: Mutters Schwester Erzsi und ihr Bruder *Kálmán* hatten auch zu letzteren gehört. Zu der Zeit, als meine Mutter von Tyukod nach Budapest floh, hatten einer ihrer Brüder und eine Schwester (meine Mutter war das 8. Kind in der Geschwisterreihe) die Reise nach Palästina und zurück schon hinter sich: Sie waren 1933 mit

einer Gruppe illegal ausgereist (Erzsi lernte ihren aus Nyíracsád stammenden Mann auch in Palästina kennen), wegen ihrer linken Einstellungen
und antibritischen Aktivitäten wurde die ganze Gesellschaft kurzerhand
nach einem Intermezzo im Gefängnis 1936 von den Engländern ausge-
wiesen … Dieser vorübergehende „zionistische Irrweg" war in ihren anti-
faschistischen und antiimperialistischen Biographien ein derartiger
Schandfleck, dass über diese Geschichte niemand in der Familie ein Wort
verlor: Meine Mutter sparte diese „Abenteuer" in ihren Gutenachtge-
schichten einfach aus. (Später tauchte ein kleines „corpus delicti" meiner
Tante Erzsi auf, die ich erst als alte, vertrocknete, kränkelnde Witwe kennen lernte: ein kleines Schwarz-Weiß-Foto, aufgenommen am Sandstrand
von Tel Aviv, auf dem sie in ihrem schwarzen, ihre schlanke Figur beto-
nenden Badeanzug wie eine „Sexbombe" aussieht. Es muss etwa im Jahr
1934 entstanden sein).

Wenn sie eine Opernkarte für den Sonntagabend hatte – also nach einer
Wanderung –, stapfte meine Mutter in ihren Wanderstiefeln und in einem
schön gebügelten weißen Männerhemd mit aufgerollten Ärmeln auf den
mit rotem Teppich ausgelegten Marmorstufen zum Olymp hinauf; sie trug
ihre Haare schon damals, als die Frisur von *Katalin Karády*[*] modern war,
knabenhaft kurz, denn das war, wenn man früh aufstehen musste, und
beim Schwimmen, Rudern und Wandern am praktischsten … (Das weiße
Hemd hatte sie von ihrem Bruder Kálmán geliehen – Meine Mutter
erzählte, dass *Gyula*, ihr anderer in Budapest lebender Bruder, der später
Lehrer wurde, bei einem Opernbesuch einmal so tat, als würde er seine
kleine Schwester nicht erkennen, als sie im Foyer aufeinander trafen, er
war mit seiner Braut dort, die aus einer wohlhabenden bürgerlichen Familie stammte …)

Meine Mutter rauchte auch ohne jede Hemmung auf der Straße, was
damals in bürgerlichen Kreisen vollkommen verpönt war, etwa so wie
heute das Auftreten von Punkern oder Rappern … Wie gewagt dieses
Verhalten war, konnte ich mir als kleine Pionierin mit braven Zöpfen sehr
gut vorstellen!

---

[*] *Katalin Karády*: ungarische Schauspielerin und Sängerin mit schulterlangen Locken
(D.F.)

Die Kriegsjahre brachten noch mehr Aufregung in das Leben meiner Mutter – als Kind war ich darauf tatsächlich ein bisschen neidisch! Mit der Arbeit bei der Bewegung hörte sie natürlich auch nach der deutschen Besatzung nicht auf. Die Jahre '44/45 überstand sie mit Hilfe von falschen Papieren. Sie legte sich eine etwas weiblichere Frisur zu, blondierte ihr hellbraunes Haar und ließ ihre Ausweise in einer schicken Damenhandtasche auf den Donautreppen liegen, um die Polizei in die Irre zu führen, mit neuen Papieren, die sie von der Bewegung bekommen hatte, „tauchte sie dann unter". Das waren noch Abenteuer! Zum Beispiel, wie nur die Bomben ihr das Leben retteten, weil die Polizei wegen des Alarms die Razzia im Luftschutzkeller unterbrechen musste, in dem sich unsere Mutter zur gleichen Zeit aufhielt wie die ahnungslose Frau, deren persönliche Daten für Mutters falsche Papiere benutzt worden waren. Mit anderen Worten: Beide Frauen hatten exakt denselben Namen und natürlich dieselbe Adresse, auch der Geburtsname ihrer Mütter war identisch …
Die andere Begebenheit, bei der sie beinahe aufgeflogen wäre, wollte ich auch immer wieder hören: Meine Mutter war in einer als sicher geltenden Stelle als Zimmermädchen untergekommen, doch eines Tages kam die *„gnädige Frau"* unangemeldet in ihre Dienstbotenkammer und entdeckte auf dem Regal ihres Zimmermädchens Bücher von *Ady* und *Attila József* …
Die Zeit der „Abenteuer" fand ihr Ende, als nach der Befreiung und den heroischen Jahren des Wiederaufbaus die Phase der Konsolidierung begann und unser (späterer) Vater unerwartet um die Hand unserer (späteren) Mutter anhielt, die – wiederum unerwartet – *ja* sagte, obwohl *sie doch eigentlich nie und nimmer hatte heiraten wollen!*
Erst sehr viel später, bereits als Erwachsene, begann ich zu ahnen, dass ihre Geschichten unvollständig waren: Gewisse Themen und Erzählstränge hatte sie ausgespart! Mit keinem einzigen Wort hatte sie zum Beispiel erwähnt, dass ihre Tyukoder Familie *jüdisch* war (also die zu Hause gebliebenen Eltern, Geschwister, Schwägerinnen und Schwager sowie deren kleine Kinder, die – nach Mutters kurz angebundener Auskunft – *„alle im Zweiten Weltkrieg umgekommen waren"*)! Meine Mutter hatte lediglich erzählt, dass einer ihrer Brüder *in der traditionellen, weiten, weißen Bauernhose* mit den Nachbarsburschen *auf dem Feld arbeitete.* Und

dass meine Großmutter im Gegensatz zu den Nachbarsfrauen lesen konnte, auch sehr gern las (sie ließ sich die Zeitung „Pesti Napló"* aus Budapest kommen), sie konnte aber nicht nur Ungarisch, sondern außerdem noch Griechisch, Lateinisch und Hebräisch – in diesen alten Sprachen hatte sie, als sie als junges Mädchen in Verbőc lebte, der dortige reformierte Pastor unterrichtet …

(Ein Foto von ihren Familienangehörigen hatten wir natürlich nie zu Gesicht bekommen, *es gab keins* – nach dem Tod unserer Mutter tauchten dann aber doch zwei Fotografien auf: Wir fanden sie unter dem Schrankpapier in einer ihrer Schubladen. Auf einem der Fotos sieht man ihre Eltern starr und angespannt in die Kamera blicken – es ist ein gestelltes Foto aus dem Atelier eines Fotografen in Debrecen: Ihre Mutter trägt eine topfförmige Kopfbedeckung, und der Vater neben ihr einen breitkrempigen, schwarzen Hut …

Das zweite Foto ist eine Amateuraufnahme, die vor der Pforte des Hauses des ältesten Bruders gemacht wurde: Auch darauf ist die Mutter meiner Mutter – fast schon meine Großmutter – zu sehen, diesmal mit einem ganz unauffälligen, nach hinten gebundenen Kopftuch, vor ihr stehen zwei ihrer Enkel im Alter von etwa vier bis sechs Jahren *(meine Cousins!)*: Beide stehen in einem weißen Hemd, in schwarzem Anzug und mit einem schwarzen Hut auf dem Kopf in der sengenden Sonne auf dem verbrannten Gras im staubigen Hof …)

Es war nicht nur so, dass einige Teile der Familiengeschichte in dem großen Puzzle der „Abenteuer" fehlten, die immer neuen Schichten, die sich über die zu unterschiedlichen Zeiten erzählten Geschichten legten, schoben sich ineinander. Auf diese Weise entstanden aufregende, schwer festlegbare „bewegliche" Narrative: Bewegte ich das Kaleidoskop in die eine Richtung, entstand ein zauberhaftes Gebilde, aber wenn ich meine Hand auch nur leicht bewegte, sah ich schon wieder etwas ganz anderes …! Geradezu *postmodern*! Es gelingt nie, alle Elemente der Erzählung derart aneinander zu reihen, dass eine kohärente Geschichte daraus wird!

---

* „Pesti Napló": Deutsch: „Pester Tagebuch"; politische Tageszeitung von 1850 bis 1939 (D.F.)

Ein Beispiel hierfür ist die Grundfassung der Geschichte aus der Zeit der „Illegalität": als meine Mutter als Zimmermädchen beinahe wegen ihrer Leidenschaft für Attila József und Ady aufgeflogen wäre … Nach einiger Zeit wurde diese Geschichte um eine neue Episode erweitert: Das Zimmermädchen war gerade beim Fensterputzen, als aus einer Nachbarwohnung die BBC-Nachrichten ertönten. Die Hand mit dem Putzlappen hielt inne, und meine Mutter, ihre Rolle vergessend, lehnte sich weit aus dem Fenster – sie war dermaßen aufgeregt über das, was die Engländer über den Verlauf des Krieges verlautbaren ließen … Der Nachbar sprach das „Zimmermädchen" daraufhin an und flüsterte ihr zu, sie könne ruhig jederzeit herüberkommen, wenn sie Radio hören wolle … In ihrer abendlichen Märchenstunde kommentierte meine Mutter dieses Angebot nie, kein einziges Wort über die Tollkühnheit des Nachbarn, der den feindlichen Radiosender bei geöffnetem Fenster dermaßen laut aufgedreht hatte und dann noch das Zimmermädchen der Nachbarn einlud, bei ihm BBC zu hören …

Später wurde diese Geschichte um noch eine Schicht ergänzt, aber für ein Budapester Stadtkind war vieles darin vollkommen unverständlich: Die *„junge gnädige Frau"* erwartete ihren Gatten aus Deutschland, wo er bei Bosch arbeitete, und die ältere „gnädige Frau" beauftragte das Zimmermädchen, zu Ehren ihres Schwiegersohnes für das Mittagessen ein Huhn zu schlachten. Meine Mutter verweigerte jedoch entschieden, diesen Auftrag auszuführen – sie würde das Huhn nicht schlachten!

Darf sich ein Zimmermädchen, das mit falschen Papieren untergetaucht ist, im Jahr '44 so ein Benehmen herausnehmen …?! Wundersamerweise wird sie nicht entlassen. Die gnädige Frau wendet sich an alle Hausbewohner, aber keiner zeigt sich willens, die Aufgabe auszuführen, auch nicht sie selbst oder ihre Tochter, die „junge gnädige Frau". Schließlich trifft der Schwiegersohn ein, und es bleibt ihm nichts anderes übrig, als dem für die Suppe bestimmten Huhn selbst den Hals umzudrehen … Ich gehe davon aus, dass meine Mutter nach ihrer zionistischen Phase nicht nur mit ihrer jüdischen Vergangenheit gebrochen hatte, sondern in keiner Weise an sie erinnert werden wollte (*„die Vergangenheit ein für alle Mal auslöschen…!"*) – in dieser Episode aber scheint es darum zu gehen, dass ein orthodoxes, streng koscher lebendes, in einer dörflichen Familie aufgewachsenes Mädchen nicht anstelle des Schächters ein Huhn schlachten durfte … Aber warum durften das die „Gnädigsten" nicht …?

Ich bin schon erwachsen, als meine Mutter diese Geschichte wieder hervorholt. Sie erzählt uns ihre Geschichten natürlich nicht mehr vor dem Einschlafen, sondern beim gemeinsamen Mittagessen, und irgendwie kommt sie im Zusammenhang mit einem anderen Thema auf diese Begebenheit zu sprechen. Zu unserer Überraschung, durch ein nebenbei erwähntes „wir", kommt jetzt heraus, dass sie in Wirklichkeit *zu zweit* in jenem Haus in der Illegalität lebten – ein „Genosse" als ihr Ehemann wohnte auch dort – oder besser gesagt ihr Ehemann, der auch Genosse war …

Dann, ein paar Erzählungen später, wird das Portrait des BBC-Nachbarn um einige Details erweitert: Die Kurbel der illegalen Kopiermaschine meiner Mutter war gebrochen, ohne diese konnte die Maschine das Papier jedoch nicht einziehen (mit dieser Maschine stellte meine Mutter sogenannte „Lollys" her, kleine Flugblätter, die an Hauswände geklebt wurden, und verteilte sie, nachdem ihre tägliche Arbeit als Zimmermädchen beendet war). Ihr fiel nichts Besseres ein, als beim Nachbarn höflich anzuklopfen und zu fragen, ob er helfen könne, *dieses „Ding"* zu reparieren – die richtige Bezeichnung wollte sie natürlich nicht benutzen, denn dann wäre sie sofort aufgeflogen. Der Nachbar sagte, er habe eine kleine Werkstatt in Pest, hinter dem Westbahnhof, meine Mutter solle die Maschine dorthin bringen. Die „kleine Werkstatt" entpuppte sich vor Ort als Fabrik, und der Nachbar als der Fabrikdirektor. Er nahm die Kopiermaschine eigenhändig entgegen und meinte, er würde das „Ding" in seiner Werkstatt reparieren, damit nicht irgendjemand merke, um was es sich dabei handele. *„Jetzt fällt mir auf, dass dieser Nachbar ein ganz anständiger Mensch war* – sagt meine fünfundachtzigjährige Mutter beim Mittagessen am Küchentisch –, *man sollte herausfinden, ob er noch lebt, ich könnte dann bezeugen, dass er mir wirklich geholfen hat …"*

Bei einer anderen Gelegenheit, als ich mich schon verabschiede und im Mantel in der geöffneten Wohnungstür stehe, fängt sie plötzlich unvermittelt mit einer neuen Geschichte an: *„Habe ich dir schon erzählt, wie sehr die beiden Gnädigsten Angst hatten, wenn an der Haustür geklingelt wurde? Sie baten mich, dass auf jeden Fall ich die Tür öffnen sollte, wenn es an der Tür klingelte, damit sie sich in der Zwischenzeit im hintersten Zimmer* *verstecken könnten ...* " Ich bin vollkommen perplex. Meine Mutter hatte die Situation früher in einem ganz anderen Licht dargestellt: Bislang waren die beiden wohlhabenden „Gnädigsten" und deren Milieu, in dem die Menschen kein Verständnis für die Lage der Verfolgten aufbrachten und in deren Mitte meine Mutter sich als „Zimmermädchen" versteckt hielt, als „Feindesland" erschienen, wo sie auf Schritt und Tritt auf der Hut sein musste. – Was bedeutete also diese neue Wendung? – Waren *die* etwa auch Juden??? – Was sollten die denn sonst gewesen sein?! – antwortet meine Mutter, als sei das vollkommen selbstverständlich –, *sie hätten sich schon längst ins Ghetto begeben müssen ...*

An dieser Stelle ging die Geschichte nicht weiter, selbst Jahrzehnte später hatten sich die Sicht meiner Mutter und ihre Erzählhaltung um keinen Deut geändert: Für sie spielte es keine Rolle, dass die Herrschaften genauso jüdisch waren wie sie selbst. Judenverfolgung hin oder her: In den Augen meiner Mutter waren das die *Gnädigen* und sie die *Proletarierin*.

„Sogar in den schrecklichsten Zeiten gibt es glückliche Momente" – beginnt meine Mutter eines Tages eine andere Geschichte.

Zu diesem Zeitpunkt bin ich kein Kind mehr, und auch sie ist nicht mehr die energische und dynamische Mutter, von der ich als Kind glaubte, dass sie *alles* könne. Sie hat Gedächtnisprobleme, müsste regelmäßig Medikamente einnehmen, was sie aber vergisst, andererseits erlaubt sie niemandem, sich in ihr Leben einzumischen, was gelegentlich zu Spannungen zwischen uns führt ... Doch im Augenblick sitzt sie hilflos und in sich versunken am Küchentisch.

Diese Geschichte hatte ich noch nie gehört.

„Die Stadt wurde schon heftig bombardiert, aber an diesem winterlichen Sonntagmorgen herrschte Ruhe, und die Sonne schien so warm und sanft, als wäre es schon Frühling. Wir wanderten schnell in die Budaer Berge hinauf, setzten uns auf einen Felsen, dort knöpfte ich mir die Bluse auf und sonnte mich. Das war das Glück selbst ...

Doch dann dröhnten plötzlich die englischen Bombenflugzeuge wieder auf, und damit war es vorbei mit dem Idyll."

Das ist ein schönes Bild: Ich sehe zwei junge Menschen vor mir, wie sie selbstvergessen in der Sonne liegen; ich spüre die warme Frühlingssonne auf meinen geschlossenen Lidern und erlebe diesen Moment des Friedens und der Ruhe. Nur das Gesicht neben dem meiner Mutter kann ich mir nicht vorstellen …

– *Mama, mit wem warst du da?* – frage ich neugierig, um mein Bild von der Gestalt neben ihr zu vervollständigen. – *Wie, mit wem?!* – fragt sie etwas unwillig, wie jemand, den man mit dummen Fragen aus dem Konzept bringen will. – *Mit deinem Vater natürlich!* – Das ist ausgeschlossen! – werfe ich unbedacht ein: *Papa war damals in Auschwitz* –, *und außerdem habt ihr euch doch erst nach dem Krieg kennen gelernt …* – *Dann sicher mit meinem ersten Mann …* Ich erinnere meine Mutter daran, dass sie ihren ersten Mann im Jahr 1942 zum letzten Mal sah, als er zum Arbeitsdienst eingezogen wurde … Kurz zuvor hatte sie eher zufällig Folgendes „gestanden": Im Hof einer Kneipe in Szentendre habe sich eine Sammelstelle für die Arbeitsdienstler befunden, und hier hätten sie sich für immer verabschiedet. (Der Hof der Kneipe ist heute ein Skulpturengarten. Als ich ein junges Mädchen war, gingen mein Bruder und ich, mit einer Eistüte in der Hand, sonntagnachmittags oft mit unseren Eltern zwischen den modernen Skulpturen spazieren … Unsere Mutter machte damals keinerlei Andeutung, welche Bedeutung dieser Ort für sie hatte …)

– *Dann war ich sicher mit meinem Bruder Kálmán dort …* – versucht sie es weiter, aber es ist nicht schwer zu durchschauen, dass das unmöglich ist: Kálmán hatte sich noch in dem Jahr, in dem er aus Palästina zurückkam, in Spanien bei den freiwilligen Internationalen Brigaden gemeldet. Eine Zeit lang kamen noch Briefe von ihm – er schickte sie über einen Freund mit einem Pariser Absender –, und dann brach die Verbindung ab. Kálmán starb noch im selben Jahr.

Ich stelle mir die Geschichte meiner Mutter in einem „postmodernen" Film vor: Die weibliche *Figur* wäre (wenngleich stumm) immer deutlich erkennbar, während das Gesicht des neben ihr sitzenden Mannes verschwommen wäre, und wenn sein Gesicht Konturen gewonnen hätte, flöge er – schwupps! – aus dem Bild …

Doch dann schloss meine Mutter das Thema kurzerhand ab: – *Ich habe keine Ahnung, wer neben mir auf dem Felsen saß …*

Aber warum wäre das auch heute noch wichtig?

Katalin Pécsi

Bisher habe ich noch nie unaufgefordert über mich selbst geschrieben: Als Literaturwissenschaftlerin schreibe ich über Schriften anderer, als Redakteurin bearbeite ich fremde Texte. Frei und freiwillig schreibe ich höchstens E-Mails und Blogeinträge – letzteres allerdings mit viel Vergnügen.

An der ELTE-Universität studierte ich Ungarisch und Französisch, mein Diplom machte ich im Fach Ästhetik, meinen PhD wiederum im Fach Literaturtheorie. Mit Literatur habe ich mich auf verschiedenen Gebieten beschäftigt: Ich war herausgebende Lektorin, Verfasserin von Abhandlungen, habe Anthologien zusammengestellt, war Lehrerin am Gymnasium, habe an der Universität unterrichtet, auf Konferenzen Vorträge gehalten, war Gast bei Podiumsdiskussionen – manchmal auch als Moderatorin tätig … Ich war Mitbegründerin der Stiftung EszterTáska und des Vereins EszterHáz: Unsere Organisation beschäftigt sich mit den speziellen Problemen jüdischer Frauen: als Jüdinnen in der Welt der Frauen – und als Frauen in der jüdischen Gesellschaft.

In den letzten anderthalb Jahrzehnten hat mich vor allem „a szenvedés neme" (das Geschlecht des Leidens) beschäftigt: Erinnerungen an den Holocaust – aus der Sicht von Frauen. 2007 erschien meine Anthologie „Sós kávé – Elmeséletlen női történetek"*, deren Erfolg mich darin bestärkte, meine Tätigkeit als Entdeckerin (und Muse) weiterzuführen, denn die Erfahrungen von Frauen und ihre Erzählfreude sind eine unerschöpfliche Quelle – man muss nur die Rahmenbedingungen für neue Erzählungen schaffen.

---

* Deutsche Ausgabe: „Salziger Kaffee – Unerzählte Geschichten jüdischer Frauen". Zusammengestellt und bearbeitet von Katalin Pécsi. Herausgegeben von der Gedenkstätte Deutscher Widerstand in Kooperation mit dem Internationalen Auschwitz Komitee und dem Holocaust Gedenkzentrum Budapest, Novella Kiadó 2009 (D.F.)

2012 organisierte ich eine Ausstellung in Berlin über die Erfahrungen von ungarischen Frauen, die die Höllen des Holocaust durchlitten haben, und die unter ihnen herrschende Solidarität – diese Ausstellung mit Bildmaterial und persönlichen Geschichten in drei Sprachen war von Januar bis Ende Februar 2013 unter dem Titel „… együtt maradni …"* auch in Budapest zu sehen.

Ich lebe in Budapest, habe zwei Söhne und einen Enkel.

---

* „… zusammen bleiben … sticking together … együtt maradni … Ungarische Überlebende des Holocaust berichten". Eine Ausstellung des Internationalen Auschwitz Komitees in Kooperation mit der Gedenkstätte Deutscher Widerstand, dem Staatlichen Museum Auschwitz-Birkenau und der Internationalen Jugendbegegnungsstätte Oświęcim/Auschwitz, Erstpräsentation Berlin 2012 (D.F.)

Vera Surányi

DER SCHRANK VON TANTE BÍRÓ

In unserer Familie war es nicht üblich, sich zu umarmen oder sich zu berühren. Einmal im Jahr, zu Weihnachten, küssten wir uns und murmelten dabei Fröhliche Weihnachten. Aber wir hatten keine Vorstellung davon, was es mit diesem Fest eigentlich auf sich hatte. Naja, es war halt ein Fest, bei dem die Menschen sich gegenseitig beschenkten. Das war alles. Das Wort Jude wurde in unserer Familie in meiner Gegenwart zum ersten Mal erwähnt, als ich sechzehn war. Damals fragte ich nämlich meine Mutter etwas provokativ: Sind wir etwa *Juden?* Für mich war das ein irgendwie anrüchiges, hässliches Wort. Zu meinem größten Erstaunen sagte meine Mutter nach kurzem Schweigen: *Ja.* Und dann sprudelten die Geschichten über die Konzentrationslager nur so aus ihr heraus. Dabei blieb es, aber ich begann, mich in Bibliotheken in Bücher zu vertiefen und viele Jahre später in die Tagebücher meiner Mutter …

Als ich Kind war, hatte meine Beziehung zu meiner Mutter etwas Zwanghaftes. Ich erinnere mich daran, wie sie mich einmal, als ich ungefähr sieben Jahre alt war, in der Straßenbahn auf dem Schoß hielt, ich aber nicht wagte, mit meinem ganzen Gewicht auf ihr zu sitzen, um ja nicht zu schwer für sie zu sein. So balancierte ich, halb in der Luft hängend, auf den Zehenspitzen. Hinterher konnte ich kaum auftreten, weil mir die Beine eingeschlafen waren. Ständig waren wir voreinander auf der Hut. Ich, weil ich sicher war, wieder irgendetwas falsch gemacht zu haben, und sie, weil sie befürchtete, dass ich etwas getan hatte, was sie nicht guthieß. Das führte mit der Zeit dazu, dass wir uns ungewollt in diesem Verhalten bestärkten. Ich bemühte mich, Handlungen vor ihr zu verbergen, von denen ich glaubte, dass sie sie verurteilte. Zum Beispiel, als ich anfing, mich für Jungen zu interessieren und mich heimlich mit ihnen zu treffen. Da war ich ungefähr fünfzehn Jahre alt. Damals musste ich abends spätestens um neun Uhr zu Hause sein. Diese Regel galt aber nur für die

Wochenenden, denn unter der Woche durfte ich auf keinen Fall ausgehen, da musste ich lernen. Deshalb schlich ich mich oft abends nach neun Uhr unbemerkt aus dem Fenster davon (wir wohnten im Erdgeschoss).

Wenn man die Beziehung zwischen mir und meiner Mutter besser verstehen will, muss man in die Vergangenheit gehen. Irgendwie spürte auch meine Mutter, dass unser Verhältnis angespannt war. Sie führte deshalb Tagebuch und gab mir von meinem sechsundzwanzigsten Lebensjahr an nach und nach Teile daraus zum Lesen. Nach ihrem Tod fand ich noch weitere Aufzeichnungen, sie hatte nämlich nie etwas weggeworfen und sogar das Impfbuch unserer Katze aufbewahrt. Hatte sie womöglich damit gerechnet, dass ich mit ihren Aufzeichnungen etwas anfangen würde? Denn wenn nicht ich, wer dann sonst?!

Machen wir also einen großen Sprung in die Vergangenheit, in das Jahr 1937, als meine Mutter siebzehn Jahre alt war.

1937 (aus dem Tagebuch meiner Mutter)

„… Dies ist der letzte Sommer im Frieden, sagten wir im Sommer des Jahres 1937. Wir zogen abends zusammen los, wir Jugendlichen aus Halas und die Kinder von Verwandten im Alter zwischen sechzehn und sechsundzwanzig, die in Halas ihre Ferien verbrachten. Wir trafen uns nach dem Abendessen entweder in der Konditorei, auf der Kossuth Straße oder weiter draußen beim Hősök Park, dort diskutierten wir dann in lockeren Runden zu acht oder zehnt über Politik und Literatur … Wer anerkannt sein wollte, musste mit etwas Besonderem aufwarten können, zum Beispiel über Literaturkenntnisse oder musikalisches Talent verfügen. Daran wurde man in der Gruppe gemessen …"

1940 (aus dem Tagebuch meiner Mutter)

„… Silvester 1940 feierten wir bei mir. Alle aus der alten Clique, die noch zu Hause wohnten oder gerade ihre Ferien hier verbrachten, taten sich zusammen. Wir hatten abgemacht, dass jeder etwas zum Trinken mitbringen sollte. Mein Zimmer – hinten am Ende des Ganges, erwartete hübsch zurechtgemacht und gut geheizt die Gäste. Die Herdplatte des eisernen Ofens glühte rot. In einen großen Kupferkessel gossen wir alle mitgebrachten alkoholischen Getränke, Schnaps, Sekt. Wir erhitzten das Gebräu, schnitten Kompott hinein und tranken es anschließend aus Tassen. Es war ein furchtbarer Zaubertrank,

der uns schnell betrunken machte. Jeder reagierte in diesem Zustand anders.
Mich überwältigte der Kummer, und ich klagte um jeden Freund, von dem
ich keine Nachricht hatte. Ich konnte gar nicht aufhören zu weinen. Ich ging
nach draußen und lehnte mich an die Säulen. Das Gesicht dem kalten Mond
zugekehrt, saß ich auf den Stufen der offenen Veranda und weinte stunden-
lang. Jedenfalls kam es mir so vor. Ich glaube, in jener Nacht weinte ich, weil
ich kein Kind mehr war …"

1942 heiratete meine Mutter in Budapest. Über ihren hergelaufenen
Bräutigam hatte sich die ganze Familie schon vorher eine Meinung gebildet, er besaß noch nicht einmal einen ordentlichen Pass. Die Familie war
nicht eingeweiht worden, dass er ein paar Jahre zuvor als Kommunist
illegal bei Komárom über die Grenze geflohen war. Im Trauschein steht
neben dem Namen des Bräutigams *„Nationalität unbekannt"*. Aus dieser
Ehe stammt ein Sohn, er wurde 1943 in Óbecse geboren: Andris.

1944 (aus dem Tagebuch meiner Mutter)
„… Wie alle jüdischen Männer aus Kiskunhalas wurde auch Pisti (mein
Vater – V.S.) *zum Arbeitsdienst eingezogen. Einige Monate später am 17. Juni*
1944 brachte man die Frauen, Kinder und alten Leute in die Ziegelei nach
Szeged. Wir hausten dort in den Schuppen und schliefen in unserer Kleidung
auf einer Wolldecke auf dem Boden. Dort breiteten wir auch das Wenige aus,
das wir noch besaßen, dort aßen wir und harrten unseres Schicksals. Fliehen
konnten wir nicht – denn wir wurden von Gendarmen bewacht und das
Gelände war mit Stacheldraht umzäunt. Wir waren mehrere Tausend. Man-
che waren allein, manche mit Familienangehörigen dort. Den verderblichen
Teil unseres mitgebrachten Proviants verzehrten wir nach und nach, und
zweimal am Tag erhielten wir eine warme Plörre zu essen. Ich kann mich
nicht erinnern, dass uns in diesen zehn bis zwölf Tagen der Hunger „geplagt"
hätte.
Die ganze Zeit über waren wir sehr beschäftigt. Es wurden Strategien dis-
kutiert. Jeder Schlaumeier hatte einen Tipp, wie man Gruppen zusammen-
stellen sollte – dazu war ein entsprechender Befehl erteilt worden –, und zwar
möglichst so, dass die Familien zusammenbleiben würden. Man müsse die
Kinder, die noch nicht arbeiten könnten, und die alten Leute, die zu schwach
wären, irgendwie in diese Gruppen integrieren. Aber es war alles reine Speku-

lation, denn niemand vermochte zu sagen, zu welcher Art Arbeit man uns schicken würde. Tagelang zogen wir von Schuppen zu Schuppen, hörten uns um und stellten Überlegungen an. Diejenigen, die aus demselben Ort kamen – aus Halas, Vadkert, Kiskőrös oder Szeged –, kannten sich untereinander mehr oder weniger gut und diskutierten in entsprechenden Gruppen, wem sie sich anschließen und worauf sie sich einstellen sollten. Die Besserwisser gaben Anweisungen, die Hilflosen waren ratlos. Ich zog mit meiner damaligen besten Freundin Lili Pollák durch das Lager in der Ziegelei.

Ich hatte ein kleines, viereinhalb Monate altes Kind, aber ich war eine junge, starke, arbeitsfähige Frau. (...) Wir schlossen uns schließlich den Szegedern an. „Wir", das waren einige junge Frauen aus Halas, die Büchner-Mädchen, die Schönheim-Mädchen und ein paar Frauen vom Kirchhof.

Die Szegeder waren eine starke Mannschaft. Aus ihrem Kreis ging auch der Leithammel, Alfréd Acél, hervor. Möge er selbst im Grabe keine Ruhe finden! Wir fragten uns, was besser war: Sollte man lieber früher oder besser später eine Gruppe bilden und um den Abtransport bitten? Über die Lager in Polen waren uns schon grässliche Gerüchte zu Ohren gekommen, die wir einerseits glaubten, andererseits auch wiederum nicht. Aber wir waren ja stark, tüchtig und arbeitswillig. Wir wurden gebraucht. Wir würden so lange durchhalten, bis Hitler gestürzt war.

Mehrere Tage lang herrschte ein reger Tauschhandel wie auf einem großen polnischen Marktplatz. Wer glaubte, etwas Überflüssiges zu besitzen, wollte es für etwas Wichtigeres eintauschen, am liebsten für Geld oder Schmuck.

Nach und nach verbreiteten sich in der Ziegelei immer neue Schreckens-nachrichten: Man müsse alles Geld abgeben, Schmuck könne man nicht oder nur sehr gut versteckt mitnehmen, es würde einem einfach alles abgenommen, lediglich die Kleidung, die man am Körper trug, und einige Lebensmittel dürfe man behalten. Wir gingen durch die „Gassen" und fragten uns, wie die Menschen so viele überflüssige Dinge mitschleppen konnten. Natürlich war es für Händler, wohlhabende Menschen und große Haushalte schwieriger zu entscheiden, was das Allernötigste war. Wir sahen einige, die mit Lederhand-schuhen handelten, nicht etwa mit einem Paar, sondern mit fünfzehn, zwan-zig Paaren. Andere handelten mit Silberlöffeln. Wir hatten uns bei unserem Gepäck schon deshalb beschränken müssen und es nicht einmal auf die offizi-ell zugelassenen dreißig Kilo gebracht, weil weder mein Vater noch meine Mutter schwer tragen konnten. Mein Kind trug ich in einem Wäschekorb, den einen Henkel hielt ich, für den anderen fand sich immer eine hilfsbereite Seele, außerdem brachte ich noch einen Rucksack mit, in den ich das Allernötigste gestopft hatte. Aber was war das Allernötigste? Wer wollte das entscheiden.

Im Ghetto, wo wir die letzten Wochen im Haus der Büchlers verbracht hatten, hatte jeder von uns vor dem Abtransport seine Sachen schön ausgebreitet, und anschließend verteilten wir alles so, dass jeder etwas von den wichtigsten Dingen abbekam. Im Wesentlichen ging es um warme Kleidungsstücke, gutes Schuhwerk und trockene Lebensmittel. Draußen auf dem Hof, im Blumengarten, wurde dann alles gepackt. Es war Vorfrühling, die Narzissen begannen zu blühen, und an den Fliederbüschen zeigten sich die ersten Knospen. Tercsi Büchler überredete mich, ihren Wintermantel mitzunehmen, der erst in diesem Jahr genäht worden war. Es war ein wattegefütterter Wollmantel mit einem Pelzbesatz, der mir bis zu den Knöcheln reichte. In diesem Mantel zog ich los. Joli Büchler zog meine Stiefel an. Und wir buken Honigkuchen, weil der ewig lange haltbar ist, füllten Einbrenne in kleine Schachteln und knackten alle Walnüsse und Haselnüsse, die wir hatten.

Ich hatte unter den „wichtigen" Sachen auch einen Haufen Fotos und Briefe mit ins Ghetto gebracht. Aber als ich den Rucksack packen musste, blieben diese Dinge schließlich doch draußen. Auch die feinen Kleider und die Stöckelschuhe ließ ich unten im Schrank liegen. Aber den alten, wettererprobten, beigefarbenen Wollpullover, den ich schon als junges Mädchen zum Schlittschuhlaufen getragen hatte, nahm ich mit: Es war ein hässliches Teil, aber warm wie ein Ofen. Wie oft habe ich später meinen Verstand gesegnet, mich für diesen Pullover entschieden zu haben – ich glaube, er hat nicht unwesentlich dazu beigetragen, dass ich überlebt habe. Ich habe ihn sogar wieder mit nach Hause gebracht. Erst nach meiner Heimkehr habe ich ihn weggeworfen. Ich weiß nicht, wie viele Läuse darin ein- und ausgegangen waren. Vielleicht hätte ich wenigstens ein Stück davon aufbewahren sollen wie ein Stück von der Berliner Mauer – als Souvenir.

Ich sehe mich noch in der Stube der Büchlers vor dem Spiegel stehen. In meinen Rucksack passt schon nichts mehr hinein. Bücherstapel liegen auf dem Fußboden, und ich überlege, dass der Pullover zwar sehr warm, aber leicht ist. Also beschließe ich, ihn mitzunehmen, auch wenn der Sommer bevorsteht. Er taugt ja auch als Zudecke. Und mit dem dunklen Tuch um den Kopf erkennt mich nicht einmal meine Mutter ... Und dann sehe ich mich später in der

Kolonne auf dem Weg zum Bahnhof, gemeinsam mit meinem Vater trage ich den Wäschekorb mit meinem kleinen Kind."

Mein Bruder starb 1945 im Alter von anderthalb Jahren im Zug von Theresienstadt nach Budapest an Typhus. Als meine Mutter es geschafft hatte, sich einen Platz in einem der überfüllten Züge zu erkämpfen, war Andris' Zustand schon einige Tage lang kritisch gewesen. Meine Mutter hob ihn unterwegs unzählige Male an ihr Ohr, um zu prüfen, ob sein Herz noch schlug. Sie begrub ihn mit Hilfe meines Großvaters in Nagykőrös, als der Zug für längere Zeit am Bahnhof stehen blieb. Der Zug setzte sich schon langsam wieder in Bewegung, als es ihnen noch in letzter Minute gelang, sich wieder in den Zug zu ziehen, es war ungewiss, wann es wieder einen geben würde. Bei ihrer Ankunft in Kiskunhalas hörte meine Mutter plötzlich die Stimme meines Vaters. Es war schon ein Jahr vergangen, seit sie sich das letzte Mal gesehen hatten. Er hatte mehr Glück gehabt als sie. Als er im September 1944 mit dem zweiten Transport ungarischer Arbeitsdienstler unter deutscher Bewachung von Bor in Richtung Deutschland unterwegs war, wurde dieser Transport von Titos Partisanen befreit. Dadurch überlebte mein Vater den Krieg. Als meine Mutter aus Theresienstadt in Kiskunhalas eintraf, war mein Vater schon mehrere Monate dort gewesen und hatte sich bereits an die neue politische Lage angepasst, er bekleidete ein wichtiges Amt in der Stadt. Bei ihrem Wiedersehen überkam meine Mutter die Angst. Die erste Frage meines Vaters war: „… *und das Kind?"*

Auszug aus einem Brief meiner Mutter an meinen Vater, Januar 1946
„… Als wir nach Hause kamen, war in mir eine große Leere. Ich war wie gefühllos. Je mehr die Zeit verging, desto quälender wurden meine Träume. Nachts schreckte ich in kaltem Schweiß gebadet und mit Erstickungsgefühlen auf. Du weißt, wie oft ich weinte, ohne dir zu erklären, weshalb. Ich vermag immer noch nicht darüber zu sprechen. Vielleicht kann ich, wenn ich wieder ein Kind in meinen Armen halte, darüber sprechen, wie schön er war, mit seiner gewölbten hohen Stirn und seinen schwarzen Augen. Er hatte deine Züge im Kleinen, er war so zierlich und goldig. Ich sehe ihn noch vor mir, wie er ganz vertieft mit einem Knopf spielt, wie er mit beiden Händen ein Stück Brot zum Mund führt …"

Meine Mutter spürte, dass die Beziehung zu meinem Vater nicht wieder in Ordnung kommen würde. Sie glaubte, er könne ihr nicht verzeihen, dass sie ohne den Sohn zurückgekehrt war. Ob das wirklich so war, fand sie nie heraus, aber neun Monate nach ihrem Treffen brachte meine Mutter eine Tochter, mich, zur Welt.

Von meiner Mutter weiß ich, dass ich nachts um zwei unter sehr verworrenen Umständen geboren wurde. Sie machte sich mitten in der Nacht zum Krankenhaus auf, wurde aber unterwegs von russischen Soldaten aufgehalten, in Sopron herrschte im Jahr 1946 um diese Uhrzeit Ausgangssperre. Als die Soldaten schließlich begriffen, worum es ging, begleiteten sie meine Mutter zu dem nächstliegenden, von Nonnen geführten Krankenhaus. Die Nonnen schauten durch das kleine Guckloch im Tor, erblickten die russischen Soldaten, die mit ihren Gewehrkolben anklopften, und wollten ihnen zunächst nicht öffnen. Um ein Haar wäre ich draußen vor dem Tor zur Welt gekommen. Schließlich wurde meiner Mutter dann doch geöffnet, und aus Dankbarkeit den Nonnen gegenüber ließ sie meine Religionszugehörigkeit mit „römisch-katholisch" in die Geburtsurkunde eintragen.

Als ich am 20. April geboren wurde, war mein Vater irgendwo unterwegs, seine neugeborene Tochter sah er erst einige Wochen später.

Mehrmals fortgesetzter, nie abgeschickter Brief meiner Mutter an meinen Vater, 1946

„Es ist schon fast sechs Wochen her, dass du bei mir warst. Ich bin stumm und nicht imstande zu sprechen, nur dir kann ich erzählen, wie ich mich fühle. Ich hasse die leere Stube, die kalten, hässlichen Wände. Ich stehe oft minutenlang an der Tür und klammere mich an der Klinke fest, während ich darum ringe, mein Grauen vor dem Alleinsein zu überwinden.

Ich führe mir vor Augen, dass ich ja nicht allein bin, weil ich für ein anderes Wesen lebe und arbeite, und dass diese Aufgabe wichtiger ist als meine Sehnsucht nach Zärtlichkeit und Privatleben. Mir laufen die Tränen herunter, weil es mir nicht gelingt, mich selbst davon zu überzeugen. Ich brauche jemanden, mit dem ich alles besprechen kann. Ich vermisse deine spöttischen Bemerkungen darüber, dass ich immer etwas „Großes" will. Die Erinnerungen an meine Kindheit und an die Lagererlebnisse verdränge ich, so gut es geht. Ich vertiefe mich in meine Arbeit. Auf diese Weise versuche ich, mich zu befreien.

Ich strebe fortwährend danach, ein besserer Mensch zu werden, aufrichtig und gerecht zu handeln. Ich möchte meinem Kind Menschlichkeit und gedankliche Klarheit vermitteln. Ich wünsche mir, dass es dir ähnlich wird. Ich würde dich so gerne oft sehen, aber ich kann dich nur im Geiste heraufbeschwören und nur im Traum die Entfernung zwischen uns überwinden …"

Brief meiner Mutter fünf Tage vor meiner Geburt, an meinen Vater, 14. April 1946

„Lass uns den Tatsachen ins Auge sehen! Was ist los? Dass etwas nicht stimmt, fühle ich, es lässt sich nicht mehr leugnen. Wir haben schon ein- oder zweimal eine Krise durchgemacht, aber diese ist ernster. Wenn ich den Grund wüsste, wüsste ich vielleicht auch Rat. Du hast dich mir gegenüber verschlossen. Jedes Gefühl, das nicht auf Gegenseitigkeit beruht, ist krankhaft. Aber ich bin in dieser Hinsicht verhängnisvoll gesund, denn ich werde diesen Zustand nicht lange ertragen. Lass uns offen über alles sprechen, bevor es zu spät ist. Bin ich hässlich geworden? Bin ich unförmig geworden? Während der ersten Schwangerschaft schienst du mich lieber zu haben, du warst zärtlicher und sanfter als sonst. Jetzt gehst du mir aus dem Weg. Ich glaubte, dass auch du dir das Kind sehr gewünscht hast, genauso sehr wie ich … Es gibt Dinge, die wir nicht beeinflussen können, dafür ist niemand verantwortlich. Ich kann dich ruhig anschauen und dir bis zum Ende zuhören. Du musst keine Angst haben, dass ich hysterisch reagiere. Du kennst mich doch, bitte schenk mir eine Viertelstunde, bringen wir es hinter uns."

Die Begegnung fand nicht mehr statt, und ich wurde am 20. April geboren. Meine Mutter ist der Meinung, dass mein Vater enttäuscht war, er hatte sich einen Sohn gewünscht, als Ersatz für den, der „nicht zurückgekehrt" war.

Brief meiner Mutter an mich (2005, ich fand ihn nach ihrem Tod)

„… in der Nacht vom 14. auf den 15. April 1946 fuhr dein Vater zu einer ideologischen Schulung nach Budapest. Es war für mich sehr schwer, allein zu sein, denn die Geburt wurde zwischen dem 18. und dem 20. April erwartet. Als ich am 20. nachts zum Krankenhaus aufbrach, hatte ich den Brief an deinen Vater geschrieben und an auffälliger Stelle in der Wohnung hinterlegt. Dann wurdest du geboren. Ich habe nie erfahren, was Pista beim Lesen des

Briefes empfand. Es kam nie zu einer Aussprache. Einige Monate später zog
ich mit dir nach Budapest, da lebte dein Vater bereits in Pécs und hatte eine
Stellung als Chefredakteur der Pécser Zeitung Dunántúli Napló. "

1949, als ich drei Jahre alt war, ließen sich meine Eltern scheiden. Meine
Mutter und ich lebten inzwischen in Budapest in der Rottenbiller Straße
in einer im Erdgeschoss zum Hof gelegenen Einzimmerwohnung mit
Küche. Ich weiß noch, wie die Erwachsenen aufschrien, wenn sie eine
Maus auch nur aus der Ferne sahen, während ich sie „Miez, Miez" rief.
Ganz verschwommen erinnere ich mich an ein schwarzes Auto und an
eine Tafel Schokolade, die mir mein Vater in die Hand drückte.

Ich muss etwa vier Jahre alt gewesen sein, wir wohnten mittlerweile in
der Damjanich Straße in einer Wohngemeinschaft mit fünf weiteren Par-
teien, als bei uns ein Mann mit drei zusammengeschnürten Büchern unter
dem Arm auftauchte (von Endre Ady und Attila József – wie mir meine
Mutter später erzählte). Er stellte das kleine Paket auf dem Küchentisch
ab und erklärte: Die habe ich mitgebracht!

Am nächsten Morgen untersuchte ich unter großem Kopfzerbrechen
die vier Füße, die unter der Bettdecke meiner Mutter herausschauten. Der
Onkel zog bei uns ein, und bald trug ich seinen Nachnamen. Er wurde
also mein zweiter Vater. Ich genoss das ständige Chaos in der Wohnung.
In der Küche gab es immer Gedränge und große Streitereien, weil sich
niemand an die vereinbarten Zeiten hielt. Aber wenn es draußen Aufmär-
sche gab, versammelten sich alle Bewohner der riesigen Wohnung auf
dem Balkon von *Tante Bíró*, und in dem Moment war der Friede wieder-
hergestellt. Wir konnten auf den Heldenplatz sehen. Ich saß meistens bei
einem der Erwachsenen auf den Schultern. Da ich die Jüngste war, war
ich jedermanns Kind, denn mein Vater und meine Mutter waren selten zu
Hause, wir sahen uns fast nie.

Für mich war es wie ein Fest, wenn ich mit meiner Mutter irgendwohin ausging. Meine Eltern besuchten beide die Hochschule, wo sie
Schnellkurse für das Lehramt belegt hatten. Meine Mutter war Journalistin, mein zweiter Vater Jugendleiter.

In der labyrinthischen, riesigen Wohnung interessierte mich insbesondere der geheimnisvolle, immer verschlossene große Schrank von *Tante*
Bíró im Vorzimmer. Einmal ließ sie zufällig eine Tür offen stehen, und

meinem Auge boten sich unerhörte Schätze dar: perlenbesetzte Schleier, Hüte und Puppen aus Porzellan. Zur Erheiterung der Erwachsenen konnte ich alle Türen in der Wohnung mit Hilfe des Absatzes eines Stöckelschuhs öffnen, aber vor dem Schrank musste ich kapitulieren. Seine Türen wurden abgeschlossen. Eine lange Zeit hoffte ich vergebens, dass er sich noch einmal öffnen würde.

Schließlich zogen wir von dort in eine andere Wohnung in die Kisfaludy Straße. Von meinem „ersten" Vater besaß ich lediglich ein Foto, auf dem er dreiundzwanzig Jahre alt war. Er hatte feurige, schwarze Augen, ein intelligentes, ansprechendes Gesicht mit geschwungenen, dichten schwarzen Augenbrauen. Wenn ich an ihn dachte, sah ich immer dieses Gesicht vor mir.

Als ich ungefähr zwanzig Jahre alt war, etwa um 1966, überkam mich die Sehnsucht, meinen verschollenen Vater kennen zu lernen. Ich wollte herausfinden, worin ich ihm ähnlich war, wie er lebte, warum man ihn 1950 inhaftiert hatte, woran er glaubte und warum er uns verlassen hatte.

Meine Mutter wusste kaum etwas über sein weiteres Leben und gab mir zu verstehen, dass die Nachforschung meine Angelegenheit sei. Ihre Ehe mit meinem zweiten Vater war glücklich. Sie hatten einen gemeinsamen Sohn, meinen Bruder: *Andris*. Meine Mutter hatte natürlich Recht, *ich* wollte etwas über meinen Vater erfahren. Jahrzehntelang suchte und forschte ich nach ihm sowohl in Ungarn wie auch im Ausland. Ich traf mich mit den verschiedensten Menschen, die ihm in einem bestimmten Lebensabschnitt begegnet waren, kam aber nicht weiter. Er war ins Nirgendwo verschwunden. Aus den Unterlagen der Polizei ging hervor, dass er sich „*im Februar 1957 ins Ausland abgesetzt*" hatte. Ich malte mir aus, dass der Hausmeister seinerzeit Meldung machte, er habe meinen Vater schon lange nicht mehr aus seiner Wohnung in der Visegráder Straße kommen sehen. Ich stellte mir meinen Vater als Spion vor, der erschossen worden war, als Doppelspion, der überall verfolgt wurde und der sich unter einem neuen Namen irgendwo versteckt hielt (zum Beispiel in Argentinien), oder als Dichter, der in Frankreich unter einem Pseudonym französische Gedichte veröffentlichte und am Hungertuch nagte.

Viele Jahre später stellte sich heraus, dass meine Phantasie mit dem „Pseudonym" tatsächlich zutraf: Er hatte einen neuen Namen angenommen. Deshalb war es mir auch nicht gelungen, ihn ausfindig zu machen. Er hatte 1957 in England eine neue Familie gegründet, eine Zeitung herausgegeben und mit seiner ungarischen Ehefrau und zwei Töchtern ein Leben als englischer Bürger geführt. Durch einen Zufall fanden seine Töchter mich 2004 über das Internet. Mein Name, den sie vermutlich von ihrer Mutter erfahren hatten, hatte sich nicht geändert. Aber zu diesem Zeitpunkt lag mein Vater schon auf dem Highgate Friedhof begraben – nicht weit von Karl Marx ...

Wir sind uns nie begegnet.

Brief meiner Mutter an mich (2005, ich fand ihn nach ihrem Tod)
„Warum habe ich nie mit dir oder allenfalls selten über das Jahr 1944/45 gesprochen und wenn, dann nur in Halbsätzen?

... Dieser Krampf in meinem Hals, ich fühle ihn auch jetzt noch ... Ich dachte, dass diese Verbitterung einmal vorübergehen würde. Aber nein. Ich kann immer noch nicht frei über die Vergangenheit sprechen. Worte sind nur Worte. Sie reichen nicht aus, um andere fühlen und sehen zu lassen, was geschehen ist. Anfangs habe ich aus Scham nicht darüber gesprochen. Ich schämte mich, dass mir das passieren konnte und dass ich nicht lieber gestorben bin. Ich schämte mich im Namen der Menschheit, die imstande war, Derartiges zuzulassen. Ich schämte mich, dass ich am Leben war, dass der Überlebensinstinkt in mir stärker gewesen war als in denen, die besser und wichtiger waren, die mehr wert waren als ich, die jetzt unter der Erde liegen oder deren Asche vom Wind verweht wurde. Ich schämte mich dafür, dass meine Worte banal oder sentimental klangen. Was hätte ich schon sagen können, was nicht schon so viele vor mir gesagt hatten. Unter Qualen und mit Erstickungsanfällen kämpfend, habe ich alle Filme angesehen, alle Bücher gelesen, derer ich habhaft werden konnte, um eine Antwort auf die Frage zu finden: Hätte ich anders handeln können? Kann ich mich irgendwie von der Scham befreien?

Darin liegt die Grunderfahrung meines Lebens, unauslöschlich und irreversibel ... Der Krieg bot nur scheinbar die Möglichkeit zum Heldentum. Befehle, die Massen in Bewegung setzten, Einberufungen, Säuberungen, Flucht, Umsiedlung, Zusammengepferchtsein, Transport in Viehwaggons ... Alles musste schnell gehen, schnell, nur schnell. Die Gewalt beherrschte die

Menschen. Und währenddessen kamen alle persönlichen Dinge, vertraute

Gegenstände, Freunde und die eigene Identität abhanden. Wir waren nicht mehr diejenigen, die wir früher einmal gewesen waren. Wir waren nur noch Teile einer Menge, ohne Vergangenheit, unserer Gefühle und unserer Wurzeln beraubt. Diese perfide Entpersönlichung mordete uns langsam, an der Front, in den besetzten Gebieten, während der Blockade, in der Quarantäne und im KZ. Man stirbt innerlich ab, tut, was einem befohlen wird, und wird zum Roboter. Wenn man davonkommt, kann man von vorne anfangen, aber ohne Seele, denn es gibt nichts mehr, für das es sich zu leben lohnte …"

Diesen Abschnitt aus dem Brief sowie die Tagebuchfragmente und die anderen Aufzeichnungen habe ich unzählige Male gelesen. In den letzten Lebensjahren meiner Mutter, als sie praktisch nur noch im Bett lag, sind wir einander sehr nahe gekommen. Wir sprachen über Themen, die wir früher nie angerührt hatten. Nicht sentimental, sondern in einer natürlichen Übereinstimmung. Es mag unglaublich klingen, aber ich hätte mir gewünscht, dass dieser Zustand noch lange angehalten hätte …

Vera Surányi
Ich wurde eher zufällig in Sopron geboren, weil meine Eltern sich in dem Durcheinander, das nach dem Krieg herrschte, nicht so schnell für einen Wohnort entscheiden konnten. Ich strebte eine künstlerische Laufbahn als Goldschmiedin an, fand aber keinen Ausbildungsplatz, so gelangte ich über viele Umwege zum Hungarofilm. Meine Arbeit dort bestand darin, ungarische Filme im Ausland, auf Festivals und auf Filmwochen zu präsentieren und Regisseure und Filme in den Medien bekannt zu machen. Ich organisierte auch Spielfilmtage in Ungarn. Nebenher machte ich mein Diplom an der Hochschule für Außenhandel und studierte Filmästhetik. Im Filmmuseum des Ungarischen Filmarchivs Örögmozgó in Budapest organisierte ich ausländische Filmwochen, jüdische Festivals und kulturelle Events. Ich besuchte regelmäßig die Filmfestivals in Berlin, Karlsbad und anderswo, immer auf der Suche nach besonderen Filmen. Ich schrieb für verschiedene Zeitungen, meistens zum Thema Film: Meine Interviews und Artikel erschienen unter anderem in den Zeitschriften „Filmkultúra" und „Szombat". Ich habe das Buch „Minarik, Sonnenschein és a többiek"* über die jüdischen Aspekte des ungarischen Films sowie ein Handbuch für den Unterricht über den Holocaust anhand von Filmen herausgegeben.
Ich bin Mitbegründerin des Vereins Eszterház. Heute lebe ich als Rentnerin in Budapest und bin freiberuflich tätig, abends schreibe ich Artikel und Interviews und organisiere Programme für Filmklubs.

---

* Deutsch: „Minarik, Sonnenschein und die anderen. Jüdische Schicksale im ungarischen Film" (D.F.)

Judit Gera

TOTENTANZ

1.

19. Mai 2011: Nach fast vier Jahren eines quälend langsamen geistigen und körperlichen Verfalls hast du mich endgültig verlassen. Ich habe mich oft gefragt, was wohl nach deinem Tod aus mir werden würde. Ich glaubte, dieser gründliche Vorbereitungskurs, den du mir ungewollt geboten hattest, würde die Sache vereinfachen. Dein Tod trat ja nach einer Art von Nicht-Existenz ein. Denn diejenige, die dreieinhalb Jahre lang auf Zimmer 104 im Jüdischen Charitékrankenhaus lag, war nur noch ein Schatten derjenigen, die du einmal gewesen bist. Du bist langsam gestorben, und ich glaubte, dass das endgültige Verlöschen nur noch eine winzige Veränderung sein würde, ein flüchtiger Augenblick, den ich schon irgendwie überstehen könnte. Ich hatte mich geirrt. Dass du tot bist, ist so bedrückend, grausam und betäubend, dass ich im Moment deines Todes befürchtete, ich müsste dir bald nachfolgen. Dabei wusste ich, dass das nicht so sein würde. Den ganzen Tag lang zu weinen und zu schluchzen, ist nicht möglich, und als nicht religiöse Jüdin kann ich auch nicht Schiwa* sitzen. Zudem lebe ich nicht allein, ich habe einen Mann und zwei erwachsene Kinder. Und auch Freunde. Trotzdem fühle ich mich sehr einsam. Diesen Schmerz empfinde nur ich, doch ich kann dich nicht mehr anrufen, damit du mich tröstest. Denn das könntest nur du. Du würdest meinen Großvater zitieren, der dich in schweren Zeiten mit folgender „Weisheit" aufzumuntern pflegte: *„Schau, Lili, es gibt gute Tage und es gibt schlechte Tage. Auch dieser schlechte Tag wird einmal Vergangen-*

---

* *Schiwa*: siebentägige Trauer nach dem Begräbnis, in der man nach der alten Tradition auf einem harten Schemel oder auf der Erde sitzt und das Haus nur am Sabbat verlässt, um in die Synagoge zu gehen (D.F.)

heit sein." Das würdest du sagen, und dass das nun einmal der Lauf der Dinge sei und dass du mir gegenüber doch immer wieder betont hättest, dass du nicht ewig leben würdest, also solle ich mich jetzt zusammenreißen. Es tut weh, es tut sehr weh – aber auch das wird eines Tages vorübergehen.

Als ich diese Sätze gerade einmal zwei Wochen nach deinem Tod schrieb, konnte mein Schmerz natürlich noch nicht vorüber sein. Deshalb habe ich versucht, Briefe an dich zu schreiben, Mama, da ich dich dort im Jenseits nun einmal nicht unter der alten Telefonnummer erreichen konnte – sofern es denn ein Jenseits gibt. Ich vertraue darauf, dass meine Zeilen dich irgendwie erreichen. Du hast immer gerne Briefe bekommen, und wenn wir nicht zusammen waren, haben wir regelmäßig miteinander korrespondiert. Weil du immer alles für dich – und vielleicht auch für mich – aufbewahrt hast, fand ich mehrere alte, ausgeblichene, schäbige Pappschachteln voll mit alten Briefen. Und jetzt liegen sie alle hier vor mir und locken mich, „lies uns noch einmal", um mich in die aufwühlenden Tiefen der Vergangenheit und in die Hölle der Erinnerung zu entführen. Nein, ich fange besser ganz von vorne an. Hörst du, Mama? Ich will alles noch einmal erzählen, mir selbst und zugleich auch dir, damit wir alles noch einmal durchleben. Damit ich all das überlebe. Hör zu!

2.

Im Sommer 2007 fing es an. Wochenlang herrschte eine unerträgliche Hitze mit Temperaturen von über dreißig Grad. Mein Mann, meine Kinder und ich hatten Wochen zuvor beschlossen, unsere 110 qm große Dachwohnung selbst zu streichen. Es gab kaum ebene Wandflächen, überall gab es Schrägen, Unebenheiten und Risse. Als mein Mann Anfang der Achtzigerjahre des vergangenen Jahrhunderts die Wohnung quasi im Alleingang ausgebaut hatte, bezeichnetest du sie herablassend als *Hühnerbalken*. Dir gefiel unser neues Zuhause nicht, es entsprach nicht deinen Vorstellungen von einer bürgerlichen Wohnung. Aber wir liebten die Wohnung über alles, denn mein Mann hatte sie nach unseren Vorstellungen gebaut. Sie bietet uns allen die Möglichkeit, zusammen zu sein oder uns zurückzuziehen.

Mama, seit ich geheiratet habe und von zu Hause ausgezogen bin, ist kein Tag vergangen, an dem wir nicht miteinander telefoniert hätten. So war es auch in diesem erstickend heißen Sommer. Du hattest mir mehrfach vorgeschlagen, während der Malerarbeiten zu dir zu ziehen, weil so etwas nichts für mich sei. Du warst besorgt um mich. Du hattest bei deinem Vorschlag sicher nicht bedacht, dass ich aus dem gemeinsamen Projekt nicht einfach aussteigen und meinen Mann und die beiden Kinder damit allein lassen konnte. Aber hinter deiner Einladung verbarg sich noch etwas anderes. Es kann natürlich sein, dass ich das erst im Nachhinein so sehe. Es kam mir so vor, als wolltest du mir zu verstehen geben, dass dieser Sommer unser letzter gemeinsamer Sommer sein würde.

Und so war es dann auch. Denn es geschah in diesem Sommer, dass du hin und wieder nicht anriefst. Später stellte ich sogar fest, dass nur ich dich anrief, du mich aber nie. Das war eine kopernikanische Wende in unserer Beziehung und mir vollkommen unbegreiflich. Ich war dir böse, ich glaubte, du wärest beleidigt. Denn du warst oft beleidigt und gekränkt (oft begründet, oft aber auch unbegründet). Also rief ich dich an und fragte, was los sei, warum du dich nicht meldest. Aber du hast nur ein bisschen gelacht. Diese Reaktion erschien mir irgendwie unangemessen. Ich fragte, ob du deine Medikamente eingenommen hast. Deine unsympathische und vermutlich nicht sehr kompetente Hausärztin hatte dir siebzehn verschiedene Arzneimittel verschrieben, die du immer haargenau zur selben Zeit einnahmst. Deine Antwort bestand wieder nur in einem mädchenhaften Gekicher. Und dann sagtest du, dass du glaubst, noch nichts eingenommen zu haben, und wolltest wissen, was für Medikamente ich denn überhaupt meine. Daraufhin beschloss ich, das Wochenende doch lieber bei dir zu verbringen, um herauszufinden, was los war. Du warst darüber sehr glücklich. Wir würden wieder zusammen frühstücken wie früher. Als ich kam, gabst du mir schöne Bettwäsche. In der Nacht wachte ich davon auf, dass du einen langen unverständlichen Monolog hieltst. Dein Tonfall war mir fremd, es war, als würde jemand anders aus dir sprechen. Eine furchterregende fremde Person. Und der Monolog dauerte sehr lange, er wollte gar nicht enden. Als du morgens im Nachthemd in meiner Zimmertür standst und ich dir berichtete, was für ein lebhaftes Nachtleben du geführt hättest, erinnertest du dich natürlich an nichts. Ich kochte uns einen guten, starken Kaffee, und wir frühstückten tatsächlich genau so wie früher: im sonntäglichen Frieden, gut gelaunt und mit dem Gefühl, nichts Dringendes erledigen zu müssen. Nach dem

Frühstück setzten wir uns noch im Nachthemd auf den winzigen Balkon, auf dem gerade einmal zwei kleine Plastikstühle Platz hatten. Doch mehr brauchten wir auch nicht. Gegenüber entdeckten wir einen jungen, kleinen Baum, der unschuldig sein frisches Laub ausbreitete. Wir waren glücklich und erfreuten uns an ihm. Der Anblick der Schönheit des neuen, unschuldigen Lebens berührte uns. Dann gingen wir in deine kühle, schattige Wohnung zurück und zogen uns an. Ich machte mein Bett, über dein Bett wurde schon seit langer Zeit tagsüber nur noch schnell eine Tagesdecke gebreitet, weil das Bettenmachen für dich zu einer Aufgabe geworden war, die du nicht mehr bewältigen konntest. Und dann kamen wir auf die Medikamente zu sprechen. Dabei stellte sich heraus, dass du keine Ahnung hattest, welche Tabletten du morgens einnehmen solltest. Und nicht einmal das Insulin hattest du dir am vorhergehenden Abend injiziert, obwohl du es über viele Jahre geradezu professionell getan hast. Zu meiner Schande muss ich gestehen, dass auch ich nicht wusste, von welchen Tabletten du morgens wieviele einnehmen musstest. Aber du hattest das irgendwo sorgfältig auf einem Zettel notiert, denn so warst du, vorausschauend und ordentlich. So konnten wir die morgendliche Dosis schließlich doch noch herausfinden. Aber von diesem Zeitpunkt an geriet alles durcheinander.

In größter Hast lief ich am nächsten Morgen zur Apotheke, um eine Pillenschachtel mit sieben Fächern zu besorgen, in die ich dir deine Tabletten für jeden Wochentag im Voraus hineinlegen konnte. Aber auch das funktionierte nicht. Du wurdest immer schwächer, trankst kaum Wasser. Beim Duschen hast du vergessen, was man tun muss, nachdem man den Hahn aufgedreht hat. Das Duschritual nahm immer mehr Zeit in Anspruch, und du warst hinterher so erschöpft, als hättest du eine Klettertour im Himalaya hinter dir. Du bist dann auf dem über hundert Jahre alten Thonetstuhl gesessen und hattest kaum noch die Kraft, dir dein Nachthemd überzuziehen. In der Mikrowelle hattest du zwei Kartoffeln vergessen, die vollkommen verkohlt waren und einen beißenden Gestank in der Wohnung verbreiteten. Dann folgte die lange Periode, in der wir dir Mittagessen bestellten. Jeden Sonntag besprachen wir das Menü für die folgende Woche, was deshalb nicht so einfach war, weil du weder Zucker noch Milchprodukte zu dir nehmen durftest. Ich bestellte alles im Internet und organisierte die Lieferung. Nachdem ich in der Apotheke mühselig gelernt hatte, dir mit einer speziellen Spritze das Insulin zu injizieren, wurden diese Spritzen aus dem Handel genommen und durch eine Art Stift ersetzt. Ich ging zum St. János-Krankenhaus, um diese neue Methode zu erlernen, aber der Versuch scheiterte. Ich hatte deswegen entsetzliche Angst um dich. Ich bemühte mich zunächst vergeblich um eine häusliche Pflege, bis es mir schließlich über den MAZSIHISZ* gelang, eine Frau einzustellen, die zweimal in der Woche zu dir kam, um sich mit dir zu unterhalten. Diese Frau schlossen wir beide ins Herz. Sie starb noch vor dir. Zum Glück hast du das schon nicht mehr mitbekommen. Nach ihr kam eine ausgebildete Krankenschwester, auch über den MAZSIHISZ, aber du mochtest sie nicht. Das lag im Wesentlichen daran, dass sie beim Duschen deine Brüste an den Brustwarzen hochzog, um dich darunter einseifen zu können. Das hast du als unendlich abstoßend und erniedrigend empfunden. So musste ich der jungen Frau kündigen. Es folgten Wochen, die du fast ausschließlich im Bett verbracht hast. Abends besuchte ich dich, um dir bei der Körperpflege behilflich zu sein.

Schließlich beschloss ich, dass es an der Zeit sei, einen Arzt einzuschalten. Die unsympathische und inkompetente Hausärztin war bezeichnenderweise in Urlaub. Ihre Vertreterin stellte schnell fest, dass du ausgetrocknet warst, was wegen deines Diabetes lebensgefährlich war. Sie überwies dich unverzüglich ins Krankenhaus. Ich entschied, dass du in das Jüdische Charitékrankenhaus in der Amerikai Straße gebracht werden solltest. Dort arbeitete übrigens auch die Ärztin, die deinen Diabetes schon seit Jahren ausgezeichnet behandelt hatte. Dort würde man dich behalten, bis du wieder nach Hause gehen könntest. Doch so sollte es nicht kommen, beziehungsweise nicht ganz so. Aber jetzt möchte ich mich in Gedanken erst noch einmal in die anheimelnde, behagliche Atmosphäre zurückversetzen, in der du von dir selbst erzählt hast. Allerdings war nur die Situation anheimelnd und behaglich, deine Geschichten waren es nicht.

---

* *MAZSIHISZ*: Magyarországi Zsidók Hitközségek Szövetsége; Deutsch: Bund der Jüdischen Gemeinden Ungarns (D.F.)

3.

Was meine Mutter mir erzählte, sehe ich, wenn ich es wiedergebe, wie durch zwei Linsen. Die erste Linse ist die ihrer Erinnerung: Die Menschen, von denen sie erzählte, waren ja schon lange nicht mehr am Leben, und zu denen, die eventuell noch am Leben waren, war der Kontakt längst abgebrochen. Außerdem lagen die Ereignisse, um die es ging, schon sehr weit zurück. Die zweite Linse ist die meiner eigenen Erinnerung: Was von dem, an das sie sich erinnerte, kann ich mir in Erinnerung rufen, und wie genau kann ich das? Der Tod meiner Mutter liegt jetzt schon fast zwei Jahre zurück. Die vielen Erzählungen und ihre Details werden durch die doppelten Linsen sicher ungenau. Ich versuche, die beiden hintereinander liegenden Linsen scharf einzustellen, so wie es meine Mutter mit den Linsen des Diaprojektors tat, wenn sie mir in meiner Kindheit Dias vorführte und dazu erzählte.

Sie trug ihre Geschichten immer wieder aufs Neue und mit großer Lebendigkeit vor. Sie konnte sehr anschaulich vortragen. Alle Personen, die sie beschrieb, waren aus Fleisch und Blut. Man konnte sich genau vorstellen, wie sie aussahen und wie sie sprachen. Das Besondere an den Geschichten meiner Mutter war, dass sie amüsant und zugleich tragisch waren, Lustspiel und Tragödie in einem. Ihre Vortragskunst hatte aber auch den Effekt, dass ich den Inhalt ihrer Geschichten immer wieder vergaß, denn ich achtete vorwiegend auf die Art ihres Vortrags, auf den Humor und auf die Gefahren, die hinter den Situationen lauerten. Ein gutes Beispiel hierfür ist eine Begebenheit aus ihrer Grundschule, in der die Kinder der unterschiedlichen Konfessionen abgesehen von den Religionsstunden gemeinsam unterrichtet wurden. Die Nonne, die ungarische Sprache und Literatur unterrichtete, wollte von den Kindern hören, welche Fremdwörter sie kannten, worauf eine rothaarige, sommersprossige Klassenkameradin meiner Mutter sich meldete und mit großem Ernst das Wort „azószer"* nannte. Die Nonne wurde blass und sagte nur: „Das Wort kenne ich nicht. Setz dich."

Im Jahr 1956 war ich zwei Jahre alt. Am 23. Oktober** saß ich auf dem Fußboden in unserer Wohnung und rief aus vollem Hals: „*Nieder mit*

---

* *Azószer*: Jiddisch für: verboten (D.F.)

** Am 23. Oktober 1956 begann in Ungarn die Revolution gegen die stalinistisch geprägte Regierung, Parteichef war Mátyás Rákosi. (D.F.)

Rákosi!" Das hatte ich auf der Straße aufgeschnappt. Entsetzt schloss meine Mutter die Tür zu unserem Balkon, der zur Fő Straße lag. Sie konnte absolut keine weiteren Komplikationen in ihrem Leben gebrauchen, das sich gerade zu jener Zeit nach vielen Schwierigkeiten ein wenig zu konsolidieren begann. Nach dem Krieg war ihr nicht erlaubt worden, ihre Ausbildung zur Pianistin an der Musikakademie abzuschließen – obwohl ihre Karriere 1942 genau dort mit einem Konzert, bei dem sie unter der Leitung von Vilmos Komor Liszts *Totentanz* gespielt hatte, sehr vielversprechend begonnen hatte. *„Für Lili Ránki reicht auch ein Lehrerinnendiplom!"* – so lautete ohne jede Begründung das Verdikt. Dabei waren in beinahe allen Tageszeitungen begeisterte Kritiken über ihre Interpretation des *Totentanz* erschienen – sie war damals als *Lili Rottmann* aufgetreten, aber sie wurde darauf aufmerksam gemacht, dass sie mit einem solchen Namen keine Karriere machen könne. Daraufhin hungarisierte sie ihren Namen. In einer der Zeitungen erschien auch ein Interview mit ihr:

„Seit meinem sechsten Lebensjahr habe ich Klavierunterricht – sagte sie –, mein Lehrer ist Tibor Szathmáry. Gemeinsam mit ihm habe ich nach reiflicher Überlegung Liszts Totentanz für meinen Vortrag ausgewählt. Es ist eine große Ehre für mich, unter Vilmos Komor in einem der schon berühmten Konzerte der Symphoniker zum ersten Mal vor das Publikum treten zu dürfen. Obgleich es mein erster Auftritt ist, habe ich kein Lampenfieber. Es wird behauptet, der Totentanz sei eine Aufgabe für einen Mann. Das ist möglich, aber heutzutage sind Frauen und Männer einander in jeder Hinsicht ebenbürtig." Ich bin sehr stolz auf diese feministische Äußerung und schätze es auch rückblickend so ein, dass meine Mutter in dieser Hinsicht im Wesentlichen konsequent geblieben ist. Dabei war das damals sicher sehr viel schwieriger als heute.

Als wir noch in der Ponty Straße wohnten, war mir nicht bewusst, welche Konflikte zwischen ihr und den beiden Männern, mit denen wir zusammenlebten, bestanden: meinem Vater und meinem Großvater. Mein Vater erwartete von ihr, dass sie ihre Karriere aufgab und nur für ihn da war. Damals übte meine Mutter noch sehr viel zu Hause, und ich glaube, sie ging auch noch viel zu Konzertaufnahmen ins Radio – aber den Großteil ihrer Zeit machte das Unterrichten aus. Mein Großvater wiederum, der meinen Vater hasste, weil er meinte, er sei keine angemessene Partie für seine Tochter, stellte sich ständig zwischen die beiden. Sonntagmorgens betrat er ohne anzuklopfen ihr Schlafzimmer, zog das Rollo hoch und schrie sie an: *„Ihr habt genug gefaulenzt, raus aus dem Bett!"* Die drei stritten sich ununterbrochen. Meine Mutter und mein (übrigens nichtjüdischer) Vater ließen sich nach sieben Jahren Ehe – ich war sechs Jahre alt – scheiden.

Mein Großvater war ein richtiger Spießbürger mit den typischen Attitüden eines Parvenus. Er wollte über alle, über meine Mutter, meinen Vater und mich, bestimmen, zudem war er davon überzeugt, der Einzige zu sein, der die Familie ernährte. Dabei verdienten sowohl meine Mutter als auch mein Vater.

Als meine Eltern sich scheiden ließen, schämte ich mich sehr. Damals besuchte ich die erste Klasse der Grundschule in der Batthyányi Straße. Von einem Tag auf den anderen trugen meine Mutter und ich nicht mehr den Namen meines Vaters, sondern den Mädchennamen meiner Mutter. Ich erlebte diesen Namenswechsel als eine fürchterliche Schande und kam mir gebrandmarkt vor. In diesem Zusammenhang fällt mir der erste erzwungene Namenswechsel meiner Mutter ein, den sie sicher als Demütigung empfunden hatte.

Aus ihren Erinnerungen weiß ich, dass sie und ihre Familie schon vor dem Holocaust in der Pozsony Straße 40 gewohnt hatten: Es waren dies mein Großvater und seine Frau, deren Mutter und eine Tochter – meine spätere Mutter –, sie bewohnten dort eine wunderschöne bürgerliche Zweizimmerwohnung. Später wurde das Haus zu einem Sternhaus erklärt, und schon bald mussten sie ihre Wohnung mit fremden Menschen teilen. Die Großmutter meiner Mutter sprach nur Jiddisch, ihr wurde deshalb eingeschärft, sich taub zu stellen, falls die Pfeilkreuzler kämen. Diese Rolle spielte sie, als es nötig wurde, ganz großartig. Denn natürlich brachen die Pfeilkreuzler auch in der Pozsony Straße 40 ein. Lautstark befahlen sie allen Juden, sich freiwillig zu melden. In dem Fall würde man sie nicht an der Donau erschießen. Der Befehlsgehorsam, den mein Großvater in der Monarchie gelernt hatte, und seine Angst hätten ihn vermutlich dazu veranlasst, die Treppe hinunterzugehen und diesen Befehl zu befolgen. Aber meine damals zwanzigjährige Mutter holte die Orden meines Großvaters aus dem Ersten Weltkrieg hervor, denn diese hatten wenigstens eine Zeit lang vor den Erschießungen an der Donau geschützt. Zu diesem Zeitpunkt hatten sie allerdings ihre Wirkung schon längst eingebüßt. Meine Mutter wusste das zwar, doch sie versuchte es trotzdem. Mit ihren roten Szegeder Pantoffeln klapperte sie die Stufen in dem wunderschönen gewundenen Stiegenhaus hinunter, und flugs darauf landete das temperamentvolle, schöne junge Mädchen mit den Orden in der Hand vor dem herumbrüllenden jungen Pfeilkreuzler. War es ihrem nichtjüdischen Aussehen, dem strahlenden Blau ihrer Augen oder ihrem welligen blonden Haar zuzuschreiben oder hatte sie einfach nur Glück gehabt, an gerade diesen Pfeilkreuzler geraten zu sein – man wird es nie erfahren –, aber sie kamen davon, sie blieben am Leben. So rettete meine Mutter ihre Familie.

Von der zweiten Grundschulklasse an besuchte ich die so genannte „neue" Schule in der Sziget Straße in dem Stadtteil Újlipótváros. Ich erinnere mich daran, wie einige Klassenkameraden eines Tages ein großes „Zs"* auf ein Blatt Papier schrieben, dieses hochhielten und dabei mit dem Finger auf einige Kinder in der Klasse zeigten. Und plötzlich richteten sich ein Zeigefinger und das hochgehaltene „Zs" auch auf mich. Ich wusste überhaupt nicht, was das bedeuten sollte. Zu Hause berichtete ich meiner Mutter von diesem Vorfall. Sie wollte wissen, welcher meiner Klassenkameraden auf mich gezeigt hatte, und lachte erleichtert und aus vollem Herzen, als ich ihr den Namen nannte: Sie erklärte, das „Zs" auf dem Papier bedeutet: *Jude*. Ich fragte, ob wir das wirklich sind. Meine Mutter bestätigte unumwunden, ja, freilich. Im Gegensatz zu der Scham, die ich nach der Scheidung meiner Eltern empfunden hatte, verspürte ich jetzt ein angenehmes Gefühl: Endlich gehörte ich einer größeren Gemeinschaft an. Vor allem machte es mich glücklich, dass meine Mutter mir nun von ihrer verstorbenen Mutter, *Vilma Hammel*, erzählte, die ich selbst nicht mehr gekannt hatte, sie war bereits 1947 an einem Herzinfarkt gestorben. Meine Mutter war dreiundzwanzig Jahre alt.

Die Mutter meiner Mutter stammte aus Prossnitz in Mähren. Ihre Familie und ihr Freundes- und Bekanntenkreis erschienen mir in den Erzählungen meiner Mutter wie Figuren aus einer wunderbaren Märchenwelt. Nach 1918 war Prossnitz eine wichtige Stadt in der jungen demokrati-

---

schen Tschechoslowakei, sie war Zentrum der Textil- und Konfektionsindustrie, in der die Familie meiner Mutter eine herausragende Rolle spielte. Vilma Hammel – so erzählte meine Mutter – hatte zwei Schwestern, *Giza* und *Ilonka.* Giza machte eine „glänzende Partie", sie heiratete den ebenfalls aus Prossnitz stammenden Textilmagnaten *Bruno Sborowitz.* Brunos Vater *Gustav Sborowitz* war ein einfacher, kleiner Schneider, als er sich während des Ersten Weltkrieges plötzlich vor Aufträgen nicht retten konnte, Uniformen in großen Mengen wurden bei ihm bestellt. Durch diese Geschäfte wohlhabend geworden, baute er in Prossnitz ein großes, prächtiges Haus für sich und seine Familie: für Gustav, seine Frau *Cilli* und ihre vier Söhne: *Jan, Bruno, Fritz* und *Max,* die alle in der Textilfabrik Sborowitz & Söhne arbeiteten. Sie alle wohnten gemeinsam in der prachtvollen Villa. Auch meine Mutter hat sich immer gewünscht, zusammen mit mir, meinem Mann und unseren Kindern in einem großen Haus zu wohnen – aber wir lebten in anderen Zeiten …! Trotzdem verstehe ich jetzt sehr gut, wonach sie sich so heftig sehnte. Als einsames Einzelkind war sie in Budapest im Mief der ungarischen Horthy-Ära aufgewachsen, wo sie außerdem dem preußischen Drill ihres Vaters ausgesetzt war, das war eine ganz andere Welt als die der Prossnitzschen Familie in ihrem geräumigen Haus, mit ihrer toleranten, weltoffenen Atmosphäre. Diese Stimmung, diese Art des Zusammenlebens einer großen Familie in einem großen Haus, diesen glücklichen Zusammenhalt hätte sie so gerne mit uns noch einmal erlebt. Aber dazu erwies sie sich selbst leider als am wenigsten fähig.

Das Haus in Prossnitz (heute Prostejov) steht noch heute, seine Fassade zieren noch immer die Initialen von Gustav Sborowitz, und die Straße heißt wie früher Olomoucka. Im Garten befand sich seinerzeit noch ein riesiges Schwimmbecken. An warmen Sommerabenden flanierte die ganze Gesellschaft nach dem Abendessen, oft sogar mehrmals, um das Bassin herum. Als es den Juden in Prossnitz untersagt wurde, öffentliche Schwimmbäder zu besuchen, stellten die Sborowitzs ihnen ihren Garten und ihr elegantes Schwimmbad zur Verfügung. Nach dem „Anschluss" verwaiste das Haus, das Schwimmbecken wurde beseitigt und die Familie Sborowitz „zerspritzte", wie meine Mutter sich ausdrückte, in die ganze Welt, alle suchten das Weite: Sie flohen nach Südamerika, nach Israel, wurden in Auschwitz verbrannt oder anderswo ermordet. Die fröhliche, wohlhabende Welt der Sborowitz-Familie, mit ihrer Herzlichkeit und Wärme, wie sie meine Mutter nirgendwo, weder vorher noch nachher erlebte, gab es nicht mehr.

Vilma Hammel und ihre sechzehn Jahre jüngere Schwester Ilonka – die Vilma praktisch aufgezogen hatte, weil ihre Mutter dazu keine Geduld mehr hatte – vergötterten einander. Als Vilma meinen Großvater heiratete und nach Budapest zog, sehnte sich auch Ilonka danach, dem kleinstädtischen Milieu in Prossnitz zu entkommen. Sie kam nach Budapest zu meiner Mutter und machte in dem berühmten Hutsalon *Karola Sopousek* in der Váci Straße eine Lehre als Hutmacherin. Aber mein Großvater, der gestrenge Hausherr, scheuchte Ilonka nach einiger Zeit aus dem Haus. Er fuchtelte immer gern mit seiner Geldbörse herum und schrie dabei: *„Ohne mich würdet ihr alle am Bettelstab gehen!"* (Mir selbst war es noch vergönnt, das anzuhören.) *„Ich habe nicht die ganze Familie geheiratet!"*, musste Ilonka sich von ihm sagen lassen. So kehrte sie zu ihren Eltern nach Prossnitz zurück. Dort eröffnete sie im Dienstbotenzimmer der Wohnung einen kleinen Hutsalon unter dem Namen „Chapeaux Ilona". Ihr Atelier hatte sie in der Küche.

Einmal hätte noch eine Möglichkeit für Ilonka bestanden, in Budapest zu bleiben. Als Vilmas Vater 1938 starb und die sich anbahnende Tragödie schon zu ahnen war, machte Vilma sich auf und holte ihre Mutter und deren Schwester Ilonka nach Budapest. Ihre Mutter durfte bleiben, aber Ilonka konnte flehen und jammern, soviel sie wollte. Mein hartherziger Großvater ließ sich nicht erweichen: So blieb Ilonka nichts anderes übrig, als zurück nach Prossnitz zu gehen. Hätte sie in Budapest bleiben dürfen, hätte sie vielleicht überlebt. Einzelheiten über ihr Schicksal wurden nie bekannt, man kann nur vermuten, dass sie sich mit anderen zusammen in einer der Höhlen bei Besztercebánya versteckt hielt, wo die Nazis sie dann fanden und sofort hinrichteten. Oft seufzt meine Mutter auf: Wenn ihr Vater Ilonka damals nicht aus der Budapester Wohnung gejagt hätte, hätte sie den Krieg vielleicht überlebt. Die einzigen Gegenstände, die von ihr erhalten geblieben sind, sind ein ledernes Necessaire und einige Schmuckstücke. Ich trage einen ihrer Ringe, einen Armreif habe ich meiner Tochter zur Hochzeit geschenkt. Meine Mutter hat zu ihrem Gedenken ein silbernes Blatt für den Baum der Erinnerung im Hof der Synagoge in der Dohány Straße anfertigen lassen.

4.

Nach dem Tod meines Großvaters im Jahr 1966 lebten wir beide allein in der Wohnung in der Sziget Straße. Mama, aus deinem Munde habe ich zum ersten Mal Märchen gehört, Märchen, die jedes einsame, kranke Kind trösten. Und die machten vieles wieder gut. Aber wie oft bist du hinter mir hergelaufen, um mir die Ohren langzuziehen oder mir eine Ohrfeige zu verabreichen? Dann rannten wir im Kreis herum, von deinem Zimmer in mein Zimmer, von dort ins Badezimmer, dann in den Flur und von dort wieder in dein Zimmer. Und wenn ich mich dann plötzlich zu dir umdrehte, ließ dich das Absurde der Situation deinen Zorn vergessen. Nie haben wir so gelacht wie in diesen Momenten. Ich besaß *ein Galakleid und Galaschuhe*, wer weiß heute noch, was das war? Du warst sehr enttäuscht von mir, weil ich keine Lust hatte, Klavier zu spielen. Auch wenn du mich zu deiner Kollegin geschickt hast, bei der „auch Schiff * gelernt hat". Natürlich war Schiff damals noch nicht „der Schiff", aber du als Klavierlehrerin wusstest, dass es einen sehr begabten Klavierschüler gab, der bei *Bözsi Vadász* lernte – also sollte auch ich bei ihr Stunden nehmen. Schließlich schlossen wir einen Kompromiss: Wenn ich schon nicht Klavier spielen wollte, dann sollte ich wenigstens Englisch studieren. Also studierte ich Englisch und noch einiges mehr.

5.

Ihr Kopf neigt sich nach hinten. Ich betrachte sie von der Seite. Hinter ihren Ohren ringeln sich schneeweiße Löckchen. Unter der weißen, zerfurchten Haut sehe ich eine blaue Vene pulsieren. Auch ich muss irgendwann einmal sterben, sagt sie. Ungläubig betrachte ich die ausdauernd pulsierende Vene unter der durchscheinenden Haut. Sie kann nicht sterben. Sie ist da. Sie ist noch da.

Der Wind bewegt die zarten Blätter im Baum gegenüber. Sieh, wie schön! Wir sitzen einander gegenüber auf dem winzigen kleinen Balkon und erfreuen uns an dem jungen Baum. Seine Blätter schimmern im Son-

* *András Schiff*: bekannter ungarischer Pianist (geb.1953) (D.F.)

nenlicht. Das ist eines unserer letzten gemeinsamen schönen Erlebnisse, aber damals ahnen wir das noch nicht. Oder doch?

Bleib doch! Du gehst schon wieder? Du bist doch gerade erst gekommen! Unbarmherzig gehe ich hinaus, entgegen ihrer Gewohnheit begleitet sie mich nicht an die Tür. Sie sitzt am Tisch und schaut vor sich hin. Was wird sie tun, nachdem ich weggegangen bin? Ich weiß es nicht, ich weiß es nicht. Vor ihr liegen unberührt ihre Kreuzworträtsel und Patiencen. Ihr Zeigefinger ist etwas krumm, ihre Haut ist für ihren Körper zu weit geworden, sie ist mit tausend winzigen Furchen übersät. Sie ist allein und sie bleibt allein. Ich sehe das und schließe trotzdem die Tür hinter mir. Erst jetzt ahne ich, wie sie ihre Abende verbringt.

„Mein Körper hat mich verlassen, aber mein Kopf nicht." Sie weiß nicht: dass ihr noch dreieinhalb Jahre bevorstehen – ohne Kopf, als Gefangene ihres Körpers.

In sich zusammengesunken sitzt sie auf der „Terrasse", d.h. im Speisesaal des Krankenhauses. Ihre Beine sind knochendürr, sie ruhen wie leblos auf der Fußstütze ihres Rollstuhls, sie sind mit dunkelroten Wunden bedeckt. Ihr Körper ist ein Wrack, der Geist hat ihn verlassen. Mit verzweifeltem, leerem Blick schaut sie mich an. Sie weiß, dass ihre Lage hoffnungslos ist. Das ist alles, was sie weiß. Der Blick aus ihren blauen Augen, in denen ich mich als Kind so oft gespiegelt habe, ist leer. Ich schaue ihr in die Augen, und sie schaut zurück, aber sie sieht nichts. Sie lässt es zu, dass ihr das Leben langsam entgleitet. Dreieinhalb Jahre lang nehmen wir Abschied voneinander.

Mama, Mama! Wenn du irgendwo bist, sag mir, wie ich weiterleben soll! Diese Trauer passt nicht zu mir. Aber jeder einzelne Tag ist voller Trauer, jede Stunde, jede Minute, jeder Augenblick. Du fehlst mir. Hör doch bitte auf, so störrisch zu schweigen.

6.

Zu viert folgten wir auf dem Rákoskeresztúr Friedhof der schmucklosen Schubkarre mit deinem schmucklosen Sarg. Du hast die vielen Geschichten mitgenommen und damit auch eine Welt, die eigentlich schon viel früher verschwunden war. Ich bin allein und voller Scham zurückgeblieben, heimatlos, mit meinem halben Judentum. Jetzt verstehe ich auch die Ohrfeigen, die ich von dir bekam. Du gabst lediglich die Ohrfeigen an mich weiter, die dir die beringte Hand deiner Mutter austeilte, als du nach einem Konzert in der Musikakademie aufseufztest: „*Oh, wie gern hätte ich ein Grammophon!*" Die Ohrfeige erfolgte prompt, und du wurdest als größenwahnsinnig bezeichnet. Ich verstehe, warum du uns von Pest nach Buda nachgezogen bist: Du wolltest nicht im anderen Teil der Stadt, auf der anderen Donauseite bleiben, nachdem du unter der Belagerung gerade eben noch die Margitbrücke überqueren konntest, bevor sie hinter dir in die Luft gesprengt wurde. Du hattest Angst, dass sich das wiederholen könnte, dass die Brücke zwischen uns zerstört würde und wir für immer getrennt wären. Ich verstehe die seltsame Widersprüchlichkeit, mit der du mir dein Herz ausgeschüttet hast und deinerseits meine bestgehüteten Geheimnisse aufnahmst, um dein Wissen darum dann beim ersten sich bietenden Streit hässlich auszunutzen und es mir an den Kopf zu werfen. Du hast versucht, zugleich Vater und Mutter für mich zu sein. Ich war dein vergöttertes, wunderschönes kleines Mädchen und gleichzeitig das hässliche kleine Entlein, an dem du jeden äußeren und inneren Makel deines geschiedenen Mannes, meines Vaters, zu entdecken glaubtest. Ich verstehe, warum du mich mit tausend Fäden für alle Zeiten an dich binden wolltest, während du mich zugleich immer wieder ermuntert hast, diesem Land für immer den Rücken zu kehren. Ich verstehe, dass du nicht viel Vertrauen in meine Fähigkeiten setztest, da man dich als vielversprechende Pianistin gedemütigt und dir das Künstlerdiplom verweigert hatte. Ich verstehe, warum du wegen meiner Heirat Befürchtungen hattest, denn – wie paradox! – dein erster Mann, den du nicht freiwillig geheiratet und nicht geliebt hast, war Jude – während dein zweiter Mann, in den du dich nach dem Krieg unsterblich verliebt hattest, kein Jude war … Die Ehe mit ihm war nur von kurzer Dauer, denn dir wurde klar, dass ihr quasi auf verschiedenen Planeten gelebt und nicht dieselbe Sprache gesprochen habt.

Die Vorstellung von deinem in den Sarg eingeschlossenen leblosen Körper hat mich lange Zeit verfolgt, so wie Holbeins *Toter Christus*. Ich sah vor mir, wie sich die Haut über deinen Knochen auflöst, und hörte die leisen Geräusche der Würmer. Ich legte mich neben dich und bekam keine Luft. Jetzt sehe ich deine schönen Augen nur noch in dem Ring mit dem Aquamarin, den du mir vor vierzig Jahren geschenkt hast. Und ich suche dich in deinen Geschichten, ich forsche nach dir. Ich habe nach

Bruno, Ilonka und *Karola Sopousek* gesucht, und nach den verloren gegangenen Aufzeichnungen deiner Konzerte. Vergeblich, vergeblich. Wir haben einander geboren: du hast mir das Leben geschenkt, ich habe dich bis zu deinem Tod begleitet. Auch du hast ohne mich gelebt, so muss ich jetzt ohne dich leben.

Judit Gera

Ich wurde am 2. Mai 1954 in Budapest geboren. Meine Mutter war Jüdin – zwar nicht religiös, aber immer bewusster und überzeugter –, ihr Judentum hat auch mein Leben und meine Gedanken geprägt. Mein Interesse an der holländischen Kultur verdanke ich in vieler Hinsicht ebenfalls meiner Mutter. Ich studierte Englisch und Holländisch, zunächst an der Attila József Universität und dann an der ELTE-Universität. Später arbeitete ich beim Magvető-Verlag in der Sparte Fremdsprachen als Lektorin und Redakteurin. In dieser Zeit begann ich auch, Übersetzungsaufträge anzunehmen. 1989 wurde ich von Königin Beatrix für meine Verdienste für die Verbreitung der holländischen Kultur mit dem Ritterorden von Oranien-Nassau ausgezeichnet. 2001 erhielt ich den Martinus-Nijhoff-Preis, die höchste Auszeichnung für Literaturübersetzer in Holland. 1984 wurde ich an den Lehrstuhl für Niederlandistik an die ELTE-Universität berufen, wo ich noch heute als Lehrstuhlinhaberin tätig bin. Ich unterrichte moderne niederländische Literatur und Kultur und erteile Übersetzungskurse. Zu meinen Veröffentlichungen zählen Arbeiten über die Parallelität von Malerei und Literatur sowie über die Beziehungen zwischen Literatur und Ideologie. Meine Bücher sind auch in Holland erschienen, unter anderem auch ein Buch über holländische Literaturgeschichte, das ich gemeinsam mit einer Kollegin herausgegeben habe. 225

Júlia Vajda

TÜREN OHNE GRIFFE

Ich habe mir oft vorgestellt, wie meine Mutter als neun- oder zehnjähriges Mädchen nackt im Schnee auf dem Hof unseres Hauses in der Holló Straße steht und meine Großmutter sie mit dem schmutziggrauen Schnee wäscht. Meine Mutter schreit, sie friert, die eiskalte Hand soll endlich von ihr ablassen und die Prozedur beenden. Dieses Bild stimmt so natürlich nicht. In Wirklichkeit hat sich diese Szene nicht in der Holló Straße abgespielt. Nicht auf dem Hof, den ich aus meiner Kindheit kannte. Der Keller, aus dem sie kamen, war nicht der, aus dem wir in meiner Kindheit Holz und Kohle heraufschleppten und dessen Geruch ich noch heute in der Nase zu spüren meine, wenn ich nur daran zurückdenke. Es war nicht der Keller, in den ich als Kind nicht hinuntergehen mochte, weil ich mich fürchtete. Meine Mutter und meine Großmutter wohnten zu jener Zeit, im Winter Vierundvierzig/Fünfundvierzig, im Ghetto, ein paar Häuser oder Straßen von hier entfernt. Und vielleicht blieb der Schnee damals sogar in der Stadt weiß.

Meine Großmutter war der Überzeugung, dass man sich täglich waschen müsse. Zur Not auch mit Schnee. Anfangs wuschen sie sich vermutlich mit geschmolzenem Schnee, mit warmem oder zumindest lauwarmem Schmelzwasser. Aber am Ende gab es nur noch den kalten Schnee. Doch waschen musste man sich trotzdem, denn nur so konnte man sich gegen die Läuse wehren. Und man musste täglich eine Walnuss essen, wenn es denn eine gab. Das reichte aus zum Überleben. Aber die Nüsse werden ihnen nach einiger Zeit vermutlich auch ausgegangen sein. Ich weiß nicht, ob es in den letzten Tagen der Belagerung überhaupt noch etwas Essbares gab. Aber irgendwie schafften sie es zu überleben.

Meine Mutter hat mir nie etwas über ihre Kindheit erzählt. Als sie starb, war ich schon Ende zwanzig. Sie hat nicht erzählt, und ich habe nicht gefragt. Was ich weiß, habe ich von meiner Großmutter erfahren. Denn die hat erzählt. Beide sind etwa zur gleichen Zeit gestorben, meine

Großmutter ein halbes Jahr vor meiner Mutter. Es schien fast so, als hätte meine Großmutter durch ihren Tod auch meiner Mutter die Erlaubnis gegeben zu sterben. Sie brauchte nicht zu warten, bis sie alt geworden war. Denn das war es, wovor sie am meisten Angst hatte.

Meine Großmutter erzählte. Sie war nicht wirklichkeitsfremd, sie genoss das Leben und auch die Gegenwart, aber sie lebte doch sehr in den alten Geschichten, in ihrer eigenen Kindheit und in der meiner Mutter. Das war so, als ich Kind war, aber auch später noch, als mein Sohn das Kind im Hause war. In ihren Gedanken war meine Großmutter bei ihren Eltern, irgendwo in Siebenbürgen, vielleicht in der Gegend der Kőrös-Flüsse, oder in Oberungarn, in Nyitra oder Galánta – genauer weiß ich das auch nicht. Ich weiß nur, dass ihre Familie durch Großungarn gezogen war, immer dorthin, wo ihr *„Papa"*, also mein Urgroßvater, Essigfabriken baute.

Sie erzählte immer wieder, dass mein Urgroßvater zwar ein sehr religiöser Mann war, der sich aber trotzdem geweigert hatte, einen Bart zu tragen. Weil das nur ein *„Staubfänger"* sei. Und dass sie, also meine Großmutter, als Kind große Angst hatte, auf dem Eis einzubrechen. Und dass ihr älterer Bruder Móric sie immer von der Schule abholte. Und dass Móric im Ersten Weltkrieg von einer Kugel in den Nacken getroffen wurde und seinen Kopf danach nicht mehr drehen konnte.

Móric und seine Familie wanderten Neununddreißig nach Jamaika aus. Vielleicht versuchte er, meine Großmutter und ihre Familie dazu zu bewegen mitzukommen, aber sie blieben. Als sie dann Vierundvierzig schließlich doch ein Visum beantragten, war es schon zu spät, es war nicht mehr möglich, eines zu bekommen. Aber das weiß ich schon nicht mehr von meiner Großmutter. Das stellte sich erst bei der Durchsicht der Papiere heraus, viele Jahre nach dem Tod meiner Mutter.

Meine Urgroßmutter, die Mutter meiner Großmutter, habe ich mir immer als eine kleine, zarte, stille Frau vorgestellt, die viel mehr auf Eleganz hielt als ihr Mann. Es ist mir heute noch im Ohr, wie meine Großmutter mit leicht gespitzten Lippen etwas affektiert flötete, dass ihre Mutter eine sehr *„feine Frau"* gewesen sei, ein *„echtes Bródy-Mädchen"*. Oder war es Bródi[*]? Und was sollte das überhaupt bedeuten? Diese Frage wagte

---

[*] *Bródy* oder *Bródi*: Ein auf -y endender Name deutete auf eine vornehmere, adlige Herkunft hin. (D.F.)

ich damals nicht zu stellen. Vielleicht kam sie mir auch gar nicht in den Sinn. So viel war aber klar, dass meine Urgroßmutter die Eleganz in Person war.

In den Erzählungen meiner Großmutter kamen immer auch ihre beiden jüngeren Geschwister vor. Ihre Schwester Margit, die schon damals, zu Beginn des vorigen Jahrhunderts, als Fotografin arbeitete. Und ihr jüngerer Bruder Feri, der etwas zurückgeblieben und einfältig war, ich nehme an, dass er schon in Bratislava lebte, als die Eltern verschleppt wurden, und er deshalb nicht nach Auschwitz kam. Anders Margit, die zusammen mit den Eltern vergast wurde. Aber natürlich weiß ich das nicht. Ich denke nur, dass es so gewesen sein muss.

Ich weiß nicht, ob Auschwitz als geographischer Ort oder als Symbol in Großmutters Erzählungen vorkam. Es kann auch sein, dass sie nie erwähnt hat, dass ihre Familienangehörigen dorthin gebracht wurden. Nur dass sie deportiert wurden und dass es in Auschwitz schlechte Menschen gab, die ihre Mithäftlinge betrogen: *„Sie verkauften ihnen Kalk, den sie von den Wänden abgekratzt hatten, als Medizin."* Was bedeuteten für mich in der Kindheit Begriffe wie Deportation und Auschwitz? Niemand hat sie mir jemals erklärt. Und war meinen Eltern bewusst, dass meine Großmutter mich ständig mit diesen Geschichten traktierte? Ich weiß es nicht. Vielleicht entwickelte sich bei mir die Vorstellung, dass alles das Werk der bösen Deutschen war und dass es diejenigen, die deportiert worden waren, nicht mehr gab – das es tödlich war. Aber verstand ich darüber hinaus etwas? Ich glaube nicht. Später – als ich mich sozusagen schon „wissenschaftlich" mit dem Thema befasste – fügte sich alles zusammen. Es konnte nicht anders sein. Wenn jemand irgendwo aus Oberungarn oder Transkarpatien deportiert wurde, konnte nur Auschwitz das Ziel gewesen sein. Aber das wurde mir erst lange nach dem Tod meiner Großmutter klar.

Damals, als sie noch lebte, hat mich das Ganze noch nicht so beschäftigt. Zumindest war mir nicht bewusst, dass es mich beschäftigt hätte. Ich hatte natürlich auch damals schon einiges gelesen. Hauptsächlich Memoiren. Soweit derartige Literatur in den Siebziger- und Achtzigerjahren überhaupt zugänglich war. Und dann stellte sich bei mir immer diese unangenehme Gewissheit ein, dass ich selbst nicht in der Lage gewesen wäre, so etwas physisch zu ertragen. Dass man mich bestimmt erschossen hätte. Ich erinnere mich daran, wie ich, als ich mit meinem Sohn schwanger war, einmal bis zum Beginn der Sprechstunde beim Gynäkologen auf dem Korridor warten musste. Während ich wartete, las ich „Die Untergegangenen und die Geretteten" von Primo Levi. Und dabei dachte ich darüber nach, ob ich das ausgehalten hätte. Ob ich die Kraft gehabt hätte, so etwas durchzustehen. Und später, eigentlich erst heute, begann ich zu bezweifeln, dass ich so selbstlos hätte handeln können wie einige derjenigen, die ich interviewt hatte. Gleichzeitig überkam mich ein Gefühl der Scham. Warum war ich nicht fähig, warum wäre ich nicht fähig gewesen, derartige Opfer zu bringen? Ich könnte mir natürlich sagen – und das hört sich auch gut an –, was das für eine edle Sache sei, darüber nachzudenken, wie ich mich damals in ihrer Lage verhalten hätte, und dann einzugestehen, dass ich mir nicht sicher sei. Aber für einen Freispruch reicht das nicht aus.

Vor ein paar Monaten unterhielt ich mich mit meiner Tochter über Mütter, die mit ihren Töchtern, und Väter, die mit ihren Söhnen gemeinsam im Lager waren. Dass einige ihren Kindern das Wenige, das es zu essen gab, wegnahmen. Oder ihren Kindern, nachdem sie nach Hause zurückgekehrt waren, die Essensmarken vorenthielten. Andere wiederum taten ihren Kindern gegenüber so, als seien sie nicht hungrig oder schon satt, obwohl sie kaum etwas gegessen hatten, um ihrem Kind auch ihre eigene Ration geben zu können. Damit das Kind – das das nicht durchschaute oder nicht durchschauen musste – die Portion seiner Eltern aufessen konnte. Und dann fragte mich meine Tochter, was ich tun würde. Was ich getan hätte. Und ich konnte nur sagen, dass ich zumindest hoffte, auch zu Opfern fähig zu sein oder fähig gewesen zu sein. Es war äußerst schmerzhaft für mich, aber ich hätte mich geschämt zu behaupten, mir meiner selbst sicher zu sein.

Meine Mutter erzählte niemals Geschichten aus ihrer Kindheit. Ob sie sich nicht erinnerte? Ob sie ihre Erinnerungen so stark verdrängt hatte? Es kam auch nie zur Sprache, dass sie nicht zu ihrem Vater ins Krankenzimmer gelassen wurde, als sie und ihre Mutter ihn Vierundvierzig im Lipót*-Krankenhaus besuchten. Und auch nicht, dass die Donau sie end-

---

* *Lipót*: Psychiatrische Klinik in Buda (D.F.)

gültig von ihm trennte, nachdem die Brücken bombardiert worden waren. Oder dass ihre Mutter im Gegensatz zu ihr – die ihren Vater vergötterte – zu ihm hineingehen durfte. Dabei graute sich ihre Mutter vor ihrem Mann, und sie selbst, die so gern zu ihrem Vater hineingegangen wäre, musste auf dem Gang warten, wo die Türen statt einer Klinke nur einen Knauf hatten. Und sie erzählte auch nie, dass sie in dieser Welt ohne Türgriffe große Angst hatte. Angst davor, dass man sie nicht wieder abholen würde und sie für immer dort bleiben müsste. Allein. Ich weiß auch – habe allerdings vergessen, von wem ich das erfuhr –, dass das vor ihrem Tod Thema in ihrer Psychotherapie war, zu der sie ging, nachdem sie durchgedreht war. Möglicherweise aber auch etwas früher. Jetzt kann man natürlich auch ihre Psychotherapeutin nicht mehr fragen. Denn auch sie lebt nicht mehr. Es ist auch gar nicht sicher, dass sie geantwortet hätte. Und überhaupt ist das nicht mehr so wichtig. Mir jedenfalls hat meine Mutter all das nicht erzählt. So wie sie überhaupt über ihre Kindheit nie gesprochen hat.

Mein Vater behauptete immer, er habe keine Erinnerungen an seine Kindheit. Dennoch habe ich von ihm selbst viel mehr über seine Kindheit erfahren als von meiner Mutter über ihre. Ihre Kindheit kam nie zur Sprache und nicht nur ihre Kindheit nicht. Auch ihr Leben in den Jahren, bevor sie mit meinem Vater zusammenkam, nicht. Allerdings war sie erst zwanzig, als sie meinen Vater heiratete. Sie erzählte lediglich die eine oder andere Begebenheit aus dem Lehrerseminar. Aber da war sie schon kein Kind mehr.

Ihre Kindheit hielt sie unter Verschluss. Wegen ihres Vaters, den sie im Alter von zehn Jahren verloren hatte? Und über dessen Tod meine Großmutter vielleicht erleichtert gewesen war? Der möglicherweise schon aggressiv war, bevor er als Folge seiner Syphiliserkrankung wahnsinnig wurde – danach war er das jedenfalls ganz sicher? Und der – in den Erzählungen meiner Großmutter – „so fesch" gewesen war, dass andere Frauen sie um ihn beneideten und laut bösartige Bemerkungen machten, dass er etwas Besseres verdient hätte als so eine „nichtssagende, unscheinbare Frau" wie meine Großmutter? Und der, wäre er nicht Jude gewesen, „sicher Opernsänger geworden wäre"? Und der, wer weiß aufgrund welcher göttlichen Eingebung – oder vielleicht eines unvorhergesehenen Ereignisses? – (Ich weiß nichts darüber. Aber wüßte ich es, wenn es so gewesen wäre?)

– seine Stelle als Kantor aufgab und im Frühling Vierundvierzig mit seiner Familie von Mátyásföld* in den VII. Bezirk zog?

Wenn wir zu zweit waren – und nach meiner Erinnerung kam das nicht oft vor –, konnte meine Mutter nicht wirklich entspannt sein. Noch weniger, wenn wir zu dritt waren, mit meiner Großmutter – ihrer Mutter. Mein Vater musste dabei sein. Oder ein anderer „sicherer Erwachsener" beziehungsweise einer, den sie als solchen empfand. Jemand, der mit beiden Beinen fest auf dem Boden stand. Der nicht solche Ängste hatte wie sie. Oder besser gesagt, in dessen Gegenwart sie sich nicht wie ein verlassenes kleines Kind fühlte. Ich, die ich meinerseits bei einer ängstlichen Mutter selbst auch nur ängstlich sein konnte, eignete mich nicht dazu, ihr das nötige Gefühl von Sicherheit zu vermitteln.

Das war so, bevor sie durchgedreht war. Danach konnte sie überhaupt nicht mehr allein sein. Da reichte sogar meine Gegenwart aus. Da vermochte jeder Bekannte ihr ein Gefühl von Sicherheit zu vermitteln – nur die eigene Mutter nicht.

Ungefähr ein halbes Jahr vor ihrem Tod begann ich eine Psychoanalyse. Was mir außer ihrem Tod noch zu schaffen machte, war, dass ich nicht lange, nachdem sie gestorben war, an einen Punkt gelangte, an dem ich glaubte, dass ich unsere Beziehung gut genug verstehen und sie ohne größere Konflikte akzeptieren könnte. Hätte akzeptieren können, wenn sie noch am Leben wäre. Das tat aus irgendeinem Grund weh, aber ich kann mich nicht erinnern, wie ich zu diesem Zeitpunkt unsere Beziehung interpretiert habe.

Jetzt, da ich seit fast fünfzehn bis zwanzig Jahren Interviews mit Nachkommen von Überlebenden und seit etwa zehn Jahren auch mit Überlebenden selbst führe, das heißt, nachdem ich seit gut zwanzig Jahren unter dem Vorwand einer beruflichen Tätigkeit versuche, mein eigenes Judentum, mein eigenes Holocaust-Trauma zu verstehen (Habe ich überhaupt eins? Ist es überhaupt ein Trauma? Oder ist die Beziehung zu den Eltern in jedem Fall etwas, was man aufarbeiten muss?), habe ich meine eigene

---

* *Mátyásföld*: Mátyásföld war damals eine unabhängige Gemeinde und gehört heute zum XVI. Bezirk in Budapest. In der Stadt waren die Überlebenschancen besser als in der Provinz. (D.F.)

Version einer Erklärung gefunden. In der Rückschau würde ich sagen, dass ich damals das Gefühl hatte, ihr verzeihen zu können. Ihr zu verzeihen, dass sie nicht zugelassen hatte, dass von uns beiden ich das Kind war. Dass sie mir als ihrem Kind kein Gefühl von Sicherheit vermitteln konnte. Auch in der Zeit nicht, als ich nicht nur ihr Kind, sondern tatsächlich noch ein Kind war. Wenn ich jetzt ihr Gesicht wieder so vor mir sehe, wie es mir aus meiner Kindheit in Erinnerung ist, dann schaut mich die verkörperte Angst an. Habe ich das damals in meiner Analyse wirklich so empfunden? Ich weiß es nicht mehr.

Einige Jahre vorher, als wir gegen Ende der Siebzigerjahre in Deutschland waren, ich ein Teenager und meine Mutter etwas über vierzig, geriet sie beim Anblick der DDR-Grenzbeamten völlig außer sich. Sie seien so, wie damals die SS. Ich spürte, dass sich etwas Bedeutsames hinter ihrem Ausbruch verbarg, aber ich glaube, so richtig verstanden habe ich das erst viel später. Dass sie irgendwo tief in ihrer Seele immer noch in dieser Zeit lebte. In der Zeit, als – laut meiner Großmutter – mein Großvater anordnete, dass sie die Sprache Hitlers nicht mehr sprechen würden und deshalb zum Ungarischen wechselten. Dabei hatte, nach der Erzählung meiner Großmutter, meine Mutter Deutsch noch vor Ungarisch gelernt. War das wirklich Hitlers Sprache gewesen? Wirklich Deutsch? Oder vielleicht doch Jiddisch? Ich weiß es nicht. Es würde mich überraschen, wenn es tatsächlich Deutsch war. Warum hätten sie Deutsch miteinander gesprochen? Das passt nicht in das Bild, das ich mir von ihnen gemacht habe. Und genauso wenig passt in mein Bild, dass Deutsch, die Sprache, die ich liebe, die Sprache Hitlers sein soll. Aber das gehört wohl nicht hierher.

Auf jeden Fall vergaß meine Mutter diese Sprache, ich weiß aber, dass meine Großmutter später noch Deutsch gesprochen hat. Ob sie auch Jiddisch sprach? Ich weiß es nicht. Mein Großvater mit Sicherheit. Ich habe einige Briefe aufbewahrt, die auf hauchdünnem Papier in hebräischer Schrift auf Jiddisch geschrieben sind. Ich erinnere mich daran, dass mir irgendjemand erzählt hat, mein Großvater hätte sie von seiner Mutter bekommen. Aber wer mir das erzählt hat? Ich weiß es nicht. Natürlich kann ich die Briefe nicht lesen. Könnte es sein, dass auch meine Großmutter sie nicht lesen konnte? Ich müsste einmal jemanden ausfindig machen, der sie mir vorliest.

Ja, in Deutschland musste auch meine Mutter Hitlers Sprache sprechen. Beide, meine Mutter und meine Großmutter mussten sie sprechen, denn ein paar Monate lang war meine Großmutter auch mit uns dort. Meine Mutter, für die das Deutsche vielleicht für immer die Sprache Hitlers geblieben war. Und nie mehr zur Sprache Goethes werden konnte. Meine Mutter war jener Zeit verhaftet geblieben, in der die Familie dieser Sprache abschwor. In der ihre Mutter, meine Großmutter, sie am Leben erhielt, indem sie sie mit Schnee wusch und ihr täglich eine Walnuss zu essen gab und sie, als es auch keine Walnüsse mehr gab, trotzdem irgendwie ernährte. In der meine Großmutter – ihre eigene Mutter – es aber auch zuließ, dass ihr über alles geliebter und von ihr vergötterter Vater, mein Großvater, für immer verschwand. Wobei es für ein zehnjähriges Kind gleichgültig war, was sich dort im Lipót-Krankenhaus tatsächlich abgespielt hatte. Ob die SS oder die Pfeilkreuzler gekommen waren oder doch seine Krankheit oder ein Herzinfarkt seinen Tod verursacht hatten. In jenen längst vergangenen Tagen bedeutete das für sie, dass sie einer Mutter, die so etwas Entsetzliches zugelassen hatte, nicht vertrauen konnte. Eine solche Mutter würde auch sie nicht beschützen.

Und ein Kind, das sich von seiner Mutter nicht beschützt gefühlt hat, kann später, wenn es selbst Mutter geworden ist, das eigene Kind auch nicht beschützen. Und was ist dann mit mir? Mache ich mir etwas vor, wenn ich behaupte, meine Kinder hätten keine Ängste? Hat die Analyse wirklich Wunder gewirkt? Und wäre wirklich alles anders gekommen, wenn meine Mutter rechtzeitig eine Psychoanalyse begonnen hätte? Und hat es überhaupt einen Sinn, danach zu fragen, was gewesen wäre, wenn?

Meine ganzen Teenagerjahre hindurch stritten wir uns. Ich hatte immer das Gefühl, dass meine Mutter mich mit völlig unsinnigen Vorwürfen traktierte. Dass mein Hals schmutzig sei. (Obwohl das zu einem früheren Zeitpunkt sehr wohl zugetroffen hätte.) Dass ich zu dick sei. (Dabei war sie im selben Alter dicker gewesen. Wenn ich mir heute Fotos aus der Zeit ansehe, dann war ich gar nicht dick. Allerdings auch nicht dünn.) In meiner Analyse fanden wir die Erklärung, dass meine Mutter nichts damit anfangen konnte, dass ich langsam zu einer erwachsenen Frau wurde. Dieses Projekt unterstützte sie nicht im Geringsten. Warum nicht? Das weiß ich nicht. Heute denke ich, dass mein Erwachsenwerden (wie auch vorher meine Geburt und später die meines Sohnes) ihr deutlich machte, dass sie älter wurde. Dass sie die Zeit nicht anhalten konnte. Genau das aber hätte sie gerne getan. Und vielleicht hatte sie deshalb auch versäumt, mich rechtzeitig darüber aufzuklären, dass Mädchen eines Tages ihre Periode bekommen. Dass das Blut, das aus ihrem Unterleib fließt, weder etwas ist, dessen man sich schämen muss, noch ein Anzeichen für eine tödliche Krankheit. Ich glaube, dass ich ihr damals deswegen noch nicht böse war. Auch nicht, als meinem Vater plötzlich nach dem Mittagessen in den Sinn kam zu berichten, dass meine Mutter beim Anblick des Blutflecks in meinem Pyjama in Panik geraten war. Diese Mitteilung und das Buch, das er mir in die Hand drückte (irgendein Aufklärungsbuch von Hirschler, das sich eigentlich an wesentlich ältere Leser/innen richtete), konnten mich zumindest beruhigen. Aber erst in der Analyse begriff ich die Absurdität dieser Situation und wurde wütend. Wütend nur auf meine Mutter – ungerechterweise, wie ich heute denke. Wahrscheinlich war ich auf viele andere Dinge bezogen ebenso ungerecht.

Ungerecht? Es hat keinen Zweck, darüber nachzudenken. Heute weiß ich, dass die konkreten kleinen Kränkungen, die ich durch sie erfuhr, unbedeutend waren, die hätte ich mir nicht so zu Herzen nehmen sollen und wohl auch nicht so zu Herzen genommen, wäre nicht die alles beherrschende Angst gewesen. Das ständige Zittern und Beben, die Unsicherheit. Meine Mutter fand nur dann innere Ruhe und Frieden, und mit ihr auch ich, wenn mein Vater anwesend war. Darin lag ihr Vergehen, und deswegen war auch für mich mein Vater gleichbedeutend mit Sicherheit.

Es ist seltsam, dass mir all das jetzt so klar zu sein scheint. Ich weiß nicht, seit wann das so ist. Ich habe die Analyse dafür gebraucht, aber hat sie auch ausgereicht? Ich weiß es nicht. Es ist schließlich auch schon zehn Jahre her, dass ich sie beendet habe. Seitdem bin ich erwachsener geworden. Erwachsener? Ich mag das Wort nicht. Ich fühle mich auch heute noch nicht erwachsen. Vielleicht werde ich mich nie erwachsen fühlen. Aber es ist viel passiert. Ich habe viel erlebt, habe viele Menschen verloren. Manche sind gestorben, zu anderen ist der Kontakt abgebrochen.

Eigentlich war der Tod meiner Mutter für mich der erste Trauerfall in meinem Leben. Der Tod meiner Großmutter ein halbes Jahr zuvor hatte mich nicht so tief erschüttert. Sie war, als sie starb, einundneunzig Jahre alt. Das ist der Lauf der Welt. Aber meine Mutter war erst dreiundfünfzig.

Sie war nur vier Jahre älter, als ich jetzt bin. Schon damals war mir klar, dass sie zu jung war, um zu sterben. Jetzt kommt es mir direkt absurd vor. Denn es leben noch so viele, die älter sind als ich. Nicht nur um eine Generation älter, sondern sogar um zwei Generationen. Viele von denen, die ich interviewt habe, sind über neunzig. Und sie haben nicht nur das Ghetto überlebt, wie meine Mutter, sondern sind auch in Lagern gewesen. Und trotzdem sind sie sogar um einiges fitter als ich.

Kann man sich so sehr vor dem Altwerden fürchten, dass man deshalb stirbt? Wovor hat jemand Angst, der das Altwerden fürchtet? Vor Krankheit? Hilflosigkeit? Demenz? Dem damit verbundenen Ausgeliefertsein? Ja, davor kann man Angst haben. Aber nichts davon drohte ihr damals. Und im Übrigen ist sie angeblich (das bestätigen viele, die sie von früher kannten) schon nach meiner Geburt verrückt geworden. Und nach der Geburt meines Sohnes wurde es noch schlimmer, das habe ich selbst miterlebt. Sie konnte nichts damit anfangen, dass neue Generationen erschienen. Dabei liebte sie mich und meinen Sohn. Aber wovor fürchtete sie sich dann? Wirklich davor, dass das Alter zum Tod führt? Fühlte sie dasselbe wie mein Sohn, der im Alter von zweieinhalb Jahren anlässlich ihres Todes sagte: *„Ich will nicht in den Kindergarten, ich will nicht groß sein, ich will nicht sterben"*? Und ist sie vor dem Tod in den Tod geflüchtet? Es klingt paradox, aber mir kommt es so vor, als gäbe es keine andere Erklärung dafür, dass sie verrückt wurde und sich gleichzeitig ein Tumor bei ihr bildete.

Vor ungefähr drei Jahren kontaktierte mich eine etwa achtzigjährige Frau namens *Judy.* Sie stammt aus Debrecen und lebt in Kanada. Sie bat darum, einen meiner Texte, den ich auf der Grundlage von Interviews mit Überlebenden geschrieben hatte, auf ihre Holocaust-Website stellen zu dürfen. Sie schrieb, mein Essay habe sie erschüttert, bewegt und aufgewühlt, und ich antwortete: *„Es ist für mich ein bisschen so, als wäre meine Mutter zurückgekehrt, um zu sagen, dass ihr gefällt, was ich tue."* Auch sie hieß Judit. Judy war nur wenige Jahre älter, als meine Mutter gewesen wäre. Sie schrieb begeistert zurück, sie würde gerne die Rolle einer Ersatzmutter übernehmen. Eine kurze Zeit lang korrespondierten wir euphorisch miteinander, aber dann brach der Kontakt ab – ich glaube durch meine Schuld. Es lag nicht an Judy. Unser Briefwechsel war zwar kurz, aber sehr intensiv, und ich kann wirklich nur Gutes über Judy sagen. Offenbar wollte ich in Wahrheit keine Ersatzmutter. Heute, mehr als zwanzig Jahre nach dem Tod meiner Mutter, würde ich sie auch nicht wieder aufstehen lassen wollen. Wo wäre auch ihr Platz in meinem Leben, das sich so verändert hat! Und wie fände sie sich in einer Welt zurecht, die so anders geworden ist! Bisweilen empfinde ich auch heute noch Schmerz – aber worüber, das weiß ich nicht genau. Jedenfalls habe ich Judy auch diesen Text geschickt. Sie will ihn auf ihre Homepage stellen. Bei der Durchsicht der englischen Übersetzung merkte ich, dass ich aufpassen muss, sie nicht auch noch zu verlieren. Ich kann sie ja lieben, ohne sie zu meiner Ersatzmutter zu machen.

Ein Teil meines Schmerzes beruht sicher darauf, dass ich keine Fragen gestellt habe. Dass ich erst so spät erkannt habe, dass ich hätte fragen müssen. Warum so spät? Weil ich keine Fragen stellen konnte und noch nicht verstand, nicht die Reife hatte zu erkennen, dass ich meine eigene Vergangenheit und Gegenwart nur über die Vergangenheit meiner Mutter – und natürlich die meines Vaters – begreifen kann. Und dass ich mich ihrer Vergangenheit nur über die meiner Großmutter, ihrer Mutter, und die meines Großvaters, ihres Vaters, annähern kann. Das ist wie eine endlose Kette. Ich sehne mich danach, die kleine ruthenische Gemeinde zu „sehen" – und kennen zu lernen –, aus der mein Großvater und sein Vater stammen. Und auch die Orte, an denen die Essigfabriken meines Urgroßvaters gebaut wurden, und den Ort, wo meine Großmutter, die Mutter meiner Mutter, als Kind lebte. Und Mátyásföld, wie es vor dem Krieg war und wo meine Mutter ihre Kindheit verbracht hat und mein Großvater Kantor war. Wo sie einen orthodoxen koscheren Haushalt führten, während die Familie meines Vaters ein paar Straßen weiter nicht nur die großen jüdischen Feste nicht feierte, sondern sogar einen Weihnachtsbaum aufstellte. Vielleicht ist der Umstand, dass ich die Seite der assimilierten Juden besser kenne, die Ursache für die große Leerstelle in meiner Familiengeschichte. Diese Seite meiner Familie kann ich mir besser vorstellen. Aber auch hier gibt es Leerstellen. Denn auf der Seite meines Großvaters väterlicherseits ist die Assimilation nicht mehr so offensichtlich. Und leider weiß ich auch von dieser Seite nur sehr wenig. Aber zumindest nicht weniger, als ich wissen kann. Denn mein Vater lebte lange genug. Lange genug, dass ich begriff, dass ich ihm Fragen stellen musste. Und ich stellte ihm Fragen, bis zum heutigen Tag stelle ich Fragen. Doch diese Geschichte handelt jetzt nicht von ihm, nicht von seiner Familie.

Meiner Mutter habe ich keine Fragen gestellt. Was wäre gewesen, hätte ich es getan? Hätte sie angefangen zu sprechen? Das glaube ich eigentlich nicht. Fragen kann nur jemand, dem das Fragen erlaubt ist. Und ich denke, mir war es nicht erlaubt. Das zehnjährige Mädchen, von dem meine Großmutter als von meiner Mutter erzählte, ist nicht dasselbe kleine Mädchen, das zu der Mutter wurde, die ich kannte. Es ist, als hätte es dieses von meiner Großmutter beschriebene kleine Mädchen nie gegeben. Oder als wäre dieses Mädchen nie erwachsen geworden. Mir schien es, als wäre in meiner Mutter nur das kleine Mädchen anwesend, in das meine Mutter, die erwachsene Judit, sich verwandelte, wenn sie von der Angst überfallen wurde. Immer dann, wenn mein Vater abwesend war, wenn er nicht bei ihr war, oder dann, wenn selbst seine Gegenwart für sie nicht mehr ausreichte, um sich sicher zu fühlen.

Das Mädchen, von dem meine Großmutter sprach, mit seinem dicken schwarzen Haar, seinen dunklen, typisch jüdischen Augen, war schön und in sich ruhend, wie man auf den wenigen Fotos, die es noch von ihm gibt, erkennen kann. Falls es nicht überhaupt alle Fotos sind, die von ihm gemacht wurden. Dieses kleine Mädchen sitzt mit seinem Cousin fröhlich auf der Schaukel im Garten und protestiert natürlich, wenn es mit Schneewasser im Freien gewaschen wird – aber es ist nicht ängstlich. Das andere Mädchen ist die personifizierte Angst. Die Angst davor, den Mann zu verlieren, von dem es glaubt, er könne ihm Sicherheit geben. Das Gesicht dieses kleinen Mädchens ist starr, aus seinen Augen blickt das Entsetzen, blickt die Panik, die es unfähig macht, sich zu entspannen und mit seiner Umgebung Kontakt aufzunehmen. Dieses Mädchen ist vollkommen allein.

Heute glaube ich, dass beide Bilder falsch sind. Falsch insofern, als das Mädchen, das wir in den Jahren Vierundvierzig/Fünfundvierzig gesehen hätten und das später – im biologischen, physischen und ich weiß nicht, in welchem Sinne noch – meine Mutter werden sollte, weder dem einen noch dem anderen Bild entsprach. Eher vielleicht sowohl dem einen wie auch dem anderen. Aber meine Großmutter erzählte nur über das eine Mädchen, und ich kannte nur das andere. Und heute versuche ich herauszufinden, wie lange es das eine gab, sofern es überhaupt existiert hat, und würde gerne den – sicher dramatischen – Verlauf rekonstruieren, aus dem das andere Mädchen hervorging. Und ich versuche, mir vorzustellen, wie das Mädchen ungefähr in der Hälfte dieses Verlaufs, etwa in der Zeit der Belagerung war. Oder gab es das harmonische Mädchengesicht schon damals nur in der Erinnerung meiner Großmutter? Oder gab es das Mädchen zu der Zeit schon überhaupt nicht mehr? Oder ist es damals verschwunden, um in der erwachsenen Frau lediglich als personifizierte Angst wieder aufzutauchen? Ich habe nicht nur meiner Mutter zu ihren Lebzeiten keine Fragen gestellt. Obwohl ich schon seit vielen, vielen Jahren die Holocaust-Geschichten anderer teilweise deshalb anhöre, um über deren Geschichten auch die meiner Mutter zu verstehen, und obwohl ich seit vielen, vielen Jahren weiß, dass es in Yad Vashem ein Register der Deportierten gibt, habe ich erst vor einigen Tagen zum ersten Mal nachgesehen, ob die jüngere Schwester meiner Großmutter sowie ihre Eltern und eventuell die Eltern meines Großvaters dort aufgeführt sind. Ich hatte natürlich nicht damit gerechnet. Nicht deshalb, weil ich gewusst hätte, was ich jetzt weiß, dass dieses Register großenteils auf Angaben von Verwandten und Bekannten basiert und nur zu einem sehr viel geringeren Ausmaß auf den in den Todeslagern sorgfältig geführten Listen der Nazis. (Warum? Sind diese Dokumente verloren gegangen oder vernichtet worden? Oder wurden sie nur noch nicht ausgewertet? Wahrscheinlich spielen alle drei Faktoren eine Rolle.) Demnach hätte meine Großmutter ihre Verwandten nicht angegeben? Ich weiß nicht, ob sie überhaupt wusste, dass sie das hätte tun können. Und gab es niemanden außer ihr, der das getan hätte oder hätte tun können? Die Familie von Móric lebte noch, wenn auch in weiter Ferne. Feri war Neunundvierzig gestorben. Aber was war mit seiner Witwe? Die zugleich die Schwester von Mórics Frau war und so auf zwei Seiten familiär mit meiner Großmutter verbunden war? Wieso war es niemandem in den Sinn gekommen, im Register die Namen der Verwandten eintragen zu lassen? Ich weiß gar nicht, ob ich Papiere finden könnte, aus denen ihre genauen Geburtsdaten hervorgehen würden.

Als wir für eines meiner Projekte Teilnehmer für Interviews suchten, meldete sich ein alter Mann. Er hatte vermutlich auf einen unserer Briefe geantwortet, die wir über die *Claims Conference* versendet hatten. Als dann eine meiner Studentinnen zu ihm ging, stellte sich heraus, dass er in Wirklichkeit gar nicht interviewt werden wollte. Aber es stellte sich auch heraus, dass er glaubte, ein entfernter Verwandter von mir zu sein. Ich rief ihn an und erfuhr, dass tatsächlich eine entfernte verwandtschaftliche

Beziehung zwischen uns bestand und zwar auf der *Bródy*-Seite. Auch bei ihm gab es Bródys. Oder Bródis. So wie bei meiner Urgroßmutter. Wir vereinbarten, dass ich ihn irgendwann aufsuchen würde. Seitdem sind anderthalb Jahre vergangen, ohne dass ich ihn besucht hätte. Warum nicht? Ich verstehe es selbst nicht. Will ich lieber doch nicht zu viel über diese Vergangenheit wissen? Oder mich verstecken?

Oder will ich diese Vergangenheit selbst erschaffen, indem ich frei über die wenigen Informationsbröckchen verfüge? Vielleicht geht es in diesem Text genau darum. Und deshalb weiß ich auch gar nicht, ob dieser Text sich überhaupt an jemanden außer an mich selbst richtet. Ob er für jemand anderen interessant ist. Ob es einen Sinn hat, dass ich das schreibe beziehungsweise vor vier Jahren geschrieben habe.

Inzwischen habe ich meine Mutter „überholt", und sie hat die Zeit überlistet. Nun bleibt sie – so absurd es auch klingen mag – für immer die Jüngere von uns beiden.

Júlia Vajda
Ich wurde 1960 in Budapest geboren. Als Kind wollte ich Mathematikerin werden, wurde dann aber Soziologin und Psychologin. Ich unterrichte Soziologie an der ELTE-Universität und arbeite außerdem als Psychotherapeutin. Meine „wissenschaftlichen Arbeiten" befassen sich mit Themen, die in beide Fachbereiche fallen, meistens schreibe ich über die verschiedenen Identitäten von Juden unterschiedlicher Generationen nach der Shoah – ich bemühe mich darum, gut verständliche Texte zu schreiben, die sich einer nicht rein wissenschaftlichen Terminologie bedienen, ohne dabei oberflächlich zu sein. Der größte Teil meiner Texte beruht auf Interviews, die ich selbst geführt habe. Die Interviews, die ich mit Überlebenden führte, sind Teil einer Sammlung von über dreihundert Interviews, an denen meine Schülerinnen und Schüler mitgewirkt haben und die im OSA*-Archiv aufbewahrt werden.

---

* *OSA:* Open Society Archives der Central European University in Budapest (D.F.)

Ágnes Horváth

ALLES BEGANN AM KACHELOFEN.

Alles begann am Kachelofen. Dort saßen wir immer und unterhielten uns. Erst später verlegten wir unsere sonntäglichen Familiengespräche an den Esstisch in die Küche und in den Sechzigerjahren schließlich ins Elternzimmer an einen dieser Rauchtische, wie sie damals im Sozialismus typisch waren. Aber da ging es schon um andere Themen, und es herrschte eine andere Stimmung.

Eine Zwischenbemerkung: Ich hatte seit meiner Kindheit immer wieder Probleme mit dem Nachnamen meiner Mutter. Sie hieß Klára Hahn. Wenn ich den Namen auf Ämtern oder bei offiziellen Stellen angab, musste ich ihn immer buchstabieren: ha-a-ha-en, *oder phonetisch so:* ha**hh**n. *Trotzdem wurde er nie richtig verstanden. Es wurde entweder Hánn, Hann oder Hán daraus, nie Hahn. Ich hatte dann das Gefühl, als gäbe es mich nicht. Oder war etwa irgendetwas mit meiner Mutter nicht in Ordnung?*

Angesichts der Probleme, mit denen andere Holocaust-Kinder (sic!) zu kämpfen hatten, ging es mir doch vergleichsweise sehr gut. Das wurde mir später, als ich mehr darüber erfuhr, allmählich klar.

Als ich in die Schule kam, wusste ich schon, dass ich Jüdin war. Ich wusste es und musste es nicht erst herausfinden! Und ich war stolz darauf. Das blieb auch so, als ich in der Geborgenheit des warmen gelben Kachelofens von meinen Eltern zum ersten Mal mehr erfuhr …, als ich zum ersten Mal die Wörter *Auschwitz – Jude – Hitler* hörte. Wer genau letzterer war, wusste ich zu dem Zeitpunkt nicht. Ich wusste nur, dass es einen Zusammenhang zwischen ihm und der Nummer auf Mamis Arm gab.

Diese Nummer liebte ich sehr, genauso wie die Haut ihres Gesichts. Damals sortierte (!) ich ältere Frauen nach der Nummer auf dem Arm und ihrer Gesichtshaut in „mami-artige" und nicht „mami-artige" Mütter. Ich fing damals auch an zu begreifen, dass meine Schwester Judit und ich nur eine Groß-

240

mutter hatten, weil Mamis Eltern in Auschwitz „umgekommen" waren – wie man sich bei uns ausdrückte. Unser anderer Großvater war 1941 an einer Gehirnblutung gestorben. Er war „verschieden", nicht umgekommen.

Die „Erzählabende" am Kachelofen fanden auch noch nach 1956 statt, allerdings weiß ich nicht mehr, wie regelmäßig, ob täglich, wöchentlich oder monatlich. Oder sogar noch seltener, vielleicht über Jahre verteilt? Die Gespräche speisten sich aus zwei Quellen, kreisten aber eigentlich nur um ein Thema, etwa so, wie ein Bach einen Kieselstein, den man hineingeworfen hat, umspült. Meine Mutter erzählte, und mein Vater erzählte, aber die beiden rivalisierten nie miteinander. Wenn ich heute daran zurückdenke, erscheint es mir wie ein Wunder, dass keiner den anderen im *Leiden* übertreffen wollte. Auschwitz und die Ukraine. Konzentrationslager und Arbeitsdienst. Mutter und Vater, Frau und Mann: So war es in unserer Familie. In dieser Reihenfolge lag eine stille Demut. Das eine war das Entsetzliche, das andere die Unmenschlichkeit. Das Entsetzliche ist unfassbar, es liegt jenseits unseres Vorstellungsvermögens. Das Unmenschliche ist eine pervertierte Menschlichkeit, doch es behält eine Verbindung zum Menschen.

Mit Mami, meiner Mutter, und ihrer Geschichte verband sich das *Entsetzen*. Ich begriff allmählich, dass *Auschwitz nicht nur ein Symbol war, sondern ein realer Ort, und dass es wichtig war, zwischen Auschwitz und Birkenau zu unterscheiden. Auschwitz war ein Arbeitslager, Birkenau ein Vernichtungslager* – das hat meine Mutter immer betont. Damals empfand ich diese Präzision als pedantisch. Aber später verstand ich, dass es darum ging: ob es ein Krematorium gab oder nicht.

Die Geschichten selbst setzten sich größtenteils aus verschiedenen Standbildern zusammen: *Appellplatz, Baracke, Selektion, Schwarzbrot, Pritsche, Krematorium, Gaskammer, Sonderkommando, die kreischenden Zigeuner* – hier kommt der Ton dazu –, *Polen, Juden …* Selten ging es um menschliche Beziehungen: *Leidensgenossinnen, Ja-Nein-Rätselraten mit Stefka* – dabei denkt die eine an Jesus, die andere an Moses. Sie waren so sehr in ihr Spiel vertieft, dass sie zu spät zum Appell kamen. Das hätte sie das Leben kosten können.

Aber in Auschwitz beim Ratespiel ausgerechnet an Jesus zu denken! An Moses vielleicht, aber an Jesus? Wo doch gerade die Christen …? Aber das ist es ja gerade: Nicht die Christen, sondern die Arier. Damals hätte sie das 241

Ratespielen fast das Leben gekostet, weil sie nicht rechtzeitig auf dem Appell-
platz erschienen. Ich denke, es gab nicht allzu viele, die wegen eines Rätsel-
spiels zu spät zum Appell erschienen und das außerdem noch überlebten! Das
gefiel mir sehr. Und mir gefiel auch, dass ein Christ nicht das Gegenteil von
einem Juden ist.

Als ich klein war, gefiel mir natürlich auch, dass Mami beinahe erschossen
worden wäre, denn ich wusste ja, dass es nur beinahe passiert wäre, sie wurde
ja nicht erschossen, sie hat ja mich zur Welt gebracht und sie war leibhaftig
hier bei mir. Aber so denkt man als Kind. Unsinn, so denkt man als Kind! So
fühlt man.

Im Zusammenhang mit Auschwitz fiel bald auch der Name *Mengele.*
Der hatte meine Mutter einmal untersucht. Das Wort: *untersucht* – hat
mich jahrelang, jahrzehntelang, eigentlich bis zum heutigen Tag verfolgt.
Wie auch Birkenau. Meine Mama – Mami – war krank, und „der Mengele" hat sie untersucht – aber sie kam davon. Also hat er nicht. Was
nicht? Kann es sein, dass er sie nicht untersucht, sondern „nur" angesehen
hat? Wenn es ein Urbild für den Teufel gibt, dann ist er es. Für mich ist er
die Verkörperung des Bösen. Ich habe sogar heute noch Angst vor ihm.
Mami hat nie irgendetwas Grauenhaftes erzählt. Dass sie hungerten und
froren, wussten wir. Und sie sagte immer, dass alles *grau* war und überall
Schlamm lag. Das beschreibt auch *Imre Kertész.* Bei ihm habe ich alles so
wieder erkannt, wie ich es auch von meiner Mutter gehört hatte. Denn
auch er sprach nicht von Auschwitz, sondern von Birkenau mit den Krematorien. Und überall lag der graue, alles bedeckende Schlamm. Meine
Mutter hörte die Zigeuner in ihrer Todesangst schreien. Es war herzzerrei-
ßend.

Es gab also das Frieren, das Hungern, die Schreie und als Viertes Mengele.

Als Kinder zählten wir zusammen, wer aus der Familie schon wie oft
im Ausland war. Und Ausland bedeutete damals jenseits des Eisernen Vor-
hangs. Judit und ich fragten, ob wir auch Auschwitz dazurechnen könnten. Damit Mami nicht schlechter wegkam als unser Vater, der schon im
Ausland gewesen war.

Er war zusammen mit einem Freund in Wien „Hofsänger" gewesen: Sie
sangen in den Höfen der Mietshäuser und hofften, man würde ihnen ein paar
242 *Groschen herunterwerfen.*

Als Kind dachte ich auch, dass Mami „nur" neun Monate im Lager verbracht hatte, unser Vater dagegen siebenundzwanzig Monate im Arbeitsdienst. Meine Eltern waren glücklich miteinander, sie liebten sich sehr. Und zwischen ihnen bestand keinerlei Rivalität. Das hätte ich natürlich damals nicht so formulieren können. Erst im Nachhinein, rückblickend erkannte ich, dass meine Mutter meinen Vater nie mit den Worten *aber in Auschwitz!* unterbrochen hatte. Mal erzählte mein Vater, mal meine Mutter, oder sie erzählten beide. Wenn einer von beiden erzählte, stand der andere vollkommen zu ihm. In den Geschichten meines Vaters schien immer die Sonne, weil sie Männer waren, Zwangsarbeiter.

* * *

Inzwischen bin ich erwachsen. Mami und ich haben uns getrennt. Nein, nicht getrennt, ich habe lediglich angefangen, selbständig zu leben – so etwa habe ich es auch ihr gegenüber formuliert. Und sie erwiderte: *„Du gehst deinen Weg, ich trotte hinterdrein."*

Ich war schon über zwanzig, als meine Mutter plötzlich mit der Bitte an mich herantrat, ich solle ihr Hebräisch beibringen. Ich studierte damals schon Hebräisch bei dem heute weltberühmten Professor *Géza Komoróczy*. Mami begann praktisch bei Null. Aber sie konnte die hebräische Schrift lesen, wohingegen ich das zu Anfang nicht konnte. Einmal lasen wir gemeinsam das *Schma Jisrael*, das grundlegende Gebet. Sie kam immer zu mir. Viele Texte verstanden wir schon recht gut. Wir lernten eigentlich nicht die Sprache, sondern das Judentum. Ein *„nachgeholtes Lernen"*. Ich gab meiner Mutter Hebräischunterricht. Nach einer gestohlenen Kindheit. Es war uns beiden sehr wichtig.

Zum „nachgeholten Lernen" füge ich hier noch den Brief ein, den ich ein paar Jahre vor ihrem Tode erhalten, aber erst nach ihrem Tod verstanden habe:

Zu meinem Geburtstag

Ich wurde geboren, um Dich zu gebären – begann zu sehen, um Dich sehen zu können – begann zu fühlen, um Dich fühlen zu können – ich träumte, damit Du träumen kannst – und ich lebe, damit Du Deine Träume leben kannst! Meine Tür ist weit geöffnet in Erwartung Deiner, durch mein Fenster   243

lasse ich Licht, und zu Deiner Ankunft zünde ich die Festkerzen meiner Erin-
nerungen an lange Vergangenes an, denn mit Licht will ich Dich immer
erwarten, mit festlichem Licht. Du gehst oft fort (denn die „Erwachsenen"
gehen oft fort), und dann schließt Du meine Türen fest zu und nimmst meine
Lichter mit Dir. Dann brennen meine Festkerzen ganz herunter, und ich
bleibe in meinem dunklen Zimmer zwischen der verschlossenen Tür und dem
lichtlosen Fenster allein.

(Zweimal dreht sich der Schlüssel im Schloss, der Klang der Schritte unter
den dunklen Fenstern ist schon verhallt, und das Kind klammert sich an sein
Bett, schweißnass vor beklemmender Angst. Die Erwachsenen sind fortgegan-
gen, es ist allein. Das ist immer so, das weiß das Kind schon! Die Erwachsenen
gehen oft fort und lassen das Kind allein, das Kind, das als Kind unter
Erwachsene geboren wurde und keine Zeit mehr hatte, selbst erwachsen zu
werden. Das Zimmer ist dunkel, das Knacken der knochigen Hände, der
lange Schatten machen die Stille noch beängstigender. Das Kind liegt nasskalt
und steif, es möchte schlafen, träumen, aber es gelingt ihm noch nicht! Im
Dämmerlicht in der Küche schreibt das junge Dienstmädchen seinen „ewig
gleichen" Brief an ihr fernes Zuhause: Meine lieben guten Eltern, ich hoffe,
dass mein Brief Sie in guter Gesundheit findet, wozu ich Ähnliches auch von
mir schreiben kann und Gottlob, mir geht es gut. ((Ich! bin! Gesund! Und! Es!
Geht! Mir! gut!* „Beruhigende, beglückende" Druckbuchstaben! Oh, alles ist
gut! Bei fest verschlossenen Waggontüren können wir nicht hinausfallen! Das
Fenster ist unerreichbar hoch – es kommt kein Licht herein, auch keine Luft,
und die engen Gitterstäbe teilen den gerade noch sichtbaren HIMMEL in so
winzige Stückchen, dass man in manchen Augenblicken denkt, dass GOTT
nicht hineinpasst.)) Das Kind wird müde, es wird vom Schlaf überwältigt,
weiche Hände öffnen leise die Tür, Licht fließt in das Zimmer, und zwei liebe
Hände zünden wortlos-still die Festkerzen an, und begleitet von einem seg-
nenden Streicheln ruht ihr Licht auf dem Kopf des träumenden, müden Kin-
des.)

Gib acht! Wenn Du fortgehst, schließ die Tür geräuschlos, sonst schreckt
vielleicht ein träumendes Kind auf!? Möge die helle, weiche Stille des Fensters
den Laut deiner Schritte schlucken. Aber wenn Du zurückkommst, sollen

---

* Deutsch im Original (D.F.)

Deine Schritte laut unter meinem Fenster hallen, damit ich Dir, wenn ich aus meinem Traum aufwache, meine Tür aufsperren kann! Dich mit Licht empfangen kann. Mit dem Licht der Festkerzen, in deren Schein Du Deinen im Erwachsenenleben müde gewordenen Kindeskopf für ein Streicheln neigen kannst. (Vielleicht würde es dann keinen Augenblick Mehr Ohne Gott geben!?)

P.S. Dies schreibe ich Dir zu meinem Geburtstag, weil ich es an meinem Geburtstag Für Dich erdacht habe! Dies ist kein Kunstwerk, keine Schöpfung, ich habe es einfach so geschrieben, wie es mir in den Sinn kam. Ich habe es für Dich geschrieben, weil es mir für Dich in den Sinn gekommen ist. Es könnte ein Text sein wie aus meinem Tagebuch (wenn ich eines geführt hätte). Wenn Du den Brief als sentimental empfindest, bedenke, dass ein Kind ihn geschrieben hat, ein Kind, das unter Erwachsene geboren wurde und keine Zeit mehr hatte, selbst erwachsen zu werden. Ein Kind ist nicht sentimental, es ist naiv, ehrlich und einfach. Was ich geschrieben habe, mag wenig sein, aber ich glaube, wenn Du es verstehst, kann es auch Alles sein! Verfahre damit, wie Du willst, denn jetzt gehört es <u>nur noch Dir</u>! Ob Du es aufbewahrst oder wegwirfst, es im Gedächtnis bewahrst oder es vergisst, das ist Deine Sache!

Ich habe Geburtstag. Komm! Lass uns feiern! Lass uns die Festkerzen anzünden, und bei Ihrem Licht (wie es Sitte ist) möge der Kindlich-Erwachsene dem Erwachsenen-Kind oder das Erwachsene-Kind dem Kindlich-Erwachsenen alles Gute wünschen.

JEWARECHECHA ADONAI – DER HERR SEGNE DICH.

Amen

Ágnes Horváth

Ich wurde in Budapest geboren und habe mein Leben lang dort gelebt. Bis heute ist mein Leben maßgeblich durch das Judentum geprägt – und durch alles, was damit zusammenhängt. Ich bin damit groß geworden, habe es also nicht erst später angenommen. Mit dem Judentum hängt zusammen, dass meine Eltern Opfer der Tragödie wurden, die das Schicksal den ungarischen Juden auferlegt hat, mein Vater war Zwangsarbeiter, meine Mutter Häftling in Birkenau, auch das Streben nach Assimilation hängt damit zusammen usw. Ebenso, dass ich als Studentin neben meinen Fächern Russisch und Französisch Hebräisch zu lernen begann. Was bewegt mich außerdem? Was interessiert mich? Zunächst einmal Dostojewski, außerdem einige Phänomene der französischen Literatur und Sprache. In den letzten zehn Jahren kamen die Künstler der Europäischen Schule dazu, mit deren Bildern ich groß geworden bin. Ich hatte das Glück, einige von ihnen persönlich kennen zu lernen. All das – und hier berühren sich meine Kindheit und mein Erwachsenenalter: sowie die leidenschaftliche Bejahung des Judentums und seiner Universalität, wie sie mir Béla Tábor vermittelt hat, und die Dreiheit aus Bewegung, Gemeinschaft und Tradition im Sinne von Lajos Szabó, ist für mein Leben entscheidend.

Éva Gál

FAMILIENAUFSTELLUNG

Vor kurzer Zeit besuchte ich eine Ausstellung zur Geschichte des ungarischen Holocaust, illustriert am Beispiel persönlicher Erlebnisse von Frauen, die den Holocaust als Jugendliche oder junge Frauen im Ghetto, im Versteck oder in einem der Lager überlebt hatten. Nach der Führung durch die Ausstellung setzten sich noch einige Besucher/innen in der Cafeteria zusammen, um sich zu unterhalten, und an dem spontan entstandenen runden Tisch kam es zu folgender Frage: *„Ich bin keine Jüdin, und es würde mich sehr interessieren, ob es wirklich wahr ist, dass in jüdischen Familien die Eltern, die den Holocaust überlebt haben, mit ihren Kindern nicht über das sprechen, was sie durchgemacht haben. Ich verstehe nicht, wie das möglich ist …“*

Diese Frage weckte in mir den Wunsch, die Geschichte meiner Mutter und ihrer Familie zu erzählen – denn diese Frage hat mich mein ganzes Leben lang beschäftigt.

Meine Mutter war eine außergewöhnliche Frau. Im Bekanntenkreis galt sie als klug, lebenserfahren, fröhlich und hilfsbereit, was auch wirklich auf sie zutraf, aber als Kind hatte ich sie anders wahrgenommen. Irgendetwas stimmte nicht: Ich konnte sie nicht lieben. Damals glaubte ich, der Grund dafür sei, dass sie meinen Bruder mehr liebe als mich und ich nur an zweiter Stelle stünde. Deshalb produzierte ich manchmal hysterische Anfälle, warf mich auf den Boden und war nicht ansprechbar. Doch von solchen Szenen abgesehen konnte kein Außenstehender auf den Gedanken kommen, dass bei uns irgendetwas nicht in Ordnung gewesen wäre. Meine Mutter beschäftigte sich mit mir, ich hielt mich meistens bei ihr in der Küche auf, sie half mir, wenn ich sie um etwas bat, und ich konnte ihr alles erzählen. Für Außenstehende sah alles nach einer idealen Tochter-Mutter-Beziehung aus, trotzdem hatte ich ständig das Gefühl, nicht genügend geliebt zu werden. Als ich erwachsen war, wurde mir klar, dass *ich immer eine tiefe Traurigkeit im Gesicht meiner Mutter wahrgenommen hatte* – selbst dann, wenn sie fröhlich lachte.

Noch später, als ich mich mit Selbsterkenntnis beschäftigte und auch bei mir selbst jene unterschwellige Traurigkeit feststellte, die für die Außenwelt unsichtbar ist, erkannte ich, woher diese Traurigkeit rührte.

Da ich mich nicht wohl damit fühlte, einen Schmerz mit mir herumzutragen, der nicht mein eigener war, und mich auch der Wunsch motivierte, dieses „Erbe" nicht an meine Tochter weiterzugeben, suchte ich einen Weg, mich davon zu befreien. Wie es schien, führten mich die Methoden der Selbsterkenntnis immer wieder zu diesem Problem zurück, und langsam ließ das Gefühl des Schmerzes nach, es gelang mir allmählich, die Barrieren zu überwinden, die mich gehindert hatten, meine Mutter zu lieben.

Vor nicht allzu langer Zeit passierte es mir, dass ein Konflikt mit einer Kollegin mich so unverhältnismäßig aufregte, dass ich mich fragte, ob vielleicht tief in mir immer noch eine große Wut oder Angst steckte. Meine Empörung und meine Erregung über das „Vergehen" meiner Kollegin standen in keinem Verhältnis zu dem, was tatsächlich vorgefallen war. Sie stieg im letzten Moment aus einem Projekt aus, das wir gemeinsam geplant hatten und gemeinsam durchführen wollten und in das außerdem mehrere andere Kollegen involviert waren. Zu ihrer Rechtfertigung führte sie andere Aufgaben an, die sie für wichtiger hielt. Ich reagierte unmöglich, ich begann, sie anzuschreien, ich warf ihr vor, dass sie das nicht machen könne, dass sie mich im Stich ließe, dass man sich auf sie nicht verlassen könne, dass sie mich hintergangen hätte usw., usw. – danach weinte ich sehr lange und zerfloss vor Selbstmitleid. Wieso musste ausgerechnet mir so etwas passieren, wo ich mich doch selbst nie so verhalten würde, fragte ich mich, aber ich fand keine Antwort. Daraufhin meldete ich mich für eine Familienaufstellung* an.

---

* *Familienaufstellung*: Bert Hellinger wurde darauf aufmerksam, dass wir das Entstehen unserer psychischen und somatischen Beschwerden nicht allein aufgrund unserer eigenen Lebensgeschichte verstehen können. Es scheint, dass unser Schicksal unauflösbar mit dem unserer Familie und unserer Vorfahren verknüpft ist. „Wir alle wissen, dass unsere Familie unser Leben stark beeinflusst, aber wir sehen wenig

Es ist mir inzwischen zur Gewohnheit geworden, zur Familienaufstellung zu gehen, wenn ich mit einem Problem nicht weiterkomme, wenn es wiederholt auftaucht und ich es aus eigener Kraft nicht lösen kann. Hier erlebe ich dann oft, dass ich plötzlich etwas sehe, was ich vorher nicht gesehen habe. Meistens löst sich das Problem nicht an Ort und Stelle (obwohl auch das manchmal passiert), aber in der Regel stelle ich ungefähr ein halbes Jahr später fest, dass das Problem keines mehr ist.

Ich stellte also der Gruppe und dem Gruppenleiter die oben geschilderte Situation kurz dar und sagte ihnen, dass ich eine Erklärung suchte – und möglicherweise auch eine Lösung –, um mich in solchen Situationen nicht dermaßen ausgeliefert zu fühlen. Die Genialität des Leiters und die Mitwirkung der Gruppe versetzten mich schließlich in einen besonderen Zustand.

Auf die Bühne kamen meine „Mutter" (*Fini*), ihre beiden „Schwestern" (*Edit* und *Trúde*), ihr „Bruder" (*Ernő*), mein Vater, (*Hugó*), und mein „Bruder" (Tamás). Ein Mädchen verkörperte das *„Judentum"*. In etwas weiterer Entfernung trat später auch noch meine „Großmutter mütterlicherseits" auf der Bühne hinzu (sie war nach ihrer Ankunft in Auschwitz sofort von ihren Töchtern getrennt und im Krematorium verbrannt worden. Die letzten Worte, die meine Großmutter an ihre Töchter richtete, waren: *„Bleibt zusammen!"* Sie blieben tatsächlich zusammen und überlebten alle drei die Gräuel).

Auch „ich" stand, verkörpert von einer Teilnehmerin, auf der Bühne. *Ich hockte zu Füßen der drei Schwestern und schaute sehnsuchtsvoll auf meine*

---

davon, wie das geschieht. Die Familie wird von einem gemeinsamen Geist bewegt, der selbst zwischen entfernten Verwandten eine enge Beziehung stiften kann. Wir tragen in unserem Leben vieles, was wir uns selbst aufgeladen haben, aber einen anderen Teil tragen wir möglicherweise aus Treue zu einem anderen Familienmitglied oder einer anderen für uns wichtigen Person, ohne uns dessen bewusst zu sein. Die Familienaufstellung, die der deutsche Therapeut Bert Hellinger ausgearbeitet hat, bekam ihren Namen, weil Mitglieder der therapeutischen Gruppe die Beziehungen innerhalb der entsprechenden Familie räumlich „aufstellen", und zwar eine so tiefe Schicht der Beziehungen, wie sie im Alltag nicht sichtbar ist. Das Aufzeigen der Wirklichkeit dieser Beziehungen bringt zugleich Heilung." György Földes, http://hellingercsaladfelallitas.hu/ (Übersetzung D.F.)

Mutter. Sie sah mich traurig an. Sie beachtete weder meinen Bruder noch meinen Vater (ihren Mann). Sie saß da mit ihrem traurigen Gesicht, ihre Schwestern links und rechts von ihr, und sah mich an.

Der Leiter fragte, ob sie mir etwas mitteilen wolle – und sie antwortete: *„Mein liebes Kind, wir Juden müssen alles zu 200% schaffen, damit man mit uns zufrieden ist."*

Ich spürte, dass das auf mich zutraf. Dass ich nach diesem „Gesetz" gelebt hatte, ohne mir dessen bewusst zu sein. (Vielleicht fiel es mir deshalb so schwer zu ertragen *(zu sehen)*, wenn jemand wortbrüchig wurde und sich nicht an eine Vereinbarung hielt.)

Meine Mutter stand dort mit ihren Geschwistern, die gemeinsam das unbeschreibliche Grauen des Konzentrationslagers durchgemacht hatten und ohne deren Hilfe meine Mutter diese Monate nicht überlebt hätte.

Meine Mutter war oft krank und schwach, eine Kinderkrankheit war falsch behandelt worden und nie ganz ausgeheilt, sie war deswegen stark auf die Hilfe ihrer Geschwister angewiesen. Es war mehrmals vorgekommen, dass ihre Schwestern sie beim *Appell* stützen mussten, damit die Aufseher nicht bemerkten, dass sie sich kaum auf den Beinen halten konnte, denn das hätte ihr Ende bedeutet. Schon damals konnte meine Mutter gut nähen. Sie nähte Innentaschen in die Leinenkittel, damit man darin unbemerkt Brot aus der Küche schmuggeln konnte. Edit galt als gute Köchin (wenngleich man, um Futterrüben in Wasser zu kochen, keine Meisterköchin zu sein brauchte) und wurde oft zur Küchenarbeit eingeteilt. Trúde war zu dem Zeitpunkt, als sie verschleppt wurde, Medizinstudentin: Darum wurde sie zur Arbeit im Krankenzimmer eingeteilt und konnte von dort den anderen sehr viel helfen.

Ich verstand, dass die Beziehung zwischen den drei Schwestern sehr eng war.

Nach der Befreiung gingen sie in drei verschiedene Richtungen auseinander. Trúde wurde von ihrem Mann in Frankreich erwartet, Edit von ihrem Mann in Palästina – dem späteren Israel, Fini, meine zukünftige Mutter, erhielt die Nachricht, dass Hugó in Ungarn sei –, sodass sie sich dorthin aufmachte. (Edit begleitete sie und wanderte erst danach nach Palästina aus. Sie wollte ihre Schwester in ihrem stark geschwächten Zustand nicht allein lassen. Meine Mutter war bei der Befreiung im Lager schwer an Flecktyphus erkrankt und litt ihr Leben lang noch unter den Folgen.)

In der Zeit des Sozialismus wurden die Grenzen geschlossen, der Informationsaustausch zwischen den Geschwistern war nicht mehr möglich. Es war verboten, Briefe ins Ausland zu schicken, und so konnte meine Mutter den Kontakt zu ihren Schwestern nicht aufrechthalten. Man musste verheimlichen, wenn man Verwandte im Ausland hatte. *Mir wurde klar, dass sie, weil sie zu ihren Schwestern keinen Kontakt mehr haben konnte, völlig vereinsamte.* Für mich stellte sich die Frage, welcher Art ihre Beziehung zu meinem Vater war. *Bei der Familienaufstellung kam mir der Gedanke, dass sie vielleicht irgendein Trauma durch einen Mann (oder Männer) erlitten hatte und dass das der Grund dafür sein könnte, dass sie die Männer so wenig beachtete. (Ihr „Bruder", ihr „Mann" und ihr „Sohn" standen neben ihr auf der Bühne.)*

Das völlige Abgeschnittensein vom westlichen Ausland dauerte bis zum Ende der Sechzigerjahre. Dann wurden die Bestimmungen gelockert, und die Verwandten durften uns endlich besuchen. Ich lernte Edit und Trúde, ihre Männer, *Mancu* und *Egon,* und ihre Kinder, meine Cousinen, kennen. Beide Paare hatten zwei Töchter. Wir freundeten uns an, und die Verbindung besteht bis heute.

(Später beschäftigte mich die Frage, wie die Schwestern nach den entsetzlichen Erlebnissen, nachdem sie geschwächt und traumatisiert nach Hause zurückgekehrt waren, überhaupt in der Lage waren, Kinder in die Welt zu setzen? Wieviel seelische Kraft hatte das gekostet. Als sich eine Gelegenheit bot, fragte ich Trúde danach, ihre Antwort überraschte mich sehr: *„Dazu war gar keine besondere seelische Anstrengung vonnöten, wir wollten Hitler beweisen, dass man uns nicht ausrotten kann!"* Im ersten Moment war ich sehr verblüfft, aber auch verärgert. Ich wollte kein „Beweis" sein – dann aber beruhigte ich mich und bewunderte die drei dafür, dass sie sich behauptet hatten, und ich bin meinen Eltern dankbar, dass ich lebe.)

Dann hörte ich von meinen Verwandten auch etwas über den Holocaust, obwohl die Unterhaltung überwiegend auf Deutsch stattfand wegen Tante *Juli* (Ernős Frau, die aus Bulgarien stammte), bekam ich doch Bruchstücke mit. (Juli und Ernő hatten auf einem Flüchtlingsschiff nach Palästina pro forma geheiratet, damit Tante Juli an Land gehen konnte; dann bekamen sie zwei Kinder und lebten 40 Jahre, bis zu Tante Julis Tod, zusammen.)

Meine Großmutter wurde nicht oft erwähnt, auch nicht bei diesen Familiengesprächen. Ich kann mir vorstellen, dass die Umstände ihres Todes ein zu großes Trauma für alle drei darstellte.

Die Großmutter stand ein wenig zusammengekauert mit dem Rücken zum Geschehen in einer entfernten Ecke der Bühne. Lange Zeit beachtete sie niemand. Ich wollte gerade fragen, was mit ihr los sei, als der Gruppenleiter sie ansprach und sie fragte, wie sie sich fühle. Sie drehte sich um (ein sympathisches junges Mädchen spielte ihre Rolle) und sagte, dass sie sehr friere und dass sie das, was hier geschehe, nicht sonderlich interessiere. Die hier, ihre Töchter, glaubten, sie hätten gelitten – aber sie seien am Leben! „Ich habe gelitten" – sagte sie –, „ich wurde verbrannt! Die Einzige, die mich noch interessiert, ist Éva" – und dabei zeigte sie auf mich, ich stand am Rand der Bühne und verfolgte das Geschehen mit Bestürzung.

Zu der Zeit, als ich an dieser Familienaufstellung teilnahm, bereitete ich mich gerade auf meine Rolle als Großmutter vor, mich plagten große Selbstzweifel, denn ich hatte keine Vorstellung davon, was es bedeuten würde, Großmutter zu sein, oder davon, wie eine Großmutter zu sein hatte. (Mit meinen Selbstzweifeln behelligte ich auch meine Schwiegertochter. Darüber hinaus war auch deren Mutter sehr aufgeregt und in Sorge, denn auch für sie sollte es das erste Enkelkind werden. Irgendwann hatte meine Schwiegertochter genug von unserem Gejammer und machte uns deutlich, dass es wichtiger sei, dass *sie* die Mutter sein würde, wir sollten sie in Ruhe lassen, unser Problem würde sich schon von selbst lösen.)

Als die Großmutter auf der Bühne über mich sprach, fühlte ich eine sehr tiefe Verbindung zu ihr, und in diesem Augenblick, an diesem Ort, erhielt ich eine Großmutter. Eine Woche später kam *Dávid*, mein erstes Enkelkind, zur Welt, durch ihn wurde ich die glücklichste aller Großmütter. Ich weiß nicht, wieviel die Familienaufstellung dazu beigetragen hat, aber ich glaube, dass sich etwas in mir gelöst hat. Und ich habe auch jetzt noch das Gefühl, als wäre meine Großmutter nach langer Abwesenheit in unsere Familie zurückgekehrt.

Éva Gál

Ich wurde 1949 geboren und habe die letzten 64 Jahre damit verbracht, das Glück zu suchen. Währenddessen habe ich mit meinem Lebensgefährten 3 Kinder aufgezogen, die jetzt ebenfalls glücksuchende Tätigkeiten ausüben. Ich hatte verschiedene Berufe: Ich war im Außenhandel tätig, war Verkäuferin in einem Musikgeschäft, Marketingdirektorin und Geschäftsführerin. Mit 46 nahm ich eine bedeutende Veränderung in meinem Leben vor, ich lernte Yoga und wurde Kinesiologin, verließ die multinationalen Firmen und setzte meine Suche nach dem Glück wesentlich bewusster fort. Jetzt genieße ich meinen Ruhestand und erteile anderen Glücksuchenden, jüngeren wie älteren, Yogaunterricht.

Dass meine Mutter in Konzentrationslager verschleppt wurde und mein Vater als Arbeitsdienstler Zwangsarbeit verrichten musste, meine beiden Großmütter und einer meiner Großväter in Auschwitz ermordet wurden, hat sicher mein Leben geprägt.

Ich bemühe mich, ihr Schicksal zu erforschen, um mein eigenes und das meiner Kinder besser verstehen zu können. 253

Panni Endrődi

ESSIGBÄUME

1. Die Vergangenheit in der Gegenwart
Soweit ich mich erinnern kann, wusste ich schon als Kind, dass wir Juden waren. Aber aussprechen kann ich dieses Wort erst seit einigen Jahren. Meine Eltern lernten sich im koscheren Restaurant meines Urgroßvaters *Mendel Weisz* kennen, nicht lange, nachdem sie aus dem Lager zurückgekehrt waren. (Das Restaurant wurde im Jahr 1917 in der Wesselényi Straße 20 eröffnet und existierte auch nach dem Krieg noch eine Zeit lang, bis es verstaatlicht wurde.) Meine Eltern heirateten im Jahr 1945, aber erst, nachdem die erste Frau meines Vaters, die im Lager „verstorben" war, offiziell für tot erklärt worden war. Außer meinen Eltern und meinem älteren Bruder kannte ich niemanden aus der Familie – konnte aus bestimmten Gründen auch niemanden kennen. Die Eltern und Großeltern sowie die kleine Schwester und der jüngere Bruder meiner Mutter hatten den Krieg im Ghetto überlebt. Meine Mutter, *Ibolya Scheer*, war neunzehn, als sie aus Berlin-Spandau zurückkam, und bald nach ihr kehrten auch ihre zwei Schwestern aus den Klauen des Todes zurück: Bergen-Belsen und Auschwitz-Birkenau.

„Unsere Familie hat immer großes Glück gehabt. Alle haben den Faschismus überlebt. Das können nicht viele jüdische Familien von sich sagen."
Diese Sätze fand ich in einer der Schriften meiner Mutter, doch treffen sie leider nur teilweise zu. Das Leben kann sehr grausam sein, sogar in – sogenannten – Friedenszeiten. *Ella Freedman*, meine Urgroßmutter mütterlicherseits, war erst vierzehn Jahre alt, als ihre Eltern ihr die beiden jüngeren Geschwister im Alter von fünf und sechs Jahren anvertrauten. Sie sollte auf sie aufpassen, während sie selbst mit den ältesten drei Söhnen aus ihrem Dorf Ölyvös mit einem Ackerwagen zu einer Hochzeit ins Nachbardorf fuhren. Am nächsten Tag erreichte das Dorf die Schreckensnachricht, dass der betrunkene Kutscher auf dem Rückweg auf dem Bock

eingeschlafen und der Wagen in eine 30 Meter tiefe Schlucht gestürzt war. Keiner hatte die Tragödie überlebt. Es muss entsetzlich und erschütternd gewesen sein, als die Familie und die Dorfbewohner die zerschmetterten Leichname nach Hause brachten und die Eltern und ihre drei Söhne in fünf Särgen begruben. Damit die beiden jüngeren Geschwister bei der Familie bleiben konnten, heiratete Ella Mendel Weisz (der vom Gehilfen zum Geschäftsführer avancierte). Es folgten schwere Jahre mit vielen Problemen und Sorgen. Die beiden lebten achtzig Jahre zusammen und bekamen 12 Kinder, von denen neun über die ganze Welt verstreut überlebten.

Meine Urgroßeltern, die ich leider nicht gekannt habe, sowie meine Großeltern mütterlicherseits machten sich 1950 mit ihrem einzigen Sohn auf die unsichere und strapaziöse Reise nach *Eretz Israel*, ins Gelobte Land. Meine Großmutter hatte ein für allemal beschlossen, dass sie in einem solchen Land nicht weiterleben wollte. Sie war eine sehr strenge Frau. Schon in jungen Jahren hatte sie schwer arbeiten müssen. Sie führte ein stark religiös geprägtes Leben und konnte ihren Töchtern nicht verzeihen, dass sie nach dem Krieg Atheistinnen geworden waren. *Ferenc Scheer* und seine Frau *Róza Weisz* ließen ihre vier Töchter und Schwiegersöhne sowie acht Enkelkinder zurück. Als ich fünfzehn Jahre alt war, kam meine Großmutter noch einmal nach Ungarn, um ihre Familienangehörigen zu besuchen. Es gelang mir jedoch nicht, ihr näher zu kommen. 1970, als meine Großeltern noch lebten, wollte meine Mutter mich nach Israel mitnehmen, um ihre Eltern zu besuchen. Aber ich bekam so kurz nach dem Sechstagekrieg von 1967 von den ungarischen Behörden keinen Pass. In jener Zeit ließ man junge Leute in der Regel nicht ausreisen. So fuhr meine Mutter schließlich 1971 ohne mich, um ihre Angehörigen noch einmal, vielleicht zum letzten Mal, zu sehen. (Mittlerweile ruhen meine Großeltern auf dem Friedhof von Tiberias.)

Mein Vater hatte fast alle Mitglieder seiner Familie, die auf dem Lande lebte, verloren. Seine Eltern, seine acht Geschwister, seine erste Frau Mariska und ihr gemeinsames Kind, meine Halbschwester Zsuzsi, die noch ein Säugling war, und ungefähr 25 weitere Verwandte kehrten aus den Vernichtungslagern nicht zurück. Heute verstehe ich, warum mein Vater nicht über die Vergangenheit sprechen konnte und warum er mich am liebsten sogar vor dem kleinsten Windhauch beschützt hätte.

Im Gegensatz zu ihm erzählte meine Mutter, als ich klein war, viel über die jüngste Vergangenheit, über die Widerstandsbewegung, das Gefängnis, das Vernichtungslager und die Zwangsarbeit.[*] Mein Bruder wurde 1947, ich 1949 geboren. Für meine Mutter waren die schrecklichen Ereignisse, die sie als junges Mädchen erlebt hatte, noch sehr präsent. Damals trugen auch Filme und Nachrichtensendungen mit entsprechenden Dokumenten dazu bei, dass ich gebührend ängstlich wurde und mich als jüdisches Mädchen um Assimilation bemühte. Mein „jüdisches" Aussehen und mein langes, lockiges, schwarzes Haar taten ein Übriges. Dass die an den Straßenecken herumlungernden Jungen regelmäßig *Cigus* oder *Cinka Panna*[**] hinter mir herriefen, war noch das Harmloseste. Was mich wirklich verletzte, war, dass ich in der Schule ausgegrenzt und – gelegentlich – auch geschlagen wurde, meistens irgendwo in einer Toreinfahrt, wo es niemand sehen konnte. Ich sprach mit niemandem darüber, da ich glaubte, mir würde das deshalb passieren, weil ich sicher etwas Schlimmes getan hätte.

In den dunkleren Ecken unserer Wohnung hatte ich große Angst, denn ich bildete mir ein, irgendwo würde ein deutscher Soldat mit dem charakteristischen Panzerhelm auf dem Kopf auf mich lauern … Ich war nicht in der Lage, den schwedischen Dokumentarfilm „*Mein Kampf*" bis zum Ende anzusehen. Bei den Szenen im Warschauer Ghetto flüchtete ich mich in das große Bett meiner Eltern und zog mir die dicke, schwere Federdecke über den Kopf, um von dem Film nichts mehr mitbekommen zu müssen. Angst war mein ständiger Begleiter. Zum Beispiel beim Staubwischen des Bücherregals, das meine Mutter mir übertragen hatte. Auf einem der Borde stand das bekannte Buch „*Die Todesfabrik*"[***]. Ich erin-

---

[*] Von *Ibolya Scheer* sind in der Anthologie „Salziger Kaffee – Unerzählte Geschichten jüdischer Frauen" mehrere Texte erschienen. (Ungarische Originalausgabe: Novella Kiadó 2007. Deutsche Ausgabe: Novella Kiadó 2009, hrsg. von der Gedenkstätte Deutscher Widerstand in Kooperation mit dem Internationalen Auschwitz Komitee und dem Holocaust Gedenkzentrum Budapest)

[**] *Panna Cinka* war ein berühmter Roma-Geiger im 18. Jahrhundert. (D.F.)

[***] „*Die Todesfabrik*": von Erich Kulka und Ota Kraus; deutsche Ausgabe zuerst im Kongress-Verlag, Berlin 1957 (D.F.)

nere mich noch heute an die entsetzlichen Fotos darin. Auf dem Umschlag war vor einem braun-weiß-gestreiften Hintergrund das mittlerweile berühmte Foto abgebildet, auf dem hinter der vergitterten Öffnung eines Viehwaggons die von Angst und Hunger entstellten Gesichter von Frauen zu sehen sind. Dieses Bild hat sich mir ins Gedächtnis eingebrannt. Obwohl ich das Buch nur mit geschlossenen Augen vom Regal nehmen und abstauben konnte, stellte ich es jedes Mal an die richtige Stelle zurück. Von dieser akrobatischen Übung schreckte mich auch nicht ab, dass ich beim Staubwischen mit geschlossenen Augen leicht hätte vom Stuhl fallen können.

Meine Großeltern väterlicherseits waren in einem der Lager ermordet worden, meine Urgroßeltern und meine Großeltern mütterlicherseits lebten in Israel. So waren meine Eltern gezwungen, mich und meinen Bruder von Zeit zu Zeit fremden Leuten anzuvertrauen.

Die Wochenenden im Sommer verbrachten wir fast immer ohne unsere Eltern, weil sie regelmäßig zum Arbeiten aufs Land fuhren. Sie fuhren in die Provinz, um auf Märkten zu handeln. Um ihre vielen Schulden abzubezahlen, mussten sie zusätzliches Geld verdienen. Mein Vater hatte nämlich – wegen einer Knochentuberkulose, die er sich im Lager zugezogen hatte – 3 Jahre in einem Sanatorium verbracht, in dieser Zeit hatte meine Mutter Tag und Nacht gearbeitet. Trotzdem lebten wir sehr ärmlich. Manchmal hatten wir nicht einmal genug zu essen. Wenn meine Eltern in einem mit Planen bedeckten Lastwagen zu den Märkten aufs Land fuhren, brachen sie schon mitten in der Nacht auf, um möglichst früh anzukommen. Dann hielt ich sonntagmorgens von unserem Fenster im Erdgeschoss aus traurig nach ihnen Ausschau – dabei waren sie zu diesem Zeitpunkt schon längst auf irgendeinem Markt und handelten mit ihrer Ware. Ich werde diese Sonntage nie vergessen, wenn in unserer verlassenen, stillen Straße Familien auftauchten, die zu einem Verwandtenbesuch, einem Ausflug oder zum Freibad unterwegs waren. Ich hockte auf dem Paradekissen und beobachtete das Leben auf der Straße durch das vergitterte Fenster – das war mein Wochenendtheater.

Auch die Sommerferien verbrachten mein Bruder und ich ohne unsere Eltern weit weg von zu Hause bei irgendwelchen fremden Leuten. Wir Geschwister verstanden uns nicht allzu gut, aber trotzdem war es für mich noch schlimmer, wenn mein Bruder, der mir als Einziger vertraut war, nicht bei mir war. Denn dann fühlte ich mich noch stärker ausgeliefert. Als ich größer war, bin ich auch oft von diesen fremden Familien weggelaufen. Ich lief dann zum Postamt und rief meine Mutter an, sie solle mich abholen. In diesen Sommerferien bei fremden Leuten, für die meine Eltern bezahlten, kam ich kein einziges Mal zu einer jüdischen Familie. Einige Male warfen mir Erwachsene vor, *wir hätten Jesus ans Kreuz geschlagen.* Ich hatte keine Ahnung, wovon sie sprachen, aber eines spürte ich: sie hassten mich zutiefst. Das Gefühl, das ich dabei empfand, habe ich bis heute nicht vergessen, und ich erkenne unterschwelligen Hass, aus welcher Richtung er auch kommen mag.

Mehrere Male verbrachte ich den Sommer in Nagykáta bei der Familie eines Schmieds, an die ich gerne zurückdenke. Durch sie lernte ich das Dorfleben kennen, die Arbeit, die Feste und natürlich den katholischen Glauben. Die Wände des Zimmers, in dem ich schlief, hingen voll mit Heiligenbildern. Ich wusste natürlich nicht, dass diese in Umhänge gehüllten Gestalten auf den Bildern alle ursprünglich Juden gewesen waren, die den christlichen Glauben angenommen hatten. Die Frau des Schmieds brachte mir Gebete und Kirchenlieder bei, und ich begleitete sie auch in die Kirche. Eine Synagoge besuchte ich zum ersten Mal, als ich zwanzig war. Einmal wurde ich gefragt, wo meine Großmutter sei. Umgeben von lauter Heiligen, musste ich mir meine Antwort natürlich gut überlegen. – *In Christiana* – antwortete ich. Was hätte ich als assimiliertes, ängstliches und zudem unwissendes Kind damals auch antworten sollen? Von meiner Großmutter wusste ich lediglich, dass sie in einem fernen Land namens *Palästina* lebte.

Ich war zwar Jüdin, hatte aber aufgrund meines Mangels an Wissen und Erfahrung keine Vorstellung von unserer Religion, unseren Festen, Gebräuchen und Traditionen. Einige jiddische Ausdrücke, die meine Eltern gebrauchten, unsere Familiengeschichte und die Gerichte, die meine Mutter kochte – wie beispielsweise Sólet –, deuteten auf meine Herkunft hin. Und noch etwas anderes. Um einen Personalausweis zu bekommen, brauchte ich meine Geburtsurkunde, die irgendwann verloren gegangen war. Ich musste daher eine neue beantragen. Um die Sache zu erleichtern, gab mir meine Mutter die kleine Bescheinigung, die im Krankenhaus nach meiner Geburt ausgestellt worden war. Neben den

Daten der Geburt enthielt sie eine zusätzliche wichtige Information: *Religionszugehörigkeit: israelitisch.*

Manchmal, wenn ich ins Bethlen-Kino ging, sah ich vor der Synagoge gegenüber viele schwarz gekleidete Menschen, doch mit ihnen verband mich nichts. Mein Fest war Weihnachten, von Chanukka hatte ich nie gehört. Mit den Namen und der Bedeutung der jüdischen Feste wurde ich erst viel später vertraut.

Die Pubertät, die Jungen und die Freizeitvergnügungen bescherten mir ein böses Erwachen. Obwohl ich nicht hässlich war, gingen mir die Jungen aus dem Weg. Meine Erziehung hatte unter anderem zur Folge, dass ich meine Wochenenden nicht im Kreise selbstbewusster jüdischer Jugendlicher verbrachte. In meinem Freundeskreis war niemand jüdisch – oder etwa doch? Auf die Antwort musste ich nicht lange warten, denn die erfolgte bald, und zwar ausgerechnet im Zusammenhang mit meiner ersten Liebe. Wir hatten uns wie oft am Samstagabend im Metró-Klub in der Rákóczi Straße getroffen. Die Metró-Band spielte, und wir unterhielten uns mit Bekannten, als mein Freund plötzlich wortlos aus dem Saal stürmte. Ich hatte keine Ahnung, was das bedeuten sollte, und rannte hinter ihm her. Ich bedrängte ihn, mir zu sagen, was los war. Seine Miene wirkte wie erstarrt, und ich sah ihm an, dass er nahe daran war, vor Wut zu platzen. Nur mit Mühe konnte ich ihn dazu bewegen, mir anzuvertrauen, weswegen er so erregt war. Schließlich brachte er es heraus. Ein Kumpel war auf ihn zugegangen und hatte ihn gefragt: – *Was ist los, bist du dieser jüdischen Biene auf den Leim gegangen?* Ich war fassungslos und sprachlos. Seine Antwort wirkte auf mich wie eine kalte Dusche. Er war sogar doppelt aufgeflogen, denn wie sich herausstellte, war zwar sein Vater adliger Herkunft, seine Mutter jedoch Jüdin. Er hatte aber nicht die semitischen Gesichtszüge seiner Mutter geerbt. Erst Jahre später fand ich heraus, dass auch alle seine Freunde jüdisch waren.

2. Allein, ohne Unterstützung

1967 machte ich meinen Schulabschluss und legte meine Facharbeiterprüfung an einer Schule ab, die ich mir nicht selbst ausgesucht hatte. *„Du musst einen Beruf erlernen* – sagten meine Eltern –, *dann bist du für alle Lebenslagen gerüstet und brauchst selbst in einem Krieg nicht zu hungern. "* Obwohl ich meinen Abschluss an einer ausgezeichneten Fachschule erworben hatte, erlaubten sie mir nicht zu studieren. Während meiner Schulzeit hatte ich mich bemüht, möglichst viel mitzunehmen. Studentenbühne, Filmklub, Theater, Laienspielgruppe, Literaturcafé, Freie Universität … alles interessierte mich. Doch darin lag gleichzeitig mein größtes Problem, denn ich war nicht imstande, mich in eine Sache wirklich zu vertiefen: Ich kam immer nur „bis zur Mitte der Brücke". Meine Schwächen verstärkten meinen *„jüdischen Assimilations"*-Komplex nur noch mehr. Dem standen auf der anderen Seite mein Kampfgeist und mein Unabhängigkeitsstreben diametral entgegen. Mit der menschlichen Bosheit und dem Antisemitismus konnte ich es damals jedoch noch nicht aufnehmen, wenn ich damit konfrontiert wurde, verstummte ich und fühlte mich wie gelähmt. Als ich später von einer alten Familientradition erfuhr, bedeutete das für mich zumindest einen partiellen Wendepunkt. Meine Mutter hatte die Geschichte aufgeschrieben, wahrscheinlich auf der Grundlage von Erzählungen meines Großvaters. Gemäß dieser Tradition wählten besonders angesehene Mitglieder der Großfamilie das begabteste unter den vielen männlichen Kindern aus und schickten es zum Studium auf die Jeschiwa*. Die übrigen Jungen erlernten einen Beruf, damit das Familienunternehmen weitergeführt und vererbt werden konnte. Die Kosten für das Studium wurden unter den Mitgliedern der Großfamilie aufgeteilt. So wurde es Jahrhunderte lang gehalten, unabhängig davon, in welches Land der Wind des Schicksals die Familie gerade geweht hatte. So fand ich nach vierzig Jahren die Antwort auf die Frage, warum meine Eltern mir nicht erlaubt hatten zu studieren. Wir waren zwei Geschwister, mein älterer Bruder und ich, mit einem Wort – die Würfel waren gefallen. Mein Bruder, der zudem noch überdurchschnittlich begabt war, durfte studieren – und ich landete mit all meinen Träumen in einer Schneiderei. Wie oft habe ich meiner Mutter vorgeworfen, dass sie und mein Vater nicht mehr für meine Karriere taten, aber im Lichte der Familientradition betrachtet war das nur teilweise gerechtfertigt.

Ich wollte mich wenigstens neben meiner Arbeit weiterbilden und so kam ich mit 18 zu einer Genossenschaft in die Lohnabrechnung. Ich

* *Jeschiwa*: jüdische religiöse Hochschule – für männliche Studenten

hatte großes Glück, denn ich fand dort wunderbare Kollegen, die unendlich geduldig mit mir waren. Ein Studium an der Universität oder an einer Hochschule traute ich mir nicht zu. Hatte ich zu wenig Selbstbewusstsein oder war ich nur realistisch? Vielleicht beides. Damals machte mir schon mein späterer Mann den Hof, wir heirateten 1970. (Jetzt leben wir schon, trotz aller anfänglichen Schwierigkeiten, 43 Jahre glücklich zusammen.) Mit dem Ziel, mein Fachabitur in Volkswirtschaft abzulegen, meldete ich mich bei einer Abendschule für Arbeiter an. Außerdem schloss ich mich dem Jugendbund KISZ* an. Dort wurde ich nach kurzer Zeit, im Alter von 19 Jahren, stellvertretende Jugendleiterin. Auf einigen Fortbildungen für Jugendgruppenleiter machte ich mich bei meinen Kollegen allerdings als ständig anders denkendes jüdisches Mädchen durch meine besserwisserische und manchmal unüberlegt direkte Art ziemlich unbeliebt, das führte schließlich dazu, dass ich ausgeschlossen wurde. Warum soll ich die Sache beschönigen? So war es.

Wenn man einen jungen Baum pflanzt, setzt man mindestens einen Pfahl, manchmal sogar bis zu drei dickere Stämme neben ihn, um ihn zu stützen, bis seine eigenen Wurzeln stark genug geworden sind, um ihm Halt zu geben. In einer Familie übernehmen häufig die Großeltern diese Aufgabe. Ich hatte niemanden, der diese Rolle hätte übernehmen können, und so fühlte ich mich oft sehr allein auf der Welt. Mit 18 fasste ich den Entschluss, mein Schicksal und mein Leben selbst in die Hand zu nehmen und mich außerdem selbstkritisch mit meiner eigenen Person auseinander zu setzen. Ich begann, mich bewusst mit der Entwicklung meiner Persönlichkeit zu beschäftigen. Ein Traum gab mir den Anstoß, meine Beziehung zu gewissen Dingen entscheidend zu verändern. An dem Traum war nicht so sehr wichtig, was genau in ihm passierte, sondern die Lehre, die ich aus ihm zog. An der Verwirklichung meines neu gesteckten Zieles arbeitete ich jahrelang. In meinem Traum stand ich in der Arena des Großen Hauptstadt-Zirkus, um mich herum saßen mehrere hundert Zuschauer. Ich stand in der Arena und hielt eine Rede, ich sprach anderthalb Stunden lang – vernünftig, überzeugend und eindrucksvoll. Als ich

---

aufwachte, konnte ich mich an fast alle Einzelheiten erinnern. Ich sprach mit niemandem über meinen Traum, sondern versuchte, ihn zu analysieren und Lehren aus ihm zu ziehen.

Das Überraschendste an diesem Traum war, dass ich in ihm einen Vortrag hielt, wozu ich in wachem Zustand nie in der Lage gewesen wäre. Damals war mein Wortschatz noch sehr begrenzt, und außerdem sprach ich zu schnell und undeutlich. Es gelang mir fast nie, einen Satz vernünftig zu Ende zu bringen. Ich beschloss, alles daranzusetzen, das, was mir im Traum gelungen war, auch im Wachzustand zu erreichen

Mit meinen weiteren Ausbildungen und Prüfungen, die ich machte, den Vorlesungen, die ich hielt, mit meinen Präsentationen, Verhandlungen usw. verfolgte ich auch immer das Ziel, diese Fähigkeit in mir zum Vorschein zu bringen, und ich stellte bald fest, dass ich andere damit beeindrucken konnte.

Erst viel später verstand ich, wofür beziehungsweise für wen die Zuschauer im Zirkus standen. Es wurde mir klar, dass die Zuschauer für jene Menschen standen, die mir nur solange Beifall zollten und mich nur solange ermutigten, wie sie mich für sich einspannen konnten. Sowie sie in mir eine Konkurrentin sahen, trachteten sie nach meiner Niederlage. Dafür war ihnen jedes Mittel recht. Und am naheliegendsten war es für sie, Vorurteile gegen *Juden* zu schüren. Zuerst taten sie das hinter vorgehaltener Hand, später offen – sogar laut auf dem Flur im Büro.

3. Zum Leben geboren – zum Tode verurteilt

Ich war schon über dreißig Jahre alt und hatte zwei Kinder, als ich anlässlich der Beerdigung der Großmutter meines Mannes zum ersten Mal das Tor zum neologen jüdischen Friedhof in der Kozma Straße durchschritt. Das war auch das erste Mal, dass ich einer Trauer- und Beerdigungszeremonie nach jüdischem Ritus beiwohnte. Unsere Familie war vorher noch nicht zu einer Beerdigung oder zur Grabpflege auf den Friedhof gegangen. Das hatte mehrere Gründe. Der Vater meiner Mutter kam von irgendwoher aus Polen nach Ungarn, und wir wissen nichts über seine Familie. Seine Mutter stammte aus Transkarpatien und war zusammen mit ihrer Schwester nach Budapest gezogen, mit einer geringen materiellen Unterstützung seitens des Urgroßvaters versuchten sie hier ihr Glück. Die Eröffnung des koscheren Restaurants im jüdischen Viertel im Jahr

1917 war der harten Arbeit, dem Fleiß und der Begabung der beiden Mädchen zu verdanken. Innerhalb kurzer Zeit gewährleistete das Restaurant ihren Lebensunterhalt, und nicht nur ihren, sondern auch den von Mendel Weisz und seiner Frau Ella, die mittlerweile ebenfalls nach Budapest gezogen waren.

Der Friedhof machte bei meinem ersten Besuch einen sehr starken Eindruck auf mich. Ich sah die vielen Parzellen mit Grabsteinen, an denen seit Jahrzehnten der Efeu hochrankte. Die Grabstätten waren von einem fast undurchdringlichen Dickicht überwuchert – denn sie wurden von niemandem mehr gepflegt. Wer hätte sie auch pflegen sollen? Diejenigen, die den Holocaust überlebt hatten? Die waren großenteils selbst nicht mehr am Leben oder hatten wie meine Großeltern die Diaspora hinter sich gelassen. Junge Leute sah man hier kaum.

Wenn ich an den Tod denke, dann denke ich nicht an einen Friedhof. Ich denke an die körperlich und seelisch versehrten Opfer der Vernichtungslager, an die, die vergast wurden, um anschließend in den Krematorien verbrannt zu werden, und an diejenigen, die bei den Todesmärschen erschossen wurden. Ich habe im Zusammenhang mit Toten nie an Gräber gedacht. Gräber sah ich nur, wenn ich mit dem Bus am Tempel der Helden in der Wesselényi Straße vorbeifuhr und einen Blick durch die Gitterstäbe in den inneren Hof erhaschen konnte. Damals, als Kind, wusste ich noch nicht, dass man ein Grabmal auch zum Gedenken an den sinnlosen Tod mehrerer hundert Menschen errichten kann: Dieser Hof war nämlich zur Grabstätte mehrerer tausend Juden geworden, die die Befreiung des Ghettos nicht mehr erlebt hatten. Ich wusste auch nicht, dass der Architekt des dazugehörigen Gebäudekomplexes ein großes Wasserbecken für den Hofgarten vorgesehen hatte, so wie ich es später in der Alhambra in Spanien gesehen habe. Er konnte nicht ahnen, dass der Garten, den er sich mit lautem, fröhlichem Leben erfüllt vorgestellt hatte, einmal seinen Glaubensgenossen als Massengrab dienen würde. Ich fühlte aber: dass mich mit diesen Gräbern viel verband. Anlässlich des Jahrestages der Befreiung des Ghettos besuchte ich vor nicht allzu langer Zeit bedrückten Herzens diesen Garten, den ich als Kind lediglich aus dem fahrenden Bus heraus gesehen hatte.

Meine Kinder wurden in den Siebzigerjahren geboren, und wir sagten ihnen nicht, dass wir – und somit auch sie – Juden sind. Bis eines Tages mein Sohn vom Spielplatz nach Hause kam und erzählte, was er dort erlebt hatte.

Er benutzte das Wort „Jude" als Schimpfwort. Damit war die Zeit gekommen, ihn und seine Schwester über unsere Abstammung und über die Geschichte unserer Familie aufzuklären.

Die Beerdigung der Großeltern führte den Kindern eindeutig vor Augen, dass wir jüdisch waren. Wir leben in Ungarn, und so dauerte es auch nicht lange, bis unsere Kinder in der Schule und anderswo Opfer von Grausamkeiten wurden. Anfangs tobte ich, kämpfte, diskutierte und verbat mir diese Diskriminierung, aber irgendwann musste ich einsehen, dass ich machtlos war. Ich kam zu dem Schluss: dass sich nichts geändert hatte und dass ich meine Kinder vor den schmutzigen Vorurteilen nicht beschützen konnte.

Nach dem Regimewechsel im Jahr 1989 zeigte sich der Antisemitismus noch deutlicher. Die Häuserwände waren voll mit Davidsternen, Hakenkreuzen und üblen Beschimpfungen. In den Zeitungen konnte man nachlesen, wie viele und welche Personen, die bei den Medien arbeiteten, Juden waren. Das war der Augenblick, an dem ich beschloss, dass meine Familie nicht dasselbe erleben sollte wie meine Eltern. Wir besprachen unseren Entschluss mit unseren Eltern, die zu dieser Zeit schon alt und krank waren. Wir fragten sie, ob sie, wenn wir die entsprechenden Papiere bekämen, Alija* mit uns machen würden. Die Antwort war „Ja". Nach viel Lauferei hielten wir endlich die notwendigen Dokumente in der Hand, und die ganze Familie stellte sich darauf ein, Ungarn zu verlassen. Genauer gesagt: mein Mann, meine Kinder und ich waren darauf eingestellt. Denn als wir schon so weit waren, unsere Wohnung aufzulösen, kam die Nachricht, dass unsere Eltern doch nicht mit uns nach Israel kommen wollten.

Also hieß es – mit voller Kraft zurück! Wir konnten meine kranke, verwitwete Mutter und die alten Eltern meines Mannes nicht im Stich lassen. Aber wie würden unsere Kinder auf diese Kehrtwende reagieren? Das war seelisch betrachtet eine sehr schwere Zeit in unserem Leben.

---

264   * *Alija*: die Rückkehr der Juden in das Land Israel

Doch jetzt sollte es vorbei sein mit unserem Streben nach Assimilation, mein Mann und ich fassten den Entschluss, uns zukünftig offen zu unserem Judentum zu bekennen. Wir besprachen diese Entscheidung auch mit unseren Kindern – trotzdem war es nicht leicht. Wir selbst waren nach wie vor nicht gläubig, wollten aber unsere Kinder mit den jüdischen Traditionen vertraut machen, die Entscheidung für die Religion sollte ihnen überlassen sein. Mein Sohn feierte die *Bar Mizwa* und meine Tochter die *Bat Mizwa**. Danach reiste meine Tochter erstmalig in einen Kibbuz nach Israel, mein Sohn wechselte die Schule, um fortan die jüdische Schule in der Wesselényi Straße zu besuchen. Nach seinem Abschluss ging er noch für ein Jahr in die USA, wo er ebenfalls eine jüdische Schule besuchte. Ihm haben die jüdischen Schulen sehr viel Selbstvertrauen vermittelt. Meiner Tochter war es ähnlich ergangen wie mir, bei ihr hatten die negativen Erfahrungen tiefere Spuren hinterlassen. Mein Sohn studierte später zwei Jahre in Israel. Meine Tochter heiratete in Übersee und wurde unter der *Chuppa*** getraut. Sie und ihr Mann unterschrieben den traditionellen jüdischen Ehevertrag, die *Ketuba*. Auch sie sind nicht religiös, stehen aber zu ihrer jüdischen Identität.

Wir könnten also sagen, alles habe sich zum Guten gewendet, aber das ist nicht die ganze Wahrheit. Als meine Mutter vor ein paar Jahren mit dem Tod rang, litt sie vermutlich am schmerzlichsten unter der Angst, uns nicht vor der jederzeit möglichen Wiederholung der Gräuel bewahren zu können. Sie, die im Alter von nur neunzehn Jahren durch die Hölle gegangen war, hätte etwas anderes verdient, als noch in ihren letzten Stunden so leiden zu müssen! Auch jetzt noch kämpfte sie wie ihr ganzes Leben lang.

Manchmal, wenn ich mich im Spiegel betrachte, glaube ich, das Gesicht meiner Mutter zu sehen, dabei sah ich früher eher meinem Vater ähnlich. Beide sind schon von uns gegangen. Ich habe keine Angst vor

---

* *Bar Mizwa, Bat Mizwa*: Freudenfest aus Anlass des Eintritts in das Erwachsenenalter. Gemäß der Tradition nimmt die Gemeinde die 13-jährigen Knaben im Rahmen einer Zeremonie in der Synagoge als vollwertige Mitglieder auf. Durch den Einfluss der reformierten Richtungen sind heute auch Feiern für 12-jährige Mädchen in breiten Kreisen akzeptiert.

** *Chuppa*: Baldachin, unter dem jüdische Trauungen stattfinden

dem Tod, aber ich weiß bereits jetzt, dass ich nicht draußen auf dem kalten Friedhof begraben sein möchte. Gegen das religiöse Gesetz verstoßend habe ich meine Familie gebeten, am Donauufer, wo sich das Mahnmal „mit den Schuhen" befindet, meine Asche in die Donau zu streuen, auch wenn es ihnen noch so sehr widerstreben mag. Vielleicht möchte ich das deshalb, weil ein großer Teil meiner Angehörigen nicht unter der Erde ruht. Einige von ihnen sind als Rauch aufgestiegen, andere sind an Bord eines Schiffes Richtung Palästina gegangen ...

Hiermit könnte ich meinen Text eigentlich beenden, aber ich bin meinen Leser/innen eine Antwort bezüglich des Titels schuldig, in dem von Essigbäumen die Rede ist.

Im VII. Bezirk, wo ich groß geworden bin, wuchs in beinahe jedem Innenhof ein solcher Essigbaum, manchmal sogar auf Mauergeröll – so stark ist seine Überlebens- und Anpassungsfähigkeit. Trotzdem mochte ich Essigbäume nie besonders gern. In der Nähe meiner letzten Arbeitsstelle beobachtete ich auf einem verlassenen, leeren Grundstück, wie schnell diese Bäume dort unter ungünstigsten Bedingungen wuchsen und wie innerhalb kurzer Zeit aus ihnen ein kleiner Wald entstand. Ich beschloss, einen oder zwei dieser Bäume auf unser Grundstück zu pflanzen, damit sie dort in einem Winkel Schatten spendeten.

Ich trug also einige Triebe in unseren Garten. Als unser Nachbar bemerkte, welche Bäume wir gepflanzt hatten, klärte er uns schnell auf, was für einen Fehler wir begangen hätten, indem wir einen *stinkenden und unausrottbaren Baum* zu den *Kulturpflanzen hereingelassen* hätten. Er erklärte mit Nachdruck, *dass es das Beste wäre, diese Bäume so schnell wie möglich wieder zu entfernen. Man müsse sie mit Stumpf und Stiel ausrotten!* Aus dieser verfluchten Sorte von Baum könne sogar, wenn man den Baum gefällt habe, ein neuer aus den Wurzeln sprießen. Er prophezeite auch, dass Raupen unsere heranwachsenden Bäume überziehen würden. Ich holte tief Luft, bedankte mich für seinen wohlmeinenden Rat und begoss unsere durstigen Bäume. Sogar einem Baum, der wild außerhalb unseres Zaunes gesprossen war, gab ich Wasser. Möge er in Freiheit aufwachsen, möge er den übrigen Pflanzen in Dürrezeiten Schatten spenden und möge er verhindern, dass der Schmutz, den der Verkehr auf der Straße aufwirbelt, in unseren Garten fällt.

Panni Endrődi

Ich wurde 1949 in Budapest geboren. Meine Eltern haben den Holocaust überlebt.

1967 machte ich meinen Abschluss an der Fachoberschule, 1971 am Technikum. Ich arbeitete in einer Schneiderei und im Büro.

1970 heiratete ich und bekam zwei Kinder. Neben meinen beruflichen und familiären Verpflichtungen legte ich zunächst das mittlere, danach das höchste Examen im Fach Außenhandel ab. Später arbeitete ich als Abteilungsleiterin in einem großen staatlichen Unternehmen. Ab 1992 war ich als Leiterin in der Abteilung für Vermarktung in einer österreichischen und schließlich einer holländischen Firma tätig.

Ich habe Unterricht genommen, gelernt und selbst unterrichtet. Seit 2007 bin ich eine viel beschäftigte Rentnerin. In meiner freien Zeit habe ich großartige Menschen kennen gelernt, von denen ich inzwischen viele zu meinen Freunden zählen kann.

Der Text „Essigbäume" entstand zwar für die Anthologie „Töchter, Mütter", aber in der Zwischenzeit ist eine dreiteilige Version dieses Textes im Webmagazin „Amichay.hu" unter dem Titel „Ecetfák a porondon"* erschienen: http://amichay.hu/ecetfa-a-porondon

---

* Deutsch: „Essigbäume in der Arena" (D.F.)

Klári Lea László

ENGEL IN DER AUGENKLINIK

Schon seit Monaten hatte ich mit meiner Mutter darüber gesprochen, dass sie irgendwann nach Budapest rauffahren – beziehungsweise von Esztergom aus gesehen runterfahren – müsste, um sich für eine Operation des Grauen Stars für einen Tag in die Augenklinik in der Mária Straße zu begeben.

Nach Budapest rauffahren. Als ich Kind war, war das für mich ein aufregender Satz. Der Anlass zu diesen Fahrten war meistens ein Arztbesuch. Am Tag vor der Reise briet meine Mutter kleine Hühnerschenkel, und am nächsten Morgen ging es dann los. Immer mit dem Zug. Meine Mutter reiste gemäß der Methode, die sie von ihrer Mutter gelernt hatte. Die Reise begann in einem weit vom Bahnhof entfernt stehenden Zug, der da noch ohne Lokomotive stand. Und die Waggons mussten, auch nachdem wir eingestiegen waren, noch möglichst lange stehen, damit wir Zeit hatten, uns einzugewöhnen.

Niemals deuteten meine Mutter oder meine Großmutter an, dass diese Art zu reisen etwas mit den Zügen nach Auschwitz zu tun hatte, noch, dass sie selbst in einem von diesen Zügen dorthin gereist waren. Sie erzählten es nicht und machten auch keine Andeutungen. Meine Lieblingscousine *Ancsika* und ich fanden erst als Erwachsene heraus, wie alles zusammenhing. Bei uns führte diese Art zu reisen zu einer *Bahnhofsphobie*. Nicht zu einer Eisenbahnphobie, sondern zu einer Bahnhofsphobie, die sich darin äußerte, dass wir in unserer Aufregung und Angst noch vor der Abfahrt und unmittelbar nach der Ankunft eine Bahnhofstoilette aufsuchen mussten. Denn was passierte wohl mit uns in den weit vom Bahnhof entfernt stehenden Waggons?

Zuerst muss ich das Reiseritual meiner Großmutter beschreiben, denn es war komplizierter als das meiner Mutter. Wenn wir beispielsweise zusammen mit Ancsika verreisten oder wenn meine Großmutter uns beide von Esztergom nach Tatabánya brachte, wo unsere Tante *Julika* verheiratet war und meine Cousinen und Cousins zu Hause waren, holte sie, nachdem wir in den Zug eingestiegen waren, unsere identischen kleinen, schönen, weißen, blumenbestickten Kopftücher hervor. Wir mussten sie unabhängig vom Wetter immer umbinden, sobald wir in den Waggon eingestiegen waren – denn man konnte ja nie wissen, wann es zu regnen oder zu schneien anfangen würde. Zur Reisekleidung gehörten auch zwei kleine Regenmäntel, aber diesbezüglich wurden Zugeständnisse gemacht. Nur wenn es tatsächlich regnete, mussten wir sie bereits im Zug anziehen und während der Reise anbehalten. Ich erinnere mich auch an ein großes Schild: *Bitte den Abort bei Aufenthalt auf Bahnhöfen nicht benutzen.* Außerdem erhielten wir genaue Anweisungen für das Verhalten in einem Tunnel. Wenn der Zug in einen Tunnel einfuhr, sollten wir einander sofort ganz eng und fest umschlingen, denn man wusste ja nie, was alles in einem dunklen Tunnel passieren könnte. Auch unsere Taschen sollten wir festhalten, denn im Dunkeln könnte jemand kommen und versuchen, sie uns wegzunehmen. Auf der Strecke gab es tatsächlich einen Tunnel bei Almásfüzitő, und wir hielten uns brav an die Anweisungen.

Welche Auswirkungen hatte das alles nun auf uns? Zum Beispiel fielen wir uns, wenn wir zusammen einen traurigen Fernsehfilm anschauten, sofort in die Arme und fingen an zu weinen, meistens bis zum Ende des Films. Unser Lieblingsfilm zum Durchheulen war „Ein Menschenschicksal" mit *Sergei Bondartschuk* in der Hauptrolle. Im Kino machten wir es genauso, nur dass es wegen der Beschaffenheit des damaligen Gestühls etwas schwieriger war, sich so eng umschlungen zu halten. Und bis zum heutigen Tag pressen wir gewissermaßen unsere kleinen Vespertaschen an uns wie damals im Tunnel.

Zum Glück waren die Reiserituale meiner Mutter etwas weniger kompliziert als die meiner Großmutter. Die Vorschriften, früh morgens in einen möglichst weit vom Bahnhof entfernten Waggon einzusteigen sowie die Kopftücher umzubinden, galten auch bei ihr, aber die übrigen Vorgaben fehlten glücklicherweise. Das Reiseritual meiner Mutter entfaltete sich erst so richtig auf der Rückreise. Mit meiner Mutter musste man am Nachmittag bei der Rückfahrt aus Budapest noch viel rechtzeitiger am Westbahnhof sein als am Morgen bei der Hinreise am Bahnhof in Esztergom, weil der Westbahnhof so viel größer und unübersichtlicher war. Wir mussten viel länger nach den weit entfernt abgestellten stummen und bewegungslosen Wagen des Zuges nach Esztergom ohne Lokomotive suchen. Auf der Suche nach ihm stolperten wir zwischen den Schienen umher. Hatten wir den Zug endlich gefunden, ließen wir uns, von den Anstrengungen des langen Tages erschöpft, auf die Sitze im leeren Abteil fallen. Die Fenster waren schmutzig, die Luft war schlecht. Sofort packten wir unsere kleinen Hühnerschenkel und die trocken gewordenen Brötchen aus und verzehrten alles mit gutem Appetit.

Letztes Jahr kam meine Mutter endlich rauf nach Budapest. Mit dem Bus. Sie war 86 Jahre alt und sehr klein. Sie schlief im kleinen Zimmer, in dem Bett – dem Kinderbett – eines ihrer mittlerweile erwachsenen Enkel. Aber auch in dem verschwand sie fast. Sie war mit zwei Einkaufstaschen voller nützlicher und nicht so nützlicher Dinge angereist. In der einen Tasche befanden sich Einkaufsbeutel und Plastiktüten sowie Stoff- und Papiertaschentücher. Von allem viele. Die andere Tasche enthielt einige nützliche Dinge: Nachtwäsche und Unterwäsche. Die wuschen wir in der Nacht heimlich aus und ergänzten auch einiges, das fehlte.

Der nächste Morgen verlief wie im Märchen. Meine Mutter war vor uns aufgestanden und hatte die Wunder meiner Kindheit auf den Frühstückstisch gezaubert. Bis zum heutigen Tag ist es mir nicht gelungen, es ihr gleichzutun und so wie sie schon am Vorabend den Frühstückstisch vorzubereiten. So hatte sie den Tisch mit den bauchigen Teetassen und den dazugehörenden Untertassen gedeckt, einen Teelöffel auf jede Untertasse und sogar ein Stück Zucker in jede Tasse gelegt. Der Wasserkessel stand gefüllt auf dem Herd, man musste nur noch die Gasflamme darunter anzünden. Das Brot lag unter einem Geschirrtuch im Brotkorb, daneben befanden sich das Brotmesser und das Schneidebrett. Die Butterdose hatte sie auch bereits neben den Honig und die Marmelade auf den Tisch gestellt, damit die Butter schon streichfähig war. Es wurde ein wundervolles Frühstück.

Dann fuhren wir los. Mit dem Taxi. Meine Mutter begann sofort ein Gespräch mit dem Taxifahrer, der so früh am Morgen noch etwas brummig war. Sie erzählte, dass *sie aus Esztergom gekommen war und es ihre Lieblingsstadt war, nicht nur wegen der schönen Basilika, sondern weil es dort keinen Antisemitismus gab, nie gegeben hatte und auch in Zukunft nicht geben würde. Dass der Höchste Kardinal namens Serédy immer Arm in Arm mit dem Rabbiner am Ufer der Kleinen Donau spazieren gegangen war und*

dass ersterer sie einmal, als sie 5 Jahre alt war und den beiden mit ihrer Mut-
ter zufällig begegnete, gestreichelt hatte, weil sie klein und wunderhübsch
gewesen war. Mit ihren schwarzen Locken und ihrer braunen Haut hatte sie
ausgesehen wie eine Negerpuppe. Der Taxifahrer wurde natürlich durch die
Geschichten meiner Mutter gleich milder gestimmt. Er half ihr dann
auch vorsichtig aus dem Wagen und verabschiedete sich mit allen guten
Wünschen für ihre Genesung.

Auf dem Gang in der Augenklinik in der Mária Straße wartete eine
unglaublich große Menge von Menschen. Es herrschte eine spürbar gereizte
Stimmung. Als wir eintraten, erklärte meine Mutter laut und deutlich:
– *So etwas kenne ich schon. Von Menschenmengen habe ich mehr als genug.*

Obwohl sie nicht weitersprach, wusste ich, woran sie dachte. Ihr ganzes
Leben lang – seit sie aus Auschwitz zurückgekehrt war – hatte sie Menschenmengen gemieden, selbst von kleineren Gruppen hielt sie sich fern.
Das ist etwas, was sich auch bei mir sehr festgesetzt hat, so sehr, dass mir
schon ein einfaches Schlangestehen zur Qual wird. Auch auf Bahnsteigen
halte ich mich von Wartenden fern und selbst auf einer Rolltreppe kann
ich mich nicht unter die Menge mischen. Ich warte immer, bis der Letzte
die Treppe betreten hat, und schließe mich erst dann an. Auch jetzt
schreckte meine Mutter in dem Moment zurück, als sie den überfüllten
Gang sah, doch ich nahm sie am Arm, und es gelang mir, sie langsam bis
zur Tür des Sprechzimmers zu führen.

Auf einer der Bänke saßen zwei schwarz gekleidete Bäuerinnen mit
schwarzen Schultertüchern. Ihre Tracht ließ vermuten, dass sie aus der
Gegend von Nógrád in Nordungarn oder aus dem Paloczenland in der
Südslowakei stammten. Meine Mutter hatte solche Angst, dass sie die
Frauen entgegen ihrer Gewohnheit nicht ansprach. Sie nickte ihnen lediglich zu, was diese mit einem breiten Lächeln beantworteten. Zum Glück
wurden die Patienten schnell nacheinander aufgerufen, sodass ich hoffte,
meine Mutter würde auch bald an die Reihe kommen. Es sollte zunächst
nur eine Routineuntersuchung vorgenommen werden, bevor sie sich für
die Operation ihres Grauen Stars für einen Tag ins Krankenhaus begeben
sollte. Meine Mutter hatte als Assistentin in der Abteilung für Augenheil-
kunde am Esztergomer Krankenhaus gearbeitet. In 20 Jahren hatte sie
sich eine Menge an ärztlichem Wissen angeeignet, auch zum Teil schwieri-
gere Untersuchungen durchgeführt und unter ärztlicher Kontrolle Augen-

gläser verschrieben. Man kannte und achtete sie in der Stadt. In ihrem freudlosen Leben war diese Anerkennung vielleicht das Einzige, das ihr ein Gefühl von Erfüllung vermittelte. Sie lächelte immer ganz stolz, wenn man von ihr als der *kleinen, weißhaarigen Frau von der Augenklinik* sprach. Sie wusste also genau, was sie erwartete, doch trotzdem hatte sie Angst. Als sie aufgerufen wurde, wollte sie nicht, dass ich sie begleitete, und verschwand allein hinter der Tür zum Sprechzimmer. Ich weiß nicht, was drinnen passierte, aber nach ein paar Minuten wurde die Tür aufgerissen, und meine Mutter kam herausgerannt, gefolgt von einer Arzthelferin, die mit den Rufen *„Aber kommen Sie doch bitte zurück, es tut ganz bestimmt nicht weh!"* … versuchte, sie zur Umkehr zu bewegen. Aber es nützte nichts. Das kleine, flinke Wesen ließ sich neben uns auf die Bank fallen und rief außer sich vor Empörung: … *Wieso Augenwäsche, also was stellen die sich vor, das tut sehr weh, kommt überhaupt nicht in Frage!*

Sie zitterte, rang nach Luft und war den Tränen nahe. Die beiden schwarz gekleideten Frauen blickten etwas erschrocken und ratlos. Auch ich war erschrocken und versuchte etwas hilflos, meine Mutter zu beruhigen, indem ich ihren Arm streichelte. Da sagte eine der Frauen plötzlich:

– Haben Sie doch nicht solche Angst, die Ärzte da drinnen wollen sicher nur Ihr Bestes.

Die andere fügte hinzu:

– Wir kommen auch von weit her, aus Balassagyarmat, denn wir haben großes Vertrauen zu den Ärzten hier.

Meine Mutter war wie vom Donner gerührt. Sie beruhigte sich sofort, ihre Pupillen weiteten sich, ihre Gesichtszüge glätteten sich, und ganz erleichtert wandte sie sich den beiden Frauen zu:

– Aus Balassagyarmat? Da hab ich vor dem Krieg jeden Sommer bei meiner Tante Eszti verbracht. Sie hatten ein Glasgeschäft am Hauptplatz, an der Ecke zum Markt.

Ich nahm die Frauen vorsichtig in Augenschein. Konnten sie zu der Zeit, von der meine Mutter sprach, überhaupt schon gelebt haben? Ihre schwarze Kleidung deutete darauf hin, dass sie wohl schon etwas älter waren. Ich war erleichtert.

Und das Wunder geschah. Es war, als wären Engel vom Himmel herabgestiegen, um meine Mutter zu beruhigen, aufzuheitern und aufzumuntern. Einander ins Wort fallend beschworen die drei gemeinsam das alte

Balassagyarmat herauf, das Glasgeschäft, den Markt und die Straßen mit den vielen jüdischen Händlern. Alle drei bekamen rote Gesichter, die beiden Frauen wurden wieder zu jungen Bauernmädchen, und meine Mutter wurde wieder zum Backfisch, der von ihrem Onkel und ihrer Tante, die kinderlos waren, jeden Sommer wie eine kleine Prinzessin verwöhnt wurde. Die drei sahen jetzt einen Film über eine gemeinsam erlebte pulsierende, lebendige Welt. Ich kannte diese Welt aus den Erzählungen meiner Mutter. Diese Geschichten waren bezaubernd, aber sie endeten immer mit den Worten: „… *und dann wurden sie auch verbrannt*". Aber hier, auf dem Gang in der Augenklinik, waren Tante *Eszti* und Onkel *Miksa* am Leben. Sie waren wieder zum Leben erwacht. Und die drei Frauen strahlten aufgrund ihrer gemeinsamen Erinnerungen. Und dann verstummten sie plötzlich. Meine Mutter erhob sich und zwinkerte den beiden Frauen zu. Ich gehe jetzt rein, sagte sie, und schritt ruhig und gefasst ins Sprechzimmer.

Und ich blieb mit den Engeln zurück.

Klári László
Ich bin Holocaust-Überlebende der zweiten Generation. Von der Familie meines Vaters hat niemand überlebt, die Familienangehörigen meiner Mutter kehrten aus den Lagern zurück. Mein starkes jüdisches Identitätsbewusstsein lässt sich auf meine Herkunft aus einer Kleinstadt und das Traditionsbewusstsein meiner Familie zurückführen. Nach einem Studium der Philosophie, Soziologie und Judaistik konzentrierte ich meine wissenschaftliche und praktische Arbeit auf die Bewahrung des Gedenkens an den Holocaust. Als Schülerin von Teréz Virág begann ich, mit Holocaust-Überlebenden der ersten und der zweiten Generation zu arbeiten. Das ist bis zum heutigen Tag meine wichtigste Tätigkeit geblieben. An der Országos Rabbiképző – Zsidó Egyetem* lehre ich über die Betreuung von Holocaust-Überlebenden.
Ich habe zwei Kinder und vier Enkelkinder.

---

* *Országos Rabbiképző – Zsidó Egyetem*: Rabbinerseminar von Budapest/Budapest University of Jewish Studies (D. F.)

Tímea Turi

UMZUG (Auszüge)

Wenn ich Schriftstellerin wäre, würde ich einen Roman schreiben. Wenn ich Schriftstellerin wäre, was ich aber nicht bin, würde ich einen Roman schreiben, ich weiß nicht, wie lang er wäre, aber der Titel würde lauten: Umzug.

Das sagt meine Mutter, während sie sich an eine Wand im alten Haus lehnt und die Risse in der Mauer gegenüber betrachtet.

Ich würde einen Roman schreiben mit dem Titel: Umzug.

Sagt sie und geht weg, an der abgerissenen Hauswand entlang und an dem vom Regenwasser fleckigen hölzernen Zaun vorbei, der mit unausrottbarem Unkraut überwachsen ist.

Ich würde schreiben: Umzug.

***

In dem Haus konnte man schreien, man konnte so laut sein, wie man wollte: Es tat gut, laut zu singen und zu schreien, und es war auch egal, dass die Wände rissig wurden. Das Haus hatte einen Garten, in den ich nicht hinausging, aber meine Mutter wohl, sie setzte sich in das Unkraut, von dem sie wie von Blumen sprach, und schlief. Sie meditierte. Manchmal rief sie plötzlich ganz laut nach mir, sollten die Wände ruhig rissig werden, komm in den Garten, und hier nannte sie meinen Namen. Ich ging nicht, obwohl ich sie sogar bei eingeschaltetem Fernseher hörte.

Umzug.

Aber im Plattenbau wohnt nicht der Liebe-Gott-im-Himmel über uns, sondern ein Nachbar. Genauer gesagt: die ObereTanteNachbarin. Wir sind schon umgezogen, als ich doch noch einmal in das alte Haus zurückgehe: Derjenige, der das Haus gekauft hat, hat uns eine Frist gewährt. Eine Übergangsfrist, ein Purgatorium. Ich möchte noch einmal schreien, quasi aus Nostalgie, denn im Plattenbau darf man das nicht, aber jetzt kann ich es auch hier nicht mehr, ich kann nicht auf die rissige Decke schauen, ohne auch hier an die ObereTanteNachbarin zu denken.

***

Einmal, vor längerer Zeit, als ich zwei Wochen fern von zu Hause in Budapest oder am Plattensee verbracht habe, kommt mir bei meiner Heimkehr alles fremd vor. Der Weg vom Bahnhof zum alten Haus, die vor uns liegende Straße, die schweren Schatten der Bäume, das gedämpfte Licht in der Stube, das verschlissene Blumenmuster der Tischdecke, das vergilbte Weiß des Töpfchens. Ich sage niemandem, dass ich mich zu Hause fremd fühle. Ich warte, bis es vorübergeht wie die Migräne gegen Morgen.

Meine Mutter hat oft Kopfschmerzen, aber die sind nicht am Morgen vorbei. Nur bei mir gehen sie immer vorbei, wenn ich geschlafen habe, nie vorher. Im Plattenbau, wo meine Kopfschmerzen überhaupt erst angefangen haben. Bei meiner Mutter gehen die Kopfschmerzen auch in der neuen Wohnung nicht weg, ich habe ihr den Schmerz nicht abgenommen, Migräne ist kein Staffelstab. Wenn meine Mutter Kopfschmerzen hat, wacht sie davon auf, egal, wo sie ist, aber ich kann damit schlafen. Als sie einmal im alten Haus Kopfschmerzen hat, ist sie zwei Tage lang nicht ansprechbar, sie liegt bei geschlossenen Jalousien auf der ausgeklappten Liege im Zimmer zur Straße, und ich liege neben ihr im Gitterbett. Zwei Tage lang jammert meine Mutter. Morgens wirft sie mich hinaus, bringt mich in den grässlichen Kindergarten und lässt mich dort. Im Kindergarten. Grässlich.

***

Aus einem Haus kann man ausziehen, nicht aber aus sich selbst. Ich habe schon an vielen Orten nicht geschlafen. Schon meine erste Nacht im Krankenhaus soll ich geschrien haben, dabei wurde ich am Morgen geboren, wie normale Menschen, allerdings nicht aus eigenem Entschluss, man hat mich einfach herausgehoben. Aber so hat meine Mutter die Sache nicht besonders mitgenommen, sie kam mit ein paar Tagen Depression und einem schlecht zusammengenähten Bauch davon. Ich schreie allein in der Nacht. Daran kann ich mich nicht erinnern, man hat es mir erzählt, und es kommt mir sehr wahrscheinlich vor, dass es so gewesen ist.

Sie sagen, meine Haut sei gelb, aber eigentlich bin ich braun und zugleich blass, man steckt mich in eine kleine Schachtel für zwei Personen, einen Inkubator, und verbindet mir die Augen, ich schreie und stoße die Tür der Schachtel mit den Füßen heraus, man legt niemanden neben mich, was für eine verpasste Gelegenheit. Ich hätte doch jemanden kennen lernen können. Ich brülle.

Im Kindergarten kann ich Schlaf und Wachsein nicht auseinander halten. Der Lieblingssatz meiner Mutter, den ich damals gesagt haben soll, ist: Bin ich ein Traum? Sie schärft mir ein, diesen Satz unbedingt in „Umzug" zu erwähnen. Das heißt, wenn ich den Roman schreibe. Ich. Ok, ich werde ihn erwähnen. Gut, dass meine Mutter sich an den Satz erinnert, so weiß ich wenigstens, dass ich sie und nicht irgendeine Gestalt im Traum gefragt habe. Das heißt, wenn ich jetzt wach bin. Aber lassen wir das lieber.

Ich kann Traum und Wirklichkeit nicht auseinander halten, das bedeutet meistens, dass ich wach bin, aber zu träumen glaube. Das frustriert mich, gegen Abend werde ich paranoid und wage nicht einzuschlafen. Es ist Nacht, die Zeiger stehen auf zwei Uhr, meine Mutter sitzt in ihrer typischen Haltung vor dem Ölofen: Sie hat ein Bein auf den Oberschenkel gelegt und macht sich Sorgen. Ich mache mir noch mehr Sorgen. Ich habe Angst, am nächsten Morgen als Schnecke aufzuwachen oder täglich immer wieder denselben Tag zu erleben und womöglich bis ans Ende aller Zeiten die Sendung „Alles oder Nichts" mit István Vágó und Márta sehen zu müssen, die mich ständig überreden will, einen Mixer zu kaufen.

Ich habe Angst vor der Ewigkeit.

✴✴✴

Meine Mama hat Angst vor meinem Papa. Papa ist Bäcker. Ich habe ein Bild von ihm, auf dem er gerade einen schneeweißen Brotlaib in den Ofen schiebt, er hat ein weißes Unterhemd an und eine witzige Kappe auf dem Kopf. Es gibt dieses Bild, aber vielleicht existiert es auch nur in meiner Vorstellung. Papa ist Bäcker, aber ich mag kein Brot. Stattdessen esse ich Extrudat, das unter den Zähnen knirscht. Wenn Papa Nachtschicht hat, schläft er tagsüber im abgedunkelten Zimmer zur Straße. Dann bin ich im Zimmer zum Hof und stelle Mama Fragen, die man nicht beantworten kann, nur damit die Zeit vergeht. Ich gehe zu Papa hinein, um zu überprüfen, ob er noch da ist. Im Zimmer zur Straße. Drinnen ist es dunkel, draußen kann es noch so hell sein, da drinnen ist es dunkel wie in der Nacht, und mitten im Zimmer liegt ein großer, schnaufender Schatten, mein Papa. Ich wecke ihn, er ist darüber nicht böse, aber er schickt mich schnell zurück ins Helle.

Meine Mama hat manchmal Angst vor meinem Papa. Mein Papa trinkt. Mama und Papa streiten sich abends oft, sie schreien herum und fallen einander ins Wort. Das Ganze ist sehr amüsant. Sie fangen im Zimmer zur Straße an, und ich gehe rüber ins Hofzimmer, sie merken es gar nicht. Ich gehe in Deckung und kichere, bis die Stimme meiner Mutter lauter wird, weil sie näher kommt, Papa hinter ihr her. Wenn sie ganz in meiner Nähe sind, schlüpfe ich wieder in das Zimmer zur Straße und gehe hinter dem Gitterbett in Deckung, es ist dunkel, aber ich mache das Licht nicht an. Aus dem Nebenzimmer dringt gedämpfter Lärm, und durch den Türspalt schimmert etwas Licht. Sie kommen zurück, und ich schlüpfe wieder ins Hofzimmer. Sie kommen ins Hofzimmer, ich schlüpfe ins Zimmer zu Straße und gehe in Deckung. Sie kommen wieder, ich gehe zurück und kichere.

Ich hab ja gesagt, das Ganze ist kolossal amüsant.

Wenn Papa spät am Abend nicht nach Hause kommt, obwohl er keine Nachtschicht hat, macht sich meine Mutter Sorgen. Sie ringt die Hände und seufzt, sie ist nicht ansprechbar, so wie damals, als sie einmal zwei Tage lang Kopfschmerzen hatte. Hei, Mama, mach dir keine Sorgen, sage ich und hole meine grünen Plastikindianer mit den grünen Plastikgewehren heraus und platziere sie oben auf die Stäbe meines Gitterbetts, sodass ihre Spritzgussgewehre genau auf den Sessel gerichtet sind, in den sich mein Vater vermutlich hineinfallen lassen wird.

***

Lange Zeit messe ich an meiner Mutter, wie sehr ich gewachsen bin. An meiner Mutter, von der ich glaube, dass sie immer gleich bleibt. Ich stelle mich wie vor einen Zollstock vor sie hin und gucke, mit welchem Streifen ihres Rockes ich auf gleicher Höhe bin. Als ich meiner Mutter bis zum Bauch reiche, werde ich sehr aufgeregt. War ich wirklich einmal hier? Hier drin? Meine Mutter führt mich nicht mit Märchen vom Storch an der Nase herum. Auch nicht mit anderen Märchen, generell nicht. Zu meinem dreizehnten Geburtstag schenkt sie mir den ersten Band der Reihe „Mann und Frau: Sexualität für Neun- bis Elfjährige". Manchmal mache ich ihr Vorwürfe, dass sie nicht mehr Bücher dieser Reihe gekauft hat, aber auch während der Pubertät bietet das Buch noch nützliche Informationen.

Was mich mehr kränkt: Meine Mutter spricht unbegreiflicherweise nicht mit mir über ihre früheren Liebschaften. Also was für eine Freundin ist das? Wenn ich sie frage, fängt sie schnell an, die Einbauschränke in unserer Plattenbauwohnung aufzuräumen und mich schnell abzuspeisen: bald, wenn du größer bist. Dabei bin ich schon alt genug, die Anzahl meiner Lebensjahre ist zweistellig, und die erste Zahl ist nicht eins. Ich weiß nicht, wovor sie Angst hat. Vielleicht davor, dass ich darüber schreibe.

Es gibt eine chinesische Hunderasse, lese ich in meinem Tierbilder-Sammelalbum, bei der die Welpen ganz faltig und mit einem Gesicht wie Methusalem zur Welt kommen. Je älter sie werden, desto glatter wird ihre Haut und desto jünger sehen sie aus, ihre Organe und Knochen wachsen im Laufe ihres Lebens, nur die Haut bleibt unverändert, sodass diese Hunde von Natur aus praktischerweise schon als Säuglinge über das Fell für ihr zukünftiges erwachsenes Knochengerüst verfügen. So haben sie jahrelang nichts anderes zu tun, als in ihren eigenen Pelz hineinzuwachsen.

Im alten Haus probiere ich abends im Zimmer zur Straße die Kleider meiner Mutter an, und nichts deutet darauf hin, dass ich bald in sie hineinwachsen werde. Zugegeben, es sind ja auch nicht meine. Am besten gefallen mir die Tücher und die Gürtel, die ich in allen möglichen Kombinationen um mich wickle, um dann ins Hofzimmer zu laufen, meine Mutter zu bezaubern und mich im Spiegel zu bewundern.

Auch wenn ich mich im Laufe der Jahre gelegentlich in einem der riesigen Spiegel im Zimmer zur Straße erblicke, kommt es mir nie in den Sinn, diese großen Glasscheiben als Spiegel zu benutzen. Von den Proportionen her passen nur die beiden in die Schranktüren eingelegten Spiegel einigermaßen zu mir, die Schränke stehen einander gegenüber und sie könnten sich bis in die Unendlichkeit ineinander spiegeln, wenn nicht das Zimmer zwischen ihnen wäre und vor allem: wenn ich nicht zwischen ihnen stünde. Als ich mich endlich in ihnen sehen kann, weiß ich, dass ich gewachsen bin.

***

Oma Dusi ist krank, aber ich weiß nicht, was ihr fehlt. Oma Dusi findet man im Zimmer zum Hof, auf dem Bett unter dem Bücherregal zwischen Radio und Kühlschrank, in der Nähe der Tür zum Zimmer zur Straße. Oma Dusi schläft, isst und ruft, wie ich im Alter von zwei Jahren laut einem alten Tagebucheintrag meiner Mutter feststelle. Oma Dusi sagt unverständliche Worte zu mir,

mein Augenstern,

ruft sie, und

ich hab dich zum Fressen gern,

was mich sogar noch mehr erschreckt als die Torte zu meinem ersten Geburtstag: Wenn sie mich auffrisst, was bleibt dann von mir, und die Sterne stehen am Himmel und stampfen nicht in Stiefelchen auf dem Teppich herum.

Die Torte zu meinem ersten Geburtstag gehört zu meinen frühesten Erinnerungen. Die Hand meiner Mutter liegt auf meinem Bauch, ich sitze auf ihrem Schoß, um mich herum sind aufmunternd lächelnde Gesichter, das Gesicht meines Vaters, das von Oma Turi und das von Oma Dusi, und alle scheinen von mir zu erwarten, dass ich mich mit ihnen freue, vielleicht über den Gegenstand, der vor mir auf dem Tisch thront, der damals noch nicht morsch ist: Es ist eine dunkle, glänzende Scheibe, deren Farbe und Konsistenz ich nur mit dem vergleichen kann, was ich jeden Tag in meinem roten Plastiktöpfchen hinterlasse, mit meiner Kacke also, und von der die dämlichen Erwachsenen erwarten, dass ich davon esse und sie Schokoladentorte nenne.

Von diesem Tag, von meinem schreckverzerrten Gesicht existiert eine Fotografie – auf meinem dämlichen Säuglingsgesicht liegt ein Ausdruck unbeschreiblichen Ekels.

Ich weiß nicht, wer das Wort dämlich an unsere Hauswand geritzt hat, besser gesagt, ich weiß es, aber ich verrate es nicht. Ich bin schon nicht mehr in der Grundschule und schreibe unverantwortliche Gedichte, nicht nur über mich selbst, sondern auch über meine Klassenkameraden: über das Nägellackieren, das scheinbar sinnlose Gekicher und den Menstruationsneid, über ganz alltägliche Dinge, die, glaube ich, in Vergessenheit geraten wären, wenn ich sie nicht mit meinen Worten davor bewahrt hätte. Ich schreibe unverantwortliche Gedichte, deren Helden dieselben Namen tragen wie reale Personen, und so werde ich in der Frühstücks-

pause von meinen Freunden zur Verantwortung gezogen und in frucht-
lose theoretische Rechtfertigungsgespräche verwickelt, weil sie sich an
sich selbst
anders erinnern,
ganz anders,
als ich sie in meinen Erinnerungen beschrieben habe.

Einmal schreibe ich über das obligatorische Muttertagsfest an unserer
Schule,
meine Mutter sagt, dass ich dämlich bin,
ja, so beginne ich, und ich schließe, indem ich das Gedicht zu einem
Tableau erweitere, mit der Feststellung:
ich und alle in meiner Klasse sind dämlich, –
wer zum Teufel würde darauf kommen, dass sich dadurch irgendjemand beleidigt fühlen könnte, ich bin ja auch nicht beleidigt, bis ich eines
Morgens auf dem Weg zur Schule auf unserer ockerfarbenen Hauswand
den Satz lese:
DEINE MUTTER IST DÄMLICH, SCHAU SIE DIR AN!,
meine Mutter steht an der Tür, und ich gehe aus dem Haus, wir streiten uns gerade über irgendetwas – wir streiten uns immer über irgendetwas –, ich bemerke den Spruch und zische,
blöd, bekloppt,
wegen des Spruchs, und gehe zur Schule zu meinen Klassenkameraden,
die ich nicht näher kennzeichnen möchte, meine Mutter weint noch ein
bisschen, weil sogar ihre eigene Tochter sie als blöd und bekloppt bezeichnet, am Abend versuchen wir, nachdem das Missverständnis geklärt ist,
die großen schwarzen Buchstaben von unserer Hauswand abzukratzen.
   Geht natürlich nicht.
   In Wahrheit ist die Wand gar nicht Teil unseres Hauses. Besser gesagt,
sie war es eine Zeit lang nicht. Wenn meine Mutter wieder einmal versucht, mein ihrer Ansicht nach schwindendes Interesse an unserer Familiengeschichte zu beleben, holt sie die alten Zeichnungen mit den Grundris-
sen des Hauses hervor, dessen Geschichte man aufschreiben sollte, denn es
besteht aus lauter Vergangenheit, lauter interessanten Dingen: Dieses Haus
hat dein Urgroßvater gebaut, hörst du?,
dein Urgroßvater, Miksa Löwinger,

seines Zeichens Holzhändler, Vorsitzender der Handelskammer, ein wohlhabender, wohltätiger Bürger mit zahlreichen Kindern, der eine Synagoge und eine Schule erbauen ließ, weißt du, wie es auch in dem Gedicht heißt, schützt das Gotteshaus,

das Gotteshaus und die Schule,[*]

also er hat dieses Haus erbaut, dieses alte Haus hat er erbaut, es ging ganz bis zur Ecke, ja, auch das Haus der Nachbarin gehörte dazu, und die Teile des Gebäudes, in denen sich jetzt das Eisenwarengeschäft, der Saatguthandel und das Möbelgeschäft befinden, haben auch uns gehört, alles hat uns gehört, genauer gesagt nicht uns, sondern deinem Urgroßvater und seiner Familie, zu der letzten Endes auch du gehörst, auch die Dienstboten haben hier gewohnt, die übrigens sehr gern bei deinem Urgroßvater gearbeitet haben, also

das Haus ist das Haus unserer Familie

gewesen

bis

es verstaatlicht wurde

hörst du?,

das heißt, das Zimmer zur Straße, in dem wir jetzt wohnen, das war früher das Schlafzimmer, und das Zimmer zum Hof war das Kinderzimmer, auch das deiner Großmutter,

hörst du mir überhaupt zu?!

***

Alles ist anders, wenn man nicht dort ist, wo man sein sollte. Meine Mutter erlaubt mir nicht, an Schulausflügen teilzunehmen. Sie hat Angst, dass ich von Zecken gebissen werde. Ich stelle mir vor, wie die Klasse, meine Klasse, in den kleinen Bus einsteigt, um dann am Damm oder sogar noch jenseits davon, in der ehemaligen Sandgrube, Blumen zu pflücken. Das stelle ich mir vor, während ich in dem Zimmer zum Hof an meinem kleinen weißen Tisch mit den fest anmontierten kleinen weißen Stühlen sitze und in den dünnen Seiten des dicken Naturfreundebandes „Wildblumen"

---

[*] Gedicht von Sándor Reményik (1890–1941): „Ne hagyjátok a templomot" (D.F.)

blättere. Sonnenröschen, gemeine Schmerwurz, Schwert-Alant, großes Hexenkraut, Wiesenkerbel, Strohblume – lese ich mit rot geweinten, aber schon trockenen Augen, zuerst leise, fast für mich selbst, dann ganz laut, sodass meine Mutter es auch hören kann, als Versöhnungsangebot an sie, meine Mutter wiederum versucht, sich nach unserem frustrierenden Streit in einer Ecke des Gartens auszuruhen: WIESENKERBEL! STROHBLU-MEN!, aber es ist alles vergeblich, wenn meine Mutter wütend ist, hilft nur die Zeit.

Dabei bin ich schon einmal auf einen Kindergartenausflug mitgegangen, ich packte meine gelbe Plastiktrinkflasche in den regendichten Ruck-sack mit dem Mäusekopf, um diesen Kindertag zusammen mit der ganzen Kindergartengruppe irgendwo am Ufer des Marosch zu feiern, um im gelben und grünen Licht und dem Geruch von frischem Gras auf der wie ein Schiff geformten Schaukel mit den Zwillingen hin- und herzuschwingen und später an den dicken Stamm eines schattenspendenden Baumes gelehnt meinen ermüdeten jungen Körper auszuruhen. Jeder Ausflug ist idyllisch, weil wir schon in der Gegenwart fühlen, ohne dieses Gefühl genauer beschreiben zu können, ja, weil wir schon in der ewigen Gegen-wart erfahren:

dass selbst das kleinste Detail nicht verloren gehen kann,

dabei ist es nicht so, dass die Details als solche unveränderlich erinne-rungswürdig wären, zum Beispiel Lidis roter Rock mit den weißen Punk-ten oder das sanfte Lächeln des unbekannten Jungen aus der mittleren Gruppe während der Jause, oh nein, die Einzelheiten sind nur interessant, wenn sie sich wie willige Mosaiksteine

in das Ganze einfügen lassen –

einen Ausflug zu machen, ist gut, weil währenddessen die höchste Wahrheit fühlbar wird:

dass wir nie wieder in das einmalige Jetzt zurückkehren können,

was natürlich eine ganz unverschämte Lüge ist, denn wir können uns jederzeit auf der Strickleiter der Erinnerung wieder zu den vergangenen Jetztzuständen hinunterlassen, vergeblich übermalen wir die Bilder immer wieder aus Neue, vergeblich verändere ich das Verhältnis von Gelb und Grün in den Blättern der Bäume,

ich fädele die vielen aneinander gereihten Jetztzustände wie Perlen auf die Nylonfäden der Erinnerung, oh ja, die Erinnerung ist ein durchsichtiger Nylonfaden, kein Zwirnfaden, schon gar nicht so einer wie der Faden der Ariadne, denn der glänzt nicht und weist den Weg nicht, im Gegenteil, er führt immer tiefer in das Labyrinth, in den Rausch der Verirrung, der eigentlich nichts anderes ist als der Rausch der in die Gegenwart mündenden Erinnerungen, in dem auch das Sich-Erinnern zur Erinnerung wird und so weiter.

Es ist gut, einen Ausflug zu machen, denn wir kehren immer wieder nach Hause zurück, ein Ausflug ist somit nichts anderes als ein Umzug, der rückgängig gemacht werden kann.

Meine Mutter verbietet mir oft, an einem Ausflug teilzunehmen, aus Angst, mich könnte eine Zecke beißen. Im Gymnasium wird das anders, sie erlaubt mir sogar, an mehrtägigen Fahrten in die zubetonierten Städte der Zivilisation teilzunehmen, wenn ich ihr verspreche, in den Waldstücken, die wir unterwegs durchqueren, meinen Leinenhut aufzusetzen. Meine Mutter hat Angst vor Zecken, in der Grundschule erlaubt sie mir einmal nur deshalb, an einem Ausflug teilzunehmen, weil das Wetter sehr stürmisch und regnerisch ist und sie davon ausgeht, dass die Klasse sowieso in der Schule bleibt, aber am Nachmittag, als es nur noch nieselt, machen wir uns natürlich doch zum Flußufer auf, um im Sand an den Plastiktischen Karten zu spielen, ohne uns darum zu scheren, dass die Karten auf den nassen Tischen durchweichen, der *Reding Itell** ist schon eingerissen, wodurch das Spiel eigentlich ungültig ist, da man die Karte anhand der Rückseite identifizieren kann. Ich erwische ein Ass, hinter meinem Rücken strömt der schmutziggraue Marosch, wenn ich mich umdrehen würde, könnte ich das Schild lesen: Baden verboten. Als wir am Nachmittag auf der asphaltierten Straße wieder zurückradeln, sehe ich meine Mutter, sie schwankt uns auf einem geliehenen Fahrrad entgegen, dabei ist es jetzt doch schon egal.

Ich flehe meine Mutter an, zum Ausgleich für die aufgrund der verpassten Ausflüge verhinderten Erinnerungen, mit mir allein Ausflüge zu machen, wenn es nicht anders geht, dann wenigstens auf unbekannten Straßen unserer Stadt. Solange ich noch klein bin, setzt sie mich auf den Gepäckträger ihres Fahrrades, um mir stille Makóer Straßen mit stumm

---

* *Reding Itell*: Figur auf einer Spielkarte (D.F.)

verputzten Häusern zu zeigen, im Vergleich zu denen unsere Straße und vor allem unser Zimmer zur Straße mit seinen großen Fenstern voller Leben, Betriebsamkeit und Lärm ist, voller Lastwagenlärm von der Hauptstraße. Meine Mutter erlaubt keine Tiere in der Wohnung, weil unser Haus angeblich nicht dafür geeignet ist, aber ich ahne schon lange, dass der wahre Grund in ihren Erinnerungen liegt, denn sie hatte als Kind eine kleine Katze, die sie sehr liebte und die dann noch kleinere Kätzchen zur Welt brachte, als das kleine Mädchen, meine Mutter, eines Tages aus der Schule kam, sah sie, dass die Katze ihre eigenen Jungen aufgefressen hatte.

Als ich acht Jahre alt bin, bekomme ich einen von diesen herzförmigen Luftballons, wie man sie auch am Plattensee kaufen kann: mit einem bunten Bild auf silberfarbenem Grund, statt an einer Schnur ist sein luftgefüllter Körper an einem Stock befestigt. Auf meinem Luftballon ist Snoopy, ich bin sehr gerührt und habe das Gefühl, einen kleinen Hund zu besitzen. Nachdem ich meine Mutter tagelang bearbeitet habe, gehen wir zum Damm, wo das Gras noch heruntergetreten ist, aber wo schon ein paar lila Knospen sprießen, deren Namen ich nicht in meinem Naturfreundeband „Wildblumen" gefunden habe. Ich nehme meinen Luftballon mit. Ich führe meinen Hund, Snoopy, spazieren. Gedämpftes Licht, ungewisses Glück.

Snoopy bleibt jahrelang auf der braunen Anrichte im Zimmer zum Hof, permanent lächelnd steckt er in einer Vase. In der braunen Anrichte befinden sich Schuhe von meiner Mutter und Oma Dusi, in die ich sicher nicht so bald hineinwachsen werde, braune Sandalen mit extrem dicken Sohlen. Auf Snoopys Lächeln lagert sich im Laufe der Jahre immer mehr Staub ab, so wie die Gegenwart sich über die Vergangenheit legt. Oberhalb der braunen Anrichte ist eine schwarze Linie, in meiner Kindheit bemerke ich, dass die dunkelbraune Anrichte nur den Zweck hat, die hell glänzenden, vom Fenster her beleuchteten Flusen davor sichtbar zu machen und in mir sinnlose Assoziationen zu wecken, nicht, dass es auch sinnvolle geben könnte.

Ich schaue auf die Anrichte und denke, dass ich nicht weiß, welcher Tag heute ist.

Ich schaue auf die Anrichte und denke, dass der Sonntag ein Sonntag ist.

Ich denke an eine schwarze Schwalbe.

Ich denke an eine Libelle.

Aber es kann auch sein, dass ich nur an das Bild einer schwarzen Schwalbe und an das Bild einer Libelle denke.

Und dann flüstere ich: Liebesdonnerstag*

Das sind meine privatesten Erinnerungen.

**

Ich glaube übrigens nicht an die Existenz von Familien. Als ich klein war, und das ist schon länger her als gestern, vertiefte ich mich begeistert in das Zeichnen von Familienstammbäumen, wobei ich meine Mutter jede Minute fragte, wer von wem das Kind war. Aber als ich wirklich herausfinden will, was für eine Familie wir eigentlich sind, gelingt mir das nicht, ich sehe nur Familien, keine Familie. Ich habe einen Vater. Ich habe eine Mutter. Sie haben ihrerseits wieder Vater und Mutter, und schon werden der mütterliche und der väterliche Ast meines Stammbaums zu einem unentwirrbaren Geflecht. Meine Verwandten können Verwandte haben, die nichts mit mir zu tun haben.

Auf dass ich mich vermehre zu einer großen Einheit**...

Ein blasphemischer Gedanke?

Beim Betrachten alter Briefe, Tagebücher und Postkarten oder auch einfach nur so, ohne Grund, erwähnt meine Mutter oft die Mutter ihres Vaters,

deine Urgroßmutter, Franciska Barber,

falls du überhaupt zuhörst,

sie war nämlich Pianistin, was ich, ihre Urenkelin, früher auch einmal werden wollte, eine Frau mit einem abenteuerlichen Leben – sie bringt zwei Söhne zur Welt: der eine, Károly, publiziert im Alter von nur siebzehn Jahren in der Zeitschrift „Nyugat" etwas über Goethe, aber sein Vater hat ihn zum Juristen bestimmt, so kommt er als Gerichtsangestellter nach Makó, verfasst philosophische Texte und verliebt sich nebenbei in

---

* Zitat aus dem Kinderlied „cickom, cickom ..." (D.F.)
** Zeile aus dem Gedicht „An der Donau" von Attila József (D.F.)

die Nichte seines Vermieters (meine Großmutter), die dann meine Mutter zur Welt bringen wird, ein paar Monate bevor (mein Großvater) zum Arbeitsdienst einrückt, von dem er nicht mehr zurückkehrt – der zweite Sohn, László, der spätere Onkel Laci, der angeblich seinen Bruder immer beneidet hat, wird Tänzer und führt das Leben eines Bohemiens,

wir Musikantenseelen, wir Bohemiens,[*]

und behauptet, dass dieses Lied über ihn geschrieben wurde oder dass er daran mitgewirkt hat, ich weiß es nicht mehr so genau, er wird also Tänzer, tritt in der ganzen Welt auf, lässt sich in Australien nieder und hinterlässt seine zahlreichen Geschichten nicht seiner Frau, die ebenfalls Tänzerin ist, sondern seiner geliebten Nichte, meiner Mutter, und somit auch teilweise deren Tochter (mir), im Alter verbringt er seine Zeit am liebsten damit, seine Memoiren zu schreiben, die man aber eher als Roman bezeichnen sollte, sodass ich manchmal ganz das Gefühl habe,

das ist so eine Familie,
die Memoiren schreibt,

denn er ist nicht der Einzige, obwohl meine Verwandten, die ebenfalls einen Schreibzwang verspüren, wenn sie an ihr Leben denken, und woran denkt der Mensch, wenn nicht an sein Leben, also obwohl meine ebenfalls Memoirenschreibenden Verwandten nicht mit Onkel Laci verwandt sind, da ist beispielsweise auf dem mütterlichen Ast meiner Mutter ihr Cousin, der nachts nicht schlafen kann und wie ein Sindbad, der sich selbst überlebt hat, seine Liebesabenteuer aufschreibt (ob er wohl die Lehrerin des Zeichenkurses genauso beschreibt wie sie ihn?), also ein solches Gengemisch habe ich geerbt, sogar von mehreren Seiten und

ein derartiges Erbe ermahnt zu unablässiger Selbstbeherrschung,

wenn das auch bisweilen bei mir nicht so scheint, denn es ist möglich, dass ich Selbstbeherrschung mit dem Mangel daran verwechsle, oh,

wenn ich Gott fragen würde, ob ich alles sagen darf, würde er dann antworten?,

oder würde das Ausbleiben seiner Antwort mich wieder zum Reden veranlassen?, dann würde aber niemand sagen, zu wem ich sprechen soll und wer mich deswegen nicht als egoistisch betrachten würde,

---

[*] Lied aus der Operette „Csókos Asszony" von Béla Zerkovitz und László Szilágyi (D.F.)

wenn die Schlange nicht in einen anderen Schwanz beißen kann,
denn für die Schlange, also auch für den Menschen, ist es einfacher,
sich selbst zu schaden als einem anderen, und dieses Memoirenschreiben
ist nichts anderes, als dem eigenen Körper kleinere und größere Wunden
zuzufügen, dem eigenen Körper, denn der steht zur Verfügung, und wir
vertrauen darauf, dass
unsere Jahre bunte Romane sind …*

Man müsste sie nur schreiben.

***

Was ist der Tod? Mich kann man mit dem Märchen vom tiefen Schlaf
nicht beruhigen, obwohl ich noch keine Angst vor dem Tod habe, graust
es mir vor den ewig andauernden Zeiten. Mir werden andere Märchen
erzählt. Wir sind in dem lichtdurchfluteten Zimmer zum Hof, als mein
Vater versucht, mit mir über den Tod zu sprechen. Meine Mutter spricht
nie mit mir darüber, und es gibt auch keine Kinderbücher zu diesem Thema,
genauso wenig wie über Sex, meine Mutter spricht nicht über den Tod,
wenn sie es dennoch täte, würde es bei ihr nur um die Ewigkeit gehen.

Weißt du, Oma Dusi ist weggezogen, mein Vater sieht mich an, er sitzt
auf dem schwarzen Sessel, ich stehe vor ihm, sodass wir fast gleich groß
sind.

Wohin?, frage ich.

Nein, eigentlich ist sie verreist, ja, und deshalb ist sie nicht hier, fährt
er fort. Sie ist verreist, sogar in eine andere Stadt.

Wann kommt sie wieder?, will ich wissen.

Meine Mutter steht besorgt hinter meinem Vater, ich sehe ihn verständnislos an, ich weiß alles, warum verwirren sie mich mit Märchen.

***

Vielleicht fürchte ich mich deshalb nicht so vor dem Tod, wie ich sollte,
weil ich nicht weiß, was der Tod ist. Zu meinen Lebzeiten sind schon viele

---

* Zeile aus dem Lied „Mi muzsikus lelkek, mi bohém fiúk" aus der Operette „Csókos
Asszony" (D.F.)

um mich herum gestorben, aber auch vorher sind viele gestorben, auf die ich blicke, als wären sie noch am Leben, wie man das mit allen tun sollte, die zwar tot sind, aber einst gelebt haben. Ich habe noch nie einen Toten gesehen und bin noch nie auf einer Beerdigung gewesen.

Der Tod, das könnte so etwas sein wie der Moment, als meine Mutter einen Brief von dem Krankenhaus erhält, in dem, wie sie weiß, ihre Mutter liegt, und sie den Umschlag öffnet und den Brief darin liest. Der Tod, das könnte so etwas sein wie der Moment, als ich in der Tür zwischen dem Hofzimmer und dem Zimmer zur Straße stehe und Richtung Straße gucke, wo meine Mutter eine Ewigkeit lang steht und liest und steht und liest und dann ganz allmählich entschlossen und verzweifelt anfängt zu weinen, so als wollte und würde sie nie wieder aufhören.

Der Tod könnte so etwas sein wie der Brief mit der Todesnachricht, der sich an die Hinterbliebenen richtet, aber an den Toten adressiert ist. Vom Amt.

Aber ist der Tod eine amtliche Angelegenheit?

Meine Mutter bringt mich ein paar Tage später in das Krankenhaus, das mit schlechten Erinnerungen verbunden ist, und schlurft voller Befürchtungen den Flur entlang, während ich mit einem stinkenden Luftballon betäubt werde, damit ich von dem Eingriff in meinen Körper, der dramatischer und brutaler als alle vorherigen ist, nichts mitbekomme und mich an nichts erinnere, außer an dieses Nichts.

Der Tod: ein stinkender Luftballon.

***

Am Plattensee werde ich älter, obwohl ich immer glaube, dieselbe zu sein, wie die, die ich im Vorjahr am Ufer zurückgelassen habe, um dann nach einer Weile zu erkennen, dass ich immer als eine andere zurückkomme. Obwohl ich nicht schwimmen kann, bin ich gern im Wasser, es verschlingt mich nicht, auch auf dem See der Vergangenheit halte ich mich irgendwie über Wasser, es verschlingt mich nicht, ich werde von einem Schwimmring gehalten. Ertrinken kann man auch in einem See, dessen Wasser einem nur bis zum Knie reicht, etwa, wenn man über einen Anker stolpert. Ich bin gerne im Wasser, aber das ist nicht so wichtig. Wichtig ist, dass ich still und allein am Ufer sitze, auf dem die Menschen wie hingestreut liegen, allein, auch wenn um mich herum Mitmenschen sind, ja, es ist wichtig, hier zu sitzen und den See zu betrachten, der so blau ist wie das Meer, obwohl ich das Meer noch nie gesehen habe, zu betrachten, wie der vom Licht schwere Himmel als Nichts über dem Wasser schwebt, auf das Wasser zu schauen, mit den Menschen, Schwimmflügeln und unsichtbarem Kinderpipi darin, auf das riesiges Gewässer, in dem man verschwinden kann, denn weit weg, in der Nähe des nördlichen Ufers schwimmt fast niemand mehr, nur noch die ganz Mutigen, wie zum Beispiel Dóra, sie schwimmt spät nachmittags dahin, wo das Wasser tief ist, dahin, wo man nicht mehr stehen kann, aber

auch sie schafft es nicht bis ganz zum Nordufer hinüber,

zu den in Dunst gehüllten grünen Wäldern, wo Fremdheit heimisch ist,

auch sie kann nicht so weit schwimmen, wie ich sehen kann,

und wie es natürlich auch jeder andere kann, aber deswegen ist es für mich nicht schlechter – von meiner Mutter habe ich gelernt, dass wir alles, was wir gesehen haben, jederzeit im Gedächtnis abrufen können,

wenn wir es lange genug anschauen und dann die Augen schließen,

ja, das lernte ich von meiner Mutter, so wie sie es im Alter von zwanzig Jahren in einem Sommer am Meer von der Frau ihres Tänzeronkels, die ebenfalls Tänzerin war, ihrerseits lernte, denn die Tänzerverwandten nahmen meine Mutter zu unendlich vielen Orten mit: nach Nizza, Wien und in den Fészek-Klub in Budapest, wo György Kálmán sie einmal anschaute; sie schrieb über ihre Reisen auch einen Roman mit dem Titel „Fenster", aber der wurde vom Verlag abgelehnt, unter anderem deshalb, weil sie darin den Kapuziner Capuccino nannte, wo doch so ein Wort gar nicht existiert, also es gibt einen Roman von meiner Mutter,

– ich sage, das ist so eine Familie,

die Memoiren schreibt –,

in den ich, als ich zwanzig bin, hineinschauen darf, nachdem ich drei Seiten gelesen habe, reißt meine Mutter mir das Manuskript aus der Hand, weil sie nicht erträgt, wie ich vor Lachen wiehere und an meinen Tränen fast ersticke; ich weiß nicht, ob ich grausam zu ihr bin, indem ich lache, oder zu mir selbst, indem ich dies alles eingestehe, auf jeden Fall lacht auch meine Mutter über sich selbst oder, genauer gesagt, sie lacht über die, die sie einmal gewesen ist, sie behauptet, einigen hätte der Text ausgesprochen gut gefallen, allerdings waren das ihre Bekannten

– und genau davor habe ich Angst, wenn ich mich für eine Schriftstellerin halte und

eine Novelle oder einen Roman schreibe, genau weiß ich das noch nicht, wobei der Titel lauten soll: Umzug,

also ich habe Angst, dass es außer meinen Bekannten niemanden gibt, dem ich etwas zu sagen habe, dabei vergesse ich nicht, dass alle Menschen meine Bekannten sind, alle, oder zumindest jene hundert oder tausend, die mir erlaubten, sie, wann immer ich es wollte, zu beobachten, zum Beispiel während sie im Plattensee badeten und

auch statt meiner schwammen.

***

Meine Mutter spricht viel und schweigt viel über die Vergangenheit, bis ich ihr einmal ein Diktiergerät unter die Nase halte, damit sie von ihrem Leben erzählt, ich muss nämlich ein Interview für die Universität anfertigen, für ein Seminar, also mache ich das Leben meiner Mutter, so letztendlich auch mein eigenes, zu einer Hausarbeit … Natürlich müsste ich nicht unbedingt meine Mutter interviewen, aber der Einfachheit halber

gebe ich mich mit meiner Mutter zufrieden;

für die Hausarbeit braucht man nämlich eine Person, die ihr Leben erzählt, und ich bin zu feige, woanders jemand anderen zu suchen, und zu Hause ist nur meine Mutter, naja, und ich selbst,

aber mit mir selbst spreche ich nicht,

was letzlich verständlich ist, aber meine Mutter, die mich sonst in den unerwartetsten Augenblicken mit Unmengen kleinster Details aus der Familiengeschichte überfällt, die ich zwar schon kenne und deshalb gar nicht mehr richtig zuhöre, aber trotzdem nicht erzählen könnte, also meine Mutter betrachtet das laufende Band in dem Diktiergerät und

spricht, oder besser gesagt stammelt,

ist sichtlich gehemmt und fängt an, anstatt von ihrem eigenen Leben von dem ihrer Eltern und deren Eltern zu erzählen,

sie spricht von Dingen, zu denen ihr Gedächtnis keinen Zugang hat,

und die unbegreiflich sind, und sie macht entsetzlich lange Pausen zwischen ihren wohl überlegten Worten,

damit ihr nicht irgendetwas herausrutscht,

etwas Unvorsichtiges, Persönliches, Peinliches, nicht für die Öffentlichkeit Bestimmtes,
Timi, sind die zwanzig Minuten, die ich sprechen soll, schon um,
fragt sie verzweifelt, na gut, sagen wir, sie sind um, aber damit ist die Geschichte noch nicht zu Ende. Man spricht nicht über das, worüber man sprechen darf, sondern über das, worüber man sprechen kann.

***

Ich lasse meine Mutter über ihr Leben erzählen, das Band im Diktiergerät rauscht. Sie spricht über Dinge, an die sie sich nicht erinnert, sie spricht so viel, wie sie sich selbst erlaubt, und ich frage sie unter dem Vorwand, meine Seminararbeit anzufertigen, Dinge, die ich wissen müsste, aber nicht weiß, obwohl es quasi nur solche Dinge gibt,
was ich weiß, entgleitet mir,
was ich nicht weiß, kann ich nicht fassen,
wohingegen meine Mutter weiß, wo es langgeht, oder wenigstens glaubt, es zu wissen: wer nicht zur Familie gehört, ist ein Fremder; sie gerät mit Busfahrern in Streit, straft Kellner mit dem bösen Blick, von Verkäufern mit einem Pflaster nimmt sie nichts,
du aber, meine Tochter, gibst immer anderen Recht,
was allerdings nicht stimmt, ich gebe niemals jemandem Recht, ich finde es viel unterhaltsamer, einen Streit nur zu beobachten, ich habe keine Meinung über das, was ich sehe, und es fällt mir leicht, das Leben meiner Mutter nicht als Vorgeschichte zu meinem eigenen Leben zu betrachten; als ich nach Oma Dusis Krankheit frage, muss ich das Diktiergerät anhalten, das Schlimme ist schlimm, das Krankenhaus ist das Krankenhaus, aber schließlich wird sie versöhnlicher gestimmt,
du bist wie eine Datenerheberin,
dir als meiner Tochter hätte ich auch etwas anderes erzählt,
das ist ihr letztes Wort, ich kann es jetzt analysieren.

***

Ottó, der Cousin meiner Mutter, der schon seit Jahrzehnten in Kanada lebt, kommt zu uns in die alte Stadt zu Besuch; ich erzähle ihm von meiner Schule, er kennt das Wort Turnlatschen nicht. Er versteht mich nicht, und manchmal verstehe ich ihn nicht. Als er das alte Haus betritt, bleibt er in der Tür stehen, die das Zimmer zur Straße und das Zimmer zum Hof gleichermaßen trennt und verbindet. Ich beobachte aus dem Hofzimmer, wie er sich mit der Schulter an den Türrahmen lehnt und in die alte Stube sieht, auf die vielen dort zurückgebliebenen Möbel, denn alle haben etwas hier zurückgelassen, bevor sie weggingen, vielleicht guckt er auch Tante Arankas Gemälde mit den albernen Wassernixen an oder die Risse in den Wänden und die feinen Spinngewebe in den Ecken, lauter konkrete Gegenstände also,

trotzdem weint er,

wird von Schluchzen geschüttelt, und weder meine Mutter noch ich haben die Kraft, ihn zu trösten. Nach ein paar Minuten reißt er sich zusammen, trocknet seine Tränen, dreht sich um,

ihr müsst hier ausziehen,

sagt er.

Und wir ziehen aus. Das Haus wurde verkauft, und unsere Wohnung ist jetzt ein Möbelgeschäft. Natürlich verkaufen sie da nicht unsere Möbel, unsere ehemaligen, einmaligen und unnachahmlichen Möbel, denn die sind auf einmalige und unnachahmliche Weise kaputt, abgenutzt und auseinander gefallen, oh nein, sie – wer sind sie eigentlich? –, sie verkaufen lauter neue Möbel, nein, keine Möbel, sondern Ideen von Möbeln, und sie verkaufen sie nicht, sondern stellen sie nur aus, es ist nämlich gar kein Möbelgeschäft, sondern ein Möbelschauraum. Ich nehme meinen ganzen Mut zusammen und betrete das alte-neue Haus, ich habe Angst vor der Erschütterung, vor dem schüttelnden Schluchzen, das auch meine Mutter erfasste, als sie, heimlich, noch vor mir, gewagt hat, das Haus zu betreten,

unser ehemaliges Haus, das Möbelgeschäft,

ich stelle mir vor, wie sie im Rahmen der Tür steht, die das Zimmer zum Hof und das Zimmer zur Straße gleichermaßen trennt und verbindet, nach links und nach rechts schaut

und das Zuhause in ihrer Wohnung nicht findet[*]

---

[*] Anspielung auf eine Zeile der ungarischen Nationalhymne, wo es heißt: „... fand nicht sein Zuhause in der Heimat" (D.F.)

und vom Schluchzen geschüttelt wird, aber niemandem verrät, weshalb sie hier ist.

Aber als ich dorthin zurückgehe, habe ich nicht so ein Glück. Die Verkäuferin erkennt mich und lässt mich aus vorgeblichem Mitgefühl allein, *lauf nur, zum Leben Verurteilte,** im Haus herum. Und ich gehe und gehe und betrachte die wunderschönen Möbel, die niemandem gehören, *wie ich sie auch schon immer gerne gehabt hätte,* und ich versuche, mich zu orientieren, was wo gewesen sein könnte, aber alles ist so anders, dass ich nicht einmal Rührung verspüre, *einzig der Türrahmen* ist unverändert geblieben, der weiße, breite Türrahmen, *aber die Tür selbst fehlt,* die Tür fehlt, durch die ich von irgendwo irgendwohin hinübergehen oder von irgendwo irgendwohin zurückkehren kann, es ist wie bei einer Uhr, deren Zeiger abgebrochen sind und bei der ich nicht verstehe, in welche Richtung sich die Zahnräder bewegen, *es gibt nicht einmal mehr Wunden,* und von den Wänden sind die Risse verschwunden, aus den Ecken der Staub, *so eine Sauberkeit habe ich nicht gewollt,*** diese Sauberkeit ist natürlich schon lange nicht mehr die meine.

---

* Anspielung auf das Gedicht „Járkálj csak halálraitélt" (Deutsch: „Lauf nur herum, zum Tode Verurteilter") von Miklós Radnóti (D.F.)
** Anspielung auf einen bekannten Schlager aus der Zeit vor dem Ersten Weltkrieg: „Anyám, nem ilyen lovat akartam" (Deutsch: „Mutter, so ein Pferd hab ich nicht gewollt") (D.F.)

Tímea Turi
Ich wurde 1984 in Makó geboren. Im Jahr 2003 legte ich an der Philosophischen Fakultät in Szeged mein Diplom in den Fächern Ungarisch und Kommunikation ab, später studierte ich dort als PhD Studentin Literaturwissenschaft. Ich arbeitete als freiberufliche Kritikerin, als Journalistin für Kultur und Unterricht und als Reporterin und Redakteurin beim Bartók Rádió. Seit Februar 2012 bin ich als Redakteurin beim Magvető Verlag angestellt.

Im Oktober 2012 erschien mein erster „erwachsener" Gedichtband – nach zwei Gedichtenbänden aus meiner Kindheit – unter dem Titel „Jönnek az összes férfiak"* im Kalligram Verlag, im selben Monat wurde auch mein erstes Kind geboren, im Augenblick beschäftige ich mich vorwiegend mit ihm.

---

294   * Deutsch: „Alle Männer kommen." (D.F.)

Anna Steinberger Salát

NACHBEBEN

I. Hallo!

– Hallo! Mama?

– Ich weiß, dass du da bist, und es macht nichts, dass du nichts sagst. Wenigstens legst du diesmal nicht gleich auf! Herzlichen Glückwunsch zum Geburtstag! Du bist heute 82 geworden!

Stille. Atemgeräusche.

– Leg nicht auf, bitte leg nicht auf! Hör mir einfach einmal zu! Ich weiß, ich habe in deinen Augen ein großes Verbrechen begangen, indem ich nach Israel ausgewandert bin. Aber wie du siehst, bin ich zurückgekommen. Ich hab nicht damit gerechnet, dass du mir auf ewig böse sein würdest. Aber selbst wenn ich gewusst hätte, dass du nie wieder mit mir sprechen würdest, wäre ich, glaube ich, ausgewandert! Ich habe mich in das LAND verliebt. Das war eine Liebe, die stärker war als alles andere, verzeih mir! Ich habe nicht auf dich gehört, aber ich konnte nicht anders. Für dich lag die einzige Lösung in der Assimilation, aber für mich war das unmöglich, versuche doch, das zu akzeptieren. Kannst du mir nicht endlich verzeihen!

Stille.

– Du siehst doch, ich bin zurückgekommen! Ich bin wieder da! Du bist alt geworden – aber ich bin noch jung und bei Kräften. Ich möchte für dich sorgen. Mit dir spazieren gehen, dir dein Mittagessen kochen.

Ich habe dir versprochen, niemandem zu sagen, dass wir Juden sind. Dieses Versprechen habe ich auch gehalten. Von mir jedenfalls hat das keiner erfahren. Von dir wissen es die Leute natürlich, sie sehen es dir an – jedenfalls diejenigen, die das interessiert. Sie wissen es zum Beispiel deshalb, weil ihnen auffällt, dass du so gar nichts über deine Eltern erzählst. Sie haben manchmal gespürt, dass du sie erwähnen könntest, wäre da nicht dein zwanghaftes Schweigen.

– Leg bitte nicht auf! Ich bitte dich! Es ist doch vollkommen verständlich, dass du weggelaufen bist, als man euch weggebracht hat. *Weggebracht …!* Ihr musstet euch in Reih und Glied aufstellen … Du ahntest, was das bedeuten könnte …, und bist geflüchtet. Ich verzeihe dir das an ihrer statt – sie hätten das auch getan. Ganz sicher. Du brauchst keine Gewissensbisse zu haben, weil du meinst, du hättest deine Eltern im Stich gelassen. Auf dem Weg in den Tod … Du warst jung, stark, konntest laufen. Und du bist gelaufen. Das war in Ordnung so. Du wolltest leben.

Denke nicht, dass mir ihr Verlust nicht auch wehtut. Besonders seit ich selbst Großmutter bin. Ich sehe, wieviel ich meinen Enkelkindern geben kann – ich hatte keine Großeltern, von denen ich diese zärtliche Liebe hätte erfahren können! Und wieviel Liebe, Hingabe und Anhänglichkeit bringen mir die Kleinen entgegen – auch diese seelische Erfahrung konnte ich nie machen. Stattdessen fühlte ich mich seelisch amputiert. Und dass du jetzt ausgerechnet wegen Israel nicht mit mir sprichst. Wenn wenigstens du dich nicht von mir amputiert hättest! Ich kann weder Chinesin, Schwedin noch Finnin sein, denn ich bin als Jüdin zur Welt gekommen, versteh das doch! Erst seit ich das nirgends und vor niemandem mehr verleugne – vor allem nicht vor mir selbst –, bin ich mit mir im Reinen.

Glaub mir, es gibt Juden, die man einfach lieben muss: *Chagall, I.B. Singer* – und viele andere, die nicht berühmt sind. Und sie sind so verschiedenartig wie Nichtjuden auch.

– Sieh mal, du sprichst nun schon seit beinahe fünfzehn Jahren nicht mehr mit mir. Wenn ich dir einen Brief schreibe, antwortest du nicht. Ja, ich weiß: Judentum = Tod. So empfindest du das. Aber es ist nicht so, ich weiß das – so empfinde *ich* das.

Denkst du nicht manchmal an die neun Monate, in denen ich in deinem Bauch war, an die Geburt, die wir gemeinsam durchgemacht haben? Oder denkst du nur an die Zeit meiner Pubertät, in der ich ziemlich unausstehlich war? Und an die Tochter, die als Jüdin zurückkam, zu der du sie nicht erzogen hattest? *Assimilation!* – das war deine Devise –, und eine lange Zeit habe ich mich damit identifiziert. Und später habe ich es nur noch versucht, aber es ging nicht. Versteh doch, dass man irgendwo dazugehören muss! Und ich habe meinen Platz gefunden. Es gibt eine über die ganze Welt verstreute inoffizielle, aber existierende unsichtbare

Gemeinschaft, die dich gern und wohlwollend aufnimmt und immer ein gutes Wort für dich hat, dir zu essen und zu trinken und ein Dach über dem Kopf anbietet. Ganz gleich, wo und wann. Das habe ich auf meinen Reisen erfahren. An Freitagabenden ist das Zusammensein besonders schön. Siehst du, im Judentum gibt es auch Freude, nur hast du das nicht erlebt.

– Ich kann nicht Teil einer Familie sein, in der du mir nicht beigestanden hast, in der dein Mann mir seinen Nachnamen mit der Begründung entziehen wollte, er habe keine Jüdin aufgezogen. Und das, als ich schon über 40 Jahre alt war. Wo warst du da, Mama?

Schweigen.

– Und wo warst du, als mich dieser Mann kränkte und demütigte, wie er es so oft tat? Du bist leise aus dem Zimmer geschlichen. Du warst im Nebenzimmer. Nebenan.

Schweigen.

– Ich verzeihe euch alles, auch, dass ihr mich in ein Heim gesteckt habt, weil euch das jüdische Kind mit den stark semitischen Gesichtszügen lästig geworden war. Aber mir scheint, *du* kannst dir nicht verzeihen. Du bist dir im Grunde selbst böse und projizierst dieses Gefühl auf mich. Und so bin ich auch diesmal wieder diejenige, die bestraft wird. Bin ich denn nicht schon oft genug ausgegrenzt worden? Aus der Familie? Viele deiner Bekannten wissen doch noch nicht einmal, dass du eine ältere Tochter hast, sie wissen nur von den anderen Kindern – die von sich glauben, nichtjüdisch zu sein. Ich verzeihe dir wirklich, nur lass uns endlich miteinander reden! Wir müssen ja nicht ständig zusammen sein, aber wenigstens ab und zu!

Schweigen. Ein Klicken. Am anderen Ende der Leitung wird der Hörer aufgelegt.

II. Annamária

Annamária wurde im Jahr '45 quasi im Moment der Befreiung geboren. Den zweiten Teil ihres Namens bekam sie wegen der Jungfrau Mária, er sollte sie davor schützen, aufgrund des ersten Teils des Namens für eine „J" gehalten zu werden. *(Aber obwohl ihre Mutter im Krankenhaus angegeben hatte, dass die kleine Tochter zwei Namen haben sollte, nämlich getrennt geschrieben: Anna und Mária, wurde dies so nicht in die Geburtsurkunde eingetragen. Die Verärgerung der Mutter darüber, dass man Annamária statt „Anna Mária" eingetragen hatte, bekam die Tochter ihre ganze Kindheit hindurch zu spüren. Deshalb hatte Annamária ihren Namen eine ganze Zeit lang gehasst, denn ihm galt ja der Zorn der Mutter.)*

Als sie heranwuchs, wurde leider ihre Nase proportional zum Gesicht immer länger, woraus ihre Mutter den Schluss zog, dass alles umsonst gewesen war. Ganz gleich, auf welchen Namen man sie auch getauft hätte – die *„j"*-Züge waren nicht zu verkennen. Ausgerechnet bei ihrem Kind. Häufig schaute die Mutter ihre Tochter prüfend an. War sie etwa im vergangenen Monat, im letzten halben Jahr gewachsen …? Nicht etwa die Tochter, sondern deren Nase. Annamária verstand nicht, warum ihre Mutter sie so oft anstarrte. Hatte sie vielleicht wieder einmal ihr Gesicht nicht ordentlich gewaschen? Oder die Haare nicht sorgfältig gekämmt? Sie traute sich nie zu fragen. Angesichts solcher Blicke war es nicht ratsam, Fragen zu stellen.

So begann das SCHWEIGEN. Das Schweigen, das vieles umfasste. Annamária wurde nach und nach gewahr, dass das Schweigen in ihrem Familienleben eine hohe Bedeutung besaß. Es gab Blicke oder Blickwechsel, die signalisierten, dass es jetzt, ja genau in diesem Moment, einsetzen musste! (Also das Schweigen.) Lange Zeit vermochte sie nicht zu sagen, wodurch genau es ausgelöst wurde, sie spürte es einfach. Sie begann vorauszusehen, wann diese verletzenden kalten und strengen Blicke sie treffen würden. Blicke, die ihr das Blut in den Adern gefrieren ließen, Blicke, unter denen sich ihr Magen verkrampfte, ihr Mund ganz trocken wurde und ihr für einen kurzen Moment der Atem stockte. Und ihr Herzschlag schnell und heftig wurde. Vor all dem fürchtete sich Annamária.

Auch nachts kam das Schweigen. Dann legte es sich wie eine große schwarze Hülle um sie. Dann hatte es außerdem eine furchtbare Stimme, die irgendwie aus ihrem Inneren herausschrie. Die Stimme ließ das Mädchen frieren. Dann zum Beispiel, wenn sie nachts aus dem Fenster schaute und die Sirene mit dem großen Kopf und den noch größeren Augen sie vom Dach des Hauses gegenüber ansah. (Sie stammte noch aus dem Krieg und hatte jetzt keine Funktion mehr.) Aber jetzt schrie das Schweigen mit der Stimme dieser Sirene – aus ihrem Inneren. Ungefähr so: … *uuuuuuuj … uuuuuuuuuuuuuuuj.*

Einmal begab sie sich in einer solchen Nacht frierend und zitternd ins Bad, wo sie in dem kleinen Wandschrank einen hautfarbenen Luftballon fand. (Warum war er nicht rot oder blau? Aber egal – dachte sie.) Sie freute sich über das Spielzeug und wärmte es in ihrer Hand. Sie hatte noch nie einen eigenen Luftballon besessen. Luftballons hatte sie bislang nur bei anderen Kindern oder bei Verkäufern gesehen. Sie schlüpfte wieder in ihr Bett und fiel in tiefen Schlaf.

Am nächsten Tag wurde aus der Sache ein großes Drama gemacht, *sie wurde als Diebin hingestellt!* Man hatte den Luftballon in der Innentasche ihrer Pyjamajacke gefunden. Daraufhin gab es ein großes Geschrei und Geschimpfe. Alle waren böse auf sie. Annamária schämte sich. Nicht einmal sie selbst hätte von sich gedacht, dass sie so niederträchtig wäre, eine richtige Diebin! Erst Jahre später wurde ihr klar, dass der Luftballon gar kein Luftballon, sondern ein „Spielzeug" für Erwachsene war.

Jetzt aber war sie zur Verbrecherin geworden. So wie ihr Vater ein Verbrecher war, dessen Namen nur zwischen den Zähnen herausgezischt wurde. Nun war auch ihr Name *„zu einem der unaussprechlichen Wörter"* geworden. Über Annamária hieß es bisweilen, sie sehe genauso aus wie ihr Vater – aber das *„wie ihr Vater"* wurde meist nur indirekt, durch eine besondere Betonung angedeutet. Noch schlimmer als das *„Sowieihrvater"* war das *„Siewirdeinmalgenausowieihrvater".*

Ihr abwesender Vater war – so viel hatte sie begriffen – ein *„Dissident"**. Aber was mochte das nur sein, *ein Dissident?* Darüber zerbrach sich das Mädchen den Kopf – nichts Gutes jedenfalls, soviel war klar. Sicher etwas Böses, Schmutziges, etwas, weswegen man sich schämen musste! Ähnlich wie das Schweigen, das nachts mit der Sirene kam. Wahrscheinlich eine sehr dunkle, zwielichtige Sache und Person in einem. Von schwarzer Farbe, soviel war sicher – genau wie das *„J".*

So vermischten sich in Annamárias Träumen *Dissident* und *Vater* mit der Vorstellung von etwas Schwarzem und Zwielichtigem. Das alles verdichtete sich wie zu einer Rauchwolke, die sie umgab, sie in schwarze

---

* In Ungarn war ein „Dissident" jemand, den man in der DDR mit „Republikflüchtling" bezeichnet hätte. (D.F.).

Schwaden hüllte und sie nachts in einen Zustand der Angst versetzte, sodass sie das Gefühl hatte, ersticken zu müssen.

Im Laufe der Jahre wurde ihre Nase immer größer. Das sah sie schon im Spiegel: Täglich wuchs sie ein kleines bisschen. Wuchs und wuchs. Wurde fleischig, groß, war mindestens doppelt so groß wie die Nasen ihrer Schulkameraden. Am liebsten hätte sie so eine kleine Stupsnase wie *Marika Balázsik* gehabt – und dazu noch deren blondes Haar. Was, wie wir wissen, nur Nicht-*J* haben. Das Nicht-*j* ist sauber, schön und redlich. Ja, so eine kleine Nase wäre genau das Richtige – und manchmal bildete sie sich ein, tatsächlich so eine Nase zu haben … Dann aber sah sie in den Spiegel – und alles war wie immer! Sie musste sich aufs Neue mit ihrer unendlich großen Nase abfinden.

Annamária wurde ein schwieriges Kind. Immer wieder gab es Scherereien mit ihr. In der Schule spielte sie den Clown. – Natürlich *nur, um im Mittelpunkt zu stehen* –, meinte die Lehrerin, und die Eltern pflichteten dem bei. Annamárias Vater – also der, der mit ihnen zusammenlebte, nicht der, der dissidiert war – sagte oft vorwurfsvoll: *Meinen Namen habe ich dir gegeben, und was ist der Dank dafür? Wie oft hab ich dir schon gesagt, dass du die Tür hinter dir zumachen sollst! Hunderttausendmal, und trotzdem tust du es nie! Und deine Nase läuft auch schon wieder!* (Schon wieder meine Nase! – dachte Annamária) – *Nie putzt du sie dir, ich ekele mich, wenn ich das sehe!* Auch ihre Mutter ekelte sich beim Anblick ihrer Tochter.

Was soll ich mit dem Namen machen? – grübelte sie – *Ich habe nicht um ihn gebeten, wie könnte ich ihn wieder loswerden?* – Ihr fiel nichts ein. *Wenn man ein böses Kind war, stellte man besser keine Fragen und vor allem bat man um nichts. Sie würde sicher wieder einen Fehler machen, wenn sie das mit dem Namen fragen würde. Wie es wohl wäre, wenn sie den alten wiederbekäme? Den, den sie als kleines Kind hatte. Dann wären vielleicht alle Probleme gelöst.* Aber sie wagte nicht, das anzusprechen. Und so blieb alles beim Alten, sie musste sich die gewohnte Litanei weiterhin anhören: *Dir habe ich meinen Namen gegeben …* usw.

Auch von ihrer Mutter bekam sie Vorwürfe zu hören: *Ich habe dir ein so schönes Taftkleid gekauft, und trotzdem wäschst du dich nicht ordentlich…, dein Hals ist immer grau …* Es stimmte, sie hatte ein Taftkleid gekauft, aber es gab keine Gelegenheit, zu der Annamária es hätte anziehen können, ihre Mutter hatte ihr auch Schuhe gekauft, allerdings nur Sommerschuhe … In dem äußerst kalten Winter erlitt das Mädchen Erfrierungen an Händen und Füßen und musste deswegen zum Arzt. Er riet ihr, Hände und Füße immer wieder abwechselnd in kaltes und heißes Wasser zu tauchen und danach mit Fett einzureiben, zum Glück half das, und Hände und Füße waren nach einiger Zeit wieder vollkommen in Ordnung.

Aber ihre Nase wurde immer größer. Einmal träumte sie, dass ihre Nase wuchs und wuchs und schließlich so lang war wie ein Schwert und dann wie ein Bein, und als sie die Straße entlangging, musste sie ihre Nase mehrere Kilometer weit hinter sich herschleifen. Und jeder sah, dass sie eine „J" war. Mittlerweile war ihre Nase jedoch so schwer geworden, dass es für Annamária fast nebensächlich geworden war, als „J" identifiziert zu werden.

Später wurde aus Annamária *Tante Mária*. Ihre Nase war auf Normalgröße geschrumpft. Oder ihr Gesicht vielleicht im Verhältnis zur Nase gewachsen. Wer weiß. Tante Mária erinnerte sich daran, dass sie in ihrer Jugend viele Verehrer gehabt hatte. Und dass sie jeden, der ihr nahe kam, in ihren Bann zog. Allerdings mit den Augen, nicht mit der Nase. Einmal aber hatte sie sogar einen Geliebten, dem gerade ihre Nase besonders gut gefiel.

III. Tante Judit

Eines Tages hatte Annamária genug davon, dass jeder um sie herum Verwandte hatte, nur sie nicht. Das konnte doch nicht so weitergehen! Zuerst dachte sie sich künstliche Verwandte aus. Sie guckte sich eine ältere Frau oder einen älteren Mann aus und stellte sich vor, sie oder ihn als Mutter, Vater, Tante oder Onkel zu adoptieren. Jahrelang spielte sie mit dieser Vorstellung, bis eines Tages der Entschluss in ihr gereift war, mit der nächstbesten älteren Frau „anzubändeln".

Die Frau war alt und auch ziemlich schwerhörig und schien für die ihr zugedachte Rolle geeignet. Sie wohnte in einer wunderschönen, palastartigen Wohnung mit riesigen hohen Räumen und einem großartigen Panoramablick auf die Donau. Annamária hatte sich ihre Mutter in ihrer Fantasie immer als eine vornehme, wohlhabende Dame mit bewegter Vergangenheit ausgemalt, die aus einer Familie mit einer langen Tradition stammte und in einer Wohnung mit schönen antiken Möbeln lebte. Mit

Schachteln und Fotoalben. Bei dieser alten Frau sah alles genauso aus, wie sie es sich erträumt hatte. An den Wänden hingen alte Gemälde mit den Portraits der Eltern, Großeltern und anderer Verwandter. Es gab alte Zeitungen aus der Zeit vor dem Holocaust. Die Frau zeigte ihr auch den Gelben Stern, den sie seinerzeit hatte tragen müssen. So wurde Annamárias Sehnsucht endlich erfüllt: Sie hatte eine *Ersatzmutter* gefunden, die sich zu ihrem Judentum bekannte.

Auch die *Ersatzmutter* freute sich über Annamária. Sie konnte sie um allerlei Gefälligkeiten bitten, weil sie selbst nicht mehr die Kraft hatte, alles allein zu erledigen, auch hatte sie Angst, sich in der großen Stadt zu verirren oder zu vergessen, wohin sie eigentlich unterwegs war.

Mit der Zeit übernahm Annamária immer mehr Aufgaben, und die Tante erfand täglich neue. Zum Beispiel brachte Annamária das kleine Taschenradio zur Reparatur. – *Ein Erinnerungsstück –*, und obwohl niemand mehr so ein Radio benutzte, waren sie beide der Meinung, dass man es reparieren sollte. Annamária schrieb die „äußerst wichtigen" Briefe per E-Mail und erledigte administrative Angelegenheiten. Beide waren glücklich. Die Ersatzmutter hatte schon lange niemanden mehr, den sie um Gefälligkeiten bitten konnte, und Annamária konnte ihren älter werdenden Eltern nicht zur Hand gehen und ihnen ihre Hilfe anbieten, wie sie es in anderen Familien sah – dabei hätte sie es sich sehr gewünscht.

Im Laufe der Zeit wurde die Ersatzmutter immer anspruchsvoller. *Vielleicht hat das mit dem Alter zu tun* – dachte Annamária. Die Wünsche der alten Dame wurden zunehmend extravaganter, und Annamária begann allmählich, sich ausgenutzt zu fühlen. Eines schönen Herbsttages schloss die Tante für immer die Augen, die Nachbarn riefen sie an, um ihr mitzuteilen, dass sie alles Weitere regeln würden.

So begann Annamária, sich nach neuen Ersatzeltern umzusehen. Sie besuchte Altersheime und Krankenhäuser, um die „*Richtigen*" zu finden. Mit nicht sehr viel Erfolg, denn es gab immer irgendetwas in der Lebensgeschichte oder dem Charakter der Kandidaten, das nicht passte. Entweder waren sie nicht intelligent oder liebenswürdig oder jüdisch genug. Oder sie suchten einen älteren jüdischen Partner, der sich zu seinem Judentum und seinem Schicksal bekannte.

Auf der Suche nach der perfekten Lösung kam ihr eine Idee. Nicht nach Eltern wollte sie suchen, sondern nach Verwandten! Echten Blutsverwandten! Das wäre doch schon etwas! Ab diesem Zeitpunkt verspürte sie eine starke Sehnsucht nach Verwandten. Sie hatte gehört, dass es Institutionen und Einrichtungen gab, die Nachforschungen nach Menschen anstellten, die seit dem Holocaust vermisst wurden, viele hatte man schon ausfindig gemacht … sowohl unter den Überlebenden als auch unter den Toten.

So gelangte Annamária zur Gedenkstätte. Man stellte ihr einen jungen Forscher vor, von dem sie freundlich empfangen wurde. Im Verlauf des Gesprächs mit ihm fanden sie etwas Aufregendes heraus. Annamária erzählte eine Geschichte von ihrer Familie mütterlicherseits, in der die Eltern aus irgendeinem Grund – der mit dem Judentum zu tun hatte – nicht mit ihren Kindern sprachen. Sie nannte auch den Namen dieser Familie: *Hochsberger*. Dieser Name war dem jungen Wissenschaftler jedoch noch nie begegnet, ihm fiel eine sehr ähnliche Geschichte ein, in der eine Mutter nicht mit ihrer Tochter sprach. Er fragte Annamária, ob sie in dem Gespräch mit ihm kurze Zeit zuvor nicht auch den Namen *Cohen* erwähnt hätte? Aber ja! – antwortete sie, das war der Familienname ihrer Großeltern väterlicherseits. Daraufhin rief der junge Mann die Verwandten an, und es konnte sofort ein Treffen vereinbart werden.

Zwei Tage später saß sie bei den Cohens. Annamária wäre auch zum Nordpol gereist (oder nach Australien, auch wenn ihr das noch unwahrscheinlicher erschien), um ihre neuen-alten Familienmitglieder zu treffen, aber sie musste nur ein paar Stationen mit der Straßenbahn von Buda in den Pester Stadtteil Újlipótváros fahren. Auf das erste Treffen hatte sie sich gut vorbereitet. Und im Internet alle Informationen gelesen, die sie nur finden konnte. So fand sie also ihre „Tante", eine richtige, wie sie eine richtigere nirgendwo sonst auf Erden hätte finden können!

Es gab drei große Treffen. Die Tante hieß Judit. Ihr Vater und Annamárias Großvater waren Geschwister. Sie sprachen miteinander, als hätten sie sich schon seit Ewigkeiten gekannt. Sie teilten so viele Ansichten wie zwei gute alte Freundinnen. Schon bei den ersten beiden Treffen tauschten sie sich über alles aus, was für sie im Leben von Bedeutung war. Sie sprachen über ihre Geheimnisse. Sie lachten, waren zusammen traurig und lachten dann wieder zusammen.

Tante Judit versprach, bis zu ihrem nächsten Besuch Familienfotos herauszusuchen. Annamária wiederum würde einen Fotoapparat mitbringen, um einige alte Bilder abzufotografieren. Sie mochte sie nicht darum bitten, ihr die Fotografien auszuleihen, um nicht den Eindruck zu erwecken, sie käme nur deswegen zu ihr. Aber da sie so sehr gerne Fotos von ihren Vorfahren haben wollte, entschloss sie sich, zu dieser – nicht sehr zeitgemäßen – Methode zu greifen.

Als sie zum verabredeten Zeitpunkt anrief, klagte Tante Judit über Schmerzen. *„Ich habe Schmerzen* – sagte sie –, *aber komm trotzdem auf alle Fälle!"* Die Fotos hatte sie in einer Schublade zurechtgelegt, aber Annamária brachte es in der Situation nicht fertig, sich neben der leidenden Tante Judit ihrer zwanghaften Foto- und Verwandtschaftssuche hinzugeben.

Zu einem vierten Gespräch kam es nicht mehr. Judit wurde ins Krankenhaus gebracht. Von da an besuchte Annamária sie beinahe jeden Tag. Sie hielt ihre Hand wie ein Verliebter, der die Richtige gefunden hat. Sie wusste, dass man sie ihr nie mehr nehmen konnte.

Mittlerweile war aus Tante Judit *Mami* geworden. Ihre Familie fand es ganz natürlich, dass das neue-alte Familienmitglied sie auch so anredete, wie die übrigen es taten: Mami.

Draußen im Garten des Krankenhauses prasselte der Regen nieder, doch ihr Herz war wie erfüllt von Blumenduft und warmem Sonnenschein. Es gab für sie und ihre Mami viele, viele Stunden, in denen Glücksgefühle und Traurigkeit dicht beieinander lagen. Oft war nicht klar, ob Mami überhaupt noch bei Bewusstsein war. Das war auch nicht entscheidend. Es war einfach gut, ihre Hand zu halten. Anfangs wurmte es sie noch, dass sie sie erst so spät gefunden hatte. Dann aber beruhigte sie sich und freute sich über das große Wunder und das große Glück, dass sie überhaupt zueinander gefunden hatten, auch wenn es nur für eine kurze Zeit war …

Auf dem Weg zum Krankenhaus kaufte Annamária auf dem Markt frisches Obst fürMami – es war gerade Erdbeersaison –, gelegentlich kaufte sie auch etwas Hübsches für sich selbst, um das Zusammensein möglichst festlich zu gestalten. Zwar war nicht klar, ob Mami das registrieren würde, aber ab und zu bemerkte sie es, und dann lobte sie sie für ihren guten Geschmack. Wenn jemand beurteilen konnte, was schön war, dann Mami – hatte sie doch einst als Schneiderin mit äußerster Kunstfertigkeit viele wunderschöne Kleider genäht.

Manchmal erzählte Mami etwas auf Deutsch, denn sie glaubte sich in ihre Kindheit versetzt. Annamária sog jedes ihrer Worte begierig auf.

Einige Monate darauf verstarb Mami. Sie war gewesen, wie Annamária es sich gewünscht hatte: eine auf feine Art einfache, großherzige und intelligente Frau, die über eine gehörige Portion Humor verfügte. Die sich auf derselben Wellenlänge wie sie selbst befand. Ihre Wohnung war klassisch-bürgerlich eingerichtet, an der Wand hingen Gemälde von Verwandten, die schon lange nicht mehr lebten. Es gab tausend winzige Gegenstände – einer geschmackvoller als der andere, kleine Schmuckstücke, Mitbringsel von Reisen oder Erinnerungsstücke aus lange zurückliegenden Zeiten. Fast alle Möbelstücke hatten eine Geschichte. Die Familie musste einmal sehr groß gewesen sein.

Bei der Wohnungsauflösung hatte jemand wahrscheinlich aus Versehen die Fotos mitgenommen oder weggeworfen. Aber auch wenn die Fotos verloren gegangen waren, die Erinnerung an die wunderbare Begegnung blieb.

Früher war es Mami gewesen, die die jüdischen Festtage einhielt und zu diesen Anlässen die Familie bei sich versammelte – zu der jetzt auch Annamária gehörte. Unlängst übernahm ihr Sohn – übrigens ein hervorragender Architekt – die Rolle von Mami, die die Familienmitglieder zu den Festen zusammentrommelte, er hatte Mamis Organisationstalent geerbt.

Annamária hält auch weiterhin Kontakt zu Mamis Kindern und Enkelkindern: Sie sind füreinander *alte neue Verwandte*.

Anna Steinberger Salát
Ich wurde 1946 in Budapest geboren.
Ich arbeitete als Pädagogin und leite noch heute eine Theatergruppe.
1989 wanderte ich nach Israel aus und kehrte 5 Jahre später wieder nach Ungarn zurück.
Im Bálint-Haus gründete ich eine jüdische Theatergruppe, die zuerst unter dem Namen „Marguliesz", dann 2005 unter dem Namen „Átváltozások Színházda" auftrat. Mein Ensemble spielt hauptsächlich – aber nicht ausschließlich – Stücke mit jüdischer Thematik. Ich bin ausgebildete Psychodramatherapeutin, die im Psychodrama angewendeten Techniken erweisen sich auch im Theater als wertvoll.*
*Einer meiner Texte ist in der Anthologie „Salziger Kaffee – Unerzählte Geschichten jüdischer Frauen" erschienen (2007)**.*

---

* Deutsch: „Theatergruppe Verwandlungen" (D.F.)

** Ungarische Originalausgabe: „Sós kávé – elmeséletlen női történetek", Novella Kiadó 2007. Deutsche Ausgabe: „Salziger Kaffee – Unerzählte Geschichten jüdischer Frauen". Zusammengestellt und bearbeitet von Katalin Pécsi. Herausgegeben von der Gedenkstätte Deutscher Widerstand, Berlin in Kooperation mit dem Internationalen Auschwitz Komitee und dem Holocaust Gedenkzentrum Budapest, Novella Kiadó 2009 (D.F.)

Zsuzsanna Berkovits-Branfman

DIE BÜCHSE DER PANDORA

Du schaust mich an und denkst dir: Das hier ist meine Mutter – hier in dieser Schachtel. Auch wenn du versuchst, mich zu ignorieren, hier unter deinem Schreibtisch, weiß ich, dass du die ganze Zeit denkst: hier in der Schachtel – ist meine Mutter. Alles, was meine Mutter einmal gewesen ist – ist in dieser Schachtel. Aber … wer ist diese Person in der Schachtel eigentlich? Warum willst du das jetzt wissen, wo es dich doch früher überhaupt nicht interessiert hat? Warum war es dir früher egal, als ich noch nicht in der Schachtel war … und selbst für mich sprechen konnte? Woher kommt jetzt deine Neugier, wo alles, was ich bin, in eine geschmacklose Pappschachtel sortiert und abgelegt worden ist – und das nicht gerade ordentlich, wie ich hinzufügen muss? Nein, es hat mich nicht überrascht, wie du vorgegangen bist, natürlich nicht. Es ist auch nicht das erste Mal, dass man versucht hat, mich einzusperren. Aber es ist nie gelungen! Verstehst du? Ich habe mich immer wieder befreit. Nichts und niemand konnte mir mein Leben nehmen – bis heute.

Du irrst dich Mutter – hier in der Schachtel, du irrst dich gewaltig. Ich hätte dich so gerne kennen gelernt, als du meine Mutter warst und noch nicht in der Schachtel lagst. Ich hätte alles darum gegeben zu wissen, wer du bist, dir nahe zu sein, dich zu berühren, mit dir über Leben und Tod, Liebe und Hass, Krieg und Frieden zu sprechen; und deine Leiden zu lindern. Wie gerne hätte ich dich umarmt, deine Stirn geküsst und meinen Kopf in deinem Schoß begraben. Ich habe dir, deiner gemarterten Seele meine Liebe als Tochter angeboten, aber du hast mich aus deinem Herzen verstoßen und mich heimlich aus deiner Seele verbannt. Du registriertest nur meine Schwächen; und im Übrigen wandtest du deinen frostigen Blick von mir. Warum hast du mir das Leben geschenkt, wenn du nicht wolltest, dass ich lebe? Ich wollte nicht, dass du lebst? Du undankbares Kind! Aber was habe ich von dir auch erwartet? Wie töricht ich war, mich für dich aufzuopfern! Du warst mein Augapfel, meine einzige Raison d'être, durch dich fand ich die Motivation und die

Kraft, noch einmal von vorne anzufangen und weiterzuleben, nachdem so viele mich tot sehen wollten. Doch ich hatte mich geweigert, auf dem Todesmarsch zu sterben. Ich wollte sehr wohl, dass du in diese Welt geboren wirst, schon um es ihnen zu zeigen …, zu beweisen, dass das Leben alles besiegt, sogar den Tod. Um sie zu ärgern, sie alle zur Weißglut zu bringen, weil sie erkennen sollten, dass sie mich – solange ich noch ein Wörtchen mitzureden habe – nicht einfach vom Erdboden verschwinden lassen können, wenn ihnen gerade danach zumute ist. Und ich habe ein Wörtchen mitgeredet, du bist der Beweis! Also, was um alles in der Welt ist dein Problem?

Solange du Mutter warst, hast du mich nie geliebt, solange du Mutter warst, hast du mich nur deine Boshaftigkeit spüren lassen, solange du Mutter warst, hast du demonstriert, dass der Tod alles besiegt, auch das Leben. Du hast mich, dein eigenes Fleisch und Blut, gezwungen, an entlegenen Orten ohne Luft, ohne Licht, ohne Zuneigung zu leben; und du nanntest diesen Ort „Zuhause" und, was ich dort empfing, „Liebe". Und wenn ich so kühn war, mich ein wenig von dir abzuwenden, dir ein wenig den Rücken zuzukehren, um mich im Schein der Sonne zu wärmen, zwangst du mich, zur Strafe der Medusa ins Auge zu blicken. Und ich erstarrte auf der Stelle, und mein Herz zerfiel zu Staub. Das, Mutter, ist das Problem: Und, ja, ich bin sehr froh, dass du in der Schachtel bist.

Mein Leben sollte sich für immer verändern, als ich die Wohnung meiner Mutter betrat. Einen Monat zuvor hatte ich mich geweigert, zu ihrer Beerdigung nach Budapest zu fahren, doch jetzt war ich dafür zuständig, die Überbleibsel ihrer irdischen Existenz zu ordnen und zusammenzupacken. Widerstrebend und mit rasendem Herzklopfen stieg ich die Treppen zu ihrer Wohnung hinauf. Ich springe nur eben hinein und bin ganz gleich wieder draußen! – dachte ich –, bloß schnell alles hinter mich bringen. Als ich die Schwelle überschritt, fand ich mich in einer jenseitigen Welt, in der Raum und Zeit erstarrt waren. Der Geruch war mir noch vertraut: Es war der fade Geruch des Eau-de-Cologne meiner Mutter. Sie hatte diesen Geruch geliebt – mir war er verhasst. Seit dem Tag ihres Unfalls war niemand mehr hier gewesen – das wurde mir, als ich mich umsah, plötzlich deutlich. Auf dem Küchentisch lag neben einer alten Zeitung ihre Lesebrille, im Ausguss stand eine schimmlige Kaffeetasse, im Kühlschrank verrottete Milch in einem Karton, auf dem großen Doppelbett lag noch der Beutel mit der Straßenkleidung, die meine Mutter an ihrem Todestag getragen hatte. Den Beutel hatte meine Tochter Judit dort hingeworfen, nachdem sie ihn vom Krankenhaus abgeholt hatte. Ich musste daran denken, wie abrupt der tödliche Sturz das Leben meiner Mutter beendet hatte. So plötzlich hatte er ihr Lebenslicht gelöscht, dass ihr keine Zeit mehr blieb, sich auf das Ende ihres leidvollen Lebens vorzubereiten. Oder *war sie vielleicht doch vorbereitet* gewesen? – fragte ich mich, als ich so in der Wohnung auf- und abging. Sie hatte immer damit gedroht: mit einem Knall abzutreten, weil sie uns nicht damit belasten wollte, uns um sie kümmern zu müssen. „Bloß nicht von irgendjemandem abhängig sein!" – das war ihr Credo. Und sie hatte es bis zum bitteren Ende befolgt.

Ich wusste nicht, womit ich anfangen sollte, und so begann ich, ihre Kleider durchzusehen, die säuberlich in mehreren Einbauschränken aufbewahrt waren. Als ich die Schiebetür des ersten Schrankes öffnete, fühlte ich mich wie vom Blitz getroffen. Doch meine Erschütterung kam nicht von außen, sondern aus mir selbst, aus meiner Psyche. Ich stand vor dem Kleiderschrank meiner Mutter wie erstarrt, gebannt wie ein Wild, das im Scheinwerferlicht eines Fahrzeuges gefangen ist. Nicht die Tür des Kleiderschranks meiner Mutter hatte ich geöffnet, sondern (unbewusst) die Büchse der Pandora. Mein Leben würde nie wieder so sein wie vorher.

Einige Monate zuvor hatte ich von meiner Mutter eine ungewöhnliche E-Mail erhalten. Schon der Betreff des an mich weitergeleiteten Briefes *Ich denke voll Liebe an dich* kam mir sofort äußerst seltsam vor. Die Wendung „Ich denke voll Liebe an dich" gehörte nicht zum Repertoire meiner Mutter. Die weitergeleitete Nachricht befand sich in einem PowerPoint-Anhang, den ich nicht öffnen konnte, weil meine Software nicht funktionieren wollte. Aber ich war beunruhigt und schrieb ihr mit einem Gefühl von Dringlichkeit, sie möge mir mitteilen, worum es in dieser weitergeleiteten Nachricht ging. Es sollte keine Antwort mehr kommen. Am nächsten Tag rief mich eine schluchzende Judit aus Budapest an, um mir mitzuteilen, dass meine Mutter bei einem Unfall gestürzt war, sich den Oberschenkelhals gebrochen hatte und wenige Stunden darauf im Krankenhaus unerwartet gestorben war, noch während sie – die selbst Ärztin war – für die Operation vorbereitet wurde.

Als ich auflegte, ergriff mich eine unstillbare Neugier, den Inhalt der Nachricht meiner Mutter in Erfahrung zu bringen. Ich leitete sie zum Laptop meines Sohnes András weiter, damit er den Powerpoint-Anhang öffnete! Als ich mir dann die Datei, die er mir zurückgeschickt hatte, ansah, war ich vollkommen fassungslos. Ich klickte von einem Bild zum nächsten in einer Diashow, in der jedes Bild mir, der Adressatin dieser weitergeleiteten E-Mail, erklärte, was für eine liebenswerte Person ich sei und wie wunderbar es sei, mich zu kennen und zu lieben. Das Ganze erschien mir dermaßen surreal, dass ich die Adresse des Absenders überprüfte, um sicherzugehen, dass die Mail tatsächlich von meiner Mutter stammte. Sie stammte von ihr. Und es dämmerte mir, dass sie nun tot war – und ich als Nächste an der Reihe sein würde.

Ich geriet in Panik und begann, völlig hektisch zu telefonieren: Ich rief meinen Vater, Judit und die Chirurgin meiner Mutter an. Was hatte meine Mutter im Krankenhaus gesagt? Was, als sie in den Operationssaal gerollt wurde? Hatte sie mich erwähnt? Hatte sie mir irgendeine Nachricht hinterlassen? Ja MIR, immerhin war ich ihr einziges Kind! Sie hatte nicht? Wollen Sie mir sagen, dass sie absolut nichts gesagt hat? Sind Sie sicher? Sind Sie sicher, dass sie da einfach nur gelegen hat, in panischer Angst, vollkommen außer sich vor Angst, möglicherweise nicht lebend aus diesem Operationssaal wieder herauszukommen? Über diese Möglichkeit war sie sich, da sie selbst Ärztin war, absolut im Klaren. Das konnte einfach nicht sein! Aber es war so, und es wurde mir immer deutlicher, dass meine Mutter, die Heilerin, die Retterin, für viele die Verkörperung von Hoffnung, im Angesicht ihres eigenen Todes, im Kampf mit den Kräften, die ihr Leben bedrohten, vollkommen allein war – wie schon so oft. Nur dass sie dieses Mal den Kampf nicht aufnahm, sondern ihre Waffen streckte und um Gnade bat. Es gab keine.

Nachdem ich die Kleiderschränke meiner Mutter ausgeräumt hatte, wandte ich mich ihrem Schreibtisch, ihren Bücherregalen und ihren Aktenschränken zu. Mein Adrenalinspiegel schoss in die Höhe, und ein Gefühl von Aufregung überkam mich, als ich ihre Schubladen buchstäblich durchwühlte. Ich zog Akte um Akte, Umschlag um Umschlag heraus. Meine Hände zitterten, als ich ein Fenster nach dem anderen zum Leben meiner Mutter aufbrach. Das Merkwürdigste war, dass sich hinter den Fenstern nichts Besonderes verbarg. Akribisch gesammelte Haushaltsrechnungen, sorgfältig abgehefteter amtlicher Schriftverkehr, einwandfrei geführte medizinische Akten, Fachzeitschriften, Garantiebelege für Haushaltsgeräte alphabetisch geordnet usw. – was mir nichts offenbarte, das ich nicht sowieso schon über meine Mutter gewusst hätte: nämlich dass sie eine äußerst disziplinierte und ordnungsliebende Person war, wobei ihre Ordnungsliebe, wie mir schien, gelegentlich etwas Zwanghaftes hatte. Diese Eigenschaften waren sowohl für ihr berufliches wie auch für ihr privates Leben kennzeichnend. Aber es musste doch noch etwas anderes geben, dachte ich, und meine Suche wurde im Verlauf der Stunden immer verzweifelter. Je mehr ich „nichts" fand, desto gereizter, panischer und fahriger wurde ich auf der Jagd nach meiner „wahren" Mutter.

In einer kleinen Atempause kamen mir die Erinnerungen. Wenn ich es mir recht überlegte, hatten viele versucht, meine Mutter zu ergründen, aber es gelang ihr immer, sich rasch unsichtbar zu machen. Wie sollte es also mir gelingen, sie zu fassen? Ich bin ihren früheren Verfolgern deutlich unterlegen.

Au contraire, ich war ihre Gefangene! Mutter lenkte mein Schicksal quasi per Fernbedienung. Sie zog die Fäden von einem Terrain aus, das ich nicht betreten konnte, wenn auch nur, weil ich von dessen Existenz nichts wusste. Meine Mutter schien immer so nahe bei mir zu sein, näher, als es mir lieb war, aber wenn ich meinerseits meine Hände nach ihr ausstreckte, zog sie sich zurück. Als ich so in Pandoras Büchse starrte, begriff ich, dass meine Mutter mich so sehr an sich gefesselt hatte, dass ich keine Chance hatte, *Klára* (Mutter) jemals kennen zu lernen. So wie auch Klára ihre Mutter *Éva* (Großmutter) nie gekannt hatte, und wie vielleicht *Judit Zsuzsa* (ihre Mutter, also mich) nie kennen wird.

„Das Schweigen", das Großmutter, Mutter, meine Tochter und mich selbst verband, war ohrenbetäubend. Ich hätte am liebsten laut geschrien: Es ist endlich genug! Warum hatte ich nichts getan? Warum hatte ich nicht schon früher Interesse gezeigt, warum war ich nicht neugieriger und hartnäckiger gewesen? Und warum war ich *jetzt* interessiert, neugierig und hartnäckig? Wenn ich mich nur nicht *so* kindisch egozentrisch verhalten hätte, immer hasserfüllt und immer vorwurfsvoll, hätte alles so viel anders kommen können! Meine Mutter war eine ganz gewöhnliche böse Hexe, aber Klára war vollkommen anders. Niemand von uns liebte meine Mutter, aber alle anderen liebten offensichtlich Klára. Woher ich das weiß? Es hat mich vollkommen umgehauen und mich wie aus heiterem Himmel getroffen, dass sich nach ihrem Tod Dutzende ihrer ehemaligen Patienten, Medizinstudenten und Kollegen bei mir meldeten, um mir unglaubliche Geschichten zu erzählen, wie meine Mutter ihnen das Leben gerettet hatte, was für ein leuchtendes Vorbild sie als Ärztin und was für eine perfekte Mentorin und Lehrerin sie gewesen war, aber vor allem priesen sie ihr Mitgefühl und ihr Einfühlungsvermögen. Wenn es bloß mehr Menschen wie sie auf Erden gäbe. Von Grund auf erschüttert fragte ich mich: Wer *war* diese Frau *wirklich*? Und: Warum habe ich sie nicht gekannt? Und jetzt kann und werde ich sie nie mehr kennen lernen, dabei wünsche ich es mir jetzt *so* sehnlichst. Warum? Vielleicht, weil sie mir das Leben erst geschenkt und dann wieder genommen hat und ich verstehen will, warum. Vielleicht, weil ich diese wunderbare Person, die ich nie gekannt habe, ehren möchte. Vielleicht, weil ich sie nicht mehr hassen möchte. Vielleicht möchte ich nur meine Mutter lieben. Und wenn es mir nicht gelingt, meine Mutter zu lieben, dann möchte ich Klára lieben. Und wenn ich Klára liebe, kann vielleicht Judit – eines Tages – Zsuzsa lieben. „Die Geschichte des Schweigens" wäre – endlich – gebrochen.

Zsuzsanna Berkovits-Branfman
Ich habe in drei Ländern gelernt, gearbeitet und gelebt (in Ungarn, den Vereinigten Staaten von Amerika und England), bin zweisprachig geworden und in drei verschiedenen Kulturkreisen zu Hause. Meine Mutter war eine international anerkannte Internistin und Endokrinologin. Als erster rettete Raoul Wallenberg ihr im November 1944 das Leben. Bis zu meinem siebzehnten Lebensjahr hatte ich keine Ahnung, dass ich aus einer jüdischen Familie stamme. Meine Mutter erzog mich sehr behütet und schirmte mich von allem ab, aber als ich erwachsen wurde, gelangten die historischen und familiären Traumata, die ein Generationen übergreifendes, schmerzhaftes seelisches Erbe darstellen, doch an die Oberfläche. Als Schriftstellerin versuche ich bislang (auch) durch meine „unerzählten Geschichten", mein Trauma offen zu legen und unwirksam zu machen. „Die Büchse der Pandora" (der Titel des englischen Originals lautet:„Mother-in-the-Box") soll das erste Kapitel einer größer angelegten Lebenserinnerung werden.

Ich bin eigentlich Anglistin und Historikerin (Studium an der ELTE-Universität in Budapest), studierte aber außerdem Europäische Sozialpolitik (an der London School of Economics). Im Augenblick betätige ich mich schriftstellerisch, journalistisch (für „ELLE Magyarország", „Pacific Coast Business Times", „The Santa Barbara News-Press") und als Übersetzerin. Ich habe zehn Jahre in Washington DC und in Kalifornien mit meinem amerikanischen Mann gelebt. Jetzt leben wir schon seit längerer Zeit in Budapest, wo auch meine beiden erwachsenen Kinder ansässig sind. Als Feministin war ich 1990 Mitbegründerin des ungarischen Feministischen Netzwerks (Feminista Hálozat), danach wurde ich Leiterin der Hotline von NANE, einer Hilfsorganisation, die Frauen und Kindern, die Opfer von Gewalt geworden sind, Schutz, Unterstützung und Ratschläge anbietet.

Anna Lovas Nagy

FÄDEN

Meine letzten Bilder machte ich von meiner Mutter. Von ihrem Skelett. Niemand weiß, wem dieses Knochengerüst, dieser kaum erkennbare, schemenhafte Körper gehört. Ich selbst weiß es auch nicht. Meine Mutter existiert nur in meiner Fantasie. Nichts von ihr ist mir geblieben, sie hat nichts hinterlassen, sie existiert nur in meiner Fantasie, und meine Fantasie kommt nicht zur Ruhe.

Mit dreißig zerschnitt ich den letzten Faden, der mich noch mit meiner Mutter verband. Ich hatte schon sehr lange nicht mehr an sie gedacht, als ich einen Brief vom Außenministerium erhielt, ich möge wegen einer Angelegenheit, die meine leibliche Mutter betraf, einen Termin vereinbaren. Ich war vollkommen überrascht. Mir stand Vera gegenüber, die die Post hereingebracht und unsere Briefe sortiert hatte. Nicht einmal den Sinn des Begriffs erfasste ich in dem Moment. Wer war das? *Leibliche Mutter?* Und noch dazu meine. Wer war die Frau, die es nie gegeben hatte? Wer war sie, die seit Ewigkeiten als Fremde in der Schweiz oder in Italien lebte? Wer war sie, durch die ich schon seit meiner Geburt eine Außenseiterin war? – Du bist ein Bastard, ein jüdischer Bastard –, sagte meine Pflegemutter. Auch aus dir wird einmal eine Hure! – sagte meine Pflegemutter.

Bist du wirklich meine Mutter? – fragt meine Tochter, und nur durch die Dehnungsstreifen auf meinem Bauch kann ich sie überzeugen, denn behaupten kann man viel und beteuern kann man – so oft man will, *du bist Fleisch von meinem Fleisch.*

In meiner Erinnerung habe ich ein ganz schwaches, verschwommenes Bild von ihr. Sie trägt ein wunderschönes Kleid. Die Männer drehen sich nach ihr um, und sie erlaubt mir nicht, sie anzufassen, weil ich schmutzig bin wie alle Kinder. Meine Knie sind blutig aufgeschlagen. Unappetitlich rinnt mir der Rotz aus der Nase, als ich verzweifelt weine, weil ich sie nicht anfassen darf. Irgendetwas in meinem Inneren flüstert mir zu, worüber ich nicht sprechen darf. Aber man beschwert sich sowieso ständig über mich, *dieses Kind ist dauernd krank, verflucht sei ihr verwöhntes Gedärm, sie kann nicht einmal essen, was alle anderen essen, schon von einem Gramm Ei kriegt sie eitrige Ausschläge. Außerdem will sie auch gar nicht essen. Um jeden Bissen müssen wir sie anbetteln, und dann kotzt sie oft auch noch alles wieder aus. Man kann mit ihr nicht Bus fahren. Vom kleinsten Wind kriegt sie Fieber und eitrige Mandeln und nachts ringt sie verzweifelt nach Luft. Die anderen können ihretwegen nicht schlafen.*

Meine Mutter besucht mich selten. Und dann muss sie sich all das anhören. Deshalb sage ich ihr nicht, was mich am meisten beschäftigt. Ich traue mich nicht, darüber zu sprechen. In mir hausen kleine Lebewesen. Diese kleinen Wesen halten den ganzen Tag über still. Ich halte auch still, vielleicht geben sie mir ja aus meinem Bauch heraus ein Zeichen. Aber das tun sie erst am Abend. Mein Poloch juckt. Ich muss mich da kratzen. Unter meinen Nägeln ringeln sich dann weiße Fäden. Das ist es, worüber ich nicht sprechen darf. Ich darf keine Kirschkerne verschlucken, weil ich sonst eine Blinddarmentzündung bekomme, nicht an meinen Haaren kauen, weil das lebensgefährlich ist. Darf auch nicht die mageren, knusprig gebratenen Fischflossen essen, denn ungeschickte Kinder können an den Gräten ersticken und das Brot nicht schnell genug nachschieben. Oder eine Gräte bohrt sich durch meinen Hals, und das Leben rinnt aus mir wie Milch aus einer Tüte. Oder ich werde stumm. Ich bin noch nicht vier, habe aber schon wahnsinnige Angst um mein Leben. Mein Leben hängt an einem dünnen weißen Faden. In mir lebt etwas, was in niemandem sonst lebt. Oder sprechen die anderen nur nicht darüber? Dann muss es etwas Peinliches sein, wie die Dinge, über die man nicht sprechen soll. Und die man auch nicht tun soll. Wie in der Nase bohren und stinkende Sachen aus dem Hintern pressen. Deshalb kacke ich auch nicht. Manchmal eine Woche lang nicht. Mich stört das nicht. Doch dadurch entsteht eine große Aufregung. Ich muss mich auf den Topf setzen, man lässt mich nicht aufs Erwachsenenklo, man sagt, ich sei so klein und würde hineinfallen. Natürlich kommt die Kacke nicht heraus. Dann verpassen sie mir einen Einlauf, der sehr wehtut und meinen Bauch von innen auseinander reißt. Ich winde mich am Boden und lasse die Kacke nicht heraus, weil das noch mehr wehtun würde. Dann finden sie sich damit ab, *bei diesem*   315

Kind wirkt nicht einmal ein Einlauf. Am Nachmittag besuchen wir Verwandte. Dort, bei den Verwandten, kommt die Kacke, obwohl ich das nicht will. Wie eine Explosion in einem Kriegsfilm. Ich stehe wie versteinert, wie im Statuenspiel. Ich spreize meine Beine, die nicht mehr so stämmig und prall sind wie auf den alten Fotos. Die Engelchen-Phase ist vorbei. Fadenartige Wesen ringeln sich in dem, was aus mir herausgekommen ist. Meine Mutter ist nicht da, und es ist gut, dass sie in der Stunde meiner Schande nicht dabei ist. Vielleicht würde sie, nach allem, was passiert ist, nie mehr erlauben, dass ich sie anfasse.

Eine meiner Tanten macht ein verdutztes Gesicht und schimpft mit meiner Pflegemutter, *Sie als Bauernmädchen wollen das nicht gemerkt haben, das Kind ist voller Würmer. Kein Wunder, dass sie so mager und blass ist!* Nachdem ich gewaschen worden bin, legt sie mich bäuchlings auf ihre Knie und steckt mir eine Knoblauchzehe in den Po. Ich weine markerschütternd. Auch noch auf dem Weg nach Hause. Im Bus kann ich mich nicht beruhigen und muss mich übergeben.

Fast zwanzig Jahre später. Lili kratzt sich eines Abends am Hintern. Ich schaue hinein. Ich sehe dünne, sich ringelnde Fäden. Ich nehme sie auf den Schoß und erzähle ihr, was gleich passieren wird. Mit ihr und mit dem Knoblauch. Sie weint noch nicht, sie fragt nur. Was ist das? Als sie das Wort Fadenwurm hört, schaut sie ganz erschrocken und fängt untröstlich zu weinen an. Ich frage, was ist los? Ich würde sie doch heilen, das verspreche ich ihr. Sie sagt: *„Es ist so furchtbar, dass fremde Lebewesen in mir leben."*

Ich las also mit Vera zusammen den Brief und für einen kurzen Moment sah ich die verdrängten Bilder wieder vor mir. Ich träumte von unerwartetem Reichtum. Warum sonst würde mich das Außenministerium suchen: Ich hatte in Frankreich geerbt! Das war es. Ich sah ein Schloss in der Provence vor mir, einen Garten, in dem wir flanieren, Mütter und Töchter in langen weißen Kleidern, na gut, Vera in Hosen, und wie in einem sentimentalen Kostümfilm drehen wir unsere Sonnenschirme in der Hand und sind von Wohlstand und unvorstellbarem Reichtum umgeben. Vera machte mit, und gemeinsam malten wir uns unsere Zukunft aus, sie umarmte mich und drückte mich an sich, weil sie spürte, dass meine tief vergrabenen Erinnerungen wieder aufgetaucht waren und ich in mir die Knochenmusik hörte.

Es wurde weder ein Schloss in der Provence noch ein reiches Erbe. Die Franzosen wollten mir eine Frau zuschanzen, die ich nicht kannte, eine schreckliche Hexe, ein gespenstisches, lebendiges Skelett. Die geflüchtet war, bevor ich richtig sprechen gelernt hatte. Man sagte uns, sie sei obdachlos, es hieß, sie sei eine Prostituierte. Sie sei dement. Es hieß, sie werde von den Schwestern im St. Margaret-Stift gepflegt. Vera stand auf und stützte sich mit verkrampften, weiß gewordenen Fingern auf den Schreibtisch des Beamten. Sie sah ihm direkt ins Gesicht und zischte ihn an: *„Dann wird es Ihre Aufgabe sein, Ihre Kollegen vor Ort zu informieren und ihnen auszurichten, dass sie es sich durch eine ausreichende Menge französischer Schwänze, die in ihr waren, verdient hat, dass der französische Staat sich um sie kümmert, alt, dement und hilflos, wie sie jetzt ist."*

Anna Lovas Nagy
Ich bin neunundvierzig Jahre alt. Ich habe in allen Stadtteilen Budapests gewohnt und auch einige Zeit in Israel gelebt. Am längsten wohnte ich in der Magdolna Straße des VIII. Bezirks, im ärmlichsten Teil der Stadt. Dort fand meine erste Ausstellung statt, dort entstanden mein erster Bildband und meine erste literarische Publikation. Dort gründete ich – gemeinsam mit anderen Frauen – Labrisz, den ersten ungarischen Lesbenverein. Dort begannen meine Aktivitäten für Bürgerrechte, dort wurde ich zur Feministin und dort lebte ich, bis mein Kind aus dem Haus ging. Dann zog ich um und bin seit sieben Jahren auf Sommerurlaub in Buda. Seitdem leite ich das Programm Geschlossener Mädchenkreis (Zártkörü Lányok) im Verbotenen Radio. Von Buda aus stellte ich meinen ersten Roman „Verazélet" vor. Hier in Buda entstand der Aufstand der Frauen, die neue Frauenbewegung des Jahres 2012. Hier befindet sich meine Lebkuchenwerkstatt, mit der ich meinen Lebensunterhalt bestreite. Hier leben unsere Katzen, unser Hund und meine Lebensgefährtin.
Den vorliegenden Text aus meinem entstehenden Roman übergab ich vor Jahren der entstehenden Anthologie.

Andrea Ritter

KANTATE FÜR ZWEI MUTTERBUSEN

„Ich liege auf dem Bett
Aber ich sehne mich weit fort, so weit, wie der Wind mich trägt
Und die Verlockungen des Traums
entführen mich an jenen Ort, wohin du mich nicht mitnimmst. "*

„Ich liege auf dem Bett" – unablässig summe ich dieses Lied vor mich hin, diese eine Zeile, die ich kenne. Währenddessen liege ich auf dem Bett. Hinter mir sitzt meine Therapeutin, die zugleich meine Neumama ist, und hört mir zu. Manchmal, wenn es sehr wehtut, streichelt sie mich auch. Wir weinen, verstehen und trauern gemeinsam. Wir gehen zurück in der Zeit, immer weiter zurück, wir sind unbeirrbar, ich werde wieder zum Kleinkind, zum Neugeborenen, zum Embryo, krieche wieder in den Mutterleib, nun aber in den meiner neuen Mama, die ich als Erwachsene bekommen habe. Ihren Leib erwähle ich mir zum Mutterschoß, darin wird es mir gut gehen. Auch einen Mutterschoß kann man sich aussuchen, und zwar ganz real und nicht nur virtuell. Das Virtuelle kann Wirklichkeit werden. Meine Wahrnehmung kann mich nicht täuschen, sie bildet die Wirklichkeit des Hier und Jetzt ab, diese Mutter liebt mich.

Ich liege bei meiner Neumama auf dem Bett, ich weine und weine. Wenn die Phantome auftauchen, die mich immer noch verfolgen, schreie ich. Meine Erinnerungen sind zu Phantomen geworden. Sie kommen aus der Dunkelheit, sie sind so real, dass ich aufspringe, in den Garten hinausrenne und mich über die Straße hinweg in den Bus stürze, *„lasst mich endlich in Ruhe!"*, nicht einmal die Erinnerung halte ich aus, ich keuche und halte mich fest, jeden Augenblick kann der Bus abfahren, diese Situation ist zugleich auch ein äußerst plastisches Bild, aber es ist noch nicht vollständig, Neumamas weißer Kittel taucht vor der Tür auf. Sie hält ihren Kopf leicht geneigt und reicht mir lächelnd die Hand. Diese Körperhaltung hat sich mir eingeprägt. Ich steige aus wie ein unartiges Kind. Doch

---

* *„Fekszem az ágyon"* (Deutsch: „Ich liege auf dem Bett"): ungarischer Schlager (D.F.)

die Mutter liebt das Kind, nimmt es in den Arm und führt es zurück. Es ist überwältigend, von einer Mutter geliebt zu werden. Seitdem ist dieses Bild, wenn ich mich einsam fühle, mein abendlicher Trost, es ist mein Teddybär, mein Übergangsobjekt, meine Brücke zwischen Phantasie und Wirklichkeit. Wie schön ist es, wenn die Erinnerung zum Trost in der Wirklichkeit wird.

„Ich liege auf dem Bett" – ich kenne das Lied noch nicht, ich bin ein Kind und weine, allein in meinem kleinen Bett, von meiner Mutter keine Spur. Sie denkt, und das entspricht der damals gängigen Auffassung, dass man ein Kind nicht mit Zärtlichkeit und Liebe verwöhnen soll, weil es dann nicht lebensfähig würde. Man müsse es abhärten, denn die Außenwelt sei gefährlich. Vielleicht hängt ja die Gefahr mit der Abstammung zusammen. Ja, mit der Abstammung. Andererseits ist die Außenwelt für alle gefährlich. Viel stärker beschäftigt mich die Frage meines *Geschlechts*. Wäre ich als Junge zur Welt gekommen, würde meine Mutter diese Haltung vielleicht nicht konsequent durchhalten, sie würde mich auf den Arm nehmen und lächeln, „es ist alles gut, du bist ein Junge mit großer Zukunft, siehst du, wir haben Papa seinen Wunsch erfüllt, er liebt dich auch. Wir können jetzt zu Recht erwarten, dass Papa uns nicht mehr gefährlich wird, denn wir haben ihm seinen Wunsch erfüllt". Aber genau das haben wir nicht, ich bin ein Mädchen, meine Mutter ist wer weiß wo, vielleicht streitet sie sich gerade mit meinem Vater.

Nach sechs Wochen geht die junge Mutter lieber zur Arbeit, um den Beweis ihres Versagens, das sie sowieso nicht mehr rückgängig machen kann, nicht ständig vor Augen zu haben. Sollte sich meine Großmutter doch tagsüber mein Geschrei anhören. Sollte sie mich doch hochnehmen. Auch meine Großmutter hat Brüste, aber sie kann mich nicht stillen. Sie sorgt jetzt für mich. Ich glaube, sie hat ihr ganzes Leben lang Grießbrei gekocht, an die sieben Mal hat sie ein Kind heranwachsen sehen. Darüber ist sie weiß geworden, in ihrem Haar findet sich nicht eine einzige schwarze Strähne. Ich war natürlich schon groß, als ich sie fragte, wohin ihre Haarfarbe verschwunden sei. Wie es dazu gekommen sei, dass sie ganz weißhaarig war? Sie erzählte, dass sie nach der Geburt ihres dritten Kindes sehr krank war, ihr die Haare ausfielen und sie sich schon auf den Tod vorbereitete. Aber sie sei dann doch lieber am Leben geblieben, und das nachwachsende Haar sei halt weiß gewesen. Sie zog die Kinder auf, das war etwas Alltägliches. Sie zog die Enkelkinder auf, auch das war etwas Alltägliches.

Als meine Mutter mit mir schwanger war, wurde sie krank. Wenn ich ein Schreckensbild von meinem Vater malen wollte, würde ich behaupten, dass er sie getreten hatte, doch es war wohl eher eine Schwangerschaftsvergiftung – oder er hatte sie doch getreten. Früher regelte man solche Angelegenheiten anders als heute. Man legte meine Mutter in der zwanzigsten Schwangerschaftswoche auf den Operationstisch und fragte sie: *„Wollen Sie eine Spritze zum Abbruch oder zum Erhalt?"* Ohne zu zögern entschied sich meine Mutter gegen die Abtreibung. Ihr sei Dank!

Als es soweit war, kam ich innerhalb einer halben Stunde aus ihrem Schoß und wollte, so die Familienlegende, sofort Milch saugen. Und dann gleich mindestens 90 Gramm, das ist wirklich viel, das habe ich inzwischen an meinem Sohn gesehen. *„Es kam schon Blut, aber du wolltest immer noch mehr!"* Das erzählte meine Mutter immer wieder, und ich sah mich als halsstarrigen kleinen Blutsauger porträtiert, und ich hatte keine Möglichkeit, mich gegen das Bild, ich sei gleich nach meiner Geburt ein schrecklicher Aggressor gewesen, zur Wehr zu setzen. Etwa 25 Jahre später erzählte ich das meiner Neumama, während ich bei ihr auf dem Bett lag, sie hörte lange schweigend zu, dachte SIE vielleicht auch, dass ich so war?! Doch sie sagte nur: *„So etwas gibt es nicht."* Danach schwebte ich förmlich nach Hause, um von meiner Mutter eine kleine Präzisierung zu verlangen, das Bild von mir als Vampir hatte sowieso schon Risse bekommen, da ein anderes Kinderbett mich liebte, und zwar tatsächlich. Tatsächlich?! Ich hatte kein Blut gesaugt, vielmehr hatte sich unter der Brust meiner Mutter ein blutender Furunkel gebildet, das tat bestimmt sehr weh, aber es war ein Glück, ein großes Glück, dass ich so vehement saugte, denn dadurch wurde die Wunde gereinigt und der Furunkel konnte schneller abheilen.

Ich liege bei meiner Neumama auf dem Bett und denke, wie gut ist es, hier auf diesem Diwan zu liegen und liegen zu dürfen, und bin so froh, dass es uns hier so leicht gelingt, derartige schicksalhafte Zuschreibungen unwirksam zu machen, anstelle eines Vampirs bin ich jetzt eine Heilerin, das klingt doch gleich viel besser. Einmal habe ich tatsächlich, nicht nur im symbolischen Sinne, sondern tatsächlich und körperlich erlebt, wie Neumama mich gebar, und ich bin mir vollkommen sicher, dass SIE in diesem Moment das Gleiche erlebte, was herauskam, war leicht und schön, wunderschön, meine Seele war neu geboren worden. Ein Gefühl, wie von einer weichen Decke umhüllt zu sein, ein Gefühl vollkommener Ruhe, *„Regression ins Säuglingsalter, ein ozeanisches Gefühl"*, bemerkte Neumama, und die Gleichzeitigkeit ihrer Umarmung und Erklärung störte mich nicht, denn ich hatte zu diesem Zeitpunkt bereits selbst eine Ausbildung als Heilerin begonnen, ich brauchte dieses Wissen. Ich selbst war ja auch auf dem Wege, ein Mutterschoß, eine heilende Helferin zu werden.

Die Realität meiner Kindheit sah anders aus. Ich wuchs in ziemlich verworrenen Verhältnissen in einem Vorort der großen Stadt auf. Dort ging es in erster Linie um das Überleben, weniger um die Freude am Leben. Es war mehr ein Dorf, ein Vorort mit einigen Fabriken, in dem wir lebten. Die Gefahren, denen wir ausgesetzt waren, hatten nichts mit unserer Abstammung zu tun, gingen auch nicht vom gesellschaftlichen Umfeld aus, sondern von der Familie selbst. Später habe ich mir oft darüber den Kopf zerbrochen, inwieweit sich die Erwartungen – von VATER Staat – sogar auf die Umarmung meiner Mutter auswirkten und sich im Zorn meines Vaters niederschlugen. Heute weiß ich, dass eine elementare Wut zwar von weit her rühren kann, sich aber unmittelbar auf das *Hier und Jetzt* auswirkt. Wenn ich zur Marschmusik marschieren muss, lasse ich meine Wut darüber zu Hause aus, und obwohl ich eigentlich auf die Gesellschaft wütend bin, ist mein Kind nicht in der Lage, diesen Zusammenhang zu erkennen. Es sieht nur mich und meine Wut. Ob ich ein Vampir oder ein liebes Kind bin, das bestimmt nicht die Familie allein, sondern in gewisser Weise auch der große VATER. Ausgestoßen zu sein, führt zu einer ganz tiefen, in den Körperzellen kodierten Angst. Vielleicht war es das, was mir anzusehen war, oder vielleicht war es meine Abstammung, wer weiß das heute schon noch? Wie gut, dass es eine zweite Mutter für mich gab, durch die ich lernte, alles zu verstehen. Ein Vorteil des Erwachsenseins liegt darin, dass wir an der Gestaltung des Lebens selbst mitwirken können.

So wurde meine Abstammung sozusagen durchlässig.

Meine Kindheit hatte ich erfolgreich überlebt. Ohne aber etwas über die große Welt zu wissen, begann ich ein Studium in der großen Stadt. Alles war neu für mich, die Straßen, die Straßenbahn, die Menschen. Wir

Studenten kamen damals von überall her. Gierig stürzte ich mich in das Leben, die Jungen schwärmten für mich. Das überraschte mich, denn in unserer Vorstadt war ich bisher nicht sonderlich beliebt gewesen. So fragte ich denn einmal einen der Jungen, was wohl der Grund für meine plötzliche Popularität sein könnte? *„Weil du ein so schönes, neurotisches jüdisches Mädchen bist!"* – war seine Antwort. Das überraschte mich. Ich wusste nichts über meine Abstammung, wir hatten zu Hause nie darüber gesprochen. Allenfalls über unseren typisch schwäbischen* Ort mit seinen typisch schwäbischen Geschichten. Aber über Juden wurde nicht gesprochen, die Diskriminierung war kein Thema. Ich wusste auch nicht viel über die Geschichte der Juden, eigentlich gar nichts, dabei war meine erste wirkliche Liebe im Dorf ein wunderschöner sephardischer Jude gewesen. Die Verhältnisse haben sich bis heute nicht geändert. Der Unterschied liegt darin, dass ich mittlerweile die Hintergründe kenne.

Als wir volljährig wurden, gingen wir zusammen mit den Jungen aus der Schule regelmäßig in Kneipen. Wir verbrachten dort unsere Nachmittage und Abende. Eines Abends landeten wir in einer Innenstadtkneipe. Als Erstes begannen wir, die Preisliste zu studieren. Weil an dem Tisch, den wir uns ausgesucht hatten, nicht genügend Stühle standen, ging ich zu einem Nachbartisch, an dem ein Kellner gerade abräumte. *„Kann ich diesen Stuhl an unseren Tisch mitnehmen?"* – fragte ich ihn. *„Wir bedienen keine Juden!"* – knurrte er mich an. Und genau in diesem Moment wurde ich zur Jüdin. Nicht aus einem romantischen Solidaritätsgefühl heraus, obwohl ich nach diesem Vorfall und auch jetzt noch eine starke Neigung dazu habe, sondern weil mein Leiden einen Namen bekommen hatte. Plötzlich hatte sich in mir das kollektive mit dem individuellen Schicksal verknüpft. *„Ja, natürlich, ich bin Jüdin! Als solche werde ich gesehen, und die Spuren des Leidens finden sich in meinem Gesicht!"*

Die Sache ließ mir keine Ruhe, ich ging nach Hause und versuchte, ihr auf den Grund zu gehen, so wie ich es bei der Blutsaugergeschichte auch getan hatte. Meine vielen neuen Identitäten verwirrten mich, ich hatte die alten noch gar nicht richtig integriert, als schon wieder eine neue Identität

---

* In Ungarn gibt es Orte, die früher vorwiegend von der deutsch-schwäbischen Minderheit bewohnt waren. (D.F.)

dazukam. Ich stellte meine Mutter zur Rede, sie sollte von unserer Familie erzählen und nicht alles mit der schwäbischen Herkunft abtun. Eine Familiengeschichte ist so schön kompliziert. Wie sich die Generationen, Schicksale, Charaktere, Tragödien im Laufe der Geschichte entfalten. Die größte Schwachstelle in der schwäbischen Familienlegende entdeckte ich bei meinem Großvater, sein Vater, der noch in der Innenstadt Holz- und Kohlenhändler gewesen war, verstarb unerwartet und sehr jung, sodass meine Urgroßmutter sich gezwungen sah, mit ihren vier Kindern in die Vorstadt zu ziehen, um irgendwie überleben zu können. Mein Großvater aber ließ sich offensichtlich den bürgerlichen Lebensstil nicht austreiben, so habe auch ich ihn in Erinnerung, er hat meiner Großmutter nie erlaubt, dass sie arbeiten ging, er zog oft mit dem Kajak los, wanderte gern, besuchte Fußballspiele und kleidete sich wie ein Gentleman. Sein Sohn legte seinen typisch jüdischen Namen ab. Meine Mutter nicht. Sie heiratete.

Alle diese Neuigkeiten berichtete ich auch meiner Neumama. Ich erzählte ihr von dem Erlebnis in der Kneipe und davon, was ich zu Hause erfahren hatte. Ich war verstört und verwirrt, meine Ausgrenzung machte mir zu schaffen. Auf der anderen Seite wurde das Zugehörigkeitsgefühl in mir geweckt, die kollektiven Verletzungen betrafen jetzt auch mich. Zur gleichen Zeit schmerzten die Wunden aus dem privaten Leben. Seitdem habe ich vieles über mich gelernt. Neumama verstand alles. Mein Leiden war auch IHR Leiden. Was mir durch jenen Vorfall in der Kneipe zum ersten Mal bewusst geworden war, das hatte ihr Leben bestimmt. Es war für sie etwas Durchlebtes und eine Entscheidung. *„Jüdisch ist, wer sich jüdisch fühlt."* – sagte sie. Und so verstand ich durch meine eigenen Qualen auch das kollektive Leiden. Alles verschmolz zu einem harmonischen Ganzen, und in mir reifte das Verständnis für die Leidensgeschichte. Da ich teilweise wissentlich im Unklaren gelassen worden war, war es für mich schwieriger als für andere, die Geschichte meiner Abstammung zu verstehen. Aber durch meine eigenen Erfahrungen wurden auch die Leiden der Vorfahren wieder gegenwärtig. Mittlerweile bin ich mir hinsichtlich der seelischen Entwicklungen bei mir selbst und bei anderen völlig im Klaren. Ich betrachte den Schmerz anderer mit verständnisvollem Mitleid, ich helfe, aber ich versinke nicht in ihrem Leid, denn ihre Geschichte ist nicht mit der meinen identisch.

Meine Neumama las mir einmal einen Brief vor, den sie ihrer Mutter als Kind geschrieben und in eine Decke gewickelt ins Sammellager geschmuggelt hatte, bevor sie auf die Große Reise gingen. Darin schreibt sie, wie sehr sie ihre Mutter liebe. Und dass sie, zwar selbst noch ein Kind, auf ihre jüngere Schwester aufpassen werde. Sie bedankt sich für ihr bisheriges Leben und sagt, sie sei ganz sicher, dass sie sich wiedersehen würden. Diesen Brief nahm ihre Mutter mit, und in der Baracke las sie ihn jeden Tag und las ihn auch den anderen vor. Später sagte sie, dieser Brief habe ihr das Leben gerettet. Das war IHR Kuschelteddy. Wir verstanden das beide so gut, und so verstand jede von uns auch das Leid der jeweils anderen, die bis in die Körperzellen spürbare Todesangst. Die Körperzellen kennen keine Vergangenheit und keine Abstammung. Nur die Angst vor der Vernichtung der Existenz. Das lernten wir gemeinsam, meine Neumama und ich. Durch ihr Verfolgtsein gelang es mir, mein eigenes Verfolgtsein meiner jüdischen Identität zuzuordnen. Das ist gut für mich, denn das versetzt mich in die Lage, mich in jede menschliche Regung, in jeden menschlichen Schmerz einzufühlen.

Meine Mütter waren beide damit einverstanden, als ich mich vor Jahrzehnten zur Heilerin ausbilden ließ, ich war ja neugeboren, und selbst meine leibliche Mutter traute sich nicht zu fragen „*Warum willst du etwas lernen, wofür du nicht intelligent genug bist?*", stattdessen verkündete sie stolz und ein bisschen verlegen in ihrem heimatlichen Dorf, dass ihre Tochter Heilerin geworden sei, „*wo wir doch so viel Grässliches durchlebt haben, aber uns kann man nicht zertreten!*" Und so tastete ich mich, stolz und glücklich und voller Freude, viel zu wissen, an meine Identität als Heilerin heran, um all denen zu helfen, die dazu verurteilt sind, zertreten zu werden. Jetzt, wiederum später, nach meiner dritten Metamorphose, die ich durch meine Mutterschaft erfahren habe, sage ich mir oft, jede Minute des Lebens birgt eine Erfahrung! Und wir können nicht voraussehen, was eine neue Lebenssituation uns bringen wird: Unsere Mütter schicken uns lediglich auf den Weg, sie tun wirklich nichts anderes – aber es spielt eine große Rolle, wie sie das tun.

Für dich schreibe ich dieses Lied,* singe ich, und währenddessen ruft meine leibliche Mutter an. Sie ist schon eine alte Frau, die schlecht zu Fuß

---

* Textzeile und Titel des Schlagers „Nekd írom (ezt) a dalt" von Gábor Presser (D.F.)

ist. Ihren längst verstorbenen Verfolgern braucht sie zum Glück nicht mehr davonzulaufen. Meine Neumama ist schon lange tot. Sie hat mir den Beruf und die Abstammungs-Identität der Leidenden mit auf den Weg gegeben. So weit wie möglich haben wir gemeinsam darin Ordnung geschaffen. Oft habe ich das Gefühl, dass sie mir, indem sie so früh gegangen ist, noch eine Chance gegeben hat, nämlich die, Verständnis für meine leibliche Mutter zu entwickeln, für deren Lebensgeschichte, die durch Vorbestimmtheiten, Entscheidungen und Zufälle geprägt wurde. So herrscht auch in dieser Beziehung Ordnung.

„Ich liege auf dem Bett", früher war mir gar nicht klar, dass das Bett in meinem Leben eine so starke Symbolkraft besitzt, vielleicht liegt es aber auch an dem Refrain des Schlagers, dass mir gerade jetzt Geschichten einfallen, in denen das Bett eine Rolle spielt. Heute liege ich schon nicht mehr als Patientin auf dem Bett oder dem Diwan, sondern sitze im Sessel und höre den Leidenden zu. An den Wänden hängen Erinnerungsstücke aus meinem Leben, darunter ein Portrait meiner Mutter, das mein Vater von ihr gemalt hat, als er um sie warb, und ein Foto von meiner Neumama, mit einem Blumenstrauß in der Hand – nomen est omen. Ihre Rollen haben sich zu einer harmonischen Einheit gefügt, sie haben einen würdigen Platz in meinem Leben erhalten, und wenn ich von einem schweren Schicksal höre, blicke ich sie an, und dann lächeln sie mir aufmunternd zu.

Andrea Ritter
*Ich wurde Anfang der Sechzigerjahre in einem Budapester Vorort
geboren. Meine Eltern hatten in dieser Fabrikvorstadt den Status
von Halb-Intellektuellen, meine Mutter war Buchhalterin in der
„Großen Fabrik", mein Vater leitender Ingenieur. Über meine
Beziehung zu meiner Mutter kann man in diesem Buch lesen,
über die zu meinem Vater habe ich bereits geschrieben.*

*In meiner Kindheit konnte man schwer einschätzen, ob ich intel-
ligent oder einfältig war und ob mich, wenn ich nur so vor mich
hinstarrte, Krankheiten oder meine Umgebung quälten. In der
Schule wurde meine Liebe zur Mathematik und Physik geweckt,
wenngleich meine Defizite in der Quantenphysik nach wie vor
wehtun, habe ich sie andererseits längst verwunden. Nach dem
Abitur wagte ich nicht, Physik zu studieren, stattdessen studierte ich
Tiefbau an der Hochschule für Bauingenieurwesen. In dieser Zeit
begegnete ich auch der Psychologie, meiner zweiten gedanklichen
Liebe. Seitdem analysiere, verstehe, zerlege und synthetisiere ich. Ich
helfe. Meiner Meinung nach ist das Verstehen einer besonderen
Lebenssituation genauso viel wert wie das Lösen einer aufregenden
Aufgabe in der Physik. Es erfüllt mich mit Zufriedenheit zu sehen,
wenn mein Gegenüber erkennt, was mit ihm/ihr geschehen ist.*
*Seit ich erwachsen bin, bin ich Jüdin „in Gedanken, Worten und
Werken …" Ich könnte sagen, dass die Annahme der jüdischen
Identität bei mir die Frage einer bewussten Entscheidung war,
aber ich glaube, dass ich auch vorher schon jüdisch war, ohne mich
selbst so zu bezeichnen. Andere hatten meine jüdische Identität
schon gesehen, bevor ich sie selbst erkannt hatte. Heute ist diese
Frage für mich vollkommen unwichtig. Ich war immer ein bisschen anders, eine Außenseiterin eben. Das war dem Zusammenleben mit anderen wenig zuträglich. Mittlerweile zwingen mich die
Geschichten, die ich höre, zum Schreiben, dabei wollte ich nie
Schriftstellerin werden. Vorher hatte ich die Geschichten nur ange-
hört, und dem, der sie erzählte, dabei geholfen, sie zu verstehen.
Ich begegne der Geschichte eines jeden Menschen, unabhängig von
seiner Abstammung, mit Respekt und schätze die Möglichkeiten
des Lebens, die in unseren eigenen Händen liegen.*

Katalin Bárdos

SPIEGELBILDER – FRAGMENTE

Je mehr Zeit seit dem Tod meiner Mutter vergangen ist, desto öfter habe ich das Gefühl, nicht nur mich, sondern auch meine Mutter zu sehen, wenn ich morgens müde in den Spiegel blicke. Es kommt mir dann so vor, als wäre sie es, die mich anschaut – oder ist es vielmehr so, dass ich ihr immer ähnlicher werde? Sie war 70 Jahre alt, als sie starb, ich bin mittlerweile über 60.

Ich finde, dass sich die Ähnlichkeit nicht nur im Äußerlichen zeigt. Auch an meiner Art zu sprechen fällt mir häufig auf, dass dieses oder jenes meine Mutter genau so gesagt hätte. Wir haben ähnliche Berufe – und auch in unseren Lebensläufen finden sich viele Gemeinsamkeiten.

Die Jahrtausendwende hat meine Mutter gefühlsmäßig sehr bewegt, als eine Tageszeitung Repräsentanten verschiedener Berufe, unter ihnen auch meine Mutter, bat, ihre Gedanken zum Thema *„Wie haben Sie die letzten tausend Jahre erlebt?"*… niederzuschreiben, kam sie dieser Bitte mit Freude nach. Natürlich zeigte sie mir sofort – wie schon so oft –, was sie geschrieben hatte. Aber ihr Text erschien dann letztendlich doch nicht in dieser Tageszeitung, und sie selbst sollte den für sie so bedeutenden Jahreswechsel nicht mehr erleben. Einen Monat vorher, Anfang Dezember 1999, starb sie plötzlich und unerwartet.

An den Tag ihres Todes erinnere mich noch sehr genau. Am Nachmittag hatte ich in der Nähe ihrer Wohnung auf der Szent István Ringstraße eine Ausstellung besucht. Im Anschluss daran überlegte ich, ob ich noch schnell zu ihr in die Wohnung hinaufgehen sollte. Ich beschloss jedoch, sie lieber später anzurufen, und stieg in die Straßenbahn der Linie 6, die gerade die Haltestelle anfuhr. Als ich dann später anrief, nahm Péter ab, seine Stimme war belegt, er wirkte verstört, und ich spürte, dass etwas sehr Schlimmes passiert sein musste. Aber Péter stand noch unter Schock und war nicht imstande zu erzählen, was geschehen war.

– Gib mir Mama – bat ich ihn.
– Das geht im Augenblick nicht.
– Dann kommen wir …
– Nein, kommt nicht …!
Natürlich stiegen János und ich sofort ins Auto und fuhren zu ihnen.
Da war meine Mutter schon nicht mehr am Leben. Sie lag friedlich in ihrem Bett und sah aus, als würde sie schlafen.

Ich habe noch sehr oft darüber nachgedacht, was wohl gewesen wäre, wenn ich doch gleich zu ihnen gegangen wäre. Vielleicht wäre sie nicht gestorben …

Als ich ihren Text noch einmal las, wirkte er anders auf mich als vorher. Ich fand darin Teile meines eigenen Spiegelbildes, Ähnlichkeiten in unseren Lebensläufen.

I.

„Ich erblickte das Licht der Welt im Jahre 1930 um 12 Uhr mittags am ersten Tag der zweiten Oktoberwoche. Meine Mutter war 23, mein Vater 30 Jahre alt, sie waren knapp ein Jahr verheiratet. Es ist anzunehmen, dass meine Ankunft die materielle Sicherheit des jungen Paares ziemlich erschütterte. Mein Vater war in einer Arbeiterfamilie in Újpest aufgewachsen, die Eltern meiner Mutter waren Geschäftsleute in Buda. Unser erstes – und auch unser letztes – gemeinsames Zuhause war eine Ein-Zimmer-Mansardenwohnung mit Küche in Angyalföld, in der sich meine Mutter, die an die Budaer Wohnung ihrer Eltern gewohnt war, nie wirklich heimisch fühlte. In meiner ersten Erinnerung bewege ich mich fliegend auf der zu unserer Wohnung führenden L-förmigen Treppe, die mit 10 und dann noch einmal 6 Stufen zu unserer Wohnung führte. Ich startete auf der obersten der 6 Stufen bei der Küchentür und flog mit ausgebreiteten Armen bis zur Biegung, dann wechselte ich die Richtung und flog über die restlichen 10 Stufen. So erreichte ich den Hofeingang der Wohnung. Diese kindliche Fantasie war wahrscheinlich durch eine reale Begebenheit stimuliert worden: Die beiden Söhne des Hausmeisters, Emil und Henrik, besaßen nämlich ein Segelflugzeug. Daher kam womöglich der Einfall."*

---

* Die kursiv gedruckten Passagen stammen von meiner Mutter Teréz Virág.

Auch ich wurde im Oktober geboren, allerdings gegen Ende des Monats. Ich glaube, auch meine Ankunft brachte bei meinen damals noch sehr jungen Eltern so einiges durcheinander. Sie hatten schon vor meiner Geburt und auch danach eine ziemlich stürmische Beziehung geführt. Sie trennten sich mehrmals, um es anschließend wieder miteinander zu versuchen. Meine Mutter war 16, mein Vater 20 Jahre alt, als sie das erste Mal heirateten. Beide hatten den Holocaust hinter sich. Mein Vater war aus Auschwitz zurückgekommen, meine Mutter hatte die Schreckenszeit quasi noch als Kind mit ihrer etwas jüngeren Schwester überlebt. Nach dem Krieg mussten sie plötzlich erwachsen werden, ohne darauf ausreichend vorbereitet zu sein. Sie klammerten sich aneinander. Ihre Mütter missbilligten die Heirat. Ihre Väter waren nicht mehr am Leben. Sie waren bereits gestorben, als die ersten Vorzeichen des Holocaust erkennbar waren.

Auf dem Hochzeitsfoto meiner Eltern steht meine Mutter in weißen Baumwollsöckchen und einem eleganten Sommerkleid neben meinem Vater, der volles schwarzes Haar hat und einen Anzug trägt. Ich habe die Beziehung meiner Eltern als stürmisch bezeichnet, weil es sowohl in ihrem Inneren als auch um sie herum sehr turbulent zuging.

Ich kam zwar gegen Ende der Ratkó-Ära* zur Welt, aber meine Mutter hat immer betont, dass das nicht der Grund für meine Geburt gewesen sei und dass sie sich sehr auf mich gefreut hätte. Aber vielleicht kam ich wegen der insgesamt turbulenten Umstände – sie wohnten obendrein noch in einem winzigen Zimmer in der Rózsa Ferenc Straße zur Untermiete – zwei Monate zu früh.

Ich wurde in einen Inkubator gelegt und wegen meines geringen Gewichts zwei Monate im Krankenhaus behalten. Trotzdem stillte mich meine Mutter mehr als 9 Monate lang. Sie war immer sehr stolz darauf, dass sie trotz meines langen Krankenhausaufenthalts darauf achtete, dass mein Saugreflex erhalten blieb und sie lange stillen konnte – sie wusste damals „nur" instinktiv, dass das wichtig war. Ich sage deshalb „instink-

---

* *Ratkó-Ära*: Unter der Gesundheitsministerin Anna Ratkó wurde 1952 ein strenges Abtreibungsverbot erlassen. Kinder, die in dieser Zeit geboren wurden, nennt man noch heute „Ratkó-Kinder". (D.F.)

tiv", weil sie, zum Zeitpunkt meiner Geburt, noch keine Psychologin war. Sie studierte damals Volkswirtschaft an der Karl Marx Universität und später Politologie an einer Fachhochschule. Ähnlich wie meine Mutter gelangte auch ich „auf Umwegen" zur Psychologie. Zuerst studierte ich Psychopädagogik an der Hochschule für Sonderpädagogik, die sich in dem Gebäude befand, in dem unmittelbar nach dem Krieg das Büro von Joint* beherbergt war. Dieses Gebäude war auch für ihr Leben von entscheidender Bedeutung.

II.

„Vor dem 1. Mai 1945 ergriff mich eine große Unruhe. Ich hatte das Gefühl, nach Budapest zurückzumüssen, weil unsere Mutter uns sonst nicht finden würde, wenn sie wiederkam. Ich erreichte Budapest Ende April mit verschiedenen Zügen, dort nahm uns eine Tante meiner Mutter auf, sie hatte ein Zimmer, das normalerweise untervermietet wurde. Am Bethlen Platz, in dem Gebäude, in dem heute die Hochschule für Sonderpädagogik untergebracht ist, befand sich damals das amerikanische Joint-Büro. Ich ging jeden Tag dorthin, an den Wänden des breiten Eingangs waren Namenslisten angebracht, Namen von Menschen, die von der Deportation zurückgekehrt waren, und Namen von denen, die Angehörige suchten. Eines Tages fand ich dort den Namen meiner Mutter. An unsere erste Begegnung erinnere ich mich nicht; was meine Erinnerung jedoch bewahrt hat, ist der Anblick ihres bis auf die Knochen abgemagerten Körpers. Sie war nicht kahlgeschoren, das war in Ravensbrück nicht üblich gewesen, aber ihr Körper bestand nur noch aus Haut und Knochen. An der Stelle ihrer Brüste hingen leere Hautsäcke, sitzen konnte sie nicht, weil sie kein Sitzfleisch mehr hatte und selbst ihr geringes Gewicht eine zu große Last für sie war."

Diese Geschichte hat unsere Mutter uns, ihren Kindern, nie erzählt. Ich wusste, dass das Gebäude, in dem später die Hochschule untergebracht war, vor dem Krieg der jüdischen Gemeinde gehört hatte und dass

---

* *Joint*: Abkürzung für American Jewish Joint Distribution Committee, eine Wohlfahrtsorganisation, die sich nach 1933 auf die Unterstützung der jüdischen Bevölkerung in Deutschland und den von Deutschland besetzten Gebieten konzentrierte. (D.F.)

sowohl meine Eltern als auch meine Großeltern in der Synagoge direkt nebenan geheiratet hatten, aber über die „erlittene" Vergangenheit – dieses Wort verwendete meine Mutter häufig – konnte auch sie lange Zeit nicht sprechen. Das Gebäude wurde übrigens 2001 an die jüdische Gemeinde zurückgegeben, und die Hochschule zog in die Ecseri Straße um.

Obwohl meine Großmutter mütterlicherseits, soweit ich mich erinnere, regelmäßig in die Synagoge ging, haben auch wir, wie seinerzeit viele junge Leute, nicht immer gewusst, dass wir Juden waren. Irgendwie wurde darüber zu Hause lange Zeit kein Wort verloren. Erst, nachdem meine Mutter begonnen hatte, sich mit dem Holocaust zu beschäftigen, vielleicht auch schon etwas früher, fand das Judentum Eingang in unser Leben. Bei meiner Mutter war es ein langer Prozess, bis für sie nach der Phase des Verdrängens – und des Schweigens – wichtig wurde, die Erinnerungen wachzurufen und über sie zu sprechen.

Über diesen seelischen Prozess schreibt sie in ihrer autobiographischen Schrift „Erinnerung an einen Maulbeerbaum"*:

„Die Vergangenheit – das kann ich vielleicht ohne Übertreibung behaupten – wurde vergessen. Meine Mutter hätte gern über das, was sie erlitten hatte, gesprochen, aber ich hörte ihr nicht zu: „Es ist vorbei, freuen wir uns doch darüber, dass wir zusammen sind" – sagte ich. Erst nach ihrem Tod, als ich im Januar 1981 über ihrem ausgehobenen Grab stand, wurde mir bewusst, wie stark sich die Vergangenheit, das Grauen des Holocaust, sogar noch auf die dritte Generation auswirkte. […] Kann ich die Grausamkeiten aus meiner Erinnerung löschen, die mein Großvater mit dem Glasauge, meine Großmutter, die sechs Kinder zur Welt gebracht hatte, Mariska, meine Tante Irma, mein Onkel Sanyi, mein 14-jähriger pickeliger Cousin Vili und die anderen Bewohner des L-förmigen Hauses erleiden mussten? Doch als ich damals mit 15 Jahren die Nachricht von ihrem Tod erhielt, waren sie mir so alt vorgekommen, dass sie sowieso schon bald sterben müssten, und meine Cousins waren für mich nur sehr entfernte Verwandte. Ihr Schicksal berührte mich

---

* Teréz Virág: „Emlékezés egy szederfára", Animula Verlag, Budapest 1996 (D.F.)

*nicht. Erst nach langer Zeit, nach fast 40 Jahren „seelischer Betäubung",
begann mir ihre Ermordung wehzutun. Ich fragte mich: Wollte ich sie vergessen? Nein, es ist einfach passiert. Und wollte ich mich nach nunmehr 40
Jahren wirklich an sie erinnern? Nein, die Erinnerungen wurden einfach
wach. Ich weiß noch genau, wie die „vergessene" Erinnerung wieder auf-
tauchte: Es war im Jahr 1980, als die 10-jährige Emese – auf Anraten ihres
behandelnden Arztes – wegen ihrer nächtlichen Asthmaanfälle zu mir in die
Psychotherapie kam. Emese glaubte regelmäßig, in der Nacht zu „ersticken".
Ein Traum von ihr brachte ans Licht, was dahinter steckte: Es war ihre
Abstammung als Romni. Auch sie konnte nicht über ihre Herkunft sprechen.
Mithilfe des folgenden Traumes gelang es mir, einen Zusammenhang zwischen
Emeses gegenwärtigem Leiden und der Leidensgeschichte ihrer Großeltern
aufzuzeigen. „Einmal habe ich im Krankenhaus nachts schlecht geträumt. Ich
war sehr spät eingeschlafen, und als ich aufwachte, hatte ich große Angst. In
meinem Traum wurde ich zusammen mit meiner Mutter ins Lager gebracht,
da kam Hitler und befahl, uns beide ins Feuer zu werfen. Zuerst warf man
meine Mutter und dann mich ins Feuer. Als man meine Mutter ins Feuer
warf, wachte ich plötzlich auf – da hatte man mich noch nicht getötet, denn
ich hörte die Schreie meiner Mutter, ich kriegte keine Luft und bekam zwei
Sprays." […] Seit Emese mir ihren Traum erzählte, sind das Erinnern und
das Wachrufen von Erinnerungen zu meinem Schicksal geworden. Immer
öfter tauchten zwei entsetzliche, unfassbare Zahlen vor meinem inneren Auge
auf: 600 Tausend und 6 Millionen. Die Zahl der Menschen, die auf jener
Straße gehen, auf der es für sie kein Zurück gibt."*

III.

Meine Mutter arbeitete viele Jahre lang als praktizierende Kinderpsycho-
login. Emese, das kleine Roma-Mädchen – das von Hitler träumte – half
ihr zu erkennen, dass auch gesellschaftliche Traumata psychische Krankheiten verursachen können. *„Emese zeigte schon unmissverständlich – so
folgerte meine Mutter –, dass Ängste aus der Vergangenheit anderer Personen
im Leben eines Kindes wiederkehren können."*

    Von meiner Mutter habe ich gelernt, dass es Wörter gibt, die für Holo-
caust-Überlebende eine andere Bedeutung haben als für die Mehrheit der
Menschen. Dazu gehören zum Beispiel *Gas, Lager, Rauch, Feuer, Waggon,*
332   *Zug, Schienen.* Da diesen Wörtern Ängste anhaften, verbindet sich im

Unbewussten Gas mit vergasen, Lager mit Konzentrationslager, Rauch mit Rauch aus dem Krematorium, Feuer mit dem Feuertod, der Waggon mit dem Transport im Viehwaggon usw. Dies nannte meine Mutter „angeheftete" Ängste, und die Aufgabe von uns Psychologen ist es, diese Verbindungen wieder aufzulösen.

IV.

Im November 1978 lagen ich und meine Mutter zur gleichen Zeit im Krankenhaus in der Péterfy Sándor Straße. Sie auf der Station für Innere Medizin, ich zwei Stockwerke darüber in der Gynäkologie. Meine Mutter kämpfte mit einer sehr schweren Erkrankung des Immunsystems, ich erwartete mein erstes Kind, genau dort, wo ich 26 Jahre zuvor selbst auf die Welt gekommen war.

Zsófi kam allerdings ein bisschen später als erwartet und wog bei ihrer Geburt zwei Kilo mehr als ich. An ihren Geburtstagen sprach meine Mutter fast jedes Mal von unserer „gemeinsamen" Geburt. Meine Mutter wurde nach ihrer Krankheit wieder geboren. Sie war bei meiner Geburt 22, und nach ihrer Wiedergeburt lebte sie noch genau 22 Jahre.

„Wir, die wir jetzt die ‚Alten' sind, haben erlebt, dass der Völkermord nicht gelungen ist, wir haben die Endlösung* überlebt. Wir sehen unsere Kinder, die mittlerweile selbst Mütter und Väter geworden sind, und unsere Enkel und Urenkel. Mit Freude haben wir die Entstehung des Staates Israel verfolgen können. Wir betrachten unser Leben als Ganzheit. Zu diesem „ganzheitlichen" Erleben gesellt sich die Aussöhnung mit dem Gedanken an den Tod. Nach Erikson ist dies das Alter, in dem wir Freude darüber empfinden sollen, „das zu sein, was wir hinterlassen". Und hier sind nicht nur geistige – und am allerwenigsten materielle – Güter gemeint. Es können Bäume sein, die wir gepflanzt, oder ein schöner Garten, den wir zu Lebzeiten gepflegt haben, im Wesentlichen aber geht es ihm um das, was in der Fachliteratur als Überlebensmanöver bezeichnet wird. Mit Eriksons Worten: „Ich bin, was von mir überlebt."

---

* Deutsch im Original (D.F.)

Das „Überlebensmanöver" meiner Mutter ist in mehrfacher Hinsicht gelungen. Außer ihrem schönen Garten und den Bäumen, die sie gepflanzt hatte, hat sie zwei Kinder, die inzwischen selbst Vater und Mutter geworden sind, und vier Enkelkinder „hinterlassen".

Katalin Bárdos
Ich wurde in Budapest geboren, von Beruf bin ich Heilpädagogin, klinische Psychologin und Psychotherapeutin. Von 1976 bis 2000 arbeitete ich zunächst als Familienbetreuerin in einer Erziehungsberatungsstelle, danach als Psychologin, seit 1994 bin ich Mitarbeiterin in der psychotherapeutischen Praxis bei der von Teréz Virág und Péter Kardos gegründeten KÚT- Stiftung. Hier bieten wir in erster Linie Holocaust-Überlebenden und deren Nachkommen sowie allen anderen Menschen, die Opfer gesellschaftlicher Verfolgung geworden sind, psychotherapeutische Hilfe an. Ich habe zu diesem Thema Vorlesungen gehalten und auch Artikel und Aufsätze verfasst. Ich habe zwei erwachsene Kinder und vier Enkelkinder.

Nicole Katz

SABBAT MIT LIBERTY

Als unsere Tochter geboren wurde, führte ich in Budapest ein glückliches Leben. Aber noch heute wundere ich mich darüber, dass ich „glücklich" und „Budapest" im selben Satz schreiben kann. Meine Familie stammt aus Ungarn, und nahezu alle Familienmitglieder wurden Opfer des Holocaust. Ich wuchs auf der anderen Seite der Welt in Sydney auf und fühlte mich, was Ungarn betrifft, sowohl abgestoßen als angezogen. Erst nach 1989 unternahm mein Vater wieder Reisen nach Budapest. Da ich immer schon neugierig war, war ich auch auf Ungarn neugierig, und deshalb begleitete ich ihn auf mehreren seiner Reisen dorthin. Trotz meiner anfänglichen Vorbehalte faszinierte mich, was ich dort sah, Alltägliches, Bezauberndes, Erschreckendes und Unverständliches. Die Aura der Stadt erinnerte mich an altes Silber, das durch mangelnde Pflege angelaufen ist, dessen seltsame Schönheit jedoch unter der dunklen Schicht aufscheint. Auf einer dieser Reisen verliebte ich mich in *Zoltán*: einen sympathischen jüdischen jungen Mann vom Lande; er war ein wahrer Schatz. So geschah es, dass ich in der Stadt, in der einst ein großer Teil meiner Familie vernichtet wurde, nun meine Liebe fand und später meine Tochter zur Welt brachte. *Liberty* wurde am 30. August 2007 geboren, ein doppelter *tikkun olam**, falls es so etwas überhaupt gibt.

In Liberty's ersten beiden Lebensjahren wohnten wir im Stadtteil Újlipótváros, dem anderen „Ghetto"* der Hauptstadt. Wie die meisten Budapester gingen wir mit unseren Kindern überallhin zu Fuß. Während wir auf einem unserer vielen Spaziergänge entlang der Donau und durch

---

* *Tikkun olam*: Weltverbesserung, Ausdruck der messianischen Hoffnung, für die Juden das erste (innere) Gebot

** Das erste, größere Ghetto befand sich im VII. Bezirk, im Stadtteil Újlipótváros befand sich das sog. „Internationale Ghetto". Heute sprechen die Bewohner dieses Stadtteils immer noch vom „Ghetto".

das Zentrum der schönen Altstadt den Kinderwagen unserer schlafenden Tochter schoben, machten Zoltán und ich uns zum ersten Mal Gedanken darüber, wie wir unsere Kinder erziehen wollten. Wir waren uns darin einig, dass wir unsere Kinder nicht auf eine jüdische Schule schicken wollten. Es war nicht das Judentum an sich, mit dem wir Probleme hatten, es war jede Form institutionalisierter jüdischer Erziehung. Wir wollten nicht, dass unserer kleinen Tochter das Herz bricht, wenn sie von den Schrecken der jüdischen Vergangenheit hört. Wir wollten auch nicht, dass sie durch unbegreifliche theologische Fragen völlig verwirrt würde. Zumindest vorläufig noch nicht. Die Zeit würde irgendwann auch dafür reif sein, und wir glaubten, der richtige Zeitpunkt dafür wäre, wenn sie vernünftig denken und Fragen stellen könnte.

So glücklich ich in Budapest auch war, war es mir doch immer klar, dass wir Liberty und ihren großen Bruder *Amir* irgendwann nach Sydney heimbringen und sie dort zur Schule schicken würden. An Liberty's erstem Geburtstag erfuhr ich, dass ich schwanger war und Zwillinge erwartete. Diese Tatsache drängte uns zu einer baldigen Abreise. Im Januar 2009 war es so weit. Mein erstes Jahr zu Hause in Sydney verlief – nach fast einem Jahrzehnt im Ausland – turbulent und war sowohl körperlich als auch seelisch anstrengend. Das ist wohl normal, wenn man Zwillinge erwartet, ich fand erst richtig wieder zu mir selbst, als ich *Cyrus* und *Luis* nach gut einem Jahr abgestillt hatte. Erst jetzt begann unser gemeinsames jüdisches Familienleben Gestalt anzunehmen. Ich komme aus einer großen Familie, ich bin das dritte von vier Kindern. Heute zählt unser engerer Familienkreis zwanzig Mitglieder, darunter elf Enkelkinder, von denen sieben eine jüdische Schule besuchen. Einzig unser wunderschönes kleines Quartett besucht einen staatlichen Kindergarten oder eine staatliche Schule.

Wie so viele in meiner Generation war ich in einer Familie voller Widersprüche aufgewachsen. Ich war in vieler Hinsicht liberal, urban und weltoffen erzogen worden, andererseits war unser Zuhause auch sehr traditionell jüdisch. Jeden Freitag hielten wir den Sabbat ein, feierten an jedem Pessach die beiden Sederfeste, an denen die Haggada* von der ersten bis

---

* Die *Haggada* ist ein (meist) bebildertes Buch, das über den Auszug der Juden aus Ägypten berichtet und die Regeln für den Ablauf der Feiern am Sederabend enthält (in der Diaspora wird auch am zweiten Abend gefeiert).

zur letzten Seite gesungen und gelesen wurde. Wir feierten das Purimfest, das Laubhüttenfest, Chanukka und natürlich Rosch ha-Schana und Yom Kippur. Wir aßen meistens koscher, nur bei Meeresfrüchten und chinesischem Essen, das wir heimlich im Garten von Papiertellern aßen, machten wir eine Ausnahme. In der Synagoge hatte jeder seinen festen Platz, der mit einem glänzenden Namensschild aus Kupfer gekennzeichnet war. Wir besuchten die jüdische Schule mit täglichen Gebeten, Tora- und Hebräisch-Unterricht. Bei Schulversammlungen sangen wir die australische und die israelische Nationalhymne, die Hatikva.

Dieses Traditionsbewusstsein ging sehr stark von meinem Vater aus, der orthodox erzogen worden war, die Zügel in seinem späteren Leben aber etwas lockerte. Die Leidenschaften meiner Mutter, und ich glaube auch meine eigenen, liegen woanders. Meine Mutter ist in erster Linie ein Schöngeist und an Kunst und Literatur interessiert. In Marosvásárhely geboren und aufgewachsen, erfuhr sie fast gar keine jüdische Erziehung. Ihre Familie mütterlicherseits gehörte den obskuren Siebenbürger Sabbatariern aus Bözödújfalu an, die eine merkwürdige Mischform aus Christentum und Judentum praktizierten. Trotz all der Traditionen und Rituale in meiner Kindheit glaube ich nicht, dass auch nur ein einziger aus meiner Familie wirklich religiös ist. *„Glaube und Überlieferung sind zwei verschiedene Paar Schuhe"* – würde mein Vater dazu sagen. Verwirrend, oder?

Bei einem unserer ersten Sabbatessen mit meiner Familie, als Liberty von diesen immer noch als „Partys" sprach, beobachtete ich, wie meine dreijährige Nichte die Bracha* beim Anzünden der Lichter laut nachsprach. Danach beglückwünschte sie jeder dazu, und ihre kleinen Wangen erröteten vor Stolz. Beim nächsten Sabbatessen hielt ich Liberty die Augen zu, und wir sprachen die Bracha gemeinsam. Zum Glück fragte sie nicht nach, was das alles bedeutete, und ich meinerseits erklärte ihr auch nichts. Wie hätte ich es ihr wohl überhaupt erklärt? Alles, was ich wusste, war, dass dies der, wenn auch unbeholfene und irgendwie halbherzige, Beginn ihrer jüdischen Erziehung war. Ich war zufrieden, aber mein Vater

---

* *Bracha*: Segensspruch (D.F.)

bei weitem nicht. Für ihn gab es nur einen Weg, jüdische Kinder aufzu-
ziehen, und das bedeutete, sie auf die jüdische Schule zu schicken.

In der Folge kam es zu einigen schwierigen und unangenehmen
Gesprächen zwischen mir und meinem Vater über unsere Entscheidung,
Liberty und die anderen Kinder auf die örtliche staatliche Schule zu schicken. Wir wurden unzivilisiert laut dabei, es fielen hässliche Worte, die
jeden von uns trafen wie kalter Sand an einem windigen Tag am Strand.
Eines Abends, mitten in einem solchen Streit, stürmte Zoltán aus dem
Haus meiner Eltern, kletterte über den Sicherheitszaun und verschwand
in die Nacht. Jeder fühlte sich enttäuscht und gekränkt. Während dieser
ganzen Zeit hatte meine Mutter geschwiegen, was sonst gar nicht ihre Art
war.

Nach monatelangen erbitterten Auseinandersetzungen besichtigte ich
schließlich mit Zoltán und auch Liberty, die mittlerweile fast vier Jahre alt
war, an einem Tag der offenen Tür die Emanuel-Schule. Für mich war
klar, dass, wenn es denn schon eine religiöse Schule sein musste, nur eine
Reformschule in Frage kam! Das Moriah College, das ich selbst besucht
hatte, ist nicht nur orthodox, es ist das älteste, das größte und das reichste
College mit den besten Zensuren und den besten akademischen Abschlüs-
sen. Die Emanuel-Schule ist neuer, kleiner, flexibler und pluralistischer,
sie wird von Eltern aus gemischtkonfessionellen Ehen und einigen wenigen philosemitischen Nichtjuden bevorzugt. Liberty, die wir in unsere
Mitte genommen hatten, nahm ruhig und neugierig die Eindrücke der
neuen Umgebung auf. Wir betraten einen Klassenraum, in dem ein hoch-
gewachsener, bärtiger Rabbi den Kindern gerade die Kunst des Thora-
Kopierens erklärte. Er trug einen makellosen schneeweißen Tallit* um die
Schultern und wedelte mit einer weißen Schreibfeder in seiner Hand
herum, er sah aus wie ein exotischer, beflügelter Dirigent vor seinem winzigen Orchester. Ich beobachtete Liberty, wie sie den Rabbi beobachtete.
Ihr lächelndes Gesicht war wach und voller Verwunderung.

Von all meinen Kindern ist Liberty die Folgsamste. Sie gehorcht immer
und berichtet mir sofort, wenn die anderen dies nicht tun. Sie wiederholt
gern die Dinge, die ich sage, um sie dann schnurstracks ihren Brüdern

* *Tallit*: jüdischer Gebetsschal (D.F.)

mitzuteilen. *„Mama hat gesagt, wir sollen nicht auf dem Sofa herumspringen!" „Lass das, Amir, Mama hat gesagt, wir dürfen die Schokolade nicht vor dem Abendbrot essen!"* Liberty ist mein eigenes kleines Megaphon, die Hüterin meiner Gesetze. Sie liebt außerdem Ordnung und Sauberkeit, und das ist vielleicht der Grund, warum sie nie krabbeln wollte. Auch heute noch achtet sie sehr darauf, dass ihre Kleider nicht schmutzig werden. Ich frage mich, wie diese Pingeligkeit und Ordnungsliebe zu einem so großartigen Namen wie Liberty passen. Nicht allzu sehr. Aber der Name Liberty* faszinierte mich vom ersten Moment an, als ich ihn in Budapest zum ersten Mal in einem Buch mit Vornamen entdeckte. Es hat vorher nie eine Liberty in meiner Familie gegeben – aber ich wünschte, ich könnte sagen, es hätte eine gegeben! Dass es in unserer Familie in der Vergangenheit wenigstens eine Frau mit einem so verrückten und zugleich ambitionierten Namen gegeben hätte! Eine Frau, die nicht drückender Armut und unaussprechlicher Grausamkeit ausgesetzt gewesen wäre. Eine Frau, die ein bisschen freier hätte atmen können. Bis hin zu meiner Generation hätte eine solche Frau kaum die Möglichkeit gehabt, ihre Persönlichkeit zu entfalten. Noch ist es zu früh, um abschätzen zu können, wie gut es Liberty überhaupt gelingen wird, ihren Namen mit Leben zu erfüllen. Für den Fall, dass sich ihr Name als unpassend für sie erweisen sollte, hat sie einen zweiten Vornamen, *Luna**, der auch jetzt schon gut zu ihr passt, zu ihrem runden Gesicht, ihrer hellen Haut, ihren großen glänzenden Augen und ihrer Beständigkeit.

Ich bin mir nach wie vor unsicher, welche Richtung Liberty's jüdische Erziehung nehmen wird, aber ich merke, dass sie damit begonnen hat, selbst ihren Weg zu suchen. Sie bittet mich darum, mit ihren Cousins in die Synagoge gehen zu dürfen. Sie erzählt mir, wie viel Spaß sie am Schabbes* mit der ganzen Familie hatte, und fragt: *„Mama, wann können wir das wieder machen?"* Sie hat angefangen, unsere Freunde, wenn sie uns besuchen, zu fragen, ob sie jüdisch sind oder nicht. Und sie möchte die Bracha üben, sodass sie den Text genauso gut sprechen kann wie ihre Cousins.

Am letzten Freitagabend fuhren wir zum Sabbatessen zu meiner älteren Schwester in Watsons Bay. Der lange Tisch stand im Haus vor der ruhigen Bucht, der Geruch des Pazifik strömte durch die geöffneten Fenster. Ich hielt Liberty mit meinen Händen die Augen zu, und sie wiederum legte ihre kleinen Hände auf meine. Dann sprachen wir gemeinsam den Segen. Einige Minuten später, als der warme Hefezopf herumgereicht wurde, sagte ich zu Liberty: *„Lass uns den Segen über die Challa zusammen sprechen!"* Sie schüttelte den Kopf, schnappte sich ein Stück vom Hefezopf und rannte lachend in den dunklen Garten.

Nicole Katz
Ich bin in Sydney, Australien, geboren und aufgewachsen, hier habe ich auch den Großteil meines Lebens verbracht; zurzeit lebe ich hier mit meinem Mann und unseren 4 Kindern. Dazwischen lebte – studierte und arbeitete – ich mehrere Jahre in New York, London und Budapest. Ich habe mich mit vielen interessanten Dingen beschäftigt, vom Blumenbinden über das Theater bis zum Film. Zurzeit schreibe ich an einem Roman, dessen Handlung im heutigen Budapest spielt.

340   * *Schabbes*: Jiddisch für Sabbat, umgangssprachlich (D.F.)

Júlia Gonda

ÜBER MEINE MUTTER – TAGEBUCHFRAGMENTE

6. Febr. 2007
Bet Hachajim
Heute bin ich zum Friedhof hinausgeradelt. Es war ziemlich mühselig, den Schlüssel zu beschaffen, von dem langen, holprigen Weg dorthin ganz zu schweigen. Aber wie ruhig und friedlich es dort draußen ist! „DAS HAUS DER LEBENDEN" (BET HACHAJIM). So lautet die hebräische Bezeichnung für Friedhof, denn die Seelen leben ewig.

Vom Grabstein meiner Mutter war ein kleines Stück aus der Ecke herausgebrochen. Zunächst dachte ich, ein Besucher hätte einen Stein als Zeichen des Gedenkens auf ihr Grab gelegt – anstelle von Blumen, wie bei Juden üblich –, dann erst sah ich, dass es ein von der Ecke des Grabsteins herausgebrochenes Stück war. Ich hatte Blumen mitgebracht, die ich mit ein paar Scherben abstützte … Das Eckstückchen würde ich irgendwann wieder einsetzen lassen. Um es nicht zu verlieren, steckte ich es in meine Tasche … Aber ich hatte ein seltsames Gefühl dabei … Dabei weiß ich doch, dass meine Mutter nicht unter diesem Grabstein liegt, dass zumindest das, was von ihr unsterblich ist, nicht (nur) an einem und nicht nur an diesen Ort gebunden ist (so ist es doch?) Oder … Es würde zu weit gehen zu behaupten, dass ich mich, während ich nach einer Antwort auf diese Frage suchte, mit ihr unterhalten hätte, aber ich fing an, zu ihr zu sprechen, und in meine Sätze mischten sich ganz unabhängig von meinem sprechenden Ich zwei hebräische Worte als Antwort (?): LE-OLAM VA-ED … IMMER UND EWIG …
WIR SIND DIE EWIGKEIT.

20. Sept. 2007
Jiddische Mame

Heute bin ich den ganzen Tag nicht aus dem Haus gegangen. Ich habe überhaupt nicht gemerkt, wie die Zeit verging. Da der gestrige Tag für mich spät – eigentlich erst heute früh – zu Ende ging, habe ich den heutigen Tag ein bisschen später als gewöhnlich begonnen. Mittlerweile komme ich mit etwas weniger Schlaf aus als mit den klassischen acht Stunden. Lange Zeit brauchte ich sogar mehr als acht Stunden. Wenn ich dann aufwachte, konnte ich gar nicht glauben, dass meine Mutter schon auf dem Markt gewesen war. Dabei ging sie sogar noch später ins Bett als ich – aber sie meinte, im Alter brauche man nicht mehr so viel Schlaf. Daran ist etwas Wahres, heute sehe ich das auch so. Trotzdem gehe ich nicht früh morgens auf den Markt. Auch wenn das gut wäre. Meine Mutter brachte fast immer einen schönen Blumenstrauß mit. Den stellte sie zu Hause in eine hübsche Vase und malte ein Bild von ihm. Damit er erhalten blieb, denn den Blumenstrauß verschenkte sie. Sie machte überhaupt sehr gerne Geschenke. Anlässlich der Geburt ihrer Enkelin – meiner Tochter – überreichte sie meinem Arzt ein wunderschönes, großformatiges, gerahmtes Stillleben mit Blumen in einer Vase. Das war vielleicht ihr schönstes Gemälde. Sie sagte, es sei ihr egal, ob er es aufhänge, aber sie müsse es ihm schenken, sie habe es als Zeichen der Dankbarkeit für ihn gemalt. Auf die Nachricht der Geburt meiner Tochter war sie so überglücklich ins Krankenhaus geeilt, dass sie auf dem Weg dorthin stürzte und sich das Nasenbein brach. Wegen des schwer zu stillenden Nasenblutens behielt man sie zu ihrer großen Freude tagelang im Krankenhaus, denn so konnte sie von der Hals-Nasen-Ohren-Station, die sich direkt über der Geburtsstation befand, jederzeit hinuntergehen und ihre Enkelin besuchen. Erst als wir nach Hause fuhren, sah ich aus dem Fenster des Taxis im Hof des Krankenhauses mein Fahrrad stehen – wie sich herausstellte, war meine liebe Mutter mit meinem Fahrrad gestürzt. Sie hatte sich nicht getraut, mir das zu beichten, denn ich hatte ihr nie erlaubt, mein Rad zu benutzen, weil ich immer befürchtet hatte, dass eines Tages etwas Derartiges passieren würde. Doch sie wollte so schnell wie möglich dort sein, um ihr neugeborenes Enkelkind und vielleicht auch die frischgebackene Mutter-Tochter zu sehen – denn sie hatte auch Angst um mich.

Im Übrigen springe ich heute auch, wenn es um meine Tochter geht. (Und wie werde ich erst springen, wenn es um mein Enkelkind geht!) So sind wir eben. Wir jiddischen Mame.

10. Jan. 2008
Mein Vorabend
Morgen, gegen Mittag, we(u)rde ich geboren.

Ich will mich nicht ungebührlich feiern, eine meiner Cousinen aus Kanada hat aber schon an mich gedacht, und meine Tochter hier neben mir meinte gerade, *wollen wir nicht nach Mitternacht ein Lied singen?* Sie meint wohl *Happy birthday to you.*

Eigentlich sollte man an Geburtstagen auch die Mütter feiern, schließlich haben sie uns zur Welt gebracht; meine Mutter hatte damals nicht nur körperlich zu leiden, es herrschten Verfolgung, Krieg …

Solange es noch möglich ist, sollte man wirklich ein doppeltes Fest feiern: eins, an dem das Kind seiner Mutter Dankbarkeit für sein Leben aussprechen und an dem die Mutter sich zugleich der Frucht ihres Leibes freuen kann. Und wenn erst drei Generationen zusammen feiern können: Mutter, Großmutter, Enkel! Denn der Sinn des Lebens ist es, Leben weiterzugeben.

Vor mir liegt ein Foto aus dem Jahr 1987, das ich sehr liebe: Ich stehe zwischen meiner Mutter und meiner 3-jährigen Tochter, dem Liebling ihrer Großmutter. Ich bin sehr glücklich, dass sie noch erleben konnte, ein Enkelkind zu haben.

Wir bringen Kinder zur Welt, um Leben weiterzugeben.

Seit meinem 41. Lebensjahr, seit ich ein Kind habe, stört mich die von Jahr zu Jahr anwachsende Anzahl meiner Lebensjahre nicht mehr, auch wenn auf meiner Geburtstagstorte mittlerweile schon 65 Kerzen brennen müssten.

Ich besitze noch ein weiteres altes Foto, das ich sehr liebe: Auf dem bin ich noch kein Jahr alt, auf der Rückseite steht in der Schrift meiner Mutter: *Julika, acht Monate alt,* und das Datum: *September 1943.* Das Bild ist zerknickt und eingerissen, weil es (auch) eine turbulente Reise hinter sich hat. Wir bekamen es schon in diesem Zustand von einer alten Freundin und Arbeitskollegin meiner Mutter, viele Jahre, nachdem unser eigener Abzug verloren gegangen war. (Und nicht nur er.) Mein Vater hatte seinerzeit einen Abzug von genau diesem Foto im Arbeitslager in der Kupfermine in Bor bei sich gehabt und es, so oft er konnte, angeschaut, das erzählten uns Kameraden von ihm, die überlebt hatten. Er selbst kam nicht zurück. Meine Mutter hatte bei (unserer) Deportation ein Passfoto von ihm in ihrem Büstenhalter versteckt. Trotzdem ist dieses Bild eingerissen. Ich kenne meinen Vater quasi nur von diesem Foto, ich habe es oft betrachtet, habe es zunächst eingeordnet und dann versteckt, doch das Bild ist trotzdem verloren gegangen, aus Angst, es zu verlieren, hatte ich es zu gut versteckt ... Mein Vater wäre jetzt 100, aber er durfte nicht einmal 37 Jahre alt werden ... Heute denke ich auch an ihn. Meine Mutter hat mir erzählt, wie sehr er sich an mir erfreute, als ich geboren wurde, *wie winzig und vollkommen meine Hände* waren. Das größte Wunder ist das Leben. Gerade zu der Zeit, als ich geboren wurde, hatten das viele vergessen. (*"Weh, mein Vater, weh, mein lieber Vater! / Von gemordeten Wörtern blutet mir der Mund. / Er durfte mir kein VATER sein. / Worin liegt meine Schuld, worin seine?! / Gerade erst hatte ich meinen ersten Schrei ins LEBEN ausgestoßen, / und um mich herum wütete der TOD. / Warum gebot ihm niemand EINHALT?! / Ich hatte mein Leben gerade erst begonnen, / da wurde ermordet, dem ich entstamme. / Jetzt weiß ich nicht, wer ich bin, / weil ich nicht weiß, wer er war, / weiß auch nicht, ob ich wirklich bin, / denn mit ihm verbrannte auch ein Teil von mir, / Tausendneunhundertvierundvierzig, / nicht lange nach meiner Geburt."* – das schrieb ich '77.)

4. Mai 2008
Doppeltes (Mutter-Kind-) Fest

Ich habe lange geschlafen. Ich bin zwar gegen sieben Uhr aufgewacht, aber weil ich noch müde war, habe ich mich wieder hingelegt und ein wenig meditiert, was ich lange nicht mehr getan habe. Danach muss ich sehr tief eingeschlafen sein, denn ich bin erst sehr spät wieder aufgewacht. Ich hatte einen Traum: in dem meine Mutter vorkam. Wieder waren Verlust und Sehnsucht die stärksten Traummotive, ich suchte meine Mutter und konnte sie nicht finden, nicht zu Hause und nirgendwo sonst, und da es kein Telefon gab, konnte ich sie auch nicht anrufen, als ich dann in ein vollbesetztes Restaurant schaute, sah ich sie von der Seite, sie stand drinnen an der Theke und war gerade dabei zu bezahlen, es tat so gut, sie zu sehen, sie sah großartig aus. Aber dann kamen wir irgendwie nicht zueinander, es war, als wäre ich ihr lästig (was im Leben nie so war), als wollte sie ausdrücken, dass ich mir (schon wieder, wie immer) überflüssige Sorgen machte, und währenddessen merkte ich, dass sie schon nicht mehr so gut aussah, ihr gerade noch jugendlich volles Gesicht wirkte plötzlich hager und faltig, ihr Gesichtsausdruck war traurig.

Als ich aufwachte, fiel mir ein, dass Muttertag war.

Dabei fiel mir auch das reichlich unbeholfene, improvisierte Gedicht wieder ein, das ich ihr als kleines Mädchen verlegen und mit rotem Kopf statt eines richtigen Muttertagsgeschenks zusammen mit einem Fliederzweig aus unserem Hof überreicht hatte. Aber ihr gefiel das Gedicht, und sie freute sich sehr darüber; ich fand es sorgfältig zusammengefaltet zwischen ihren Sachen. Danach habe ich es leider irgendwohin weggepackt, als wir in eine kleinere Wohnung umzogen, es lautete ungefähr so:

„Ein kleines Zweiglein geb´ ich dir,
die Gabe klein, doch groß die Lieb´ in mir.
Allein dies Zweiglein hab´ ich hier,
doch hundertmal küss ich die Hände dir.
Dies kleine Zweiglein sagt viel mehr,
es aufzuschreiben, ist so schwer.
Zu schreiben von der Lieb´ gelingt nicht recht,
auch wenn ich deine Lieb´ vergelten möcht.
Doch davon spricht dir diese Blüte,
sie flüstert dir von deiner Güte.
Keine Träne benetze dein Auge dir,
denn ein kleines Zweiglein geb´ ich dir.
Ein kleines Zweiglein geb´ ich dir,
die Gabe klein, doch groß die Lieb´ in mir.

Von meiner Tochter habe ich heute zum Muttertag eine schöne Teetasse mit Rosendekor bekommen. Diesmal ohne Gedicht, aber als sie klein war, hat sie mir auch Gedichte geschenkt, nicht nur zum Muttertag.

Meine Mutter
Eine Brille glänzt in ihrem grauen Haar,
aber ihre Augen glänzen nicht mehr.
Ihr faltiges Gesicht ist
ohne Creme und Rouge.

Ihre Zähne sind nicht mehr ganz weiß,
aber ihre Zunge ist noch schnell.
Sie ist etwas dünner,
aber trotzdem noch hübsch.
Alle lieben sie
Ich liebe sie auch
Doch sie liebt nur mich ...
(2. August 1993)

Natürlich gibt es zwischen den beiden Texten Unterschiede. Aber hinsichtlich der Liebe – hoffentlich – nicht.

Wie gut wird es sein, aus der neuen Tasse zu trinken. Ich werde bestimmt ständig auf der Hut sein und darauf aufpassen, dass das Rosenmuster ja nicht verblasst oder, was noch schlimmer wäre: dass die Tasse um Himmels willen nicht zerbricht ...

14. Mai 2008
Die Stadt ist voller Akazienblüten ...

„Die Stadt ist voller Akazienblüten, mit der Akazienblüten zauberhaftem Duft ...“*

Zuerst bemerkte ich den Duft, dann erst sah ich auf der Straße über mir die mit üppigen Blüten behangenen Zweige ...

Auch vor unserem Haus, in der ganzen (Szegedi) Straße war (ist?) es so.

„Akazienallee, wenn ich auf dir entlangschreite, kommen mir viele schöne Erinnerungen an alte Zeiten ...“

Meine Mutter liebte diese Ungarnlieder, ich mochte sie nicht sonderlich, belächelte sie, hielt sie für kitschig und sentimental. Sie waren nicht „in“. Meiner Mutter war egal, was gerade in war, sie folgte immer ihrem Herzen, auch was die Ungarnlieder betraf. Manchmal sang sie auch mit, etwas falsch zwar, aber deshalb hätte ich nicht sagen müssen, *Mama, hör auf ...*

---

* Ein populäres Ungarnlied (magyar nóta). Der Text ist von Mihály Szabolcska (1861–1930), die Melodie stammt von dem Liederkomponisten Loránd Fráter (1872–1930). (D.F.)

346

Und ich muss gestehen, dass ich heute, wenn *in der Stadt die Akazien blühen,* das Lied anders empfinde (auch wenn der Text von *Mihály Szabolcska* ist).

Und „*… wenn ich die Akazienallee entlangschreite …*" Dann höre ich meine Mutter, diesmal aber sauber, singen.

Und mir fällt auch das Lied ein, das einer ihrer Klassenkameraden vom Gymnasium ihr als Ständchen brachte und ihr dazu hundert rote Rosen überreichte:

„Noch ist es kalt, die Blumen frieren, noch denke ich nur im Geheimen an dich, noch gibt es keine Rosen, keine Blumen, / noch sind verboten der Kuss und die Liebe …"*

In der Klasse waren nur zwei Mädchen, meine Mutter und ihre Freundin, auf dem Fototableau, das die Abiturienten des Jahrgangs 1926 zeigt, ist das Bild des Jungen, der später ihre Freundin heiratete, neben dem meiner Mutter, und das des Jungen mit den hundert Rosen neben dem ihrer Freundin: Sie hatten die Fotos absichtlich so arrangiert, etwas verschämt und neckisch, denn jeder wusste, wer eigentlich zusammengehörte. Aber meine Mutter wurde nicht seine Frau.

Ich erinnere mich, wie meine Lehrerin uns in der 2. Klasse einmal als Hausaufgabe aufgetragen hatte, ein Lied von zu Hause mitzubringen, meine Mutter brachte mir daraufhin das Lied vom *Alten Zigeuner* bei (natürlich nicht das von Vörösmarty, sondern ein schönes und trauriges Ungarnlied). Die Lehrerin wunderte sich darüber: Ein solches Lied hatte sie von Kindern, die eher *„Wie das Eichhörnchen oben auf dem Baum"*** sangen, nicht erwartet.

Und wenn ich schon dabei bin, die Lieder meiner Mutter zu zitieren, da ist noch eins, das inzwischen auch zu meinem Lied geworden ist, zu meinem Lied über meine Mutter und für meine Mutter:

Dein Haar ist weiß geworden … jiddische Mame
/ deine Hände kann ich jetzt nicht mehr halten, / Jiddische Mame./ Das Refugium meines Zimmers gibt es nicht mehr. / Du hast mich behütet und für

---

* Ungarnlied, Text von Iván Antal (1877–1932) (D.F.)
** „Mint a mókus fenn a fán": Kinderlied (D.F.)

mich gesorgt wie sonst niemand. / Was bleibt, ist der dunkle und tiefe Strom
der Erinnerungen. / Erinnerungen an dich, liebliche und zarte Jiddische
Mame. / Meine Mame – Mutter

20. Juni 2008
Mama 100
Heute wäre meine Mutter 100 Jahre alt geworden.

Schon seit (nicht ganz) *einer Woche denke ich ständig nur an Mama**…
und den *ganzen Weg der Heimat zu*** sinne ich* darauf, ihrer in einer würdigen Form, mit einem besonderen Eintrag in mein Tagebuch, zu gedenken, ich hatte geplant, eine Menge Fotos zu sammeln, von ihrer Kindheit
bis zu Bildern aus der Zeit, als sie schon Großmutter war, oder nur solche,
auf denen wir beide zusammen zu sehen sind: *die Mutter und ihre Tochter*
– im Lauf der Zeit. Denn ich habe eingesehen, dass ich eine Auswahl
treffen muss. Ich kann nicht alle Bilder nehmen. Ich habe sie fast alle
durchgesehen, und sie haben mir meine Mutter wieder vergegenwärtigt.
Während die Bilder vergilben, bleiben die Erinnerungen, die durch sie
geweckt werden, immergrün. Eigentlich ist Erinnerung hier gar nicht das
richtige Wort, eher könnte man von einer Art ewiger Gegenwart sprechen.

Jedenfalls brachten die Bilder sie mir wieder näher und halfen mir
dabei, der Erinnerung Konturen zu verleihen; ich habe früher viele Fotos
von ihr gemacht, auf einigen erkennt man an ihrem Gesichtsausdruck,
dass ihr das etwas lästig ist, aber auf keinem der Fotos liegt in ihrem Blick
in die Kamera beziehungsweise auf die hinter der Kamera Stehende etwas
Negatives, kein Ärger, kein Vorwurf, im Gegenteil: nur Freundlichkeit,
Güte und Liebe. Sie sagte einmal, auf einem Foto könne man erkennen,
welche Gefühle die Portraitierte für die Fotografin empfinde, auf diese
Weise sei immer auch die Fotografin mit auf dem Bild. Wenn meine Mutter nicht allein auf einem Bild, sondern zusammen mit anderen in einer
Unterhaltung abgebildet ist, sieht man nur ihre Freundlichkeit, Herzlichkeit und Liebe – unabhängig davon, ob das Foto sie mit ihren Geschwis-

---

* Zeile aus dem Gedicht „Mama" des Lyrikers Attila Jozsef (1905–1937) (D.F.)
** Zeile aus dem Gedicht „Füstbement terv"(Deutsch: „Vereitelter Plan") von Sándor
Petőfi (1823–1849) (D.F.)

tern, Verwandten, den Nachbarskindern oder mit ihrer Enkelin zeigt! Es kommt nicht von ungefähr, dass alle in bester Erinnerung haben, wie lieb und freundlich sie war … War? Ich mag die Vergangenheitsform nicht. Ich akzeptiere sie nicht. Ist.
Meine Mutter ist heute 100 Jahre alt.
Sie lebe hoch!

17. Juli 2008
Am Bahnhof
Heute Mittag habe ich meine Tochter zum Bahnhof an den Zug gebracht. Und in dem fast leeren Bahnhofsgebäude, das schon kurz vor seiner Schließung steht, musste ich daran denken, wie es war, wenn mich meine Mutter – vor beinahe einem halben Jahrhundert – hierher begleitete. Ich kam aus der Schule, und sie übergab mir meine Geige und nahm dafür meine Schultasche in Empfang, fast zwei Jahre lang stieg ich zweimal wöchentlich in den Zug nach Szeged, wo ich auf dem Konservatorium Geigen- und Notenunterricht und gelegentlich auch Stunden in Musikliteratur und Harmonielehre erhielt. Wegen des Abiturs pausierte ich für ein Jahr vom Musikunterricht, während meines anschließenden Studiums an der Universität fuhr ich dann fünf Jahre lang, wenn ich das Wochenende zu Hause verbracht hatte, meistens sonntags nach Szeged ins Studentenwohnheim zurück. Zwischendurch unternahm ich auch einige größere Reisen, mit zwanzig fuhr ich zum ersten Mal mit dem Chor der Universität ins Ausland, nach Polen, an jenem Wochenende blieb meine Mutter versehentlich (?) während unserer Verabschiedung im Zug und musste bis zum nächsten Halt im Nachbardorf mitfahren. Daran musste ich denken, als ich meiner Tochter heute Mittag in den Zug nachsprang, um zu sehen, ob sie auch alle Taschen bei sich hatte. Aber ich stieg noch rechtzeitig wieder aus. Der Zug fuhr allerdings auch erst mit einer Verspätung ab, weil der Gegenzug noch abgewartet werden musste, von außen konnte ich nicht richtig durch das Fenster sehen, weil die Sonne blendete, aufgrund des Motorenlärms war es auch unmöglich, sich zu unterhalten, wir konnten nur gestikulieren und uns zuwinken, bis der Zug abfuhr und ich allein auf dem Bahnsteig zurückblieb. Wieder musste ich an meine Mutter denken. Wie schlimm es wohl für sie gewesen sein mag, nach jeder Abreise allein zurückzubleiben.

3. Aug. 2008
Beim (ein bisschen) Aufräumen
Ich räume (ein bisschen) auf und versuche, Ordnung zu schaffen, aber es fällt mir schwer.
Die Sachen haben sowieso keinen festen Platz.
Und es gibt auch nicht genug Platz für alle „Sachen".
Wenn ich etwas suche, möchte ich am liebsten in unserem alten Haus an nicht mehr existierenden Plätzen suchen, da wusste ich immer, wo sich alles befand, denn dort hatte meine Mutter mit geometrischer Präzision für Ordnung gesorgt. In ihrem Schrank waren die Leibwäsche, die Bettwäsche, die Handtücher, Geschirrtücher und Tischdecken jeweils akkurat aufeinander geschichtet; in ihrem Haushaltsbuch wurden fein säuberlich in Schönschrift ihre täglichen Ausgaben vermerkt; in einer Schachtel wurden sämtliche Belege gesammelt (auch die über die monatlichen Ratenzahlungen, mit denen sie von ihrer kleinen Rente einen Teil des Familienhauses, das sie seit ihrer Geburt bewohnte und das unrechtmäßig verstaatlicht worden war, zurückkaufte).

Wenn ich das Bett gemacht hatte und eine Falte in der Tagesdecke zu sehen war, tadelte sie mich, wenn auch freundlich, *weil das nicht ordentlich war,* ähnlich war es, wenn ich beim Schuheausziehen den einen Schuh mit dem anderen abstreifte, und sie registrierte auch, dass ich während meiner Zeit im Studentenwohnheim insgesamt siebeneinhalb Paar Handschuhe verbummelt hatte. Ihre Ermahnungen fruchteten nicht, ich blieb „unordentlich", jedenfalls im Vergleich zu ihr. Schließlich fand sie sich damit ab, obwohl sie, als ich noch ein Teenager war, einmal verständnislos meinte, dass andere Mädchen mit ihren Händen Ordnung schaffen würden, bei mir aber das Gegenteil der Fall sei. Ich muss zugeben, dass das bis zum heutigen Tag so geblieben ist. Wenn es sich nicht sogar noch verschlimmert hat.

Einer ihrer Leitsätze, den meine Mutter in der Praxis auch strikt befolgte und den sie gern wiederholte, lautete: Wenn man aus dem Haus geht, soll man es in einem ordentlichen Zustand hinterlassen.

Und ich denke jetzt, *dass ich meine Sachen* in einem umfassenderen Sinne *ordnen sollte, … weil … also … bevor ich weggehe …* (Andererseits möchte ich gerne glauben und darauf vertrauen, dass man nicht weggehen kann, solange es noch etwas zu tun gibt …)

Ich räume also auf alle Fälle, bis es so weit ist, (ein bisschen) auf …

8. Okt. 2008
Gegen die Regel

Eigentlich müsste ich jetzt in der Synagoge in Szeged sein und dort das *Kol Nidre** hören. Heute ist der Vorabend des *Erew Jom Kippur*. Morgen ist *Versöhnungstag*, aber das Fest beginnt wie alle unsere Feste bereits am Vorabend mit dem Aufgang des ersten Sterns, aber es dauert eigentlich schon seit dem Neujahrstag *Rosch ha-Schana* an; die Tage zwischen den beiden Festen bezeichnet man auch als die Tage der „Ehrfurcht" oder der „Reue", den Höhepunkt bildet der heutige Tag, an dem das 25-stündige Fasten beginnt, das der vollkommenen Reinigung dienen soll.

Es ist üblich, an den Tagen zwischen den beiden Festen auf den Friedhof zu gehen, deshalb habe ich mich heute Nachmittag auf den Weg gemacht, ich musste dem Wärter, der den Schlüssel aufbewahrt, erst einmal erklären, dass ich den Friedhof rechtzeitig vor Beginn des Festes** wieder verlassen würde. Natürlich händigte er mir den Schlüssel aus, er riet mir sogar, mir eine Kopie anfertigen zu lassen, damit ich jederzeit, wann immer es mir passte, auf den Friedhof gehen konnte. Ich erklärte ihm, dass mir die Verantwortung für meinen Wohnungsschlüssel schon genüge, es reiche mir, ständig meinen Wohnungsschlüssel suchen zu müssen, bloß nicht auch noch den Schlüssel für einen ganzen Friedhof! – Im Übrigen käme ich sowieso nur zweimal im Jahr. Für einen Moment war ich verunsichert, hatte ich womöglich den Tag verwechselt und das Fasten verpasst, hatte er unseren Kalender besser im Kopf als ich? Meiner Mutter war es einmal passiert, dass sie einen Tag zu früh gefastet hatte – war ich heute womöglich einen Tag zu spät dran? Mir fiel ein, wie einmal die jüngere Schwester meiner Mutter bei uns war, sie war damals schon über achtzig Jahre alt, es herrschte stürmisches Wetter, und wir machten uns gemeinsam mit meiner kleinen Tochter auf den Weg zu dem Andachtsraum, in dem man mangels einer Synagoge am Jom Kippur beten konnte, trotz ihrer achtzig Jahre schritt meine Tante rüstig voran und ließ mich und meine Tochter weit hinter sich; auch an die ältere Schwester meiner Mutter, die in Rumänien lebte, musste ich denken. Nachdem sie jahr-

---

* *Kol Nidre*: Erstes Abendgebet am Versöhnungstag (D.F.)
** Jüdische Friedhöfe sind am Sabbat und an Feiertagen geschlossen. (D.F.)

zehntelang nicht bei uns gewesen war, kam sie einmal zu uns zu Besuch, trotz des schlechten Wetters und obwohl sie bis auf die Haut nass wurde, ließ sie sich nicht davon abhalten, die Gräber ihrer Eltern – meiner Großeltern – aufzusuchen, ich war zu dem Zeitpunkt zehn Jahre alt und quengelte auf dem Weg zum Friedhof unentwegt; auch dem jüngeren Bruder meiner Mutter machte es überhaupt nichts aus, als wir uns im Frühling auf unseren Fahrrädern auf dem Weg vom Friedhof nach Hause von oben bis unten mit Schlamm bespritzten.

Heute hätte ich mich auf dem Weg zum Friedhof fast verfahren, am Stadtrand nahm ich eine Abkürzung durch eine kleine Straße und am Ende der nächsten Straße konnte ich die blecherne Christusfigur nicht finden, die für mich immer ein Orientierungspunkt auf dem Weg zum Jüdischen Friedhof gewesen war, an ihrer Stelle stand nun eine neue, anachronistische, *weil die andere schon sehr verwittert war und sich Bienen darin eingenistet hatten,* wie mir der alte Mann, der sie ausgetauscht hatte, erklärte, *die neue würde er aber bald wieder entfernen und zum Pastor bringen müssen, weil der Hausbesitzer sie nicht vor seinem Haus stehen haben wolle.* Aber wie sollte ich dann den Weg zum Friedhof finden? *Sie sind jüdischer Religion, nicht wahr,* fragte der Alte etwas misstrauisch und beäugte mich neugierig. *Das bin ich,* antwortete ich, *so wie Jesus es auch war,* und dabei schaute ich zu der kleinen Statue hoch, der Alte sah mich weiterhin misstrauisch an, dabei kann man es doch nachlesen, direkt über dem Kruzifix heißt es in der Inschrift: **INRI**, *der König der Juden.* Sah er sie denn nicht?!

Der weitere Weg war durch tiefe Spuren von Traktorrädern holprig und uneben geworden, sodass ich gezwungen war, vom Fahrrad abzusteigen und es ein ganzes Stück weit zu schieben. In meinen Taschen hatte ich Steine, in der Hand hielt ich Blumen. Ich versuche, unterschiedliche Traditionen gleichzeitig zu befolgen. Aber entscheidend ist letztendlich nicht, was ich in meinen Taschen oder meinen Händen mitbringe, sondern, was in meinem Herzen ist. Als ich mich dem Friedhofstor näherte, beschleunigte ich automatisch meine Schritte so wie damals Mutters rumänische Schwester. Aber im Gegensatz zu damals fiel es mir jetzt leicht, und die Sonne schien inzwischen wunderschön. Den Schlüssel musste ich in die umgekehrte Richtung drehen, wie um abzuschließen. Vor mir lag jetzt der

ganze Friedhof mit seinen würdevollen Grabsteinen. Denn von der ehemaligen Mauer zwischen dem äußeren, orthodoxen und dem inneren, neologen Teil des Friedhofs standen nur noch einige Überreste.

Auf dem Weg zum Grab meiner Mutter fühlte ich mich fast so, als würde ich zu ihr nach Hause gehen. So wie ich mich vor kurzer Zeit? das heißt vor zwanzig Jahren an ihr Bett gesetzt hatte – setzte ich mich jetzt an ihr Grab, auch wenn sich das nicht gehört. Zuerst musste ich weinen, aber allmählich beruhigte ich mich, denn ich fühlte ihre Ausstrahlung, fühlte, dass sie mich beruhigte: *„Alles ist gut, so wie es ist.“* An einer Seite des Grabsteins war der Efeu emporgerankt, erst als ich ihn entfernen wollte, merkte ich, dass zwischen die Ranken einige abgeschnittene, vertrocknete Hagebuttenzweige geraten waren, als ich hineingriff, quoll auch schon das Blut aus meinen Fingern.

In der Nähe der Grabstätte meiner Mutter befindet sich auch das Grab ihrer Cousine, von ihrem Grabstein, der mit gemeißelten Rosen verziert ist, entfernte ich ebenfalls den Efeu, jetzt sind die Schrift, der Name und die beiden Jahreszahlen: 1912–1928 wieder gut lesbar; auch die Inschrift: *„Gott weiß weshalb“*, viele verstehen sie nicht, aber welche Inschrift hätte eine Mutter denn wählen sollen, die ihre 15-jährige Tochter verloren hatte, nachdem diese sich bei einer Klassenkameradin, der sie Nachhilfeunterricht erteilte, mit Meningitis angesteckt hatte. Ich besuchte auch noch das Grab meiner Großeltern, an meine Großmutter kann ich mich noch schemenhaft erinnern, meinen Großvater kenne ich nur von Bildern, Dokumenten und Anekdoten, doch beiden fühle ich mich sehr nah.

Schon auf dem Friedhof war ich etwas müde geworden, wieder zurück in unserer mehrere Kilometer entfernt liegenden Stadt schlief ich zu Hause am Schreibtisch sofort ein. Als ich nach einiger Zeit wieder aufschreckte, wusste ich im ersten Augenblick überhaupt nicht, wo ich mich befand. Es blieben mir auch nur noch 10 Minuten, in denen ich etwas essen durfte. Somit war auch entschieden, dass ich heute nicht mehr nach Szeged zum *Kol Nidre* fahren würde, dann halt morgen – obwohl wahrscheinlich nur der Festsaal geöffnet sein wird, der mir nicht so viel bedeutet wie die Synagoge, deren Sternenkuppel mich an unsere alte – nicht mehr existierende – Synagoge und vor allem an den Sternenhimmel erinnert.

Ich habe den ganzen Tag über gegen die Regeln verstoßen, ohnehin dürfte man nach den Vorschriften nirgendwohin fahren, ebenfalls vollkommen gegen die Regeln, aber zu unserer beider Freude, habe ich meine Tochter aus dreißig Kilometer Entfernung über das Handy gesegnet ...

Ich hörte mir das erste Abendgebet, das *Kol Nidre*, mit Kopfhörern auf meinem Computer an, später dann auch das Abschlussgebet, das *Avinu Malkenu*.

Als ich am Nachmittag vom Friedhof gekommen war und mir schon schwante, dass ich zu Hause bleiben würde, beschloss ich, nach langer Zeit – endlich – einmal wieder meine Geige hervorzuholen und das *Kol Nidre* zu spielen, denn irgendwann einmal hatte ich das gekonnt, ich fand auch die Noten wieder, die hatte ich einst eigenhändig abgeschrieben.

Natürlich sollte das Gebet eigentlich in der „Gemeinschaft" stattfinden, denn wir beten ja für uns alle:

„Avinu Malkenu ... Unser Vater, unser König, wir haben keinen anderen Herrn außer Dir ... bringe uns ein gutes Jahr! ... Schreibe uns ein in das Buch glücklichen Lebens! ... Nimm unser Gebet in Barmherzigkeit und Wohlgefallen an! ... Öffne unserem Gebet die Pforten des Himmels! ... Erweise uns Deine Gunst und Deine Gnade und steh uns bei!"

29. Dez. 2008
Botschaften

Ich erinnere mich an einen Traum, den ich jetzt aufschreibe, damit ich ihn nicht vergesse, wenn ich mich schon an ihn erinnere. Nach langer Zeit träumte ich endlich wieder einmal von meiner Mutter. Sie trug ihren beigefarbenen Trenchcoat und hielt einen Blumenstrauß im Arm, ich glaube, es war Flieder. (Unser Hof war voll mit Fliederbüschen; meine Großmutter hatte zwanzig Fliederbüsche gepflanzt, und wer uns im Mai besuchte, bekam von meiner Mutter immer einen wunderschönen, frisch gepflückten Fliederstrauß.) In meinem Traum hielt sie also einen Strauß im Arm, sie stand irgendwo am Ufer eines Flusses, direkt an der einbrechenden Böschung, ich stand ihr gegenüber, ich glaube auf der anderen Seite des Flusses, und geriet in Panik, weil unter ihr das Ufer wegbrach und anfing, ins Wasser zu rutschen. Ich rief nach ihr, schrie verzweifelt und streckte meine Arme nach ihr aus. Es war vergeblich. Sie blieb vollkommen gelassen, als wäre das Wasser, in dem sie zu versinken drohte oder auf dem sie bald treiben würde, ihr natürliches Element. Ich sah sie traurig an. Und auch jetzt ist meine Erinnerung an den Traum eine traurige. Auch wenn ich mich darüber freute, meine Mutter wiederzusehen, die ich in der Realität vor nun bald 20 Jahren zum letzten Mal gesehen hatte.

Ausgerechnet in diesen Tagen – als mir aufgrund einer Erkältung die Stimme versagte – rief mich meine Cousine aus Kanada an, sie machte sich Sorgen um uns und fragte, wie es uns gehe, etwas verlegen erzählte sie, sie hätte von ihrer Mutter geträumt und die hätte sie im Traum gebeten, auf uns Acht zu geben. Die beiden Geschwister: meine Mutter und ihre Mutter, hatten sich sehr nahe gestanden, wie Zwillinge …, sie sahen sich tatsächlich auch so ähnlich, dass Außenstehende sie manchmal verwechselten, obwohl Kontinente zwischen ihnen lagen, riefen sie, wenn sie im Schlaf aufschreckten oder wenn sie krank waren – und sogar auf dem Totenbett – einander beim Namen. Meine Mutter starb vor 20 Jahren, ihre jüngere Schwester im vergangenen Jahr. In dem Sommer des Jahres, in dem meine Mutter gestorben war, gingen wir einmal zusammen mit meiner Tante zu ihrem Grab, als ich mich vom Grab entfernte, hörte ich, wie meine Tante ihrer Schwester, meiner Mutter, versprach, *immer auf uns aufzupassen, so gut sie nur konnte*.

Wie es scheint, passen sie noch immer von „dort", „aus dem Jenseits", auf uns auf, „beschützen uns" und senden uns Botschaften.

Irgendjemand, dem ich meinen Traum erzählte, sagte, ich solle nicht traurig sein, denn Wasser symbolisiere die Ewigkeit.

Ich weiß, dass meine Mutter immer bei mir, bei uns bleiben wird. (*Le-olam va-ed*" – das hat sie mir an ihrem Grab zugeflüstert – die Bedeutung dieses hebräischen Ausdrucks aber musste ich zu Hause nachschlagen.)

Ich bin davon überzeugt, dass die „Ewigkeit" nicht erst im Jenseits beginnt, sondern bereits im Hier und Jetzt, es gibt keine so klare Abgrenzung, genauso wenig wie zwischen Ufer und Wasser.

18. Febr. 2009
„Mama" …
Gestern musste ich mich – tagsüber – wieder ins Bett legen; die Erkältung hatte mich buchstäblich „umgeworfen", ich hatte das Duna Fernsehen eingeschaltet, es wurde gerade ein Wunschprogramm gesendet, daher gab es keine Nachrichten, stattdessen ging es um Liebe, Ergriffenheit und von

Herzen gute Wünsche, ich schaute auch gar nicht hin, sondern lag mit dem Gesicht zur Wand und döste mit geschlossenen Augen vor mich hin – aber irgendetwas veranlasste mich dann doch, mich umzudrehen, irgendetwas hatte mich wach gemacht, ich musste weinen; es war das Lied: „Mama"…

Gestern vor 20 Jahren wurde meine Mutter beerdigt! – Seitdem habe ich diesen Jahrestag im Gedächtnis, so wie auch meine Mutter tief in meinem Gedächtnis (und in meinem Herzen) ist, nur das entsprechende Gefühl war nicht wirklich an die Oberfläche gedrungen. Jetzt wurde es durch dieses gefühlvolle, aber unsentimentale Lied quasi aufgeweckt.

„… ich weiß noch, wie du gewinkt hast, wann immer ich auch fortging …"

Auch meine Mutter – die von meiner Tochter „Mama" genannt wurde – hat mir immer nachgewinkt, genau so, wie ich jetzt meiner Tochter nachwinke.

Es ist, als wäre meine Mutter („Mama") irgendwo in meinem Winken verewigt. Für mich ist das Winken so wichtig und unverzichtbar wie ein Segen.

Auch jetzt „winke" ich meiner Mutter zu, die zwar einerseits in weiter Ferne, aber andererseits auf eine gewisse Weise hier anwesend ist:

„Sie sei gesegnet …!"

3. Mai 2009
Tag meiner Mutter

Ich spreche ganz bewusst vom „Tag meiner Mutter", es stimmt, ich kann ihr meine Glückwünsche nicht mehr „persönlich" und „wirklich" überbringen, wie es am Muttertag üblich ist, aber ich bestehe darauf: am heutigen Muttertag auch den Tag meiner Mutter zu feiern!

Ich muss ihr gratulieren, muss an sie denken (nicht nur, auch an diesem Tag), dass meine Tochter mir heute alles Gute zum Muttertag wünschen konnte, habe ich, in mehrfacher Hinsicht, ihr zu verdanken, sie hat mir das Leben geschenkt, mich in sehr schweren Zeiten, unter schwierigen Bedingungen, großgezogen.

Ich habe ein Foto von uns beiden aus dem Jahr '46 „gefunden", das uns ein Verwandter zurückgeschickt hat, auf der Rückseite sind folgende erklärende Anmerkungen in der schönen, regelmäßigen Schrift meiner

Mutter zu lesen:

„… mit Liebe, anlässlich des ersten Jahrestages, an dem das verlorene Kind
auf glückliche und wunderbare Weise wieder gefunden wurde.
Und gleichzeitig auch zur Erinnerung an meine Genesung.
Makó, 23. Aug. 1946. "

Wir waren nach einem Jahr in der Deportation nach Budapest zurückgekehrt, wo wir auf die Rückkehr meines Vaters aus dem Arbeitsdienst in
Bor warteten, als ich eines Samstagnachmittags nach dem Kindergarten
für mehrere Tage „verloren ging". Einige Zeit danach kam meine Mutter
für Monate in die Klinik. Das Foto wirkt, so kurze Zeit nach dem Krieg,
dessen verheerende Folgen sicher noch spürbar waren, schon und noch:
ziemlich idyllisch.

Und dann fiel mir noch ein ähnliches Bild neueren Datums in die
Hände, das 43 Jahre später, im August 1989, aufgenommen wurde (also
vor 20 Jahren!); es ist ein Foto von meiner Mutter und ihrer Enkelin, auf
dem meine Mutter meine Tochter: anschaut …

4. Mai 2009
Ein wieder gefundener Brief
Ich räume auf, ich ordne ein.

Ich kann den „unvollendeten Umzug" aus unserem alten Haus in das
neue Haus zwar nicht „vollenden", aber wenigstens kann ich versuchen,
die unsortiert zusammengeworfenen Sachen zu ordnen, alles noch einmal
in die Hand zu nehmen, bevor ich etwas wegwerfe – denn oft ist es so, dass
sich ein scheinbar unwichtiger Fetzen Papier als Schatz entpuppt.

So wie auch jetzt das gelbe, zerknitterte Blatt: das man auch als Post-
skriptum zu meinem Tagebucheintrag am Muttertag betrachten könnte;
dabei handelt es sich nämlich um einen nicht abgeschickten Brief meiner
Mutter an ihren jüngeren Bruder in Budapest. Darin klagt sie darüber,
dass *sie* – wegen ihrer zittrigen Hände – *so selten schreibe, weil ihre Schrift*
so schlecht geworden sei – meines Erachtens ist ihre Schrift noch gut lesbar –, *sie hoffe aber, dass ihre Schrift sich eines Tages wieder bessern werde,*
aber bis jetzt habe sie vergeblich gehofft (das war wohl der Grund, warum
sie den Brief nicht abgeschickt hatte), *aber es sei interessant,* schreibt sie,
dass sie immer noch besser zeichnen als schreiben könne; dann erzählt sie
noch, *welche Schneestürme sie glücklich überstanden hätten,* dass *sie oft an*

ihn denke, und wie schön es wäre, wenn er und seine Frau einmal für ein Wochenende zu Besuch kämen, um einmal ausführlich miteinander zu plaudern, und dann lese ich:

„Ich teile euch auch mit großer Freude mit, dass ich wahrscheinlich Großmutter werde."

Wie interessant! Wenn ich mir ihre Handschrift genauer anschaue, fällt mir auf, dass das Zittern ihrer Hand mit dem Schreiben dieses Satzes, aus dem so große Freude spricht, offenbar aufgehört hat! Alle Buchstaben sehen schön, gleichmäßig, schwungvoll und harmonisch aus. Das kann doch kein Zufall sein.

21. Sept. 2009
Der Dorn

„Der Dorn hört auf zu schmerzen,
quält nicht mehr in der Haut.
Der Tod fällt dir vom Herzen,
*dass es sich endlich traut."**

– dieses Gedicht, das ich zum ersten Mal bei einer Vorlesung für allgemeine Sprachwissenschaften an der Universität hörte, fiel mir ein, während ich vom Friedhof nach Hause radelte. (Natürlich ist es auch von Attila József.)

Ich war nämlich zwischen dem Grab meiner Mutter und dem meiner Großeltern in die Dornen getreten: sodass ein Dorn sich durch die Gummisohle meines Schuhs hindurchgebohrt hatte. Als ich den Dorn aus meinem Fuß herausziehen wollte, konnte ich ihn jedoch nicht finden … Vermutlich war die Spitze abgebrochen, *oder steckte der Dorn gar nicht mehr in meinem Fuß?* … Oder hatte er sich womöglich überhaupt nie in meinen Fuß gebohrt? Vielleicht war die Spitze schon vorher in der Schuhsohle abgebrochen …?

Und der (mein) *Tod?*

*„Wo ist dein Stachel"?***

---

* Strophe aus dem Gedicht „Amit szivedbe rejtesz" von Attila Jozsef zu Sigmund Freuds achtzigstem Geburtstag in einer Übersetzung von Wilhelm Droste (D.F.)

** „Tod, wo ist dein Stachel? Hölle, wo ist dein Sieg?" 1. Korinther 15:55 (D.F.)

Auch letztes Jahr hatte ich mich beim Unkrautjäten auf dem Grab meiner Mutter verletzt, damals hatte sich ein dorniger Zweig in meine Handfläche gebohrt, jetzt war der Grabstein vollkommen frei, die Dornenzweige waren nicht nachgewachsen. Es war aufwühlend und gut, am Grab zu sitzen und mit ihr „ins Reine zu kommen" wie schon vor 20 Jahren an ihrem Krankenbett.

21. Febr. 2010
Der siebte Adar und meine Mutter
Heute ist *der siebte Adar,* der Jahrestag der Geburt und des Todes von Moses. Auf diesen Tag fällt auch der Jahrestag des Todes meiner Mutter. Hauptsächlich ihrer gedenke ich heute.

Aber das Gedenken an Moses in der Synagoge war sehr schön, auch des Wunderrabbis von Kálló (der u.a. im Zusammenhang mit dem Lied „*Szól a kakas már* …"* bekannt ist) wurde gedacht – auch er hat heute *Jahrzeit*** …, das ist allgemein bekannt und wird in der ganzen Welt gefeiert; die meiner Mutter feiere nur ich …, aber dafür umso inniger, gestern, am Vorabend, hat allerdings meine Tochter ihrer Großmutter schon in der Frankel-Synagoge in Budapest gedacht, dort fand bereits gestern Abend die mit dem Fischessen verbundene Feier statt, hier in Szeged ist sie heute.

Aber auch ich habe schon gestern begonnen, angeregt durch eine Fernsehsendung etwas anderen Charakters. *Péter Müller* sprach in seinem Abendprogramm über Mütter und Mutterschaft. Über seine eigene Mutter. Und auch ich dachte an meine eigene (natürlich denke ich täglich mehrmals an sie, aber dass die Sendung gerade zur Jahrzeit ausgestrahlt wurde, war ein seltsamer Zufall). Ich stimme in vielem mit Müllers Gedanken über Mutterschaft überein. Darin zum Beispiel, dass seine Mutter mehr war als nur eine Mutter. (Wahrscheinlich erleben das viele so, denn Mutterschaft ist schon von vornherein nicht nur auf eine Rolle beschränkt, eine Mutter ist auch dadurch Mutter, dass sie am Leben ihrer

---

* *Szól a kakas már"* (Deutsch: „Es kräht schon der Hahn"): Volkslied, das gemäß der Legende der Rabbi von Kálló einem Hirtenjungen abgekauft hat (D.F.)
** *Jahrzeit*: Jiddisch für Todestag

Kinder teilnimmt.) Freundin, Vertraute, Lehrerin und Fürsorgende: Sie ist verkörperte Fürsorge – (auch) nach Müller.

Das sei auch nach ihrem Tod so geblieben, führte er weiter aus, er habe in gewisser Weise auch jetzt das Gefühl, sie helfe ihm, beim Schreiben fühle er ihre Gegenwart: genau wie ich.

Und er sprach von einem Lächeln, das unabhängig davon sei, welches Schicksal ein Mensch durchlebt habe. Auch dabei dachte ich an meine Mutter, die, als sie schon sehr krank war, und selbst, als sie schon im Sterben lag, lächelte, wenn sie ihre kleine Enkelin sah.

Müller erzählte aus seinem Leben, davon, wie er als kleines Kind den Krieg überlebte, das Haus der Familie war zerstört worden, und sie „hausten" in einer Art Grube, die sie irgendwie regendicht gemacht hatten … Und trotzdem erinnert er sich an diese Zeit als (eine) der glücklichsten in seinem Leben. Denn er lebte in der magischen Gegenwart seiner Mutter, wurde von ihr gehegt und umsorgt.

Ich habe keine Erinnerungen daran, wie ich den Krieg als 1- bis 2-jähriges Kind überlebte, auf jeden Fall sehe ich auf dem Foto, das 1945 nach unserer Rückkehr von der Deportation bei einem Besuch bei der Cousine meiner Mutter auf dem Rózsadomb* entstanden ist, nicht unglücklich aus. Meine Mutter hatte im Lager 20 Kilo abgenommen, aber auf dem Foto lächelt sie und zieht ihr Kind (mich) liebevoll an sich, das Kind, das sie wieder nach Hause mitbringen konnte, obwohl ihm und ihr selbst der Tod bestimmt war. Aber durch die Kraft ihrer Mutterschaft war es ihr gelungen, ihr Kind zu retten.

Es gab Tiefpunkte in ihrem Leben, sie machte schwere Zeiten durch, ließ sich aber nie unterkriegen bis zu ihrem Tod. Davor hatte einen Monat lang trübes Wetter geherrscht. Wir hofften so sehr, dass die Sonne noch einmal für sie scheinen würde, aber diesmal konnte meine Mutter nicht so lange warten. Aber sogar einen Tag vor ihrem Tod lächelte sie in ihrem Bett im Krankenhaus, als sie ihre kleine Enkelin sah …

Sogar im Angesicht ihres Todes lächelte sie noch, und das Lächeln blieb auf ihrem Gesicht wie ein Abdruck, eine außerirdische Botschaft, eine Ermutigung.

---

* *Rózsadomb*: Stadtteil von Budapest (D.F.)

Und selbst nach ihrem Tod vermochte sie weiterhin Kraft zu spenden, sie spendete uns Kraft und gab uns die Gewissheit, dass es „keinen Tod gibt", keine Trennung, dass eine Verbindung bestehen bleibt, anders, aber für die Ewigkeit *(le-olam va-ed)*.

31. März 2010
Brief meiner Mutter aus der Vergangenheit, über die Zukunft

Beim Aufräumen tauchte jetzt ein Brief wieder auf, den ich irgendwann einmal von meiner Mutter bekommen habe, er ist undatiert und an das *János-Irinyi-Studentenwohnheim* adressiert. Dort wohnte ich als Studentin. *„Es ist entsetzlich kalt"*, es muss also Winter gewesen sein, irgendein Winter zwischen 61 und 65. Meine Mutter wartet sehr darauf, dass es wärmer wird (so wie ich selbst auch immer): *„… ich fühle, dass alles mehr Freude bereiten wird, wenn es wärmer wird."* Mich ermutigt sie: *„Sei guter Dinge, wenn du auch schon in jungen Jahren sehr viel durchgemacht hast, was sicher nicht spurlos an dir vorübergegangen ist, so wirst du für alles entschädigt werden, denn du bist empfindsam und warmherzig."* (…) *„Möge dir nur Gutes und Schönes widerfahren. So wird es sein, nicht wahr?"* (…) *„Nicht wahr, meine kleine Juli, du wirst zunehmen und fröhlich sein, und ich werde brav sein und mich nach Kräften bemühen, optimistisch in die Zukunft zu blicken und für dein weiteres Leben nur Schönes und vor allem Sicherheit zu erwarten."* (…) *„Ruh dich nach dem Essen aus, und bitte keine durchwachten Nächte."* (…)

Beim Lesen kamen mir die Tränen.

Dabei geht es der Absenderin doch im Wesentlichen darum, dass ich fröhlich sein soll.

Und die Zukunft, über die sie schreibt, ist mittlerweile längst Vergangenheit.

Aber ihre mütterliche Liebe, Sorge und Fürsorge und ihre guten Wünsche sind geblieben …

Júlia Gonda

Ich wurde am 11. Januar 1943 in Makó geboren. Von 1944 bis 1945 war ich mit meiner Mutter in Zlabing und Theresienstadt, mein Vater war im Arbeitslager in Bor, von wo er nicht zurückkam.

In Makó besuchte ich die Grundschule und die Mittelschule und von dort aus das Konservatorium in Szeged, an der Universität studierte ich die Fächer Ungarische Sprache und Literatur und Russisch. 30 Jahre lang unterrichtete ich am József-Attila-Gymnasium in Makó. Dort leitete ich auch das Schülertheater, nach meiner Pensionierung schrieb und redigierte ich eine literarische Kolumne. In der Anthologie „Salziger Kaffee"* erschien von mir eine „unerzählte Geschichte". Meine Tochter Tímea Turi ist Lyrikerin, Schriftstellerin und Redakteurin – einer ihrer Texte ist ebenfalls in diesem Band enthalten.

Ich habe einen Enkel.

---

* Ungarische Originalausgabe: „Sós kávé – elmeséletlen női történetek", Novella Kiadó 2007. Deutsche Ausgabe: „Salziger Kaffee – Unerzählte Geschichten jüdischer Frauen". Zusammengestellt und bearbeitet von Katalin Pécsi. Herausgegeben von der Gedenkstätte Deutscher Widerstand, Berlin in Kooperation mit dem Internationalen Auschwitz Komitee und dem Holocaust Gedenkzentrum Budapest, Novella Kiadó 2009 (D.F.)

Statt eines Nachworts

Júlia Gonda – Tímea Turi

DIASPORA ODER UNIVERSUM

Mutter und Tochter im Gespräch

TOCHTER: *In letzter Zeit, seit du begonnen hast, deine Erinnerungen – das Wort wollte ich eigentlich vermeiden –, also deine Blogs zu schreiben, bekommst du im Netz viele Kommentare, die sich mit dem Problem der Kommunizierbarkeit beziehungsweise Nichtkommunizierbarkeit befassen. Für mich hat sich die Frage, ob ich über unser Judentum oder unsere Familiengeschichte sprechen kann, in der die Shoah – wie soll ich es sagen – auch eine Rolle gespielt hat, nie gestellt, wahrscheinlich, weil du mich entsprechend erzogen hast.*

Anfangs habe ich das Judentum als Familientradition für etwas vollkommen Normales gehalten – ich war zum Beispiel sehr erstaunt, als sich herausstellte, dass meine Kindergärtnerin keine Jüdin war –, später, als ich von den Tragödien in unserer Familiengeschichte erfuhr – und im Zusammenhang damit auch Kenntnisse über die Geschichte der Juden im 20. Jahrhundert erwarb –, bedeutete für mich persönlich, jüdisch zu sein, auch, dass ich, wäre ich ein wenig früher zur Welt gekommen oder hätte die Geschichte sich etwas verspätet, zu denen gehört hätte, die ausgerottet werden sollten. Ich weiß, du magst es nicht, wenn ich das so drastisch formuliere, aber mir geht das alles etwas leichter von den Lippen als dir, das ist sicher auch meiner Unbefangenheit als Nachgeborener zuzuschreiben. Du hingegen, die du als einjähriges Mädchen von all dem unmittelbar betroffen warst, sprichst trotzdem mit mehr Abstand über alles. So als wären Schuldzuweisungen und Vergebung gleichermaßen sinnlos.

MUTTER: … also, du meinst, ich empfände weder das eine noch das andere …? Ich habe noch nicht darüber nachgedacht, aber ich glaube, du siehst das richtig – das Unsichtbare. Der arme *Radnóti* – der sein Judentum zwar nicht verleugnete, sich aber auch nicht zu ihm bekannte und trotzdem gezwungen wurde, es als Märtyrertum anzunehmen – drückt es so aus: *„… in meinem Herzen ist kein Zorn mehr, Rache interessiert mich nicht."** … Wie seltsam, schon seit Tagen geht mir die Zeile davor im Kopf herum: *„Doch denk einen Moment über das reiche Leben nach!* …"** Ich weiß nicht, ob mein Leben wirklich „reich" ist, aber ich denke darüber nach, und wie es scheint, rege ich mit meinen Blogs, in denen ich mich mit der Vergangenheit beschäftige, andere dazu an, es mir gleichzutun. *„Nur das erzählte Leben – ist Leben."* Deshalb möchte ich über mein Leben, über die hinter mir liegenden fünfundsechzig Jahre, erzählen und dabei auch meine Vorfahren einbeziehen … Und ich will versuchen, daraus irgendeine Lehre zu ziehen – und weiterzugeben. Auch an Außenstehende. Aber natürlich in erster Linie an dich, mein Kind, durch die ich genetisch weitergegeben und gewissermaßen „verewigt" werde. All diese vielen Vorfahren – jüdische Vorfahren – leben in mir, *„fassen meinen Stift".* Zwar „schreiben wir keine Gedichte"***, aber wir schreiben. Und vielleicht ist der Plural wir gerechtfertigt. Ich wünschte, ich wüsste mehr über unsere Vorfahren, auch auf rein faktischer Ebene!

Gerade habe ich im „Judapest"**** in einem neuen Eintrag eine Art Umfrage mit zahlreichen Kommentaren zum Thema: *„Wie hast du erfahren, dass du jüdisch bist?"* gelesen. Ich hätte nicht damit gerechnet, dass so viele nur zufällig über ihre Herkunft und ihre Identität *erfahren* haben. Dass ihre Herkunft und ihre Identität ihnen so lange Zeit verheimlicht wurden. Wie können wir verheimlichen, wer wir sind: vor uns selbst und vor unseren Kindern? Für mich ist das unfassbar. Der Mensch ist, wer er ist. Kann kein anderer sein. Es darf nicht zu unserem Problem werden, wie andere dazu stehen und dass die meisten von ihnen *„den Juden"* mit Feindseligkeit und Vorurteilen begegnen. Unglücklicherweise ist dies aber

---

* Zeile aus dem Gedicht „Sem emlék, sem varázslat" (Deutsch: „Weder Erinnerung noch Zauber") von Miklós Radnóti: „szivemben nincs harag már, bosszú nem érdekel" (D.F.)

** „merengj el [hát] egy percre a gazdag életen" (D.F.)

*** *„Sie fassen meinen Stift …"* Textstellen aus dem Gedicht „An der Donau" von Attila József (D.F.)

**** *Judapest.org:* von 2004 bis 2009 ein beliebter jüdischer Blog mit säkularen Themen. Das Archiv ist nach wie vor im Netz abrufbar.

im Laufe der Geschichte zu einem erheblichen Teil zu unserem Problem geworden. Gemacht worden. Das ist uns klar. Aber wir hoffen auch, dass sich so etwas nicht wiederholen wird. Es ist ein Unding, dass geschehen ist – geschehen konnte –, was geschehen ist, „*der Skandal* des Jahrhunderts", wie Pilinszky* es ausdrückte, aber mindestens genauso ein Unding wäre jedwede Art von Wiederholung. Wir können nicht vor uns selbst davonlaufen – aber warum sollten wir das auch?!

TOCHTER: *Ich bin auch der Meinung, dass die Vorurteile gegenüber dem Judentum nicht unser Problem sein sollten – aber irgendwie sind sie es doch. Wobei ich Vorurteilen und Antisemitismus bislang zum Glück nur selten begegnet bin – oder habe ich es nur nicht bemerkt? Jedenfalls begegne ich weniger dem Antisemitismus als der Unsicherheit anderer im Zusammenhang mit meinem Judentum. Möglich, dass einige deshalb verunsichert sind, weil sie nicht antisemitisch erscheinen wollen. Diejenigen, die wissen, dass ich Jüdin bin, sprechen über gewisse Themen vorsichtiger – zum Beispiel über Weihnachten – oder erkundigen sich vorsichtig nach anderen Dingen, so als bestünde zwischen uns ein großer Unterschied. Diejenigen, die es nicht wissen, reagieren mit einem merkwürdig unsicheren Lächeln, wenn ich auf die allernatürlichste Weise – wie auch sonst! – darüber spreche, dass ich Jüdin bin. Vielleicht sollte ich den folgenden Vergleich in diesem Zusammenhang nicht bringen, aber ich tue es trotzdem: Meine Gesprächspartner reagieren auf ähnliche Weise verlegen und verhaltensunsicher, wie wenn ich ihnen erzähle, dass ich Halbwaise bin und dass mein Vater starb, als ich noch sehr klein war. Dabei sind in meinem Fall der Tod meines Vaters und mein Judentum zwei voneinander unabhängige Fakten; bei dir liegt die Sache anders, bei dir sind die beiden Tatsachen, wie soll ich sagen, miteinander verwoben.*

MUTTER: Das wühlt zu viel in mir auf. All das zu „artikulieren", ist mir jetzt gar nicht möglich. Auf den ersten Blick stellt es sich natürlich ganz einfach dar: Ich selbst wurde – durch das Märtyrertum meines Vaters – vielleicht noch jüdischer, du hingegen bist durch deinen Vater, was die

---

* *János Pilinszky:* ungarischer Dichter und Publizist (1921–1961) (D.F.)

Abstammung betrifft, wenn ich das so sagen kann, weniger jüdisch: Genau genommen wärest du also eine „Halbjüdin", vorausgesetzt, so etwas gäbe es überhaupt, da aber deine Mutter Jüdin ist, giltst du „ganz" als Jüdin, und deine Kinder werden auf jeden Fall auch als Juden gelten.

Ich kann das Judentum nur – möglicherweise zu Unrecht – als Tradition betrachten, als eine Form, unsere Vorfahren weiterleben zu lassen, als Ausdruck unserer Treue zu ihnen. Es mag sein, dass in meiner Auffassung etwas leicht „Nationalistisches" (wenn nicht gar Zionistisches?) liegt – aber da sich diese Auffassung nicht gegen andere „Nationen" richtet – und warum sollte sie das auch?! –, kann sie doch so schlimm nicht sein. Meiner Meinung nach bedeutet, Jude zu sein, nicht nur das Praktizieren einer Religion, sondern das Hineingeborensein in eine Kultur, eine Tradition, ein Erbe, ein „Volk" mit einer mehr als tausendjährigen Geschichte, wobei es natürlich möglich ist, gleichzeitig in ein anderes Volk und eine andere Kultur hineingeboren zu werden. Warum sollte man nicht beiden Kulturen angehören können? Jüdin und Ungarin sein. Gleichzeitig. Sich gegenseitig bereichern. (Und womöglich auch noch andere. Es gibt dafür so viele Beispiele!)

TOCHTER: *Ja, dieses halbe, viertel – partielle? – Judentum ist eine interessante Sache. Ich weiß nicht, ob man überhaupt irgendetwas – zum Beispiel jüdisch – nur halb sein kann. Vom jüdischen Standpunkt gibt es das zum Glück gar nicht, ich glaube, streng genommen gibt es auch keine mehrfache Identität, ich kann also nicht Jüdin sein und daneben noch etwas anderes, natürlich gehöre ich dem jüdischen Volk und der jüdischen Kultur an, aber gleichzeitig muss ich auch in dem Land, in das ich hineingeboren wurde, „leben und sterben".**

Soweit ich weiß, hätte deine Mutter, Oma Dusi, es als unsinnig empfunden, wenn wir Ungarn verlassen hätten, nachdem ihr von der Deportation zurückgekehrt wart. Ich glaube, ich hätte genauso gedacht, und ich denke auch heute so, obwohl ich mich hier zu Hause in meinem – nennen wir es – Allgemeinbefinden immer öfter beeinträchtigt sehe. Gefühlsmäßig bin ich

---

* Anspielung auf eine Textstelle aus dem Gedicht „Szózat" (Deutsch: „Mahnruf") von Miklós Vörösmarty: „Hier musst du leben und sterben" („élned-halnod kell")(D.F.)

Jüdin, aber gleichzeitig auch vieles andere: Diese Identitäten sind keine Teilstücke eines Ganzen, wie zum Beispiel Stücke einer Torte, sondern vielmehr ein Ganzes und noch ein Ganzes und noch eins.

Möglicherweise werde ich mit diesem Gefühl denjenigen nicht gerecht, die „nur" ein Ganzes sind, aber bei näherem Hinsehen definiert sich jeder Mensch über viel mehr als nur seine Nationalität. Vielleicht resultiert die jahrhundertealte Aversion gegen die Juden auch daraus, dass es verstörend wirkt, wenn jemand simultan so viele Identitäten hat? Ähnlich wie der Chassidismus, der grundsätzlich alles von mehreren Standpunkten aus betrachtet, oder wie ein kubistisches Gemälde.

Und noch etwas: Neulich, als ich in einer Ausgabe des „Pesti Napló"* aus dem Jahr 1868 blätterte, fiel mir auf, wie stark der Antisemitismus auf Emotionen beruht und dass zu seiner Rechtfertigung lediglich vorgeschobene Gründe angeführt werden, die sich rationalen Argumenten gegenüber als resistent erweisen. In einem Brief beklagt sich ein Leser über einen Mann, dem er auf einer seiner Reisen begegnet war, obwohl dieser die ungarische Sprache nicht beherrsche, habe er sich als Ungar bezeichnet – der Mann war Jude. Man stelle sich vor, dieser Briefschreiber forderte also lautstark und vehement, und das in den Jahrzehnten der „Emanzipation", dass jemand, der sich als Ungar bezeichnen möchte, gefälligst die ungarische Sprache beherrschen müsse, und heute – folgt man den Graffitis an den Häuserwänden, die uns nach Israel schicken wollen – will man uns genau diese Sprache – die zu unserer Muttersprache geworden ist – wieder wegnehmen.

MUTTER: Der Mensch kann gleichzeitig mehrere Identitäten oder besser gesagt Gesichter oder Rollen haben, ohne dass dies zu einer Zerrissenheit führen muss oder auf eine grundsätzliche Heuchelei bzw. schlimmer noch: auf ein gespaltenes Bewusstsein zurückzuführen wäre. Nicht nur „volksmäßig" können wir mehrere Zugehörigkeiten haben. Warum eigentlich kann nicht die ganze Erde unsere Heimat sein? Ein Außerirdischer, der aus dem Universum auf die Erde blickt, würde all die Zwistigkeiten zwi-

---

* *Pesti Napló* (Deutsch: „Pester Tagebuch"): Tageszeitung in ungarischer Sprache von 1850 bis 1939 (D.F.)

schen den Erdenbewohnern gewiss für absurd halten – von den Kriegen ganz zu schweigen; aber vielleicht sollten wir doch über sie sprechen, auch sie gehören zu unserem Thema, leider.

Natürlich wird das Land, in dem wir geboren werden, zu unserer Heimat, unabhängig davon, wo unsere Vorfahren Hunderte von Jahren zuvor geboren wurden und lebten – obwohl es sein kann, dass uns eine ewige Sehnsucht auch dorthin zieht.

Als ich einmal vor ungefähr vierzig Jahren auf der Durchreise einen halben Tag in Prag verbrachte, ging ich im jüdischen Viertel spazieren, ohne mir dessen so richtig bewusst zu sein, erst Jahrzehnte später, als mir ein Foto von der Keplerschen Uhr in die Hände fiel, das ich seinerzeit dort aufgenommen hatte, realisierte ich das und maß dem Bedeutung bei. Damals hatte mein Onkel mir die Geschichte von unserem berühmten Prager Ahnen, dem Rabbi *Lőw,* der den Golem schuf, noch nicht erzählt. Würde ich heute nach Prag fahren, würde ich sicher auch den Friedhof besuchen, um seiner bewusst zu gedenken. Als ich einmal in der Hebräischstunde plötzlich, beinahe ohne zu lesen, den Morgensegen aufsagen konnte, war ich mir sicher, dass meine Rabbinervorfahren – denn es gab mehrere – vermittelt über die heimlichen, rätselhaften Wege der Vererbung aus mir sprachen. Ähnlich war es bei dir, als du dir im Alter von 12 Jahren mit dem Gebetbuch Hebräisch lesen und schreiben beibrachtest, damit wir „Zuhause" deine *Bat Mizwa** halten konnten.

Dennoch, Ungarisch ist unsere Muttersprache. Und Kosztolányi hat Recht, wenn er sagt: Jeder Mensch – nicht nur der Dichter, Sprachschöpfer oder Essayist – kann nur in seiner Muttersprache wirklich er selbst sein. Als ich in der siebten Klasse war, hätte mich ein Klassenkamerad am liebsten nach Israel geschickt. Diese Ausgrenzung hat mich damals zutiefst verletzt.

Dabei hatte zum großen Entsetzen meiner Mutter ich selbst einmal die Idee geäußert, nach *Eretz Israel*** auszuwandern, ich bat sie deshalb eines Tages, als ich von der *Misrachi***, der ich nach dem Krieg angehörte,

---

* *Bat Mizwa:* Feier der Initiation von zwölfjährigen Mädchen zum Erwachsenendasein und die Aufnahme als vollgültiges Gemeindemitglied in der Synagoge
** *Eretz Israel*: das Land Israel, nach Auffassung der Zionisten die Heimat aller Juden
*** *Misrachi*: zionistische Jugendgruppe mit religiöser Tendenz

nach Hause kam, um einen Rucksack. Meine Mutter war entsetzt, denn sie hatte mich von der Deportation „nach Hause" zurückgebracht. Auch wenn dieses „Zuhause" uns ausgestoßen hatte, blieb es doch unsere Heimat.

Der Begriff „Heimat" ist vielschichtig, er kann vieles bedeuten. Ich entscheide selbst, was meine Heimat ist. Und warum ich etwas mein Zuhause nenne. Und ich passe auf, dass sich nicht wiederholt, dass man mir meine Heimat wegnehmen oder mich aus ihr vertreiben will.

Es wäre sicherlich gut, einmal nach Israel zu reisen. Zu erleben, inwieweit Stimmen meiner Ahnen in mir wach würden und an der Klagemauer aus mir sprächen. Möglich, dass sich bei mir das Gefühl einstellen würde, dass es doch meine wirkliche Heimat ist, so ähnlich wie bei denen, die in Jerusalem waren und von der Katharsis berichten, die sie dort erlebt hätten und die sie „nie vergessen" würden.

TOCHTER: *Ich habe das Leben in der Diaspora nie als Tragödie empfunden, was Israel betrifft, empfinde ich zwar Neugier, aber kein phantomschmerzartiges Heimweh, wie man vielleicht erwarten würde. Ich weiß nicht. Aber ich glaube, dass mein Judentum für mich ebenso natürlich ist wie die Diaspora, ich weiß nicht, ob das nur deshalb so ist, weil ich da hineingeboren wurde.*

Das eigentlich Besondere bei meiner Bat Mizwa, die ja bei uns zu Hause stattfand, war, dass es mir, als ich das hebräische Alphabet gelernt hatte, nach langen, mühevollen Minuten schließlich gelang, die folgenden Worte in meinem Gebetbuch zu entziffern: Schma Jisrael. Dieser Moment war für mich – man gestatte mir diesen nicht ganz koscheren Vergleich – mein „Tolle lege". *

MUTTER: Deine Bat Mizwa entsprach zwar nicht vollkommen den Regeln, aber bald wird deine richtige Namensfeier stattfinden. Hoffen wir, dass der *Minjan* ** zustande kommt, wenn auch sicher nicht so viele

---

* *Tolle lege:* Der heilige Augustinus schreibt in seinen „Bekenntnissen", dass er Kinder im Garten die Worte singen gehört habe – *hebe auf und lies!* –, er gehorchte den Stimmen und wurde bekehrt.

** *Minjan:* Quorum von mindestens 10 Männern, die zum gemeinsamen Gebet nötig sind kommen werden, dass wir in der Synagoge feiern können – aber immerhin im Festsaal. Dabei gibt es in unserer Familiengeschichte sogar Verbindungen zu der Synagoge in Szeged. In dieser Synagoge wurden nämlich deine Urgroßeltern, Miksa Lőwinger und Mária Bárány, getraut, übrigens genau zu der Zeit, als die goldene Hochzeit deiner Ur-Urgroßeltern Salamon Lőwinger und Josefa Rosenfeld gefeiert wurde.

Was die Existenz der Diaspora, deren Ursache, Sinn und Notwendigkeit betrifft, so habe ich darüber eine interessante Argumentation gelesen, in der es heißt, dass das Judentum gerade durch die Diaspora seine edle Mission („Erwähltheit") unter den Völkern erfüllen und jene göttlichen Ideen, die ihm eigen seien, auch unter anderen Völkern verbreiten könne. Womit das verbunden ist, vor allem mit welchen Opfern, das wissen wir nur allzu gut. Das genau scheint aber unsere Aufgabe zu sein. Richtig ist allerdings auch, dass nicht jeder diesem Auftrag gerecht werden kann.

Wir selbst sind in die Diaspora hineingeboren worden und empfinden sie deshalb nicht als solche, es sei denn aufgrund von Verfolgung. Trotzdem spüre ich eine Art Sehnsucht nach meiner mir unbekannten „Heimat" Israel, und selbst wenn ich nie nach Israel käme, bliebe die Sehnsucht in mir. Ähnlich ergeht es mir mit jüdischen Menschen, die ich irgendwie als Verwandte empfinde, auch wenn mir bewusst ist, dass wir eher als ganze Menschheit zusammengehören, dass unser Zuhause das Universum ist. Aber innerhalb des Universums brauchen wir ein kleineres, überschaubares Gebiet, in dem wir uns *wirklich* zu Hause fühlen können.

Ich halte es für keinen Zufall, dass sich mein Gebetbuch quasi ohne mein Zutun gerade beim *Schma Jisrael* aufschlug: „Höre Israel!" Höre auf diese Stimme in dir! Sie kommt aus großer Tiefe und sie ruft aus großer Tiefe: „Adonai Elohejnu, Adonai Echad …" „Der Ewige ist unser G-tt, der Ewige ist einzig."

Er ist in uns, vielleicht ist unser wahres Zuhause dort, wo auch er wohnt.

Quelle der drei Kapitelüberschriften:

Teil I: *„Die Wahrheit hinter den Dingen …"*
    Judit Niran: *Meine Großmutter und das Bleigewicht*

Teil II: *„Aber wir waren dort!"*
    Éva Fahidi: *Gilike*

Teil III: *„Sehnsüchte und Leiden sind nicht an das Alter gebunden."*
    Éva Fahidi: *Gilike*

Zum Foto des Titelblattes:
Ich war achtzehn Jahre alt, als mir meine Mutter vor dem alten Haus die riesige gerahmte Fotografie meiner Urgroßmutter übergab. Dieses 99 Jahre alte Foto war 1903 anlässlich der Hochzeit von Mária Bárány mit meinem Urgroßvater Miksa Löwinger in der damals erbauten Synagoge in Szeged entstanden, seine Eltern Jozefa Rozenfeld und Salamon Löwinger haben gleichzeitig ihre goldene Hochzeit gefeiert.

Das alte Haus hatte noch mein Urgroßvater erbauen lassen. Als das Foto entstand, zogen wir gerade aus dem Haus aus.

Tímea Turi

Zum Foto auf der Rückseite:
Als Kind war ich oft betrübt, ich dachte: es ist ja schön und gut, dass ich in Europa geboren bin, aber warum nicht in einem größeren Land; ok, ok, wir wohnen in Budapest, aber warum in einem von den „Außenbezirken", die im Wetterbericht gesondert aufgeführt werden; ok, ok, wir wohnen in der Hungária Ringstraße, aber warum in einem unauffindbaren Haus mit einer komplizierten Hausnummer. 87/c/2?! Genauso mit dem Namen meiner Mutter: Hahn. Die Leute können ihn einfach nicht richtig schreiben, ich musste ihn immer buchstabieren: ha-a-ha-en oder: ha-h-n – mit Nachdruck auf dem h. Ok, ok, wir haben viele Bücher, aber weder Mami noch Papi sind Intellektuelle.

Aber später, in der Schule, sagte ich gleich zu Beginn einer Freundschaft: mein Vater ist nicht in der Partei (denn man durfte nicht damit prahlen, dass er Sozialdemokrat war!), und wir sind Juden. Und dann begann die bis heute andauernde Periode meines Stolzes: Ich bin eine ungarische Jüdin, ich habe von meinem Vater die kritische, oppositionelle Einstellung geerbt, von meiner Mutter die Fähigkeit, Liebe zu geben und zu empfangen. So geprägt lernte ich die auf Gemeinschaft, Bewegung und Denken basierende Freiheit von Béla Tábor und Lajos Szabó kennen.

Und jetzt stehe ich hier und kann nicht anders.

Ágnes Horváth 375